交通职业教育教学指导委员会推荐教材

高职高专院校高等级公路维护与管理专业教学用书

高等职业教育规划教材

高等级公路养护

Gaodengji Gonglu Yanghu

主　编　周秀民　李素梅

副主编　李培荣　邹静蓉

主　审　张美珍

人民交通出版社

内 容 提 要

本书是高等职业教育规划教材，由交通职业教育教学指导委员会路桥工程专业指导委员会组织编写。全书共10章，内容包括：绪论、路基养护、边坡病害处治、路面养护、路面不平整的防治、小型构造物养护、养护计划管理、养护成本管理、养护组织管理、养护质量管理。书中标有*者为选修内容。

本书是高职高专院校高等级公路维护与管理专业教学用书，也可供相关专业教学使用，或作为有关专业继续教育及职业培训教材使用，亦可供从事公路养护与管理工作的工程技术人员学习参考。

图书在版编目(CIP)数据

高等级公路养护／周秀民，李素梅主编.--北京：人民交通出版社，2007.3
ISBN 978-7-114-06389-3

Ⅰ.高… Ⅱ.①周…②李… Ⅲ.公路养护-高等学校：技术学校-教材 Ⅳ.U418

中国版本图书馆CIP数据核字(2007)第013356号

书　　名：高等级公路养护
著 作 者：周秀民　李素梅
责任编辑：田克运
出版发行：人民交通出版社股份有限公司
地　　址：(100011) 北京市朝阳区安定门外外馆斜街3号
网　　址：http://www.ccpress.com.cn
销售电话：(010) 59757973
总 经 销：人民交通出版社股份有限公司发行部
经　　销：各地新华书店
印　　刷：北京市密东印刷有限公司
开　　本：787×1092　1/16
印　　张：15.75
字　　数：398千
版　　次：2007年3月第1版
印　　次：2015年2月第4次印刷
书　　号：ISBN 978-7-114- 06389-3
印　　数：9001—11000册
定　　价：26.00元
(有印刷、装订质量问题的图书由本社负责调换)

交通职业教育教学指导委员会
路桥工程专业指导委员会

主　任： 柴金义

副主任： 金仲秋　夏连学

委　员：（按姓氏笔画排序）

王　彤　王进思　刘创明　刘孟林
孙元桃　孙新军　吴堂林　张洪滨
张美珍　李全文　陈宏志　周传林
周志坚　俞高明　徐国平　梁金江
彭富强　谢远光　戴新忠

秘　书： 伍必庆

前　言

QIAN YAN

为深入贯彻落实《高等教育面向21世纪教学内容和课程体系改革计划》，按照教育部“以教育思想、观念改革为先导，以教学改革为核心，以教学基本建设为重点，注重提高质量，努力办出特色”的基本思路，交通职业教育教学指导委员会路桥工程专业指导委员会在总结道路桥梁工程技术专业教学文件编制及其教材编写工作经验的基础上，又组织开发了相关专业的教学指导方案及部分专业教材，其中包括三年制高职高专院校高等级公路维护与管理专业教学指导方案及6门课程的规划教材。

高等级公路维护与管理专业教材依据教育部对高职高专人才培养目标、培养规格、培养模式及与之相适应的知识、技能、能力和素质结构的要求进行编写，并融入了全国交通类高职高专院校高等级公路维护与管理专业的教学改革成果，紧密跟踪我国高等级公路养护及管理技术的发展，采用了最新的行业技术标准、规范、规程，具有较强的针对性。教材编写中全面贯彻素质教育思想，力求体现以人为本、注重知识实用性的现代职业教育理念，从交通行业岗位对人才的知识结构和技能要求出发，结合对培养学生创新能力、职业道德方面的要求，提出教学目标和教学内容，在教材的理论体系、组织结构、内容描述上与传统教材有了明显的区别。

《高等级公路养护》是高职高专院校高等级公路维护与管理专业规划教材之一，内容包括：绪论、路基养护、边坡病害处治、路面养护、路面不平整的防治、小型构造物养护、养护计划管理、养护成本管理、养护组织管理、养护质量管理。

参加本书编写工作的有：吉林交通职业技术学院周秀民、赵金云（共同编写第一、四章）、申建（编写第六章），湖南交通职业技术学院邹静蓉（编写第二章），云南交通职业技术学院李素梅和内蒙古大学职业技术学院李艳丽（共同编写第三、五章），河北交通职业技术学院李现者（编写第七、八章），山西交通职业技术学院李培荣（编写第九、十章），全书由周秀民、李素梅担任主编，李培荣、邹静蓉担任副主编，山西交通职业技术学院张美珍担任主审。安徽交通职业技术学院俞高明在本书编写过程中给予悉心指导和帮助，并提出宝贵的意见和建议。

本套教材是路桥工程专业指导委员会委员及长期从事高等级公路维护与管理专业教学与工程实践的教师们工作经验的总结。但是，随着各项改革的逐步深入，书中难免有不妥之处，敬请广大读者批评指正。

本套教材在编写过程中得到了交通职业教育教学指导委员会的关心与指导，全国各交通职业技术学院的领导也给予了大力支持，在此，向他们表示诚挚的谢意。

交通职业教育教学指导委员会

路桥工程专业指导委员会

2006 年 11 月

目　录

—MULU

第一章

绪　　论

教学要求

1. 描述公路的组成，公路养护的目的、技术政策及公路养护管理的现状、发展方向；

2. 描述公路养护工程的分类；

3. 叙述行车荷载与自然因素对公路技术状况的影响。

●第一节　概　　述●

一、公路的组成

公路是由平、纵、横所映射出的一条带状的三维空间实体，并承受行车荷载及自然因素综合影响的交通工程构造物，包括路基、路面、桥涵、特殊构造物、交通安全服务设施、绿化等。

1. 路基

路基是公路的重要组成部分，它是按照路线位置和一定技术要求修筑的带状构造物，承受由路面传来的荷载，是行车部分的基础。其构造一般有路堤、路堑、填挖结合等形式，如图1-1所示。

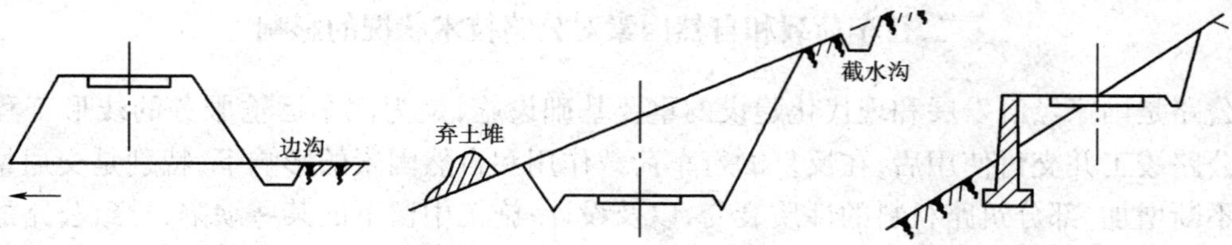

图1-1　路基断面形式

a）路堤；b）路堑；c）填挖结合

2. 路面

路面是用坚硬材料铺筑在路基上供汽车直接行驶的构造物，通常由面层、垫层、基层等组成（如图1-2所示）。路面是公路上最重要的建筑物，行车的安全、舒适与经济均取决于路面的质量，因此，通常以路面的质量来评价整条公路的质量。

3. 桥涵工程

桥涵是指跨越水流供汽车行驶的构造物，主要为桥梁及涵洞，如图1-3所示。

4. 特殊构造物

特殊构造物包括隧道、半山桥(洞)、路台等。隧道是穿越山岭为改善线形、缩短路线里程所修筑的构造物;半山桥(洞)是山区路基悬出一半所修筑的桥梁或所开挖的部分路宽的山洞;路台是悬崖峭壁上所修筑的悬臂式构造物。

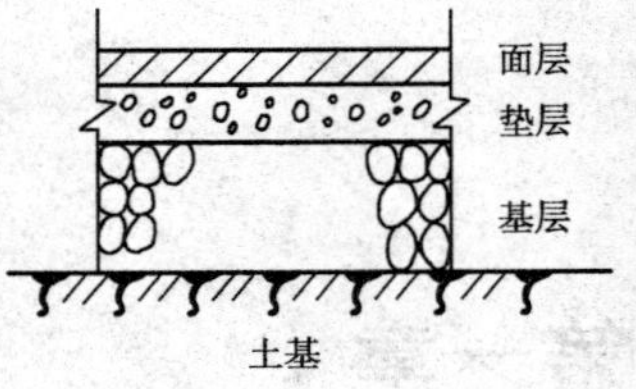

图 1-2 路面

5. 交通工程设施

(1)照明设施。灯柱、弯道反光镜等。

(2)安全设施。护栏、隔离墙、路面标志、交通标志等。交通标志指使驾驶人知道前面路段的情况和特点的设施,有警告标志、禁令标志、指示标志等。

(3)服务设施。加油站、服务区、汽车站等。

(4)通信、监控、收费设施。电话亭、监控器、收费站等。

6. 绿化

植树绿化与美化工程是美化公路环境的必要组成部分,为道路使用者提供一个安全舒适的行车环境。环境绿化有利于净化空气、舒畅人们的心情,且可提高行车的安全。

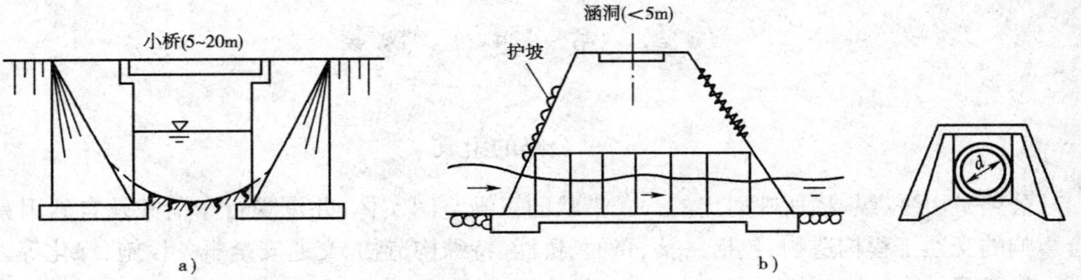

图 1-3 小桥及涵洞

a)小桥;b)涵洞

二、行车荷载和自然因素对公路技术状况的影响

公路是国家经济发展和现代化建设的重要基础设施,是为汽车运输服务的线形工程结构物。公路竣工并交付使用后,在反复的行车荷载作用和自然因素的影响下,特别是交通量和轴载的不断增加,部分筑路材料的性质衰变,以及设计、施工中留下的某些缺陷,导致公路的使用功能逐渐下降。

1. 行车荷载的影响

在车轮垂直荷载作用下,路面将产生压缩和弯曲。柔性路面因其材料的黏弹性质不仅产生弹性变形,还将伴随加载时间产生滞后弹性变形和不可恢复的塑性变形。在多次加载和卸载的过程中,如果压力不超过一定的限度时,不可恢复的变形逐渐减小,而弹性变形增加,使路面密实度得到增加而强化。但当压力超过一定限度时,就会发生很大的不可恢复的塑性变形。在多次重复荷载的作用下,路面会因竖向塑性变形的累积而逐渐产生沉降。

对于水泥混凝土路面、沥青混凝土路面以及半刚性等整体性材料的路面,在车轮垂直荷载的作用下将产生弯拉变形。当荷载应力超过材料的疲劳强度时,路面将产生疲劳而开裂破坏。

行车产生的水平力主要作用在路面的上层,引起路面表面变形而影响其平整度。水平力对路面的影响,首先表现在对路面的磨损上,路面磨损主要是车辆在行驶过程中车轮产生滑移造成的。强烈的路面磨损发生在车辆的制动路段,如公路的下坡路段、小半径平曲线段和交叉口之前以及居民区和交通稠密的路段上。在曲线上,因车辆侧向滑移也可使路面产生磨损。在不平整的公路上,由于行驶的车轮轮胎表面通过的距离比车轮中心通过的距离要"加长"以及因振动在车辆向上跳动时使车轮压力减小,都将引起车轮滑移对路面产生磨损。

车轮水平力还可使路面表面的粒料产生拉脱,这种情况多产生于黏结力较弱的碎石、砾石和沥青碎石路面中。在雨天泥泞期间,粘带黏土的车轮行驶在碎石、砾石路面上,也可使其表面粒料产生拉脱。

在车轮垂直力与水平力的综合作用下,在路面中将产生较大的剪应力。当剪应力超过面层与基层层间接触的抗剪强度或面层材料的抗剪强度时,路面面层将沿基层顶面产生滑移或面层材料本身产生剪切变形,使路面表面形成拥包以至波浪。前者多产生于沥青面层厚度较薄、层间结合不良的地段,后者多产生在面层厚度较厚,或厚度虽薄但层间结合良好的级配碎石路面或沥青路面上。这类路面材料的强度除由粒料颗粒间的摩阻力提供外,在很大程度上还依赖于结合料的黏结力。由于黏结力易受水温条件变化的影响,使材料抗剪强度下降,从而导致路面的失稳变形。

路面上出现的有规律的波浪变形是与汽车系统地重复一定频率的振动和冲击有关。在汽车的这种动力作用下,使轮胎对路面的水平推移、磨耗和真空吸力等作用也具有相应的规律性,从而使路面产生有规律的波浪变形而形成搓板。特别是路面不平整时,将使汽车的振动与冲击作用加剧,水平推移与真空吸力作用也随之加大,从而加速了路面搓板的形成和发展。

汽车产生冲击、振动的能量,大部分消耗在轮胎和弹簧的变形上,部分作用于路面上,使路面产生短周期的振动运动,并在路面中产生周期性的快速变向应力。动力作用对路面的影响与路面的刚度有关,路面的刚性愈强,对路面的破坏性就愈大。由于路面的振动,可能产生对路面强度有危险的应力,使水泥混凝土路面出现裂纹,碎石路面降低其密实度。潮湿的路基土在受到振动后引起水分的重分布而可能危害路面,并使路基土挤入粒料垫层而影响其功能。沥青路面由于具有较大的吸振能力,因而振动对它的影响较小,实际上它起到了车轮冲击、振动的减振器作用。

2. 自然因素的影响

公路路基和路面的物理力学性质将随其水温状况而改变。水浸湿路基可引起强度和稳定性的下降,使路基失稳,引起塌方、滑坡等病害。对于承受荷载较大的柔性路面的土基,常因承载能力的不足,在车轮荷载作用下使路面产生沉陷,有时在沉陷两侧还伴有隆起现象。严重时,在沉陷底部及两侧受拉区产生开裂形成纵裂,并逐渐发展成网裂。对于水泥混凝土路面,则可因土基出现较大的变形,特别是不均匀的变形使混凝土板产生过大的荷载应力而导致断裂。

在季节性冰冻地区,在有充分地下水供给的情况下,冬季将使路基产生不均匀的冻胀,路面被抬高,以至产生冻胀裂缝,严重时拱起可达几十厘米;在春融季节则可能产生翻浆,在行车作用下路面发软、出现裂缝和冒泥现象,以至路面结构遭致全部破坏,使交通中断。

非冰冻区,中、低级粒料路面在雨季潮湿季节,强度和稳定性降低,路面容易遭到破坏,而在干燥季节,路面尘土飞扬,磨耗严重,影响行车视线并污染周围环境。

沥青路面虽可防止雨水下渗,但它阻止了路基中水分的蒸发。在昼夜温差的作用下,路基中的水分以气态水的形式凝聚于紧挨面层下的基层上部,改变了基层原来的湿度状况,当基层采用水稳性不良的材料时,可导致路面的早期破坏。

沥青路面在浸水情况下,可使其体积膨胀,并削弱沥青与集料之间的黏附性,从而降低沥青混合料的物理力学性能。水对黏附性的影响,主要决定于沥青的性质和集料的岩性,同时与集料的吸水性能也有关。通常煤沥青比石油沥青黏附性好,碱性矿料比酸性矿料黏附性好。

水泥混凝土路面的接缝进入水后,使基础软化,在频繁的荷载作用下,路面出现错台或脱空、唧泥等现象,并导致板边产生横向裂缝。

沥青路面在冬季低温时,强度虽然很高,但变形能力则因刚性增大而显著下降,当气温下降,路面收缩而受基层约束产生的累积温度应力超过沥青混合料的抗拉强度时,将使路面产生一定间距的横向裂缝。水分浸入裂缝后,基层和土基的承载力下降,遂使裂缝边角产生折断碎裂。影响低温缩裂的主要因素有:沥青混合料的性质,包括沥青的性质和用量、集料的级配;当地的气候条件,包括降温速度、延续时间、最低气温和每次降温的间隔时间等。

采用无机结合料的半刚性基层可因其干缩和温缩产生的裂缝而引起沥青面层出现反射裂缝。路面的反射裂缝除与半刚性基层材料的收缩性能有关外,并与面层的厚度和采用的沥青性质有关。

温度的变化同样要引起水泥混凝土路面板的胀缩变形。当变形受阻时,会使板内产生胀缩应力和翘曲应力。由于水泥混凝土是一种拉伸能力很小的脆性材料,为了减小温度应力以避免板的自然开裂,需把板划分成一定尺寸的板块,并设置各种接缝。当板块尺寸设置不当或接缝构筑质量不合要求时,可使板产生断裂并引起各种接缝的损坏。

拌制的水泥混凝土混合料的水分过大或施工养生期水分散失过快时,也会引起混凝土板的过大收缩和翘曲,在板的表面产生发状裂纹以至出现早期断板。

阳光、温度、空气等大气因素可以引起沥青路面的老化,使沥青失去黏塑性,路面变得脆硬、干涩、暗淡而无光泽,抗磨性能降低,在行车荷载的作用下相继出现松散、裂缝以至大片龟裂。当地的日照愈强烈、气温愈高、空气愈是干燥和流通,则路面老化速度愈快;沥青中不饱和烃及芳香烃愈多、混合料空隙率越大以及矿料中含有铝、盐等则使路面愈易老化。

公路在使用过程中所受的行车和自然因素作用是十分复杂的,往往并非单一因素的作用,而是多种因素的综合作用。这些因素,导致公路各种病害和损坏现象产生。因此,在进行公路养护维修时,首先应运用这些基本知识,分析损坏的原因,并区别是属于功能性损坏还是结构性损坏,以及损坏是发展性的还是非发展性的,只有这样才能制定出有效可行的养护措施。

●第二节　公路养护的目的及其工程分类●

一、公路养护的目的

公路养护与管理的目的,就是运用先进的技术和科学的管理方法,合理地分配和使用养护资金,通过养护维修使公路在设计使用年限内经常保持完好状态,并有计划地改善公路的技术指标,以提高公路的服务质量,最大限度地发挥公路的运输经济效益。详述如下:

(1)经常保持公路及其沿线设施处于完好状态,及时修复损坏部分,保障行车的安全、舒适与畅通。

(2)采用正确的技术措施,提高养护工作质量,延长公路的使用年限。

(3)防、治结合,治理公路存在的病害与隐患,以提高公路的抗灾能力。

(4)对原有技术标准过低的路段和构造物以及沿线设施进行分期改善和增建,逐步提高公路的使用质量和服务水平。

二、公路养护工程的分类

公路养护工程按其工程性质、规模大小、复杂程度不同,可分为小修保养、中修、大修和改建四类。

(1)小修保养工程:是对管养范围内的公路及其沿线设施经常进行维护保养和修补其轻微损坏部分的作业。它通常是由养护工区(站或道班)在年度小修保养定额经费内,按月(旬)安排计划,经常进行的工作。

(2)中修工程:是对公路及其沿线设施的一般性损坏部分进行定期的修理加固,以恢复公路原有技术状况的工程。它通常是由基层公路管理机构按年(季)度安排计划并组织实施的工作。

(3)大修工程:是对公路及其沿线设施的较大损坏进行周期性的综合修理,以全面恢复到原技术标准的工程项目。它通常是由基层公路管理机构或在其上级机构的帮助下,根据批准的年度计划和工程预算来组织实施的工作。

(4)改建工程:是对公路及其沿线设施因不适应现有交通量增长和承载需要而提高技术等级指标,显著提高其通行能力的较大工程项目。它通常是由省级公路管理机构或地(市)级公路管理机构根据批准的计划和设计预算来组织实施或招标完成的工作。

对当年不能修复的项目,视其规模大小,列入下年度的中修、大修或改建工程计划内完成。公路养护工程分类见表1-1。

公路养护工程分类 表1-1

工程项目	小 修 保 养	中修工程	大修工程	改建工程
路基	保养: (1)整理路肩、边坡,修剪路肩、分隔带草木,清除杂物,保持路容整洁; (2)疏通边沟,保持排水系统畅通; (3)清除挡土墙、护坡滋生的有碍设施功能发挥的杂草,修理伸缩缝、疏通泄水孔及松动石块; (4)路缘带的修理。	(1)局部加宽、加高路基,改善个别急弯、陡坡的视距; (2)全面修理、接长或个别添建挡土墙、护坡、护坡道、泄水槽、护栏及铺砌边沟; (3)清除较大塌方,大面积翻浆、沉陷处理; (4)整段开挖边沟、截水沟或铺砌边沟;	(1)在原路技术等级内整段改善线形; (2)拆除、重建或增建较大挡土墙、护坡等防护工程; (3)大塌方的清除及善后处理	整段加宽路基,改善公路线形,提高技术等级

续上表

工程项目	小修保养	中修工程	大修工程	改建工程
路基	小修： (1)小段开挖边沟、截水沟或分期铺砌边沟； (2)清除零星塌方，填补路基缺口，轻微沉陷翻浆的处理； (3)桥头接线或桥头、涵顶跳车的处理； (4)修理挡土墙、护坡、护坡道、泄水槽、护栏和防冰雪设施等； (5)局部加固路肩	(5)过水路面的处理； (6)平交道口的改善； (7)整段加固路肩		
路面	保养： (1)清除路面泥土、杂物，保持路面整洁； (2)排除路面积水、积雪、积冰、积砂，铺防滑料、灭尘剂或压实积雪维持交通； (3)砂土路面刮平，修理车辙； (4)碎砾石路面匀扫面砂，添加面砂，洒水润湿，刮平波浪，修补磨耗层； (5)处理沥青路面的泛油、拥包、裂缝、松散等病害； (6)水泥混凝土路面日常清缝、灌缝及堵塞裂缝； (7)路缘石的修理与刷白。 小修： (1)局部处理砂石路的翻浆变形、添加稳定料； (2)碎砾石路面修补坑槽、沉降，整段修理磨耗层或扫浆铺砂； (3)桥头、涵顶跳车的处理； (4)沥青路面修补坑槽、沉陷，处理波浪、局部龟裂、啃边等病害； (5)水泥混凝土路面板块的局部修理	(1)砂土路面处理翻浆，调整横坡； (2)碎砾石路面局部路段加厚、加宽，调整路拱，加铺磨耗层，处理严重病害； (3)沥青路面整段封层罩面； (4)沥青路面严重病害的处理； (5)水泥混凝土路面严重病害的处理； (6)水泥混凝土路面接缝材料的整段更换； (7)整段安装、更换路缘石； (8)桥头搭板或过渡路面的整修	(1)整段用稳定材料改善土路； (2)整段加宽、加厚或翻修重铺碎砾石路面； (3)翻修或补强重铺高级、次高级路面； (4)补强、重铺或加宽高级、次高级路面	(1)整线整段提高公路技术等级，铺筑高级、次高级路面； (2)重铺碎砾石路面； (3)水泥混凝土路面病害处理后，补强或改造为沥青混凝土路面
桥梁涵洞隧道	保养： (1)清除污泥、积雪、积冰杂物，保持桥面的清洁； (2)疏通涵管，疏导桥下河槽； (3)伸缩缝养护，泄水孔疏通，钢支座加润滑油，栏杆油漆； (4)桥涵的日常养护； (5)保持隧道内及洞口清洁。 小修： (1)局部修理、更换桥栏杆和修理泄水孔、伸缩缝、支座和桥面的局部轻微损坏； (2)修补墩、台及河床铺底和防护工程的微小损坏； (3)涵洞进出口铺砌的加固修理； (4)通道的局部维修和疏通修理排水沟； (5)清除隧道洞口碎落岩石和修理圬工接缝，处理渗漏水	(1)修理、更换木桥的较大损坏构件及防腐； (2)修理更换中小桥支座、伸缩缝及个别构件； (3)大中型钢桥的全面油漆除锈和各部件的检修； (4)永久性桥墩、台侧墙及桥面的修理和小型桥面的加宽； (5)重建、增建、接长涵洞； (6)桥梁河床铺底或调治构造物的修复和加固； (7)隧道工程局部防护加固； (8)通道的修理与加固； (9)排水设施的更新； (10)各类排水泵站的修理	(1)在原技术等级内加宽、加高、加固大中型桥梁； (2)改建、增建小型桥梁和技术性简单的中桥； (3)增建、改建较大的河床铺底和永久性调治构造物； (4)吊桥、斜拉桥的修理与个别索的调整更换； (5)大桥桥面铺装的更换； (6)大桥支座、伸缩缝的修理更换； (7)通道改建； (8)隧道的通风和照明，排水设施的大修或更新； (9)隧道的较大防护、加固工程	(1)提高公路技术等级，加宽、加高大中型桥梁； (2)改建、增建小型立体交叉桥； (3)增建公路通道； (4)新建渡口的公路接线、码头引线； (5)新建短隧道工程

续上表

工程项目	小修保养	中修工程	大修工程	改建工程
沿线设施	保养: 标志牌、里程碑、百米桩、界牌、轮廓标等埋置、维护和定期清洗。 小修: (1)护栏、隔离栅、轮廓标、标志牌、百米桩、防雪栏栅等修理、油漆或部分添置更换; (2)路面标线的局部补划	(1)全线新设或更换永久性标志牌、里程碑、百米桩、轮廓标、界牌等; (2)护栏、隔离栅、防雪栏栅的全面修理更换; (3)整段路面标线的划设; (4)通讯、监控设施的维修	(1)护栏、隔离栅、防雪栏栅的增设; (2)通信、监控设施的更新	(1)整段增设防护栏、隔离栅等; (2)整段增设通信设施
绿化	保养: (1)行道树、花草的抚育、抹芽、修剪、治虫、施肥; (2)苗圃内幼苗的抚育、灭虫、施肥、除草。 小修: (1)行道树、花草缺株的补植; (2)行道树冬季刷白	更新、新植行道树、花草,开辟苗圃等		

第三节 公路养护技术政策和措施

公路养护工作,现阶段的指导方针是:全面规划、加强养护、积极改善、重点发展、科学管理、保证畅通,普及与提高相结合,以提高为主。在整个公路工作中,应把现有公路的养护和技术改造作为首要任务。公路养护工作应贯彻执行以下技术政策:

(1)公路养护工作必须贯彻"预防为主、防治结合"的方针。根据积累的技术经济资料和当地具体情况,通过科学分析,预作防范,消除导致公路损毁的因素,增强公路设施的耐久性和抗灾能力,特别要做好雨季的防护工作,以减少水毁损失。

(2)因地制宜,就地取材,尽量选用当地天然材料和工业废渣;充分利用原有工程材料和原有工程设施,以降低养护成本。

(3)吸收和采用新技术、新工艺、新材料、新设备,采取科学的技术措施,改善养护生产手段,提高养护技术水平。推广应用先进的养护技术和科学的管理方法。

(4)重视综合治理,保护生态平衡、路旁景观和文物古迹,防止环境污染,注意少占农田。

(5)全面贯彻执行公路桥梁养护管理工作有关制度,加强桥梁的检查、维修、加固和改善,逐步消灭危桥。

(6)公路养护工程设计,应符合现行《公路工程技术标准》(JTG B01—2003)的规定;公路施工时应注重社会效益,保障公路畅通。

(7)加强以路面养护为中心的全面养护。

(8)大力推广和发展公路养护机械化。

在采取公路养护工程的技术措施时,应遵循下列原则:

(1)认真开展路况调查,分析公路技术状况,针对病害产生的原因和后果,采取有效、先进、经济的技术措施。

(2)加强养护工程的前期工作、各种材料试验及施工质量检验和监理,确保工程质量。

(3)推广路面、桥梁管理系统,逐步建立公路数据库,实行病害监控,实现决策科学化,使有限的资金发挥最大的经济效益。

(4)推广 GBM 工程,实施公路的科学养护与规范化管理,改变现有公路面貌,提高公路的整体服务水平。

(5)认真做好公路交通情况调查工作,积极开发、采用自动化观测和计算机处理技术,为公路规划、设计、养护、管理、科研及社会各方面提供全面、准确、连续、可靠的交通情况信息资料。

(6)改革养护生产组织形式,管好、用好现有的养护机具设备,积极引进、改造、研制养护机械,逐步实现养护机械装备标准化、系列化,以保障养护工程质量,提高养护生产效率,降低劳动强度,改善劳动环境。

(7)加强对交通工程设施(包括标志、标线、通信、监控等)、收费设施、服务管理设施等的设置、维护、更新工作,保障公路应有的服务水平。

●第四节 公路养护管理的现状与发展方向●

一、公路养护管理的现状

我国公路养护管理已经走过较长的历程,在此期间各地公路养护管理人员经过不断地探索,积累了较为丰富的经验。国外先进管理经验的不断引进,更加丰富了我国公路管理的方式和手段,提高了我国公路管理的水平。

我国公路养护管理的现状具体体现为:

(1)养护人员经验丰富。我国公路养护管理人员,既有公路施工经验,又有公路养护管理的经验,随着公路通车里程的增加和通车时间的增长,养护管理人员的经验、素质在大幅度的提高。

(2)组织机构合理得当。我国公路管理组织机构既有专业管理机构,又有综合管理机构;既有以国有管理为主的养护机构,又有民营的养护机构。

(3)机械设备配置合理。现有的公路养护管理机构既有符合国际质量标准需要的先进的国外设备,也注重配备国产化、专业化、小型化的设备。提高使用效果,降低管理与使用费用。

(4)管理措施规范到位。我国公路养护管理人员结合我国各地公路养护管理的工作实践,合理利用公路养护管理的相关规范、标准,积累了丰富的管理经验,并且各级公路养护管理部门落实养护管理任务时能够严格按照相关规定,逐层、逐级的落实,认真执行。

二、公路养护的发展方向

随着新中国成立以来公路建设事业的蓬勃发展，我国公路养护事业也取得了很大的成就。通过公路的养护维修，有计划地改善和提高了公路等级和公路、桥梁等构造物的使用质量。公路养护的技术手段、方法由当初简单的人工操作，逐步地向科学化、标准化、电子化、机械化方向发展。在养护工程中推广乳化沥青、沥青稀浆封层、改性沥青与旧沥青路面再生利用、土工织物等新技术。交通部多次颁布了有关养护方面的规范、标准与规程。自交通部颁布《公路交通条例》以来，各级公路管理部门以求实的态度和艰苦的精神，编制、落实本单位的公路养护发展规划；推广实施 GBM 工程；开展公路水毁重点防治；推广应用公路路面、桥梁管理系统，以推进公路养护管理现代化；改革管理体制，健全规章制度，实施规范化管理；坚持依法治路，加强路政管理，使我国公路养护管理工作进入一个新的发展阶段。

复习思考题

1. 叙述公路的组成部分。
2. 影响公路技术状况的因素有哪些？
3. 公路养护的目的是什么？
4. 简述公路养护的技术政策。

第二章 路基养护

教学要求

1. 描述路基常见病害的类型、养护内容及具体要求；
2. 描述软土地区路基的变形破坏特征及软土地区路基病害防治措施；
3. 分析产生路基翻浆、沉降的因素，进行翻浆、沉降的处治；
4. 描述填石路堤的施工技术及填石路堤的质量控制措施；
5. 分析路基与构造物差异沉降的原因，进行差异沉降的处治；
6. 进行特殊地区路基病害防治。

●第一节　概　　述●

路基是公路的重要组成部分，是路面的基础，与路面共同承担车辆荷载。路基的强度和稳定性是保证路面平整度、强度和稳定性的重要条件之一。所以，为了保证公路的正常使用性能，必须对路基进行周期性的、预防性的、科学合理的养护，使其经常处于良好的技术状态，不发生较大的变形和其他病害。

一、路基养护的工作内容

路基工程的基本技术指标有路基高度、路基宽度、路基边坡指标及排水系统指标等，所以路基的养护工作也是紧紧围绕这几方面进行的。

为了保证路基的坚实和稳定，保证排水性能良好，使各部分尺寸和坡度符合规定，及时消除不稳定的因素，并尽可能地提高路基的技术状况，必须对路基经常并及时地进行养护、维修与改善。路基养护工作的主要内容包括：

(1)维修、加固路肩及边坡。

(2)疏通、改善、加固排水系统。对边沟、截水沟、排水沟以及暗沟（管）等排水设施，应及时排除堵塞，疏导水流，保持水流畅通，并结合地形、地质、纵坡、流速等情况，综合考虑加固。

(3)维护、修理各种防护构造物及透水路堤，管理保护好公路两旁用地。公路沿线的防护构造物包括护坡、护面墙、石笼、植树、铺草皮、丁坝、顺坝以及各种类型的挡土墙等，要保证这些构造物完整无损，发挥其对路基的防护与加固的作用。

(4)清除塌方、积雪，检查险情，预防水毁。

(5)观察、预防、处理滑坡、翻浆、泥石流、崩塌、塌方及其他路基病害，及时检查各种路基的险情并向上级报告，加强水毁的预防与治理。

(6)有计划地局部加宽、加高路基，改善急弯、陡坡和视距，以逐步提高其技术标准和服务水平。

二、路基养护的一般要求

路基养护的基本要求是通过日常的检查和定期的检查，发现问题，分析原因，及时采取养护、维修措施。路基养护的基本要求见表 2-1。

路基养护的基本要求 表 2-1

项　目	基　本　要　求	附　注
路肩	(1)横坡适度，边缘顺直；(2)表面平整、清洁、无杂物；(3)保持无车辙、坑槽、隆起、沉陷、缺口	
边坡	(1)边坡稳定；(2)平顺无冲沟；(3)坡度合乎规定	
排水系统	(1)保持无杂草、淤泥；(2)纵坡适度，水流畅通；(3)进出口良好	包括边沟、截水沟、排水沟及暗沟等
防护构造物	(1)保持构造物完整无损；(2)砌体伸缩缝填料良好；(3)泄水孔无堵塞	包括挡墙、护坡及防冲刷、防雪、防沙设施等
路基病害	(1)对翻浆路段应及时处理，并尽快修复；(2)对塌方、滑坡、水毁、泥石流、沉陷等，做好防护抢修，尽量缩短阻车时间	

在上述养护工作中，要特别注意保持路基排水系统处于完好状态，因为水是造成多种病害的重要因素。同时，还应及时总结治理路基失稳的成功或失败的经验，针对具体路段，制订出具体的、切合实际的、有效的预防和维修措施，使日常养护和维修工作系统化、规范化，以逐步提高管养水平。

1. 路肩养护

路肩是指行车道外缘至路基边缘的地带，由路缘带、硬路肩和保护性土路肩组成（见图 2-1）。路肩的功能，一是保护路面；二是停置临时发生故障、事故的车辆；三是提供侧向余宽、显示行车道外侧边缘、引导视线，增加行车的安全舒适性；四是增加挖方弯道地段的视距；五是为设置交通安全设施（标志、防护栅等）或埋设地下管线及养护作业提供场地。

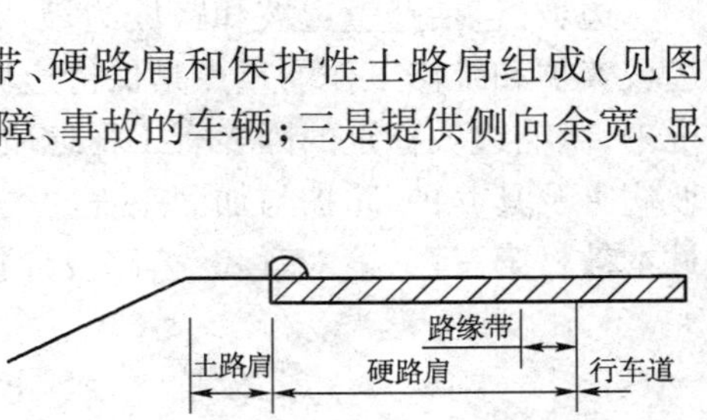

图 2-1 路肩示意图

高等级公路路肩应根据设计要求铺筑沥青混凝土或水泥混凝土的面层，并铺砌路肩边缘带，此时路肩的养护工作将转变成同类型路面的养护工作。

路肩松软，多因水的作用，所以路肩的养护与维修工作的重点就是减少或消除水对路肩的危害。路面范围的地表水通过路肩排出，因此必须经常保持路肩的横坡平整顺适，硬路肩与路面横坡相同，土路肩或草皮路肩的横坡应比路面横坡大 1% ~2%，以利排水。路肩过高妨碍路面排水时，应铣刨整平，达到规定要求。

对于因路肩湿软，而经常发生啃边病害的路段，可在路肩内缘铺设排水盲沟，以及时排除由路肩下渗的积水。盲沟的构造可采用无纺布包裹双壁波纹塑管的形式，这种盲沟施工便捷，造价低廉。

车辆在高等级公路上行驶，如果出现故障，都要停在紧急停车带进行检查、修理。特别是对于重型车辆，当它停下来使用千斤顶进行修理时，常常要给停车带的沥青路面留下难以恢复的千斤顶坑迹；同时，在修车过程中，个别车辆会在停车带上漏下柴油，侵蚀沥青混凝土路面，造成停车带沥青路面松散。日积月累，这些被腐蚀的地方就会发展成坑槽。这种情况长期存在，既影响停车安全，又影响路肩的排水功能，并且会使路面水渗入基层或底层，进而影响路面质量。所以，要及时地对停车带上的坑迹和腐蚀进行处理，确保路肩表面平整，横坡适度，边缘顺直。这些坑迹和腐蚀的处理办法可参照沥青路面坑槽修理办法，也可在路面坑槽修补时一块进行。路缘石如有损坏，应及时进行修补。

2. 排水设施的养护

路基排水的主要作用是将路基范围内的土基湿度降低到一定限度以内，保持路基常年处于干燥状态，确保路基路面具有足够的强度和稳定性。路基排水设施分为地面排水设施和地下排水设施。地面排水设施通常有边沟、截水沟、排水沟、跌水及急流槽、拦水带等；地下排水设施有暗沟、盲沟、有管渗沟、洞式渗沟及防水隔离层等。

路基排水系统能否正常工作，直接影响到路基的稳定性，因此，必须对排水设施进行经常性的、预防性的养护和维修，确保其功能完好、排水顺畅。同时根据实际使用情况，要不断改善路基排水条件。例如，对有积水的边沟，应将水引至附近低洼处；对疏松土质的沟渠，需结合地形、地质、纵坡、流速等实际情况，综合考虑加固。具体做法及要求参见《公路施工技术》。

如发现渗沟、盲沟出水口处长草、堵塞，应进行清除和冲洗；对有管渗沟应经常检查疏浚，以保证管内水流通畅；如发现反滤层淤塞失效，则应翻修，并剔除其中较小颗粒的砂石，以保证其孔隙，便于排水；如位置不当，则应另建渗沟或盲沟。

3. 边坡的养护

边坡，包括路堑边坡和路堤边坡，其主要作用是保证路基稳定、行车安全及景观的舒适。边坡养护和维修工作的重点是保持边坡稳定性，即边坡应经常保持平顺、坚实、无裂缝。一般说来，影响边坡稳定的因素有工程地质、水文地质、地面排水条件、地貌和气候因素。常见的边坡病害及其养护、防护与加固工程的类型选择及其具体技术要求、挡土墙的病害处治等内容参见本教材第三章、第六章和《公路设计技术》及《公路施工技术》相关知识。

• 第二节　软土地区路基稳定与病害防治 •

软土一般指在静水或缓慢流水环境中沉积而成的、天然含水量大、压缩性高、承载力低、透水性差的一种软塑到流塑状态的饱和黏性土层。它主要包括内陆湖塘盆地、江河湖海沿岸和山河洼地沉积的各种淤泥和淤泥质黏性土。软土常因生物化学作用含有较多的有机质，天然含水量 $w \geqslant w_L$，天然孔隙比 $e > 1.0$；压缩系数 $a_{1\text{-}2} > 5\text{kPa}^{-1}$，渗透系数 $K = 10^{-7} \sim 10^{-8}\text{cm/s}$，快剪的内摩擦角 $< 5°$，凝聚力 $< 20\text{kPa}$。当天然孔隙比 $e > 1.5$ 时，称为淤泥，当 $1.0 < e < 1.5$ 时称为淤泥质土。习惯上也把工程性质接近淤泥土的黏性土统称为软土。

一、软土路基筑路过程中主要变形破坏及原因

1. 主要变形破坏

是指填方路堤工后沉降迅速或不均匀沉降量超过设计允许值;路面出现纵横向碎坡,行车颠簸;路面出现纵向裂缝,严重时裂缝变宽,裂缝向土路肩边缘伸展,裂缝处呈现错台,形成滑裂面;或在两种不同处理方案交界处由于没有设置渐变段造成交界处形成沉降突变。

2. 原因分析

(1)加载过快,在接近或超临界高度时,仍快速上土,荷载超过地基承载能力,引起滑塌。

(2)软土层较厚,塑料板施工后,软土层被扰动,强度下降,加载时间短,塑料板、砂垫层排水固结性能尚未充分发挥,软土尚未固结。

(3)未能仔细进行沉降、位移速率观测,或观测不准,以致在沉降速率超过 1.0 ~ 1.2cm/d 后,仍继续填土。

(4)地质资料不全,未全反映出软土,设计依据不充分,使得选择软基处理方法不当或处理深度不够、预压期不足。

软土作为地基,其变形稳定的时间很长。在自然界可保持潜液态,一经扰动很容易破坏结构而流动,在干燥时体积收缩很大。因此,软土的主要工程地质问题是地基沉降和稳定性。

二、软土地基处理方法

地基处理是利用物理、化学的方法,有时还采用生物的方法,对地基中的软弱土,或不良土进行置换、改良、加筋,形成人工地基。经过地基处理形成的人工地基大致可分为三类:均质地基(包括多层地基)、复合地基、桩基础。各种软基处理方法归类如下:

1. 换填法

用物理力学性质较好的材料置换天然地基中部分或全部软弱土或不良土,形成双层地基或复合地基,以达到提高地基承载力、减少沉降的目的。

1)置换填土

这是最简单、最古老的软基处理方法。在泥沼地带及软土厚度一般不大于 3m,路堤高度较低时,一般采用置换填土法处理。若软土厚度大于 3m,通常只挖除一部分再行换填。首先将泥炭、软土全部或部分挖除,并采用渗水性好的材料(必要时添加适量水泥、石灰)进行分层填筑。常用填筑材料有砂、砾、卵石、片石等渗水性材料或强度较高的黏性土。

2)抛石挤淤法

长年积水洼地,因排水困难,淤泥呈流动状态,在其厚度为 3 ~ 4m,表层无硬壳,石块易于取得,并能沉到淤泥底部的条件下可采用抛石挤淤方法。

挤淤施工用料采用不易风化石料,片石大小随泥炭稠度而定。对于易流动的泥炭或淤泥,片石宜稍小些,但不宜小于 30cm,小于 30cm 粒径含量不得超过 20%。抛投的顺序应沿路中线向前抛填,再渐次向两侧扩展,以使淤泥向两旁挤出。当软土或泥沼地面有较大横坡时(横坡陡于 1:10),抛石应从高的一侧向低的一侧展开,并在低的一侧多抛一些,使低侧边部形成约有 200cm 宽的平台顶面。

片石高出软土面后,应用较小石块填塞垫平,用重型机械反复碾压,使填石紧密后在其上

铺设反滤层,再行填土。图 2-2 所示为抛石挤淤断面示意图。

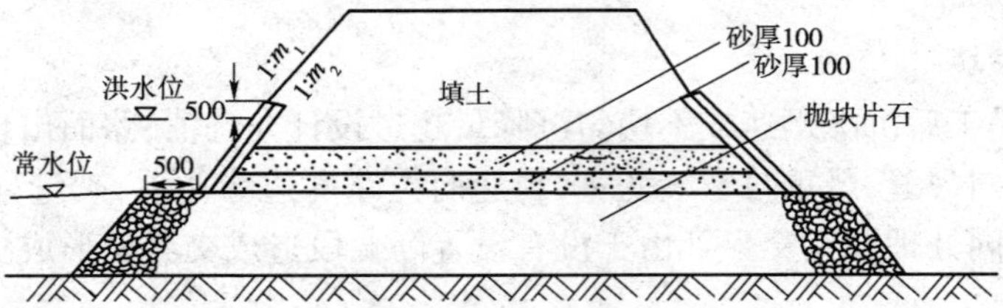

图 2-2　抛石挤淤断面示意图(尺寸单位:mm)

3)土工织物加固地基

以土工织物作为补强材料加固地基,利用其加筋、补强、应力扩散及排水等综合作用来提高地基承载力并调整地基变形,常与砂垫层同时使用。在软基上隔垫土工织物可使荷载均匀分布;在高填路堤,可适当分层垫隔。软基处理中使用土工织物施工示意见图 2-3。

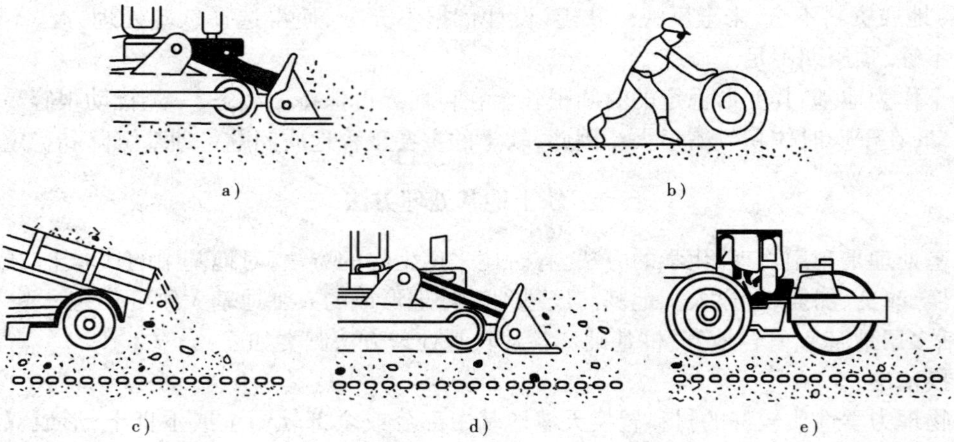

图 2-3　软基处理中使用土工织物施工示意图

a)挖除表土和平整场地;b)铺开土工织物卷材;c)在土工织物上卸砂石料;d)铺设和平整筑路材料;e)压实路基

路堤基底铺设土工织物锚固端构造如图 2-4 所示。土工织物的布端要折铺一段并锚固,铺设两层以上土工织物,两层织物中间要夹 10～20cm 的砂层。

垫隔土工织物加固地基应满足以下要求:

(1)道路材料

土工合成材料应具有质量轻、整体连续性好、抗拉强度较高、耐腐蚀抗微生物侵蚀好、施工方便等优点,非织型的土工纤维应具备当量孔隙直径小、渗透性好、质地柔软、能与土很好结合的性质。

(2)道路施工

①在整平好的下承层上按路堤底宽全断面铺设,摊平时应拉直平顺,紧贴下承层,不得出现扭曲、折皱、重叠。在斜坡上摊铺时,应保持一定松紧度(可用 U 形钉控制)。

②铺设土工聚合物,应在路堤每边留足够的锚固长度,回折覆盖在压实的填料面上。

③为保证土工合成材料的整体性,采用搭接法连接,搭接长度宜为 30～90cm;采用缝接法时,缝接宽度应不小于 5cm;采用黏结法时,黏结宽度不小于 5cm,黏结强度不低于土工合成材

料的抗拉强度。

④现场施工中,一方面注意土工合成材料破损时必须立即修补好,另一方面上下层接缝应交替错开,错开长度不小于0.5m。

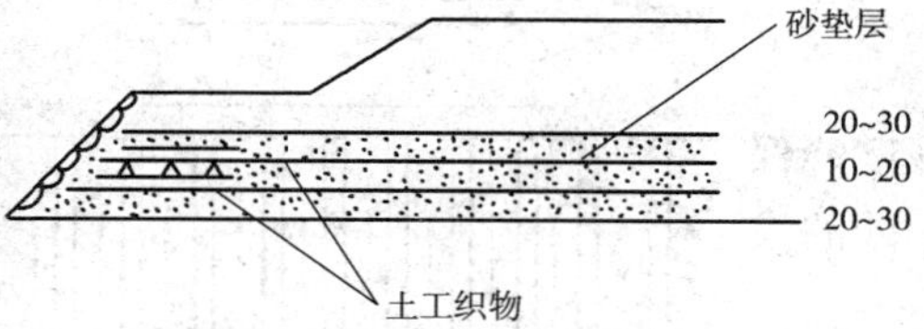

图2-4 土工织物锚固端构造图

⑤在土工材料堆放及铺设过程中尽量避免长时间暴露和暴晒,以免性能劣化。

2. 排水固结法

排水固结法是通过预压使软黏土地基中孔隙水排出,在预压荷载下土体发生固结,土中孔隙体积减少,土体强度提高。排水固结法通常由排水系统和加压系统两部分组成。当被加固软土地基较深或渗透性较差时,要求加固时间太长,为加速地基固结,常需在地基中设置竖向排水通道——砂井或塑料排水板。它主要包括砂垫层法、砂井法(包括普通砂井、袋装砂井)、塑料排水板法、加载预压法、真空预压法等方法。

1)砂垫层

在软土层顶面铺设排水砂层,以增加排水面,使软土地基在填土荷载作用下加速排水固结,提高其强度,满足稳定性的要求。排水砂层对于基底应力的分布和沉降量的大小无显著的影响,但可加速沉降的发展,缩短固结过程。砂垫层适用范围为,路堤高度小于极限高度的两倍以内,软土层不厚或虽厚但有良好排水条件,且砂源丰富、工期不紧的情况。砂垫层的厚度一般为0.6~1.0m,视路堤高度和软土层厚度及压缩性而定。

砂(砾)垫层材料宜采用洁净中、粗砂,含泥量≤5%,也可采用天然级配砂砾料,最大粒径不应大于5cm。砂垫层施工中,对砂(砾)适当洒水、分层压实,压实厚度宜为15~20cm。如采用砂砾石,应无粗细料分离现象,且砂垫层应宽出路基坡角0.5~1m,两端以片石护砌或其他方式防护,以免砂料流失。

当在砂垫层上填筑路基时,路堤填筑速度应合理安排,使加荷的速率与地基承载力增加(排水固结)的速率相适应,以保证地基在路堤填筑过程中不发生破坏。通常可以利用埋设在路堤中线的地面沉降板以及布置在路堤坡脚处的位移边桩进行施工观测,随时掌握地基在路堤填筑过程中的变形情况和发展趋势,借以判断地基是否稳定。砂垫层的典型断面如图2-5所示。

2)砂井

在软土地基中,钻成一定直径的孔眼,灌以粗砂或中砂,利用上部荷载作用加速软土的排水固结,这种方法称为砂井处理法。一般软土均适合采用砂井法,但是固结占很大比例的土和高塑性黏性土则不宜采用。

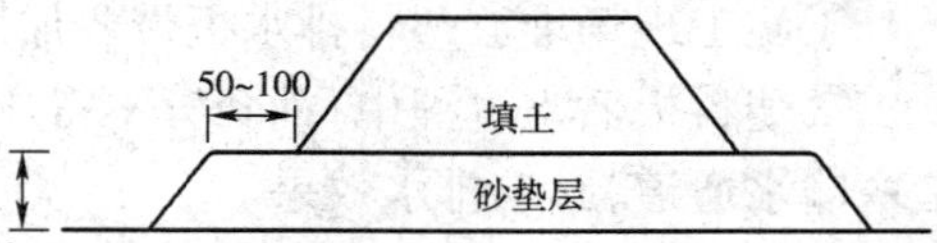

图2-5 砂垫层的典型断面(尺寸单位:cm)

材料要求:砂井材料亦采用渗水率较高的中、粗砂,大于0.5mm的砂的含量宜占总量的50%以上,含泥量不应大于30%,渗透系数不应小于5×10^{-3}cm/s。

3)袋装砂井

袋装砂井是事先把砂装入长条形、透水性好的编织袋内,然后用专门的机具设备打入软土地基内代替普通大直径砂井。袋装砂井既有大直径砂井的作用,又可以保证砂井的连续性,避免缩径现象。此外,由于袋装砂井的直径小,材料消耗小,工程造价低,施工速度快,设备轻型,更适应在软弱的地基上施工。

当泥沼或软土层厚度超过5m，且路堤高度的自重静压超过天然地基承载力很多时，常采用袋装砂井法。特别是当地基土水平位移较大时，袋装砂井更具有优越性，其典型断面如图2-6 所示。

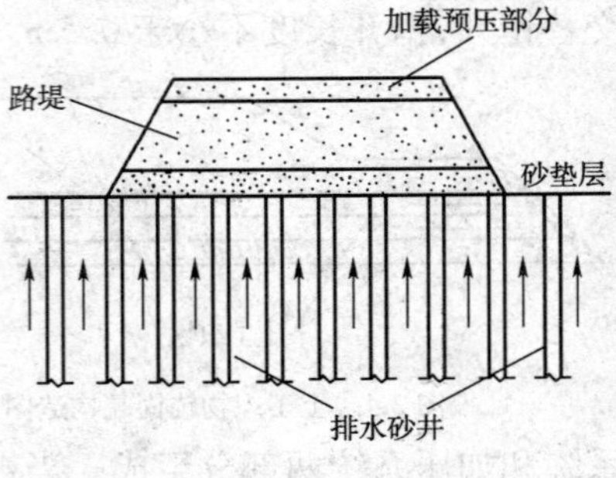

图 2-6　袋装砂井典型断面图

(1)袋装砂井的材料

①袋：选用聚丙烯或其他适用的编织料，抗拉强度能保证承受砂袋自重，装砂后砂袋的渗透系数应不小于砂的渗透系数。

②砂：采用渗水率较高的中、粗砂，粒径大于0.5mm的砂的含量宜占总量的50%以上，含泥量不应大于3%，渗透系数不应小于5×10^{-3}cm/s。砂宜用风干砂，不宜用潮湿砂，以免袋内砂干燥后体积减小，造成袋装砂井缩短与排水垫层不搭接等质量事故。

(2)袋装砂井的施工

袋装砂井可呈矩形、梅花形平面布置，井径应根据所承担的排水量和施工工艺要求决定。一般采用7～12cm的直径，井距1～2m，相当于井径比15～30，砂垫层厚为40～50cm。

4)塑料排水板

塑料排水板是在纸板排水的基础上发展而来的，它的特点是：单孔过水断面大、排水畅通、质量轻、强度高、耐久性好。一般在泥炭饱和淤泥地段或土基松软、地下水位较高的情况下采用此方法。

(1)材料要求

①塑料排水板是由芯体和滤套组成的复合体，或是单一材料的多孔管道板带(无滤套)

②芯板是由聚乙烯或聚丙烯加工而成的多孔管道或其他形式的板带，应具有足够的抗拉强度和垂直排水能力，同时具有耐腐蚀性和足够的柔性，以保证塑料排水板在地下的耐久性并在土体固结变形的情况下不会被折断、破裂。

③滤套由无纺织物制成，具有一定的隔离土颗粒和渗透功能。

(2)排水固结法施工过程中的注意事项

①施工现场堆放塑料排水板带要加以覆盖，以防暴露在空气中老化。

②塑料板插入过程中，钢套管不得弯曲，透水滤套不应被撕破、污染，并防止淤泥进入板芯堵塞输水通道，影响排水效果。

③塑料板与桩尖连接要牢固，避免提管时脱开，将塑料板带出。

④塑料排水板接长时，采用滤套内平接的办法，芯板对扣。为保证输水畅通，并有足够的搭接强度，搭接长度不小于20cm，并用滤套包裹，用可靠措施固定。

⑤严格控制间距和深度。凡塑料板被带出2m的应作废补打。

5)真空预压法

真空预压法是通过在砂垫层和竖向排水体中形成负压区，在土体内部与排水体间形成负压，迫使土中水排出，土体固结。真空预压法竖向排水体系常采用袋装砂井，或塑料排水板。

真空预压法工艺过程如下：首先在地基中设置袋装砂井或塑料排水板等竖向排水通道，在地表面铺设厚70cm左右的砂垫层，形成排水系统。再在砂垫层中埋设吸水管道，并与真空装置连接，形成抽气抽水系统。在砂垫层上铺设不透气封闭膜，薄膜四周埋入土中一定深度。最后通过抽气抽水在砂垫层和竖向排水体中形成负压区。通过持续不断抽气抽水，土体在压差作用下，孔隙水排出土体，土体发生固结。真空堆载联合预压法加固软土地基示意如图2-7所示。

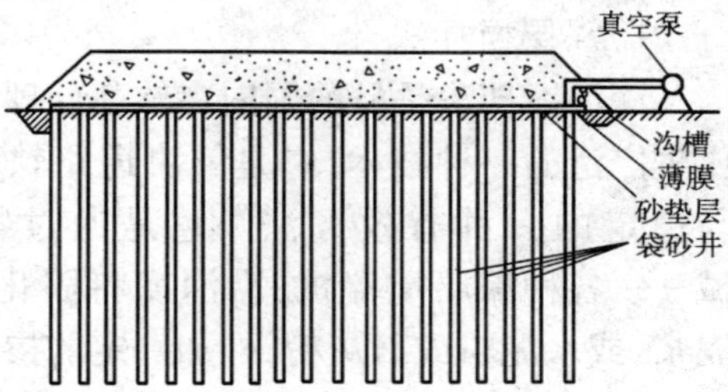

图2-7　真空堆载联合预压法加固软土地基示意图

该方法主要有以下几个优点：

(1)真空度沿砂井或塑料排水板的传递及向土中的扩展，就是孔压下降的过程。由于只是土中的孔隙压力，而孔隙压力是一个球应力，所以不会产生剪切变形，发生的只是收缩变形，不会发生侧向挤出，仅有侧向收缩，因此，该方法可以一次快速加载而无须分级加载；

(2)真空预压法利用大气加固土体，不需要大量的堆载预压材料；

(3)真空排水预压法在加固土体过程中，在真空吸力的作用下易使土中的封闭气泡排除，从而使土的渗透性提高、固结过程加快；

(4)真空预压法加固软土地基，地基周围的土体是向着加固区内的土体移动的，有利于加固区内土体密实度的提高。

3. 轻型填方施工法

软土地段路堤的沉降和稳定性取决于路堤填料的重量，利用轻质填料可以增加路堤的稳定性，减少路堤的沉降量。轻型填方施工法是利用大型泡沫苯乙烯块(EPS)修筑轻型填方。该泡沫苯乙烯的单位体积质量为0.02～0.04g/cm^3，由于质量轻，便于运输，容易施工。除了泡沫苯乙烯外，也可用粉煤灰或水淬渣作轻型填方材料，这些材料的单位重力一般为0.1～0.13kN/cm^3。

用轻型材料作填方和桥台背填料使用，可以大幅度减小地基下沉和变形，防止出现与构筑物连接处的纵向高低差，还可减少对周围地基的影响。

为了减少路堤变形，增加路堤的整体稳定性，防止油类渗入破坏EPS，在EPS上直接现浇钢筋混凝土板保护层作为路床的一部分，然后再在其上修筑路面结构层，如图2-8所示。由于EPS的抗压强度相对较低，在施工过程中，特别是使用传统的压实设备时，必须谨慎作业，以防止损伤材料。EPS的不足是其吸水性增加了单位重力密度，并且一些穴居动物在其内打洞筑巢，所以必须作好封裹隔水工作。

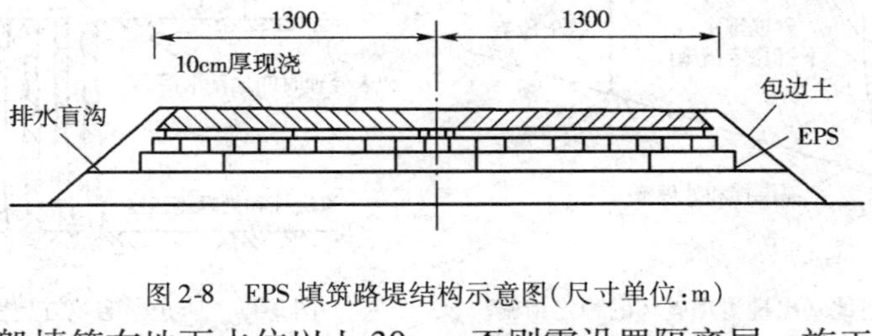

图2-8　EPS填筑路堤结构示意图(尺寸单位:m)

粉煤灰路堤一般填筑在地下水位以上30cm，否则需设置隔离层。施工中先在边坡上填筑黏土保护层，以防止雨水冲刷污染环境。边坡覆盖保护层不小于1.0m，路基顶的覆盖层厚度不应小于0.6m，如图2-9所示。粉煤灰路堤压实后的密度较一般的土石混合料路堤轻150%。

4. 复合地基处理法

复合地基是向土体中灌入或拌入水泥、石灰或其他化学固化浆材，在地基中形成增强体，以达到地基处理的目的，它包括由桩土共同作用的深层搅拌桩、碎石桩、石灰桩等。由桩体承受大部分荷载，桩间土承受部分荷载。

1）深层搅拌法

深层搅拌法是目前国内在软基处理中应用比较广泛的一种技术，它是解决道路软基沉降与稳定的一种有效方法。它是通过特制机械——各种深层搅拌机，沿深度将固化剂（水泥浆，或水泥粉或石灰粉，外加一定的掺合剂）与地基土强制就地搅拌形成水泥土桩加固地基的方法。

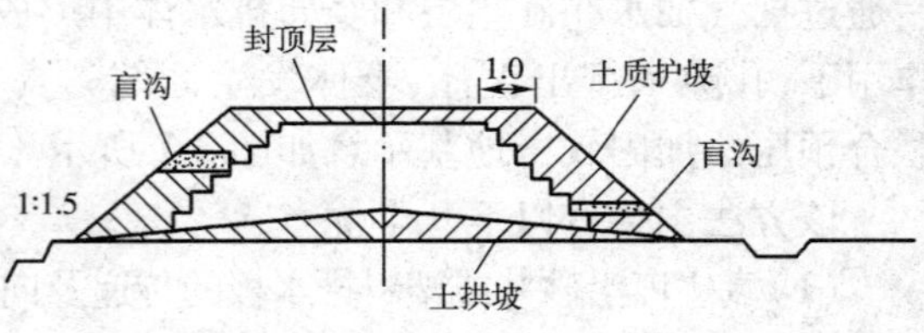

图 2-9　粉煤灰路堤结构示意图（单位：m）

根据固化剂的状态又把搅拌法分为粉喷法和浆喷法两类。粉喷法与浆喷法主要有以下区别：

（1）天然含水量小于30%的软弱土层，如杂填土、粉粒含量高的粉土和砂土宜采用浆喷法；

（2）天然含水量大于30%、塑性指数大于10的软土宜采用粉喷法；

（3）从搅拌效果看，相对于同样的搅拌时间，粉喷法比浆喷法获得的强度高；

（4）相对粉喷法，浆喷法施工简单、施工质量容易控制，特别是在固化剂的计量方法上，水泥浆的计量比水泥粉的计量更容易。

深层搅拌法形成的复合地基具有以下特点：

（1）桩体越长、间距越小，处理效果越好；

（2）搅拌法处理过的软基固结缓慢，软土的固结度小；

（3）大部分应力集中于桩体，部分应力通过桩体传递到复合地基下面的土中，增加了复合地基以下土层的沉降，因此，粉喷法一定要穿透软土层，否则使软基沉降量增加，固结速率减慢，起不到加固软基的效果；

（4）复合路基的侧向变形小，填土后两个月内侧向位移趋于稳定。

该施工法不仅可以提高构筑物的稳定性和减少沉降，还可用于特殊地基条件和有各种制约条件的软土地基。深层拌和处理方法的应用见图 2-10、图 2-11。

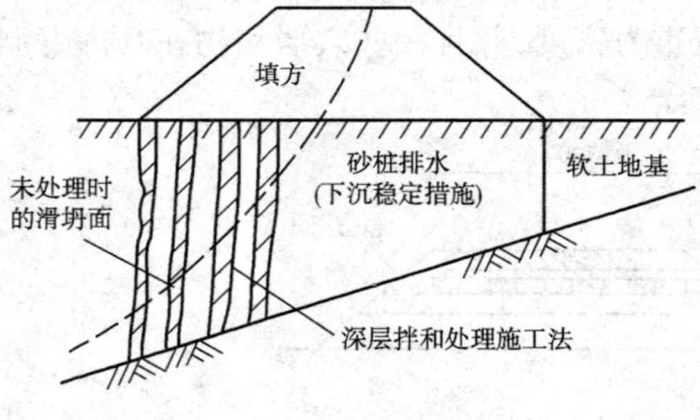

图 2-10　防止倾斜地基出现滑塌破坏的稳定措施

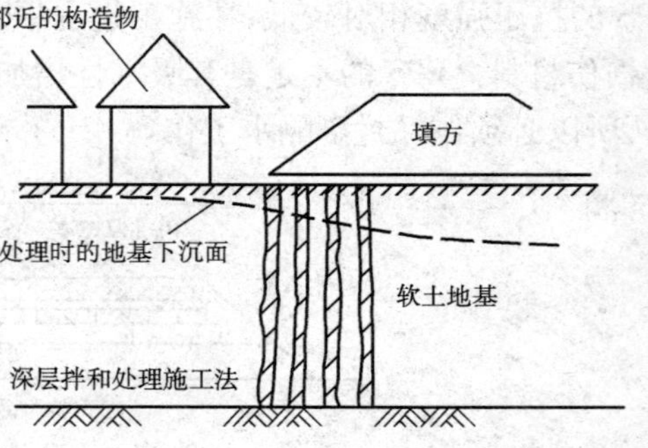

图 2-11　防止影响填方周围构造物的措施

2）碎石桩

碎石桩是利用一个产生水平方向振动的管状设备，以高压水流边振边冲在软弱黏性地基中成孔，在孔内分批填入碎石（或矿渣等松散粗颗粒材料）加以振密制桩，形成的竖向增强体与周围黏性土形成复合地基。此方法与排水固结法相比，加固期短，可以采用快速连续加载方法施工路堤，对缩短工期十分有利。在软弱土层较深、工期要求紧时，采用碎石桩处理软基为好。

(1)材料要求:选用未风化的干净碎石、砾石、矿渣、碎砖等,含泥量不得超过5%～10%,级配粒径最大不超过5cm,以免卡孔或振冲器磨耗过大。

(2)工艺流程:整平原地面—机具定位—桩管沉入—加料压密—拔管—机具移位。

桩的施工次序一般是由里向外或一边推向另一边(如图2-12、图2-13),有利于挤走部分软土。对抗剪强度低的黏性土地基,为减少制桩时对原土的扰动,宜用间隔跳打的方式施工(如图2-14)。

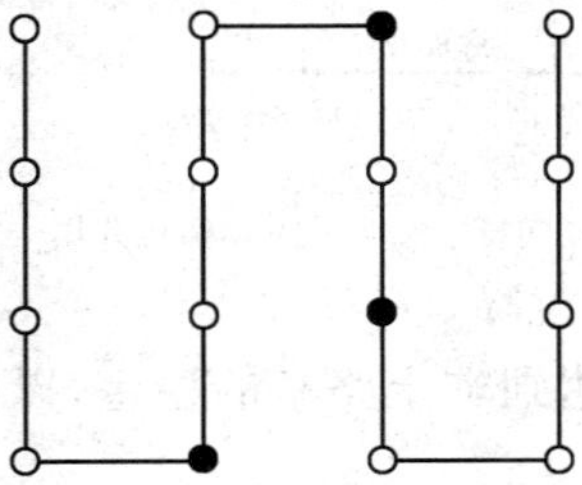

图2-12 由里向外施工

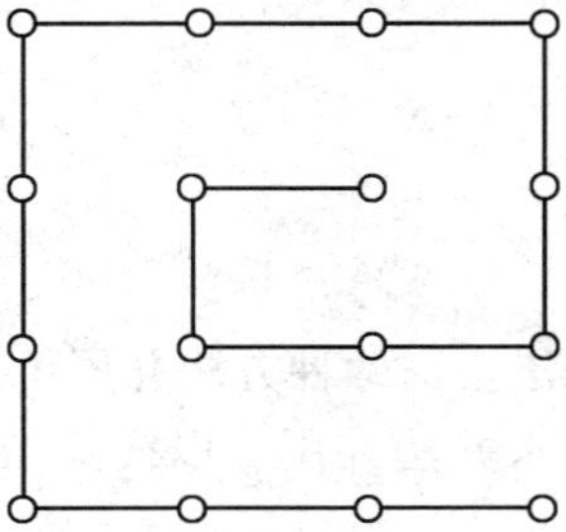

图2-13 一边推向另一边施工

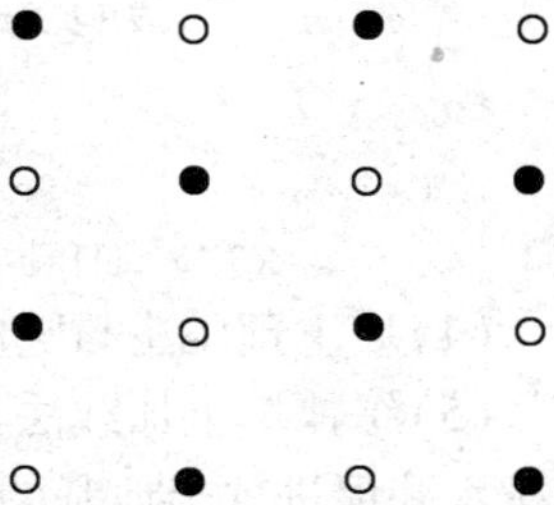

图2-14 间隔跳打施工方式

5. 反压护道法

反压护道法是在路堤两侧填筑一定宽度、高度的护道,使路堤下的淤泥或泥炭向两侧隆起的胀力得到平衡,从而保证路堤的稳定性。

采用反压护道加固地基,不需特殊的机具设备和材料,施工简单,但占地多,用土量大,后期沉降量大,养护工作量大。

反压护道法一般适用于路堤高度不超过其极限高度的5/3～2.0倍,非耕作区和取土不困难、运距又不远的地区。

(1)反压护道填筑材料应符合设计要求,填筑时应与路堤同时填筑。若必须分开填筑,则需在路堤达临界高度前将反压护道筑好。反压护道的高度一般为路堤高度的1/2～1/3。

(2)为保证护道本身稳定,其高度不得超过天然地基所容许的极限高度。反压护道的宽度,一般采用圆弧稳定分析法通过稳定性验算决定。

(3)由于我国土地资源有限,道路建设要尽量少占土地,因此在道路工程中,反压护道法一般不宜大面积使用,多数在桥台高填土地段局部少量使用。

反压护道典型断面如图2-15所示。

三、常用软土地基处理方法的几种组合

为同时解决软土路基沉降、稳定性或加强某一种软土地基处理方法的效果,宜考虑两种以上软土地基处理措施,亦即软土的综合处理。设计综合处理时应遵循的一般原则是:加速排水固结的措施与增强软土地基强度的措施相结合;地面处理与地下处理相结合;避免两种软土地基处理方法在施工上出现干扰及其作用上的相互抵消。

(1)砂垫层与固结排水法并用。不仅施工容易,同时对排水层也能起到一定作用。

(2)在填土中央采用竖向排水井,坡脚处采用砂子加实桩。其作用是竖向排水促进沉降,砂子加实达到稳定,如图2-16所示。

(3)反压护道法与竖向排水井法并用。由反压护道获得软土路基的稳定,由竖向排水井法促进软土地基固结,如图2-17所示。

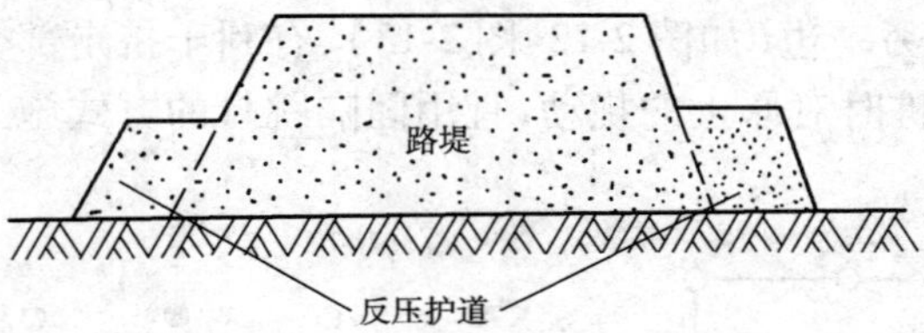

图2-15　反压护道典型断面

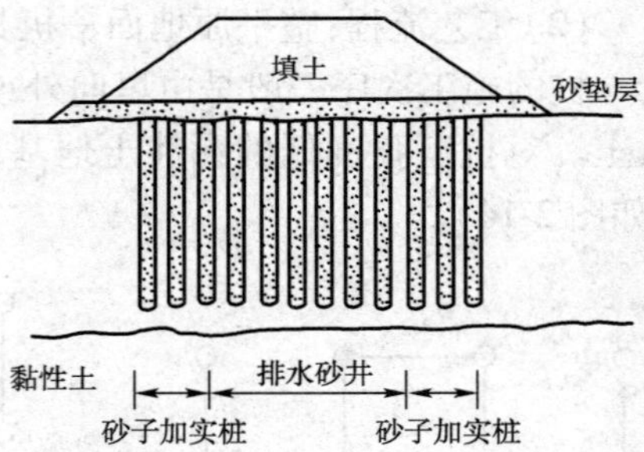

图2-16　竖向排水井与砂子加实桩并用

(4)填土预压法与竖向排水井法。这两种方法并用可加速固结沉降。

(5)缓速填土加载法与竖向排水井法并用。以缓速填土加载达到软土路基的稳定,以竖向排水井促进软土地基的沉降。

(6)反压护道与砂垫层、砂垫层与抛石挤淤法、反压护道与换土等并用,如图2-18～图2-20所示。

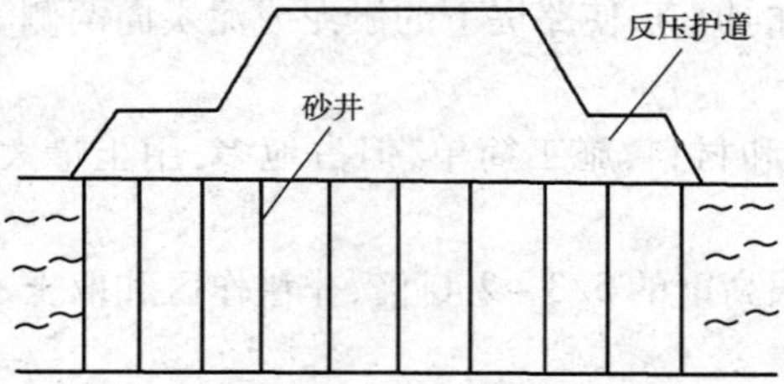

图2-17　砂井与反压护道并用

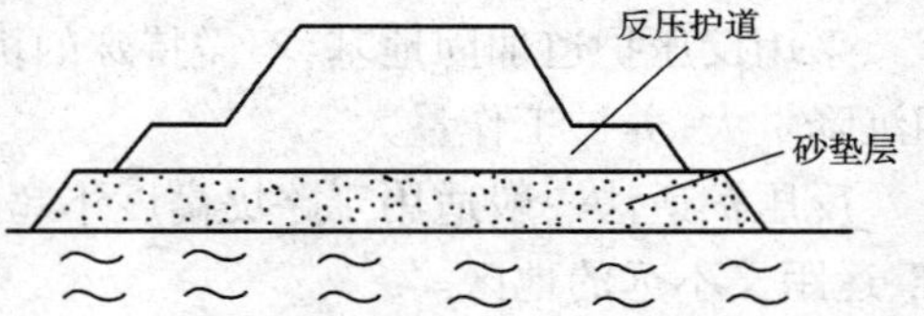

图2-18　反压护道与砂垫层并用

此外尚可有多种组合,总之应根据现场实际选择最有效、最经济的方法组合应用。

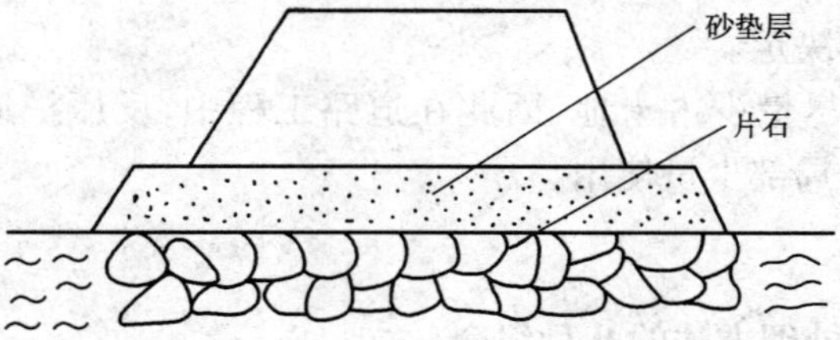

图2-19　砂垫层与抛石挤淤法并用

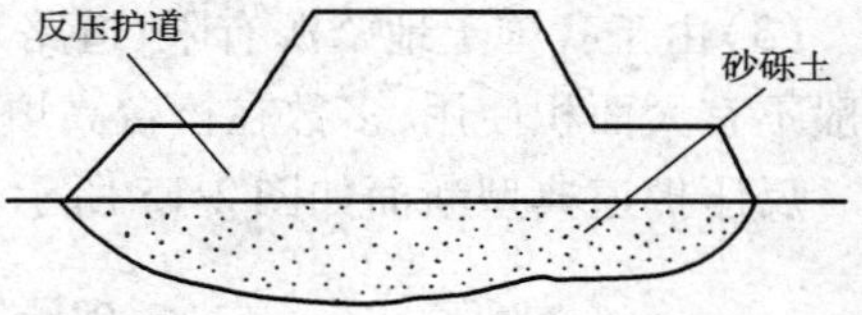

图2-20　反压护道与换土并用

●第三节　路基翻浆的处治●

一、路基冻胀与翻浆及其成因

潮湿地段的路基在冰冻过程中,土基中的水分不断地向上移动聚集,引起路基冰胀。春融时，路基湿软，强度急剧降低，加上行车的作用，路面发生弹簧、鼓包、冒浆、车辙等现象，称为翻浆。

1. 翻浆发生的过程

秋季，由于降水或灌溉的影响，地面水下渗、地下水位升高，使路基水分增多，为冬季水分积聚提供了必要条件。

冬季，气温下降，路基上部的土开始冻结，此时，土孔隙内的自由水在0℃时首先冻结，形成冰晶体。当温度继续下降时，与冰晶体接触的土颗粒表面的薄膜水（弱结合水在-0.1～10℃时冻结）受冰结晶力的作用，移动到冰晶体上面冻结。因此，该部分土粒表面的水膜变薄，破坏了原来的吸附平衡状态，产生剩余分子引力，将吸取邻近土粒的薄膜水。同时，当水膜变薄时，薄膜水内的离子浓度增加，产生渗透压力差。在土粒引力和渗透压力差的共同作用下，薄膜水就从水膜较厚处向水膜较薄处移动，并逐层向下传递。在温度为0～-3℃（-5℃）的条件下，当未冻区有充足的水源供给时，水分发生连续移动，使路基上部大量聚冰。

如果冻结线在某一深度停留时间较长，水分有充分的聚积时间，当水源供给充足时，便在冻结线附近形成聚冰层。它通常只出现在路基上部的某一深度范围内，一般有5～30cm厚。聚冰层可能有一层或多层。凡聚冰层所在之处即是路基土含水量最大之处。

冻胀是翻浆过程中的一个阶段。土基下部的水向上积聚并冻结成冰，就会形成冻胀，过大的冻胀会使柔性路面产生鼓包、开裂，使刚性路面出现拱起、错台或断板。

尤其是沥青路面的道路上，由于路面材料的导热系数远大于路肩土，所以路面下的土首先冻结，于是不单是路基下部水分，而且路肩、边坡下尚未冻结的土中的水分都向路面下已冻结区土中聚集，因而路面下聚集水分特别多，加重了聚冰层的形成。

待到来年春季化冻时，由于路面结构层的吸热和导温性较强，路面下的路基先于路肩下的路基融化，于是路基下残余未化的冻土形成凹槽，化冻后的水分难以排出，路基上部处于过湿状态，如图2-21所示。当融化至聚冰层时，路基湿度更大，有时甚至超过液限。这样，路基在化冻过程中强度显著降低，以至丧失承载能力，在行车荷载作用下发生弹簧、开裂、鼓包、车辙，严重时泥浆外冒，路面大面积破坏，形成翻浆。

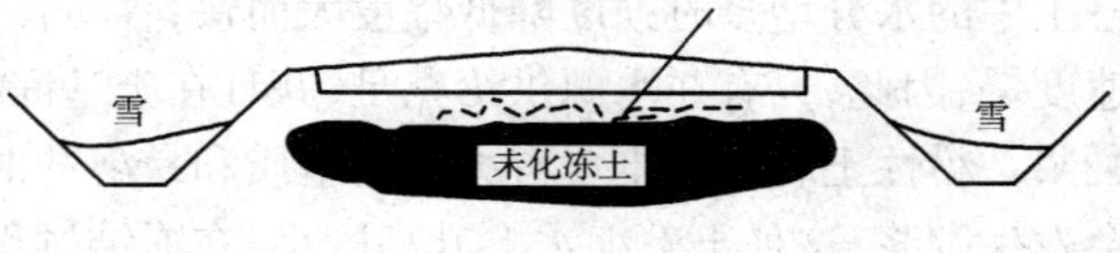

图2-21　路基土化冻时的情况

2. 翻浆的分类与分级

翻浆的发生，不仅会破坏路面，妨碍行车，严重的还会中断交通，对国民经济建设、国防战备都具有一定的危害，并增加道路养护工作。

路基中水分来源不同，并以不同形式存在于路基土中。为了针对各种来源的水分所引起的翻浆，采取相应的措施进行根治，有必要把翻浆按水分的存在形式进行分类，见表2-2。

根据翻浆高峰时期路面变形破坏程度，将翻浆路段分为三级，见表2-3。

3. 影响翻浆的因素

影响公路翻浆的主要因素有：土质、温度、水、路面、行车荷载、人为因素等。其中土质、温度、水三者的共同作用是形成翻浆的三个自然因素。

路基工程翻浆分类 表 2-2

序号	翻浆类型	导致翻浆的水分来源
1	地下水类	受地下水的影响，土基经常潮湿，导致翻浆。地下水包括上层滞水、潜水、层间水、裂隙水、泉水、管道漏水等。潜水多见于平原区，层间水、裂隙水、泉水多见于山区
2	地面水类	受地面水的影响，使土基潮湿，导致翻浆。地面水主要指季节性积水，也包括路基、路面排水不良而造成路旁积水和路面渗水
3	土体水类	因施工遇雨或用过湿的土填筑路堤，造成土基原始含水量过大，在负温度作用下使上部含水量增加，导致翻浆
4	气态水类	在冬季强烈的温差作用下，土基中水主要以气态形式向上运动聚集于土基顶部和路面结构层内，导致翻浆
5	混合水类	受地下水、地面水、土体水或气态水等两种以上水类综合作用产生的翻浆。此类翻浆需要根据水源主次定名，如地下水、地面水类等

路基工程翻浆分级 表 2-3

翻浆等级	路面变形破坏程度
轻型	路面龟裂、湿润、车辆行驶有轻微弹簧
中型	大片裂纹、路面松散、局部鼓包、车辙较浅
重型	严重变形、翻浆冒泥、车辙很深

1）土质

粉性土是最容易翻浆的土，这种土的毛细水上升较高，在负温度作用下水分聚流严重，而且土中的水分增多时强度降低幅度大而快，容易丧失稳定。粉性土的毛细水上升虽高，但上升速度慢，因此，只有在水源供给充足，并且在土基冻结速度缓慢的情况下，才能形成比较严重的翻浆。粉性土和黏性土含有大量腐殖质和易溶盐时，则更易形成翻浆。砂性土一般情况下不会发生翻浆，这种土毛细水上升高度小，在冻结过程中水分聚流现象很轻，同时，这种土即使含有大量水分，也能保持一定的强度。

2）温度

一定的冻结深度和一定冷量（冬季各月负气温的总和）是形成翻浆的重要条件。在同样的冻结深度和冷量的条件下，冬季负气温作用的特点和冻结速度的大小对形成翻浆的影响也是很大的。例如，当初冻的时候气温较高或冷暖交替出现，温度在 0 ~ −3℃（−5℃）之间停留时间较长，冻结线长期停留在路面下较浅处，就会使大量水分聚流到距路面很近的地方，产生严重翻浆。反之，如冬季一开始就很冷，冻结线很快下降到距路面较深的地方，则土基上部聚冰少就不易出现翻浆。除此之外，春天气温的特点和化冻速度对翻浆也是有影响的，如春季化冻时，天气骤暖，土基急速融化，则会加重翻浆的程度。

3）水

翻浆过程，就是水在路基土中转移、变化的过程。路基附近的地表积水及浅的地下水，能提供充足的水源，是形成翻浆的重要条件。秋雨及灌溉会使路基土的含水量增加，使地下水位升高，将会加剧翻浆的程度。

4）路面

路面结构与类型对翻浆也有一定的影响，例如，在比较潮湿的土基上铺筑沥青路面后，由于沥青面层透气性较差，路基土中的水分不能通畅地从表面蒸发，使水分滞积于土基顶部与基层，导致路面失稳变形，以至出现翻浆。

5）行车荷载

公路翻浆是通过行车荷载的作用，最后形成和暴露出来的。当其他条件相同时，在翻浆季节，交通量越大，车辆轴载越重，则翻浆越为严重。

6）人为因素

（1）设计时对翻浆的因素考虑不周。路基设计高度不够，特别是低洼地带，路线没有避开不利的水文地质地带，缺乏防治翻浆的措施，以及路面结构组合不当、厚度偏薄等。

（2）施工质量有问题。填筑方案不合理，不同土质填料混杂填筑，或采用大量的粉质土、腐殖土、盐渍土、大块冻土等劣质填料，或分层填筑时压实度不足。

（3）养护不当。排水设施堵塞，路拱有反向坡，路面、路肩积水，对翻浆估计不足，且无适当的防护措施。

二、防治翻浆的一般原则

（1）冻胀与翻浆地区的路基设计，要贯彻以防为主，防治结合的原则。路线应尽量设置在干燥地段，当路线必须通过水文及水文地质条件不良地段时，就要采取预防措施。

（2）防治冻胀与翻浆应根据地区与路段特点，按照因地制宜、就地取材和路基路面综合设计的原则，提出合理处治方案。

（3）冻胀与翻浆地区路基设计，在一般情况下，应首先搞好地面水和地下水的处理，并注意路基填土高度。

（4）对于高级和次高级路面，除按强度进行结构层设计外，还需按容许冻胀要求进行复核；对于低、中级路面则根据防治翻浆要求进行设计。

三、翻浆的防治措施

防治翻浆的基本途径是：防止地面水、地下水或其他水分在冻结前或冻结过程中进入路基上部；在化冻期，可将聚冻层中的水分及时排除或暂时蓄积在透水性好的路面结构层中；改善土基及路面结构；采用综合措施防治。各种防治翻浆的措施列于表2-4。

1. 做好路基排水，抬高路基

良好的路基排水可以防止地面水或地下水浸入路基，使路基土体保持干燥，从而减轻冻结时水分聚流的来源，这是预防和处理地面水类和地下水类翻浆的首要措施。

抬高路基是一种效果显著、简便易行、比较经济的常用措施。增大路基边缘至地下水或地面水位间距离，使路基上部土层保持干燥，在冻结过程中不致因过分聚冰而失稳。

抬高路基的措施适用于取土方便的路段，并宜采用透气性良好的土填筑路基。路线通过农田地区，为了少占耕地，应与路面设计综合考虑，以确定合理的填土高度。在重冰冻地区及粉性土地段，在抬高路基时还要与其他措施，如砂垫层、石灰土等配合使用。

各种防治翻浆措施 表 2-4

编号	措施种类	适用翻浆类型	翻浆等级	适用地区或条件	使用说明
1	路基排水	1,2,5	轻、中、重	平原、丘陵、山区	适用于一切新、旧道路
2	提高路基	1,2,5	轻、中、重	平原、洼地、盆地	新旧路均可用,必要时也可与3、4、5、6、7、9任一类措施组合应用
3	砂、(砾)垫层	1,2,3,5	中、重	产砂、砾地区	新、旧路均可用,主要做垫层或与2、4类措施组合应用
4	石灰土结构层	1,2,3,4,5	轻、中、重	缺少砂、石地区	新、旧路均可用,做基层或垫层与3、5类措施组合应用
5	煤渣石灰土结构层	1,2,3,4,5	中、重	缺少砂、石地区,煤渣供应有保证	新旧路均可用,做基层或垫层,或与4类措施组合应用
6	透水性隔离层	1,5	中、重	产砂、石地区	适用于新路
7	不透水性隔离层	1,2,4,5	中、重	沥青、油毡纸、塑料薄膜供应有保证	多用于新路
8	盲沟	1,5	轻、中、重	坡腰或横向地下水出露地段,地下水位高的地段	新、旧路均可使用
9	换土	1,2,3,5	中、重	产砂砾或水稳性好的材料地区	适用于新、旧路
10	无纺布土工膜	1,2,4,5	轻、中、重	平原区、丘陵区、山区	适用于新、旧路,可与前9种措施组合使用

注:表中翻浆类型序号与表2-2对应。

2. 铺设隔离层

隔离层设在路基顶面下0.5~0.8m处,其目的在于阻断毛细水上升通道,保持上部土基干燥,防止翻浆发生。地下水位或地面积水较高,又不宜抬高路基时,可铺设隔离层。隔离层按使用材料可分为两类:

1)透水性隔离层

透水性隔离层采用碎石、砾石、粗砂或炉渣等做成,其厚度一般为10~20cm。为了防止淤塞,应在隔离层上面和下面铺设1~2cm泥炭、草皮等防淤层。隔离层底部应高出地面水20cm以上,并向路基两侧做3%~4%的横坡,边坡接头的地方要用大块碎砾石铺进50cm,如图2-22所示。

2)不透水性隔离层

不透水性隔离层分不封闭式和封闭式两种,前者适用于一般路段,用以隔断毛细水;后者适用于地面排水有困难或地下水位高的路段,用以隔断毛细水和横向渗水。

不透水性隔离层所用的材料有:①直接喷洒厚度为2~5mm的沥青;②沥青含量为8%~

10%的沥青土或6% ~8%的沥青砂,厚度一般为2.5 ~3cm;③2 ~3层油毡或塑料薄膜(在盐渍土地区不能使用);④复合土工膜,一布一膜者即可,如图2-23所示。

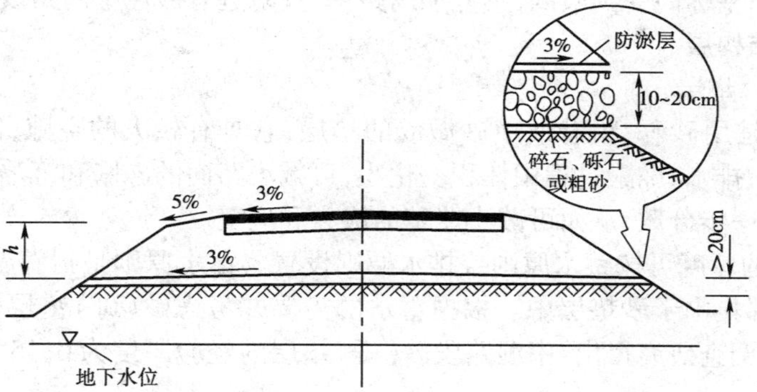

图2-22　粗粒料透水隔离层(尺寸单位:cm)

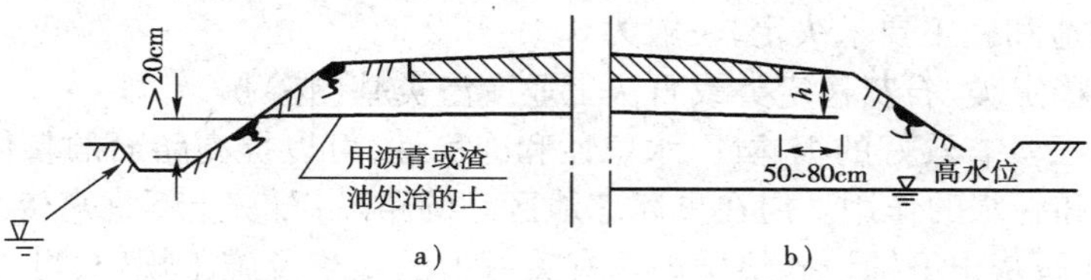

图2-23　不透水性隔离层(尺寸单位:cm)

a)贯通式;b)不贯通式

隔离层的适用条件及注意事项:①隔离层对新旧路翻浆均可采用,特别适用于新路。②不透水性隔离层适用于不透水路基,在透水路基下只能设透水隔离层。

3. 设置路肩盲沟或渗沟

1)路肩盲沟

为及时排除春融期间路基中的自由水,达到疏干路基上部土体的目的,可在路肩上设置横向盲沟,适合于路基土透水性较好的地下水类翻浆路段。

盲沟布置应与路中心线垂直。如路段纵坡大于1%时,则宜与路中心线成60° ~70°的交角(顺下坡方向),两边交错排列,一般5 ~6m设置一道,深为20 ~40cm,宽为40cm左右。

2)排水渗沟

为了降低路基的地下水位,可在边沟下设置盲沟或有管渗沟。为了拦截并排除流向路基的层间水,可采用截水渗沟。

近年来,开发了一种新型的加筋软式透水管。透水管内衬经磷酸防腐处理并涂敷PVC的高强度弹簧硬钢丝,在钢丝圈外紧接纺织3层高强尼纶和特殊纤维制成的滤布和透水层。管体坚固耐用,具有较好的透水、过滤与排水性能,耐酸碱,施工简便,尤其适于各种复杂地形,替代传统的盲沟和渗沟施工可取得较好效果。

4. 换土

对因土质不良造成翻浆的路段,可在路基上部换填水稳性好、抗冻性好、强度高的粗颗粒土,以提高土的强度和稳定性。

用换土法治理翻浆路段，应突出抓一个“早”字，一经发现翻浆苗头，立即进行开挖，用较少的工作量，可取得较好的效果。

换土适合于路基标高受到限制，不能加高路基，且附近有砂性土的路段。

5. 改善路面结构层

1）铺设砂（砾）垫层

砂（砾）垫层是用砂砾、粗砂或中砂做成的垫层，它具有较大的空隙，能隔断毛细水的上升，化冻时能蓄水、排水，冻融过程中体积变化小，可减小路面的冻胀和沉陷。它还具有一定的强度，能将荷载进一步分散，从而可减小路基的应力和应变。

砂（砾）垫层的厚度可按蓄水原则或排水原则设置。蓄水原则是指春融期间，路基化冻后的过量水分能全部集中于砂垫层中。根据蓄水的需要并考虑砂（砾）垫层被污染后降低蓄水能力的情况，并经调查研究得出：中湿路段砂（砾）垫层的经验厚度为0.15～0.20m；潮湿路段为0.2～0.3m。

排水原则是将春融期汇集于砂垫层中的水分通过路肩盲沟排走。其厚度应根据路面强度及砂（砾）垫层构造和施工要求决定，一般为0.1～0.2m。

2）铺设水泥稳定类、石灰稳定类或石灰工业废渣类基（垫）层

这类基（垫）层具有较好的板体性、水稳性和冻稳性，可以提高路面的整体强度，起到减缓和防止路基冻胀和翻浆的作用。但在重冰冻地区潮湿路段，石灰土不宜直接采用，须与其他措施配合应用，如在石灰土下铺设砂垫层等。有关材料的要求及施工规定，可参考《公路路面基层施工技术规范》（JTJ 034—2000）。

3）设置防冻层

对于高级和次高级路面结构层的总厚度除满足强度要求外，还应满足防冻层厚度要求，以避免路基内出现较厚的聚冰带，从而防止产生导致路面开裂的不均匀冻胀。

防冻层厚度可分别按《公路沥青路面设计规范》（JTG D50—2006）与《公路水泥混凝土路面设计规范》（JTG D40—2003）的有关规定确定。

4）铺设隔温层

在重冻区，有条件时也可采用铺设高效隔温层的方法，减小土基冻结深度或使土基不冻结，以防治冻胀，从而也防治翻浆。隔温层采用导温性能差的材料，铺在土基内、土基顶面或路面结构层内。

公路上，过去多采用煤渣做隔温材料，但受湿后效果不理想，现在开始采用泡沫塑料、苯乙烯海棉塑料混凝土、含有多孔填充料的轻混凝土等高效隔温材料。煤渣隔温层铺设于压实的土基顶面，为防煤渣受湿隔温性能降低，可设在砂垫层上；硬化泡沫塑料隔温层铺设于压实的土基顶面；轻混凝土隔温层铺设于面层下的路面结构层内。

在土基顶面铺设硬化泡沫塑料隔温层时，为防其受潮，应先摊铺聚乙烯薄膜，然后安放硬化泡沫塑料板或浇注泡沫树脂，最后再用薄膜覆盖并加铺5cm砂层，方可在其上铺筑路面结构层。采用泡沫聚合树脂时，要待泡沫硬化2h后再覆盖薄膜。隔温层的厚度，视需要减少的冻结深度而定。

四、翻浆路段的养护

翻浆现象是一个四季都发生变化的过程。秋季，水分开始聚积；冬季，水分在路基中重分

布;春季,水分使路基上部过分潮湿;夏季,水分蒸发、下渗,路基处于干燥状态。因此,在各个季节里,应根据各自不同的现象,采取适当的养护措施,加强预防性的防治工作,以防止或减轻翻浆病害。

(1)春季是翻浆的暴露期,其养护工作的中心内容是采取预防措施,尽可能减轻或控制翻浆程度。

(2)夏季是翻浆的恢复期,其养护工作的中心内容是修复翻浆破坏的路面,完善排水设施,加固路基和路面结构。

(3)秋季养护的中心内容是排水,尽可能防止水分进入路基,保持路基干燥。具体工作就是修整地表排水设施和检查地下排水设施。

(4)冬季是路基水分在温差作用下向路基上层强烈聚集的时期,因此养护的中心内容是减轻这种水分聚集的程度,并要防止水分进入路基。

• 第四节 路基沉降的防治 •

路基因条件复杂常经受各种自然因素的影响,承受车辆荷载的重复作用,并且加上设计、施工方面因素的影响,在使用过程中常产生各种病害。路基沉陷是路基在其施工期和道路建成后经常出现的一种病害。

对于山区高速公路的路基来说,除了会出现一般路基可能出现的损害,还存在由于高填方、填挖结合等问题引起的病害。

一、路基沉降产生的原因

(1)伐树除根及表土处理不彻底,路堤成形后一旦杂质腐烂变质,地基将会发生松软和不均匀沉降。

(2)地面横坡大于1:5的路段,路堤填筑前土基未按规定要求挖成台阶。

(3)填料与土基结合不良,在荷载作用下,填料极易失稳而沿坡面产生滑移。

(4)选用了稳定性较差的路基填料,如采用高液限黏土、粉质土,或使用腐殖质含量较高的土料填筑路堤,会使路堤产生整段或局部的变形。

(5)半填半挖地段的施工,土基未按规定要求挖成台阶,使土基与填料在接合部产生裂缝和沉降。

(6)路基修筑在软土地段,由于软土的压缩性大,在自重的作用下会产生沉降。

(7)路基填料的含水量过大、压实厚度过大、填料混杂等,都易造成路基压实不足,使路基土的密实度偏低,土体的透水性增强,造成水分积聚和侵蚀路基,使路基土软化或因冻胀而产生不均匀沉降。

二、高填方路基损害分析

高填土路基在《公路路基设计规范》(JTG D30—2004)中是以边坡的总高度大于20m为界限划分的。高填土路基施工完工后,随着时间的延长与荷载的作用,路基在垂直方向上常会产生较大的变形和沉陷。沉陷根据反映在路面上的结果不同可分为不均匀下沉、局部沉陷、整体下沉三种类型。从路基沉陷的产生部位不同可分为路堤沉陷和地基沉陷两类。高填土路基沉陷有时并不单单是沉陷一种，常常在沉陷的同时，要伴随着路基纵横向开裂或边坡滑动。

高填土路基沉陷形成的原因有：

1. 设计因素

高填路堤下沉，首先要考虑是否是设计方面的原因，如断面尺寸不合理，边坡取值不当，排水、防护与加固不妥等。因条件限制公路路线必须通过复杂山区时，设计上应按照《公路路基设计规范》(JTG D30—2004)要求认真对高填路基进行特殊设计。对未进行高路堤的稳定性验算，而按一般路基进行设计，且施工工艺、填料等未作特殊要求说明的路段，在工程施工过程中或工程完工后，高填方路基将会有较大整体下沉或局部沉陷，以致影响公路的正常使用。

2. 施工因素

(1)填筑顺序不当。高填路堤在填筑时未严格按《公路路基施工技术规范》(JTG F10—2006)要求在全宽范围内分层填筑，填筑厚度不符合规定等。

(2)压实不足。高填路堤应按规定选配压实机具，按正确的操作规范及要求进行压实操作，确保压实度达到《公路路基施工技术规范》(JTG F10—2006)规定的要求。

(3)在填挖交界处没有挖台阶，导致交界处发生不均匀沉降；或因为原地面与填料结构不同，二者密度、承载能力不同，如填挖交接处软土、腐殖土等未清除干净或填筑方式不对及压实不足，就会出现接合部沉降病害。

(4)台后和通道两边高填土下沉，其主要原因是柔性的填土与刚性构造衔接处，二者强度、稳定性方面差异较大，加之填土压实不够而导致下沉。

(5)施工过程中未注意排水，遇雨天时，路基积水严重，无法自行排出。有的积水浸入路基内部，形成水囊。晴天施工时也未排除积水就继续填筑，以致造成隐患。

3. 工程地质

在工程地质不良、泥沼软基地段填筑路堤，由于地表土密度小、压缩变形大、承载能力低，当路堤填料不断增加时，原地面土容易发生压缩沉降和挤压移位，地基的压缩变形致使路堤随之沉降或开裂。

当路堤穿过沟谷时，沟谷中心往往填土高度最大，向两端逐渐降低，在路堤横断面上，往往迎水面填土高度小于背水面。这样也将由于填土高度不同而可能产生不均匀下沉，使路堤纵断面方向路面中间低、两头高，横断面方向的路肩一侧高而另一侧低。

4. 路基填料

如果路堤填料土质差，填料中混进了种植土、腐殖土或泥沼等劣质土，由于这类土具有有机物含量多、抗水性差、强度低等特性，路堤将出现塑性变形或沉陷破坏。尤其是膨胀土，遇水膨胀软化，风干收缩开裂，工程稳定性差，用作填料时随着土中水分的挥发，收缩开裂尤为严重；对路堤的整体结构危害极大。

5. 路基排水

路基排水的任务是把路基工作区的土基含水量降低到一定的范围内。土基含水量过大、排水不良会引起土质松软、强度降低、边坡坍塌、路堤沉陷或滑动，以及产生冻害等。

三、沉降治理方法

对填方路基出现的整体下沉和局部沉陷这些严重病害，必须采取行之有效的处理方法，使路基处于良好状态。下面介绍几种常用的处治措施。

1. 换土复填法

因填筑土质不符合要求，路基出现下沉但面积不大且深度不深，采用换土复填法是一种快捷的方法。此法是将原路基出现病害部分的土挖去，更换新的且符合规范要求的土。一般采用级配较好的砂砾土，或塑性指数满足规范要求的亚黏土为宜。回填时，挖补面积要扩大，且逐层挖成台阶状，由下往上，逐层填筑，碾压密实，压实度要求高出原路压实度1% ~2%为宜。如需要时，可结合土工合成材料进行施工。这种方法只要掌握好路基的填筑方法即可，没有复杂的技术要求。

2. 固化剂法

在处理高填土路基的下沉中，如果更换路基填料受到限制，且填筑料数量不大时，可在原填料中掺入一定品种与数量的固化剂处理路基病害。

固化剂作为一种特殊的建筑材料，其不同的物理性质和化学组成决定了不同的类别、特点和固化方法。路用材料固化剂从形态上看，可分为固态和液态两大类。从化学构成上看，可分为主固化剂和助固化剂两大部分。其中固体粉状固化剂中主固化剂以石灰、石膏、水泥为主，助固化剂采用高聚物如聚丙烯酰氨、聚丙烯酸或含有活性基因的有机化合物；液态状固化剂中主固化剂多采用水玻璃，助固化剂则采用各种无机盐，如碳酸镁、碳酸钙等。前者与土混合加压，适合于表层或浅层土的固化；后者使用时，采用特殊工艺将浆液注入土中使土固结，适合于深层土的固结。

3. 粉喷桩法

对于处理10m以内路基下沉病害，采用粉喷桩加固技术是较为理想的一种方法。粉喷桩处理软基土是通过专门的机械将粉体固化剂喷出后在地基深处与软土强制搅拌，利用固化剂和软土之间发生的一系列物理、化学反应，在原地基中形成强度、刚度较大的桩体，同时也使桩周围土体性质得到改善，桩体与桩间土体形成复合地基共同承担外荷载。使用粉喷桩加固路基应认真调查研究路基病害的情况，认真做好粉喷桩施工设计（桩径、桩距、固化剂掺入量、桩的强度等），施工中严格掌握固化剂掺入量、龄期、土样含水量、混合料搅拌的均匀性。着重抓好施工中的几个环节：

（1）严格按照粉喷桩施工规范施工，严格掌握钻机的就位、钻进、停钻、提升、停喷、重复的工艺流程。

（2）桩的质量控制。粉喷桩处理软基属于隐藏工程，通常是昼夜连续施工，质量控制内容包括桩距、桩位检查、逐桩控制喷粉量、桩长等。

4. 干拌混凝土夯扩桩法

对路基浸水变形较大或不稳定地段，采用干拌混凝土夯扩桩加固技术是较为理想的一种方法。采用夯扩桩进行加固路基，材料价格低廉，不需要拆除和修复原有路基，能充分利用原有路面，不仅可以节省工程投资，而且不需要中断交通。

干拌混凝土夯扩桩设计技术参数和施工要求：

（1）桩长以进入原始地面以下4 ~5m为宜。

（2）采用钻机成孔，成孔垂直度应控制在1.5%以内，中心偏差 <50mm。

（3）施工由外向里逐排推进。

(4)孔直径不得小于最小值。当设计桩径为200mm时,其成孔直径不得小于50mm;当设计桩径为300mm时,其成孔直径不得小于200mm。

(5)干拌混凝土夯扩桩的混凝土强度等级为C25,桩孔路面以下30cm采用细石(粗集料粒径5~10mm)混凝土封孔,混凝土强度等级C25。

5.压浆法

压浆法是利用液压、气压或电化学原理,通过压浆液均匀地注入地层中,浆液以充填、渗透和挤密等方式占据土粒间或岩石裂缝中的空间,经人工控制一定时间后,浆液将原来松散的土粒或裂隙胶结成一个整体,形成一个结构新、强度大、防水性能高和化学稳定性良好的"结晶体"。

水泥浆液在不同地质条件和不同灌浆压力条件下,在地下流动的形式不同,当灌浆压力较低时,路基填料渗透性较好,水泥浆在中等浓度的情况下以渗流的方式渗入路基土孔隙,这时认为路基原结构未受扰动和破坏。上述情况称为渗流注浆法,适合于碎石土、砂卵土填料路基。对于黏性土填筑路基由于渗透性小,通过渗入灌浆法难以奏效。当灌浆压力提高到一定程度时,会发现单位时间注浆量明显上升,实际上黏性土路基已在注浆周围发生径向劈裂,浆液沿裂缝流入土体,并将土体切割成不规则的块体,在块体之间形成互相穿插的脉络状水泥结石,黏性土又受到充填浆液时的压缩,形成一种复合型岩土,从而提高路基的强度和刚度。这种方式称为劈开式或胀裂式灌浆。

用渗入式灌注碎石土(砂卵土),路基灌浆压力可由小到大,压力控制在0.5~1.5MPa即可。黏性土类路基适宜于采用劈裂法,常用注浆压力为1.0~4.0MPa。

压浆法施工程序:

(1)布孔。根据路基的强度要求,结合固结压浆的特点、路基形态等因素考虑,遵循既要充分发挥压浆孔的效率,又有保证浆液留在路基有效范围以内的原则,布孔时还应视路基实际情况而定。若全幅压浆,应采用等距离梅花形方格网布孔,中间孔浅,边缘孔较深,孔间距以2.0m为宜。

(2)成孔。成孔必须是干法钻进,钻进时绝对不允许加水,因此应尽量选用小型潜孔钻,成孔较好。其优点是进度快、易搬动、操作简单,钻进成本低。尤其对碎石类路基更为显著,宜广泛推广。

(3)压浆。压浆施工主要控制压浆压力、浆液浓度、压浆量、压浆次序等。如何选择和控制压浆压力和浆液浓度等因素,是压浆施工中首要解决的问题。压浆压力是保证压浆质量的重要因素之一。如果压力过小,浆液射流达不到预计范围内,扩散半径小,易形成空白区;如果压力过大,则会破坏路基原结构,抬升路面或冲垮边坡,还会使浆液沿路基薄弱部位冲出路基,达不到灌注目的。因此,在大范围压浆前应先做试验,根据压浆段的路基类型,结合单孔压浆量选择合适压浆压力。浆液浓度通常用水灰比1:1较为合适。在密实较好的黏土路基中,可适当增大水量,使稀浆更易充分进入黏土路基中。

压浆次序是指注孔的受注顺序。一般以三次序压浆为好,应事前根据压浆孔平面图,设计好压浆次序。第一、二次序孔以单孔压浆量为控制标准,第三次序为加压压浆。压浆结束应以设计的终孔压力和平均单孔压浆量为双重控制标准。

6.加铺路面法

此方法多用于沥青混凝土路面沉降,路基土经行车荷载重复碾压,路基沉降逐渐稳定,路面基本完好。根据标准进行超载预压，表面铣刨拉毛后直接加铺路面，对沉降引起的裂缝应先采取钻孔压浆处理。

四、半填半挖路基病害防治措施

在山区修筑公路时，路基面临各种各样的地质情况，如断层、滑坡、采空区、风化岩等，同时还要承受各种各样不良因素如复杂的地下水、地表水等的影响。半填半挖路基由于各种原因的影响可能会出现纵向开裂等典型的工程病害。

对于典型的半填半挖路基，若不采取适当的措施，当填方至一定高度时，可能会发生沿纵向的弧形开裂。开裂的原因可能是由于路基压实不足，可采用重力夯实的方法补救，但在夯实的时候，也可能出现填方路基整体滑移的情况。即使采用挖除路基重新分层填筑的返工方法，在路面交付使用后一定时期，仍有可能出现纵向开裂、路堤边坡表面出现外凸现象。因此，对于半填半挖路基的整体稳定性显得尤为重要，通常应采取如下技术措施：

1. 采用格栅加筋

开挖台阶，一般台阶宽为1.5～2m、高为30cm。台阶施工完成后，在其上铺设土工格栅，要求格栅满铺台阶面积，台阶外铺7～8m，然后分层压实，这样既可以增加路基稳定性，防止纵向失稳，又可以保证填挖结合部不致出现纵向开裂。同时应根据地形地质条件，在路堤边坡下方设置浆砌片石护脚、挡土墙等支挡工程。

2. 设置完善的地下排水系统

半填半挖路基产生变形破坏，多数情况是由于地下水所引起的。因此，可采用完善的地下排水系统。

(1)疏导潜流：通过导流措施将潜流通过路基全部从坡脚排出，以保证路基含水量在干燥和中湿的范围内。

(2)垂直、水平引流排水：在山体路旁垂直向下（或水平向山体内）打一排水孔，让地下潜流流出地表，排入截水沟而流出。

(3)截断潜流补给通道：发现有潜流通道，应截断潜流补给水源，保证路基稳定。

●第五节 路基与桥梁等结构物差异沉降的防治●

道路桥头处跳车问题是目前国内公路较常见的道路病害之一。所谓道路桥头跳车是指道路桥头处出现了台阶。一般来说，台阶是指桥（涵）台和路堤连接处沉降高差达到了1cm以上，能使行车产生明显的颠簸不适。由于车辆荷载的作用，一般的台阶呈现中间低两边略高的形态。

一、道路桥头跳车的危害

跳车的主要表现形式是桥台路基连接处，由于两边沉降量的差异而存在台阶，当车辆快速越过台阶时造成车辆的突跳和颠簸。其主要危害有以下几个方面：

(1)对行车安全和舒适度的影响。由于跳车的存在使车辆不得不降低车速，使公路的使用功能和通行能力受到很大影响；另外跳车使驾驶人和乘车者感到颠簸不适、心情不快、易疲劳，所载货物特别是易碎、贵重物品宜损坏；严重跳车会造成翻车、追尾等交通事故，威胁人、车和货物的安全，造成生命、财产的损失。

(2)由跳车产生的水平和垂直冲击力会对路面、路基和桥梁结构物产生进一步的损坏，并降低了公路使用性能。

(3)跳车时的冲击力会对车辆产生不利反力，增加车辆的振动和机械磨损和轮胎磨耗，油耗增大，缩短车辆使用年限，增大运输成本。

(4)跳车产生的振动和噪声对驾驶人、乘车者和公路两旁的居民会产生噪声污染，不利人们身心健康，影响其正常的工作和生活。

(5)加大养护费用、降低道路使用质量。公路建成以后为了维持良好的使用状态，对桥涵两端的台阶要进行及时的维修和养护。不断地对公路进行维修养护不仅花费了大量的人力、物力和财力，而且也产生了不良的社会影响。

二、道路桥头跳车台阶产生的原因

桥头跳车台阶的产生和形成是多方面的，包括地基地面条件、填料、施工材料以及设计、施工工艺方面的诸多原因。

1. 桥头跳车分析

1)桥台及台后填方地基的受力与沉降变形分析

我国地域辽阔，作为桥台及台后填方地基的地层岩性状况也千差万别，如有基岩(岩浆岩、沉积岩、变质岩)地基、黄土地基、软土地基、冻土地基、盐渍土地基、膨胀土地基等等。除基岩地基外，其他类型的地基一般情况在桥台及台后填方的作用下，均要发生不同程度的沉降或竖向固结变形，所以对地基必须进行加固处理设计，如采用扩大基础或桩基础等，以保证地基的稳定性。

2)台后填料受渗水侵蚀及变形分析

桥台一般由浆砌片石和钢筋混凝土构筑，在桥台和台后填方之间或者锥坡部位，大气降水易沿路面或锥坡体(锥坡体的压实度较难达到要求)下渗，下渗水对桥台一般不产生破坏作用，但是：

(1)土类填料，易产生侵蚀和软化，特别对于填方体压实度不够，更易产生侵蚀和软化，降低强度，从而导致填方体变形。

(2)对砂砾石类填料，从填方横断面看一般填方体中部为砂砾石，两侧为土类，这种结构只利于水的下渗，而不利于水的横向排泄。

(3)对不加固的地基来讲，填方体中部压力大，向两侧边坡压力逐渐减小，从而使地基产生凹形沉降变形，当水沿砂砾石下渗到地基后，下渗水不易快速排泄，从而软化地基，并加速地基的变形。

3)台后填料压实分析

靠近桥台处填方体的压实度很难达到设计规范要求，这也是一直困扰设计和施工的难点。目前在设计上和施工中主要采用强夯、人工夯实、填筑砂砾等方法和措施。对于轻型骄台，重型压路机靠近桥台进行压实，特别是振动压路机可能破坏桥台的结构，而对于"U"形桥台，重型压路机难以靠近，从而使靠近桥台部位的填方土体不易达到设计和压实度要求，造成桥台与台后填方差异沉降变形。

2. 桥头跳车台阶产生的主要原因

通过以上分析，可得出产生桥头跳车台阶的主要原因有：

(1)地基强度不同。桥涵、通道与路基一般是同年平行进行施工的，桥涵是刚性体，其地基强度一般都有较高的要求，并进行加固处理，沉降较小或不沉降(岩石地基)。而台后填方段地基未进行加固处理，从而使桥台和台后填方产生差异沉降变形，以致形成台阶。

(2)设计不周。设计人员有时对施工过程如何便于碾压考虑不周，对于填料的要求不严格，台背排水考虑欠佳。桥涵结构物两端的路堤，由于过水、跨线或通道的要求，一般填土都较高，低的3m左右，高的可达10m或更高，除了过水的桥涵两侧路堤往往受水浸淹，地基条件也较差，设计上对路基断面结构和边坡防护上有所考虑外，其他多数情况对高路堤设计上并无特别的要求，如压实度等指标均与一般路堤无异。但由于路堤较高，在填筑以后受到自重和行车荷载的作用，路堤填土必然要产生竖向变形值。

(3)台后填料不当。施工时对桥台台后的回填土未能慎重考虑，施工人员用料不当、控制不严，未能达到设计要求。但需特别指出，施工不良比材料不良更易造成构造物台后填料的下沉。

(4)台后压实不足。施工时工期工序安排不当，以致桥头填土处于工期末期，被迫赶工，不能很好地控制台背填土的压实度，致使填料压实度不满足设计和规范要求，使填方体产生竖向固结变形，形成较大的工后沉降，在台背与路基连接部造成沉陷形成台阶。

(5)地基浸水软化。软土地基、湿陷性黄土地基浸水等造成路基沉降。

三、桥头跳车防治措施

桥台台背、涵洞两侧及涵顶、挡土墙墙背的填筑在这些构造物基本完成后进行，如果填筑不良，完工后填土与构造物连接部分出现沉降差，就会发生跳车，所以要注意选好填料并认真施工。

1. 地基加固处理

为消除桥台和台后填方段的差异沉降变形，需对地基进行加固，尤其是特殊地基，如软土地基、湿陷性黄土地基、河流相冲击洪积物地基等更需进行特殊处理。台后填方段的地基压力，一般小于桥台的压力。其次台后填方的高度一般情况下沿纵向(远离桥台)不断降低，即压力不断减小，所以在进行地基加固处理时，首先应了解地基的地层岩性情况，并取样做土的含水量、密度和剪切试验，对特殊地层如黄土和膨胀土还需做湿陷性等试验，从而确定地基沉降变形特性；其次分段计算填方自重压力，根据具体的地层情况设计地基加固方案，使台后填方路段的地基沉降变形与桥台地基沉降变形保持一致，对不同的地层采用不同的方法和措施。

1)软土地基

软土属高压缩、大变形地基，对该地基首先应采用插塑料板、袋装砂井、超载预压等方法进行排水固结，其次根据填方路堤的压力计算，采用粉喷桩、挤密桩等进行加固处理。

2)河流相冲洪积物地基

该地层分布广、类型多、相变较大，地貌一般为河漫滩，或一、二级阶地，该地基无论地层岩性条件，还是固结变形情况都优于软土地基，但由于该地基岩性和固结情况变化较大，在地基加固设计前,应做地质勘察和土工试验,计算固结沉降量和填方压力,在此基础上进行地基渐变加固处理。

3)黄土地基

黄土地基主要特点是具有湿陷性。设计前应做地基土的湿陷性指标和压缩试验,在计算台后填方土体压力的基础上,进行地基加固处理设计,并且注意防排水设计,防止地基产生湿陷。

2. 桥头设置过渡段

在路堤和桥涵结构物的连接段上,考虑结构的差异,设置一定长度的过渡段。根据具体情况和所采用的措施,过渡段可以分为以下三种:

1)路面类型过渡

桥涵两端路堤的施工,在一定长度范围(该长度可以考虑与路堤高度成比例)内铺设过渡性路面,待路堤沉降基本完成以后改铺原设计的路面,常用的过渡性路面有预制混凝土块、条石铺砌、半刚性过渡层及沥青过渡层等。

2)搭板过渡

考虑桥台与台背路面在结构、材料、刚柔、胀缩等方面存在的差异,设置搭板可以使在柔性结构路段产生的较大沉降通过搭板逐渐过渡至桥涵结构物上,车辆行驶就不至于产生跳跃。目前设计的搭板,长度3~8m不等。搭板的使用,在一段时间内效果尚好,但是在路堤一侧搭板搁置在路面基层上或特制的枕梁上,基层或枕梁的沉陷可能在该处形成凹陷,还有导致搭板滑落的。鉴于此,施工时还需进行特别加固,在搭板的端部设置宽0.4m、深1m的水泥稳定砂砾大枕梁,使用效果很好。

枕梁和搭板根据不同情况应采取不同的布设方式:

(1)桥梁为正交时,搭板预制,板顶浇厚6cm的30号钢筋或钢纤维混凝土铺装层,在搭板与混凝土路面相接处设置胀缝,在与搭板邻近的2~3块路面的板缝连续设置胀缝。

(2)桥梁为斜交时,除用钢筋混凝土搭板和铺装层整体现浇外,另设钢筋混凝土渐变板,其一端置于枕梁与搭板相接,另一端则直接置于路基相接于水泥混凝土路面。渐变板的块数视桥梁斜交角度大小而定,大于70°、70°~45°和小于45°时分别设1、2、3块或以上,并考虑受力状态,其短边应不小于5m,长边不大于10m,搭板按简支计算配筋,渐变板按构造钢筋位于板面下1/3~1/2板厚范围。

3)设置变厚式埋板

对沥青混凝土路面,在桥台连接处增设变厚式水泥混凝土埋板;对水泥混凝土路面,则将连接处的路面板改为变厚式。在搭板、埋板或变厚式板下,为保证连接部位的刚柔层次在水平和垂直方向均渐次变化,宜采用强度及回弹模量均高于土基的路面结构层材料,以提高该部位的整体受荷和抗冲击能力,利于减小错台幅度,调整不均匀沉陷。

3. 台背填料的选择

设计及施工中,台背填料应优先选用粗颗粒材料填筑桥涵两端路堤,或者设置一定厚度的稳定土结构层。

(1)用粗颗粒材料作为路基的填料不仅改善了压实性能,使其易达到要求的密实度,而且对北方地区特别有利于减缓冻融的危害。设置稳定土的改善层能够使路基、路面的整体刚度有所提高，从而减少沉陷。国外台后填方采用轻质填料，其目的也是减小填方重力密度，减轻填方土体对地基的压力，提高地基的承载力和抗变形的能力。

(2)在挖方地段的台背回填部位，因场地特别窄小，应选用当地的石渣、砂砾等优质填料（在湿陷性黄土地区宜用水泥、白灰稳定土），填料的施工层厚度，以压实后小于20cm为宜。无论填方或挖方地段的台背填料，最好不要采用容易产生崩解的风化岩的碎屑，以免因填料风化崩解而产生下陷，这一点在土方调配时应予以重视。

(3)在高填方的拱涵及涵洞与侧墙的相接部位，应尽量使用内摩擦角大的填料进行填筑，而且施工时应注意填料土压的平衡，不得发生偏压，以免造成工程事故。

4. 台背填方碾压方法

(1)施工过程中尽可能扩大施工场地，以便充分发挥一般大型填方压实机械的作用，认真施工，给以充分压实。为了便利大型压实机械的使用，当受场地限制时，可采用横向碾压法，以能使压路机尽量靠近台背进行碾压。压路机不能靠近台背时，采用小型压路机配合人工夯实、碾压，最终使压实度满足设计要求。

(2)在涵洞的翼墙周围特别容易产生因压实不足而引起的沉陷，给养护工作带来麻烦，应注意压实。

(3)扶壁式桥台在施工时很可能使用大型压实机械，这种情况下应与小型振动压路机配套使用，给以充分压实。

5. 设置完善排水设施

填方的排水措施对填方的稳定极为重要，特别是靠近构造物背后的填料，在施工中及施工后易积水下陷，因此，设计及施工时，应保证施工中的排水坡度，设置必要的地下排水设施。另外也可以在桥台与填方段结合处及过渡段的路面下设置垫层，防止路面下渗水进入填方体。对中间为砂砾石填料、两侧为土类填料的填方体与加固地基的连接处做30～50m纵向集水管，并每隔5～10m设置横向排水管，以排泄填方体与加固地基之间的下渗水。

6. 优化设计方案

(1)对在短期一次建成的高等级公路，尤其是软土段的高速公路，在小跨径构造物形式上宜尽量采用箱形截面的涵洞及通道，这种结构整体性强、刚度大，若产生沉降也是均匀的。当承载力达不到要求时可采用筏基来扩大承载面积，这种结构可明显减小构造物与路堤的沉降差。其次是尽量选择有填料暗式结构，对避免桥头跳车很有利。

(2)采用U形桥台或在台背后和两侧路肩设扶壁式混凝土挡土墙，杜绝路堤土被挤出，能有效防止沉降差的发展，同时一定要保证基底不产生不均匀沉降。

7. 桥头路面接缝处理

(1)桥梁与水泥混凝土路面间的接缝，处理不好，常形成错台，产生桥头跳车，使板局部遭到破坏，桥头与水泥混凝土路面接头进行处理，可以基本消除面板因温度应力挠曲变形受约束而产生的局部应力，进而减小板底结构的不均匀沉陷而导致的错台，实现板底由半刚性向桥台刚性过渡的设计要求，避免因局部薄弱而产生的病害。

(2)桥梁与沥青路面间的接缝，往往由于该处沥青路面难以碾压密实而产生变形、错台或沥青路面受推移造成拥包，可采取相应措施加以解决。

8. 强化施工质量管理，提高桥涵两端路堤的施工质量

由于桥涵两端路堤所处的位置和特定条件使其有别于一般地段的路基质量要求，应采用相应的方法达到较高的质量。

(1)桥涵端部路堤与桥涵是两种不同性质的结构物，都有各自的设计施工要求，为了使沉降差尽量小，应该将该处路堤的压实要求在现有基础上有所提高。除了路基顶部土层可提高至98%或更高外，整个路堤的压实度都应提高。

(2)为了使桥台填方达到要求的密实度，必须完善施工工艺、方法和强化施工质量管理，比如压实土层厚可以适当减薄以及增加压实遍数。为适应桥涵端部路堤施工场地窄小，压实区域形状不规则而工期又紧迫的特点，应使用专用的小型压实机械。

9. 加强工程监理工作

监理应对台背填土施工的填料选择、压路机具的选择、填土厚度进行检查，分层验收，对排水情况应予检查，严格执行工序验收制度。为了防止形成桥涵端部路堤的沉降台阶，防止桥头跳车，除了对路堤的设计、施工予以改善以外，还要加强管理，提高路基碾压质量。

四、防治跳车的新技术

随着公路建设的发展和人们对跳车问题的关注，一系列新技术不断涌现出来，现将在处理跳车方面的新举措介绍如下：

1. 用土工格栅处理桥台涵背的填方

土工格栅是一种抗拉强度较高的材料，具有良好的水稳性，对路基土粒间存在一定的约束作用，可以增加土基的整体回弹模量，防止土基和基层产生裂纹时辐射到路面面层上，还可增加路面基层的抗拉强度，对不设桥头搭板的桥涵台背较为适用，对设有桥头搭板的高填方路堤也有较好的增加路基整体强度的优点。具体方法如下：

(1)先开挖基坑砌筑构造物(桥台、通道、涵洞)，将构造物砌到一定高程(至少高于地面线)。

(2)用砂砾石或者其他材料把构造物两端场地整平，并充分压实。

(3)分层填筑砾石至构造物的砌筑高程。

(4)在构造物两端5~10m范围内，铺一层土工格栅，把30~80mm长的格栅伸入构造物内，然后再砌筑下一层，把格栅的一端压入构造物中，压入长度自下而上逐渐减少。

(5)砌筑时，压入层的砂浆一定要充分，背包石压紧格栅末端，不能留缝，以免影响层与层之间的黏结力。其余土工格栅用U形钉固定在压实好的填方上。钉子间距根据实际情况而定。

(6)按上述步骤，砌筑一层块石，压一层土工格栅，控制在30~40cm之间，或者60~80cm之间，然后紧跟着填土并压好。上述方法，可以适用于任何地段的桥台背处理。

2. 采用加筋土整体式桥台

加筋土整体式桥台可用来解决软土地基路桥结合处的差异沉降。加筋体是由筋带与填料成层交替铺设并紧密压实而成的一种复合材料，它的内部稳定性是通过筋带与填料之间的摩擦作用实现的。加筋土整体式桥台起到了普通桥台的作用，梁通过垫梁直接架到筋体上，加筋体整体承受梁作用的荷载。由于加筋体下部没有普通结构具有的桩基础，加筋体的高度和对地基的压力与路堤相同，因此加筋体的沉降与路堤相同，最终由加筋体整体式桥台构成的结构物也就不存在与路堤之间的差异沉降了。

3. 台背回填设计的“刚柔过渡”法

结构物台墙是用刚性很大的坚石砌筑或钢筋混凝土浇筑而成，是刚性体，而路基一般是用柔性较大的土填筑而成，是强塑性体，显然路基体与结构物之间存在着较大的刚度差，这个刚度差的存在必然引起路基体与结构物之间产生较大的相对变形差和较大的刚度突变。假若使这个刚度差在路基体与结构台墙之间一定范围内渐变，使得塑性变形也在这一范围内渐变，且保证渐变后任何一点的刚度差不致引起跳车，这就是台背回填设计的“刚柔过渡”思想。

台背回填使用刚度介于路基与结构台墙材料刚度之间的某种材料，并沿长度方向变化其厚度，即台背回填与路基接头采用一定的倾斜角相衔接，台背回填远薄近厚，使得台背回填整体刚度沿路长度方向逐渐变化，从而实现台背回填的刚柔过渡。在材料选择上，应选用水稳性较好的材料，如二灰碎石、水泥稳定砂砾或石灰土较好。

五、桥头跳车台阶的修复

当路面铺装以后产生沉降时，在桥涵构造物两端形成台阶。据调查所形成的台阶高度一般小于20mm时，对车速的影响不太严重，可以不予修复。当台阶高度逐渐增大时对跳车的影响将大为加剧，应予修补。

1. 更换填料

个别桥台背部因场地狭小、赶工填筑，填料压实度不足，需对桥涵两端10m范围内的台背填料进行换填处理。采用抗水侵蚀性好的填料，如半刚性填料，砂石填料等，以改善填料的水稳性。

2. 采用半刚性基层

路基上部0.5～0.8m厚的路基土应用水泥或石灰稳定处理，也可采用二灰稳定碎石进行填筑，以期提高整体强度。

3. 加铺沥青混凝土

为使沉降后的路面与缓和段端部衔接顺适，应对端部进行开挖处理，一般下挖15～20mm为宜。错位沉降的修补可用热拌沥青混凝土加铺，以求增大与原路面的黏结能力，加铺层的强度也比较稳定。

4. 掺胶混凝土

用掺胶混凝土进行路面修补，一般要求新浇混凝土厚度超过10cm，同时用HD道路乳胶作为新老混凝土的层间黏接剂。

掺胶调制的水泥砂浆适用于桥梁、路面薄层修补（厚度1～2cm的水泥混凝土麻面的修补）。掺胶调制的水泥混凝土适用于厚度不小于3cm的混凝土路面表层修补。掺胶量以取代用水量的百分比来表征。总之，气温越低、混凝土修补越薄、要求通车时间越紧，则HD掺量越高。

无论采用何种措施，修补长度应视台阶高度、形状而异，一般以10～15m为宜，缓和段的坡度控制在0.5%以内。

• 第六节　特殊路基病害防治 •

一、黄土地区路基养护

黄土是一种以粉粒为主、多孔隙、天然含水量小、呈黄红色、含钙质的黏质土。我国黄土的总面积占国土面积的6%以上，其中以秦岭以北、长城以南、太行山以西、日月山以东的黄河中游地区的关中、陕北、宁夏、豫西、陇东及陇中的黄土高原的黄土最为典型。

1. 常见病害

黄土具有疏松、湿陷及遇水崩解的特性，黄土地区路基的常见病害有：

(1) 坡面在多次干湿循环后，出现裂缝、小块剥落、小型塌方、大小沟、陷穴；

(2) 边沟被水冲深、蚀宽，使路肩、边坡坡脚受到破坏；

(3) 边坡土体受积水浸润后发生滑塌，或在地下水及地面水的综合作用下形成泥流。

2. 防治措施

(1) 对边坡病害的治理可采取表2-5所示的措施。

黄土路基边坡防护与加固措施　　表2-5

措施名称	说　明
边坡坡面拍实	(1)适用于土质疏松的边坡；(2)用三棱板拍打密实，或用轻型压实设备自坡顶沿坡面碾实
种草或铺草	(1)适用于坡度缓于1:1，草坪能就地取材，且雨量多，适宜草类生长的地区的边坡；(2)阴雨天施工为宜
草泥抹面	(1)适用于年降雨量较小，冲刷不太严重的地区，坡度缓于1:1边坡；(2)采用较黏的土，其配合比为每立方米黏土掺入切碎的草10～12kg；(3)为增强草泥与边坡连接，在边坡上打入一些木楔，其间距以30～40cm为宜
三合土、四合土抹面	(1)适用于雨雪量大的任何坡度边坡；(2)材料配合比(重量比)，三合土：石灰：细砂：黄土＝1:2:5，四合土：石灰：黄土：细砂：炉渣＝1:3:5:9
土护墙	(1)适用于坡脚已破坏路段；(2)修筑方法同挡土墙
浆砌片石防护	适用于坡脚易被水冲刷、坡面剥落严重、坡脚已破坏、边坡含有夹砂层的路段
格状防护	(1)适用于土质疏松及多雨地区，边坡缓于1:1.5；(2)木桩应垂直坡面打入
腰岘土桥	(1)设置在两侧冲沟的沟头之间；(2)无水流，不需设泄水沟造物；(3)施工比较简单，工程量少；(4)当有被冲沟溯流侵蚀的危险时，需对冲沟头进行处理，如修堤坝、种草、植树等
跨越冲沟土桥	(1)设在冲沟的中上游，沟窄而浅，无不良地质现象；(2)底部有水流通过时，则需设置泄水孔或泄水构造物，如石拱涵、砖拱涵等
半土桥	可作为道路养护补路基缺口之用

(2)对路基出现的陷穴,要查清水的来源、水量、发展情况等,先做好导水或排水设施,将水排到路基以外,然后,灌砂、灌泥浆填塞或挖开填塞孔道后再回填夯实。

(3)因地表水侵蚀,路肩上出现坑凹,可采取下列措施:

①用砂、土混合料改善表层。

②路肩硬化采用无机结合料稳定类半刚性基层,沥青表面处治层,或其他硬化结构。

③路肩未硬化路段,为防止地表水渗入路面底层中,应每隔20~30cm设盲沟一处。盲沟与盲沟之间铺设塑料薄膜防水层。

二、盐渍土地区路基病害处治

1. 盐渍土地区路基常见病害

当地表1m深内含有容易溶解的盐类,如NaCl、$MgCl_2$、$CaCl_2$、Na_2SO_4、$MgSO_4$、Na_2CO_3、$NaHCO_3$(重碳酸钠)等,浓度超过0.3%时即属盐渍土。在我国西北、东北的干旱气候地区及沿海平原地区分布着大面积的盐渍土,其易溶盐类含量通常是5%~20%,有的甚至高达60%~70%。由于土中含有易溶盐,土的物理、力学性质和筑路性质发生变化,引起许多路基病害。盐渍土在干旱季节和干旱地区,因盐类的胶结和吸湿保湿作用,有利于路基稳定。但一旦受到雨水、冰雪融化的淋溶,含水量急增,则会出现湿化坍塌、溶陷、路基发软,致使路基强度降低,丧失稳定,甚至失去承载力,容易出现下列病害:道路泥泞;加重路基翻浆及冻胀病害;受水浸时,强度显著下降,发生沉陷;硫酸盐发生盐胀作用,使土体表面结构破坏和疏松,以至发生路面被拱裂及路肩、边坡被剥蚀等。

2. 盐渍土地区路基养护主要技术措施

(1)排水沟要保持0.5%~1%的纵坡;在低矮平坦、排水困难的地段,应加宽加深边沟或在边沟外增设横向排水沟,其间距不宜大于500m,沟底应有向外倾斜2%~3%的横坡。

(2)对加深加宽边沟的弃土,可堆筑在边沟外缘,形成护堤,以保护路基不被水淹。

(3)在盐湖地区用盐晶块修筑的路基表面,原来没有覆盖层或有而失散了的,宜用砂土混合料进行覆盖和恢复。路肩出现车辙、坑凹、泥泞,应清除浮土,洒泼盐水湿润,再填补碎盐晶块整平夯实,仍用砂土混合料覆盖压实。

(4)边坡经受雨水或化雪冲融后出现的沟槽、溶洞、松散等,可采用盐壳平铺或黏土掺砾铺上拍紧,防止疏松。

(5)防止边坡水土流失,应结合当地的植物生长情况,种植一些耐盐性的树木或草本植物(如红杨、甘草、白茨之类)以增强边坡稳定。

(6)在过盐边坡地区,对高等级的道路,为防止路肩吹蚀、泥泞,以及防止水分从路肩部分下渗而造成路面沉陷,其路肩可考虑采用下列加固措施:

①用粗粒渗水材料掺盐渍土封闭路肩表层;

②用沥青材料封闭路肩;

③就地取材,用15cm厚的盐壳加固。

(7)对硫酸盐渍土路基,为处治边坡疏松、风蚀和人畜踩踏而造成的破坏,如有可能可根据需要,采取用卵石、砾石、黏土或盐壳平铺在路堤边坡上等措施。

三、多年冻土地区路基病害处治

冻结状态保持2年或2年以上的土(岩),称为多年冻土。在兴安岭和青藏高原的高寒地区分布有成片的多年冻土,天山、阿尔泰山及祁连山等地区有零星分布。多年冻土往往含有大量水分或夹有冰层,并有一些不良的物理地质现象,易引起的路基病害主要有:路堑边坡坍塌;路基底发生不均匀沉陷;由于水分向路基上部集聚而引起冻胀、翻浆;路基底的冰丘、冰堆往往使路基鼓胀,引起路基、路面的开裂与变形,而融解后,又发生不均匀沉陷。

针对其病害的不同情况,可以采取以下措施:

(1)防雪设施应维护原状态,对倒毁残损的设施,应修理加固或补充,使其发挥防雪作用。

(2)多年冻土地区的路基养护,应采取"保护冻土"的原则。做到宜填不宜挖,除满足不同地区、气候、水文、土壤等路基填筑要求的最小高度外,并另加50cm保护层。路基填方高度不宜小于1m。路基填筑高度不够时,应铺筑保温隔离层。

(3)多年冻土地区地面水无法下渗,容易形成地表潮湿或积水,宜加强排水,将积水引向路基以外排出,保持路基干燥,做到最大限度地保护冻土。

(4)疏浚边沟、排水沟,要防止破坏冻层。若导致冻土融化,将产生边坡坍塌。

养路用土或砂石材料,不宜在路堤坡脚或路堑坡顶20m以内采掘,防止破坏冻土,影响路基稳定。

(5)养护材料尽量选用砂砾等非冻胀性材料,不应选用黏土、重黏土之类毛细作用强、冻胀性大的养护材料。

(6)治理冰冻方法:

①将路基上侧的泉水,夹层、透水层的渗水,从保温暗沟导流出路外。如含水层尚有不冻结的下层含水层,可将上层水导入下层含水层中排除。

②提高溪旁路基的高度,使其高于涎流冰面50cm以上。涎流冰是指在寒冷气候条件下,地下水或地面水漫溢到地面或路面上,自下而上逐层冻结,形成涎流冰,东北地区常称为"冰湖"。因受地形或纵坡限制,不能提高路基时,可在临水一侧路外缘点,或在路侧溪流初结冰后,从中凿开一道沟,用树枝杂草覆盖加铺土或雪保温,使水流沿水沟流动,避免溢流上路;也可将溪流改至远离公路的地方通过。

③在多年冻土区,可在公路上侧远处开挖与路线相平行的深沟,以截断活动层泉流。在冬季使涎流冰聚集在公路较远处,保障公路不受涎流冰的影响。

④根据涎流冰的数量,在公路外侧修筑储水池,使涎流冰不上公路。

四、沙漠地区路基养护

我国沙漠地区主要分布在北方干旱、半干旱地区。由于气候比较干燥,雨量稀少,风沙大,地表植被均稀疏、低矮,容易发生边坡或路肩被风蚀,或整个路基被风积沙掩埋等。沙漠地区路基的养护往往需要大量的防护材料,因此在养护中要把备料工作做好。

1. 常见病害

1)沙害

沙漠地区风沙对公路的危害有两种,即路基风蚀和沙埋。

(1)风蚀:填方路堤的风蚀,主要出现在迎风边坡及路肩边缘部位;挖方路堑的风蚀,在路堑顶地形变化的棱角部位最为严重。

(2)沙埋:按积沙形式,可分片状积沙、舌状积沙、堆状积沙三种类型。

2)水毁

沙漠公路的水害情况有以下三种:自然降水对路面、路肩及边坡冲刷;沿河、沿溪路线水对路基的冲刷破坏;通过河流、小溪、季节性流水沟槽的水害。

3)路基不均匀下沉

路基的不均匀下沉,是沙漠公路受重力及动载力作用,所产生的不均匀沉降,引起路面沉落不平、变形、开裂的一种病害。主要出现在下列路段:

①路基下卧层浸水变软处;

②高填方路段边坡较陡处;

③路基填料为风积沙、淤积土或与其他土类交错变换处;

④凹形竖曲线最低处;

⑤桥涵两头。

4)路基盐胀

盐渍土是大陆性干旱少雨气候区内重要的地理地质特征之一,其盐分组成主要有氯化物、硫酸盐、碳酸盐、硝酸盐等,对公路危害最大的是硫酸盐盐渍土。

5)路基冻胀翻浆

多出现在沙漠公路进出口及沙漠边缘泉水溢出带。

2. 防治措施

(1)对沙漠公路风蚀病害的养护,就是维护路基两侧边坡及其以外一定宽度的一切防沙设施的完好性,如有毁坏或不足,应及时以有效材料予以修复。

(2)对沙埋的养护,应是先将积于路上的大片积沙,全部清除到主风下风侧路外凹地处,整平并予以加固,再次是恢复补齐路侧防沙设施。

(3)对水害的养护是经常整平路肩,使路面拱度与路肩拱度保持一致,对冲毁的及有冲沟的路肩、边坡应尽快填补、压实、整平。路基边坡采用50cm×50cm草方格予以加固。

(4)对路基下卧层浸水变软下沉的处理,宜采取深挖措施,将变软地面以上的路基路面全部挖除,整平原地面,铺上土工布,再分层填筑沙基、压实、整平,铺上路面。

(5)对高填方路基边坡较陡的下沉,多数由于边坡防护失效,边坡受风吹蚀,致使边坡过陡,降低了路基边缘部位抗侧向压力的能力,故而发生下沉。养护时应采用挖除下沉路基,将挖出沙土填到边坡被风蚀的坑凹内,填料不够从远处沙丘运取,随填随压使之密实,恢复边坡防护设施。

(6)凹形竖曲线最低处的下沉,一般出现在凹形竖曲线底部;但仍有不同高度的填方路堤路段,由于汽车下坡冲击力的频繁作用而出现下沉。养护方法是:挖除下沉部分,分层填筑风积沙路基、压实,到路基顶铺上土工布、铺筑砂砾垫层、水泥稳定碎(砾)基层(厚度15~20cm)、路面面层。

(7)对桥涵两头的下沉,由于桥涵两头路基压实不够所造成。养护方法是:单从表面填补,无法消除其病害,必须在桥涵两头8~20m长度内,将路面、路基挖除深度30~40cm,整平,铺上土工布，铺砂砾底基层压实，再铺筑 15～20cm 厚度水泥稳定碎（砾）石基层并压实，最后铺筑路面面层，整平压实。

（8）对只有轻微盐胀的公路，取路基土进行化学分析，若硫酸盐含量在 1.2% 以内，可用细粒式沥青混凝土罩面，填低削高，能消除病害导致路面的不平。

（9）对严重盐胀路段，仍取路基土进行化学分析，若其硫酸盐含量在 1.5% 以上，而且大部分在 3% 以上者，用简单的方法和花费少的措施是难凑效的，需要采用以下三种方法才能消除其病害，即盐胀路面之上加铺砂砾的重力法、挖除盐胀路面路基换填风积沙法和改变路线位置重新建设一条公路的方法。

（10）对已发生路面翻浆的路段，要彻底挖除破坏的路面和湿软成泥的路基。到底后将挖坑修整成规则的平面形状，坑壁垂直，整平基底，铺带膜土工布，分层填筑风积沙或其他坚固稳定材料，最好是级配砂砾，分层压实至路基顶后，再铺筑各结构层路面。

3. 防沙工程

沙漠公路的路侧防沙，包括工程防沙措施和生物防沙措施两个方面。

1）工程防沙措施

工程防沙措施概括起来有"固、阻、输、导"四种措施。

（1）固沙措施：这是采用短节压扁芦苇、麦草、砂砾及黏性土，将流动性沙面予以稳定，控制沙粒移动的一种措施。芦苇和麦草设置成 1m×1m 方格状，压入沙中 10～15cm，露出地面 15～25cm，可使用 6～8 年。

（2）阻沙措施：采用芦苇、红柳、树枝、高粱杆、玉米杆，扎成立式栅栏，埋入沙中 20cm，露出地面 100～130cm，并留 20%～25% 孔隙，其根部用矮沙障予以固定。栽设位置一般应在固沙带外 20～30m 处，与路线走向平行。

（3）输沙措施：主要在路基主风上侧设浅槽和在路基路面上采取措施，使过路风沙流以非堆积搬运的方式迅速通过。在养护上要经常保持填方路堤的缓边坡或浅槽横断面形式，在挖方路堑保持敞开式的横断面形式。

（4）导沙措施：采用各种有茎杆草类扎成的立式栅栏将风沙流侧导到有利地形后通过公路，侧导栅栏与路线走向斜交，平面上可成人字形，也可成一字形。为人字形侧导栅栏者，其交叉点设在沙丘脊部或沙垄头部，其头部设于丘、垅两侧前方向有利地形处。为一字形者，其头部设在有利地形处，侧导栅栏中间穿过，丘脊和沙垅头部直线延伸到丘、垅体的侧后。栅栏构造及其栽设与阻沙栅栏相同。

2）植物固沙措施

防沙林的栽植，应按因地制宜、因害设防的原则进行。防护路基边坡应以密植的草皮或茎枝爬地的草丛为佳。

五、膨胀土地区路基养护

膨胀土也称胀缩土，有的地方称为裂隙黏土，它是一种亲水性很强的高塑性黏土。当土受水浸湿时，体积发生显著膨胀，干燥失水则明显收缩，故称为膨胀土。

膨胀土是一种高塑性黏土，吸水膨胀，失水收缩，具有较大胀缩变形能力，且变形往复。即使在一定的荷载作用下，仍具有这种胀缩性质。膨胀土的矿物成分主要是蒙脱土（微晶高岭土)和伊利土(水云母):其化学成分以 SiO_2 和 $Al_2O_3 + Fe_2O_3$ 为主。$SiO_2/(Al_2O_3 + Fe_2O_3)$ 的比值愈小,胀缩量愈小,反之则大,当矿物成分相近时,黏土粒含量越高,吸水能力越强,胀缩变形越大。孔隙比小,浸水膨胀强烈,失水收缩小;孔隙比大,浸水膨胀小,失水收缩大。

初始含水量与胀后含水量愈接近,土的膨胀就愈小,收缩的可能性和其值就愈大。两者相差愈远,土膨胀的可能性及其值就愈大,收缩就愈小。当初始含水量处于中间状态时,则浸水膨胀和失水收缩的可能性均存在。

1. 常见病害

1)滑坡

无论是路堤或路堑段均有发生,这是膨胀土路基最严重的病害。

路堤滑坡往往发生在填土或路基为膨胀(岩)土层或软土层的情况,滑体一般宽 20 ~ 50m,厚 2 ~ 5m。路堑滑坡一般规模较大,滑坡多发生在膨胀(岩)土分界面、裂隙面或较弱层处,宽数十米,厚一般 3 ~ 4m。

2)坍塌

路堤坍塌多发生在路肩。路堑坍塌一般比路堤严重,多发生在路堑顶部。

3)溜坍

路堤溜坍部位一般在坡腰或坡脚。路堑溜坍多在已剥落、冲蚀或膨胀的坡面产生,在长路堑边坡中也可见几个溜坍体连成的溜坍裙。

4)其他常见病害

(1)开裂:发生在路面、路肩或路堑顶处,方向平行于路线,常因土体失水收缩引起,也有因不均匀沉降所致。

(2)膨胀:边坡局部外胀现象,大多发生在坡腰或接近坡凹处,一般因土体剧烈膨胀引起。

(3)冲沟:坡面受雨水冲刷所致,程度比一般土质边坡严重得多,且形成速度相当快。

(4)松散、剥落和泥流:是由边坡表层土体性质、干缩湿胀循环、雨淋等综合作用的结果。

2. 防治措施

防治的原则是保湿防渗,即尽可能使边坡土体保持其湿度不发生大幅度变化。因为膨胀土路基边坡发生破坏的重要原因是土体的干缩湿胀、表层风化,导致抗剪强度大大降低,所以对所有坡面需快速有效地封闭。此外,已有边坡整体稳定是做防治工程的前提。

1)路堑段防治措施

一般要求:开挖路堑的同时在边坡顶 4 ~ 5m 处设置用水泥砂浆铺砌的截水沟;坡面有地下水出现时,应在出水点位置布置边坡渗沟,其深度不小于 1m,沟底需做成阶梯形;路基顶面用 0.5m 厚黏土层封闭或掺石灰处置,经压实后保证路面水不渗入路基内部。

(1)坡面封闭

①采用 3m × 3m 石砌棱形骨架,骨架尺寸 0.35m × 0.45m,骨架中间用三合土或二灰土封闭,封闭土厚度不小于 15cm,防水渗入,也可在格内铺草皮封面。

②对土的膨胀性弱且小于 3m 高的边坡,放缓边坡(1:2或1:1.75),用种灌木、铺草皮或三合土封闭。此法价格便宜,但只适应土的膨胀性弱的浅路堑。

③用厚0.25～0.3m浆砌片石封闭，其防护效果较好，但造价高。

④用柔性卷材（维尼龙涂塑布）封闭。边坡开挖后立即铺上涂塑布，预留长度至天沟和边沟，并压于沟底，外侧用0.5m厚黏上按筑土墙的办法夯实，如图2-24所示。此法适应于边坡坡度大于1∶1，坡高小于4m，且坡面无地下水的情况，宜旱季施工，施工工序要紧凑，坡顶至天沟边也须用黏土封闭。这种防护措施施工简单，封闭效果好，造价比浆砌片石或骨架防护低。

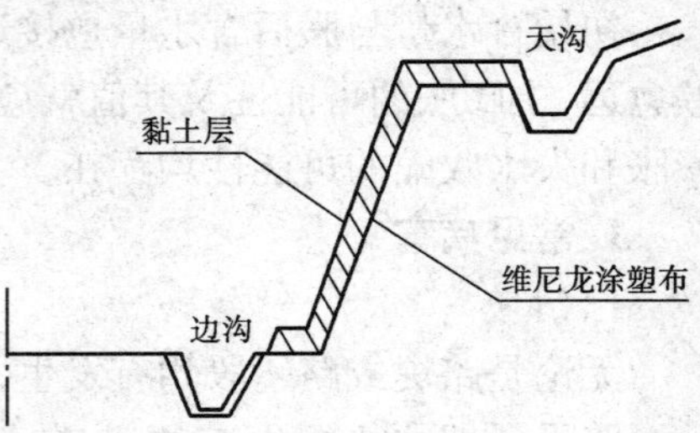

图2-24　柔性卷材封闭边坡

（2）挡土墙防护

为防止坡脚处剪应力过大产生塑性破坏，将挡土墙做成墙体和排水沟连成一体的仰斜式，如图2-25所示。这样可起到三个作用：防止路面水渗入墙底软化基础；提高挡土墙承载能力以及抗滑、抗倾覆稳定性；保护路基土不致因水渗入而引起膨胀。

（3）预应力锚杆框架护坡

如图2-26所示，预应力锚杆框架由框架梁、锚杆及锚具组成。它是“土钉”技术和骨架护坡的结合，能对坡面起“框箍”作用：一方面抵制土体膨胀力，抑制湿胀变形，使表土的含水量、干重力密度保持在一定范围内；另一方面可起补偿作用，即使反复干缩湿胀使土体抗剪强度有所下降，但通过张拉锚杆使框架梁对坡面施加附加应力，路堑边坡表土仍可稳定。此法适用于高大边坡，其施工程序为自上而下，分层进行。下一层开挖时，上层已得到初步防护，所以很适合膨胀性（岩）土边坡的快速封闭。框架中间再铺草皮，其稳定效果好且比浆砌片石护坡经济。

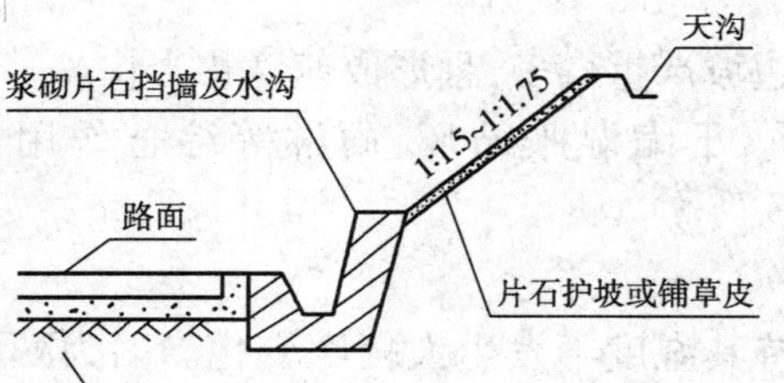

图2-25　挡土墙边沟连成一体护坡

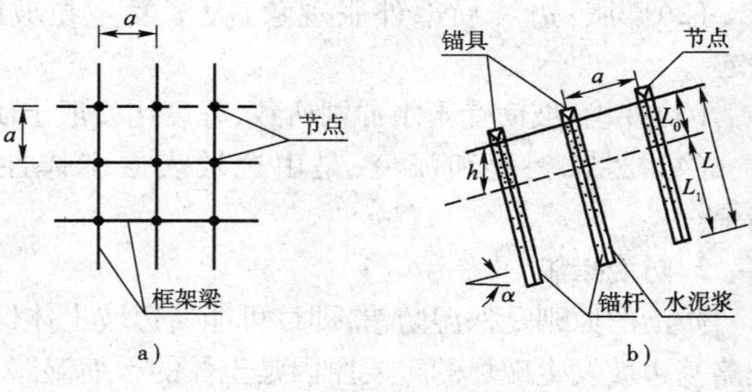

图2-26　预应力锚杆框架护坡

a）框架梁的结构形式；b）框架护坡断面图

h-强风化层厚度；L_0-自由锚杆长度；L-有效锚杆长度

2）路堤段防治措施

一般要求：路堤路堑交界处若有地下水渗入，需设横向盲沟排水；尽量选用胀缩性弱的土做填料；路堤填筑需严格分层，较大土块要认真打碎以破坏其原生结构；坡脚处有水流时需设置矮挡墙。

（1）全封闭法（包盖法）

如图2-27所示，全封闭法就是用非膨胀土包盖堤身。将封闭土与填料一道分层填筑并压实，包盖厚度应不小于1m。

(2)坡面封闭

采用路堑段边坡坡面封闭措施中的①、②、③项。

(3)土工格栅护坡

如图2-28所示,在边坡处铺土工格栅,使填料由散粒变为加筋复合材料,增大土体抗剪强度。碾压时至路边缘,从而提高边坡处土体密实度。格栅与填料间摩阻力能抑制土体在两个方向的膨胀,可防止边坡溜坍和雨水冲沟扩大。边坡坡度可变陡,节约用地。

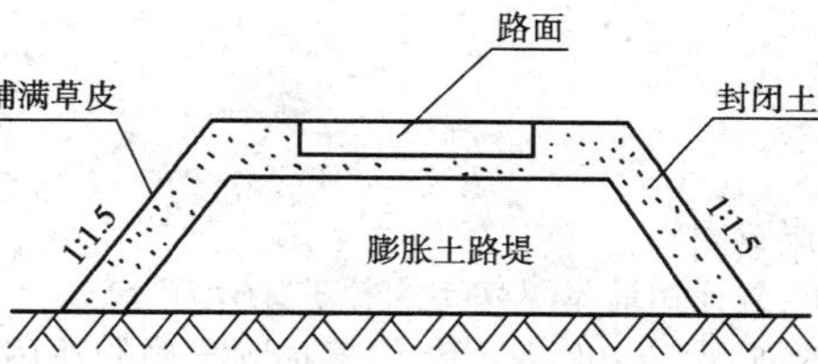

图2-27 包盖法

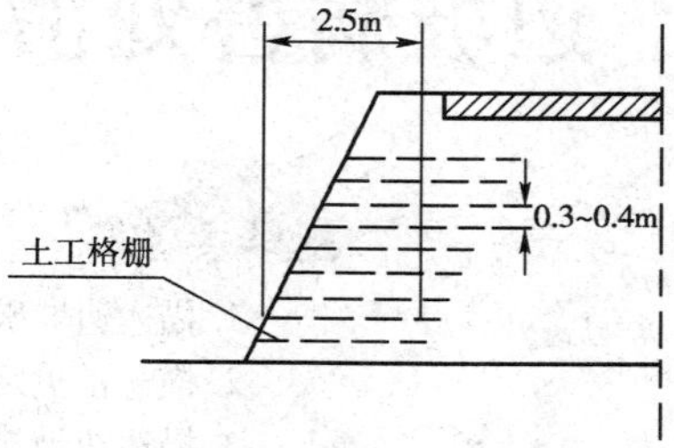

图2-28 土工格栅护坡

复习思考题

1. 叙述路基养护工作的内容及养护工作的基本要求。
2. 简述软土地区路基的病害及其处治方法。
3. 什么是翻浆?影响翻浆的因素有哪些?
4. 简述翻浆的处治方法。
5. 导致路基沉降的因素有哪些?
6. 简述沉降的治理方法。
7. 引起路基与桥涵等结构物差异沉降的因素有哪些?
8. 简述路基与桥涵等结构物差异沉降的处治方法。
9. 简述黄土、盐渍土、多年冻土、沙漠、膨胀土地区路基的病害原因及其处治措施。

第三章

边坡病害处治

教学要求

1. 描述边坡破坏的类型、影响因素；

2. 描述常见路基边坡病害，叙述边坡常见病害的养护、防治措施；

3. 描述边坡排水设施的类型、作用、设置要求，沟渠加固措施的适用条件、施工要点；

4. 描述滑坡形态要素、滑坡分类、产生滑坡的原因，叙述滑坡工程地质勘测、稳定性判断方法及滑坡防治措施；会进行滑坡稳定性及滑坡推力的分析计算；

5. 描述边坡工程监测的意义、要求及仪器适用条件，叙述边坡坡体及支护结构的监测内容及方法。

第一节 概 述

公路边坡的防护与治理是公路工程中一个非常普遍的技术问题，由于以往公路等级低、车速慢、交通量小、深挖高填较少，所以在工程中对边坡的综合防护研究常常被忽视，长期以来，路基边坡的综合防护技术一直是公路修筑中的一个薄弱环节。随着我国公路建设的飞速发展，公路等级的不断提高，对边坡防护与治理的要求越来越高，高等级公路边坡综合防护系统研究日渐引起公路部门的重视，边坡的防护与治理已成为高等级公路设计、养护的重要内容之一，需根据公路等级、降雨强度、地下水、地形、土质、材料来源等情况综合考虑，合理布局，因地制宜地选择实用、合理、经济、美观的工程措施，确保高等级公路的稳定和高速行车安全，同时达到与周围环境协调，保持生态环境相对平衡，美化高等级公路的效果。

边坡的治理，首先要进行边坡的稳定性分析。边坡处治是在地质勘察分析资料基础上，通过对边坡的稳定性分析、计算，给出控制边坡不稳定的具体方案和措施。公路路基边坡稳定性分析原理及方法见《路基路面工程》，本章主要介绍边坡病害处治的方法和措施、边坡工程的监测等内容。

一、边坡分类与边坡破坏类型

1. 边坡一般分类

边坡一般分类见表 3-1、表 3-2。

2. 边坡破坏类型

边坡的破坏分为浅层破坏和深层破坏。破坏面在坡面 2m 以下的剪切破坏为深层破坏，包括:平面破坏、楔形破坏、曲面破坏等;在坡面下 2m 以内的破坏为浅层破坏,包括:风化剥落、崩塌、坡面浅层滑坡等。常见的边坡破坏为浅层破坏。不同类型边坡,其破坏形式不同。岩质边坡破坏类型见表 3-3。斜坡在自然条件下破坏变形的形式见表 3-4。

边坡分类表 表 3-1

分类依据	名 称	简 述
成因	自然边坡(斜坡)	由自然地质作用形成地面具有一定斜度的地段,按地质作用可细分为剥蚀边坡、侵蚀边坡、堆积边坡
	人工边坡	由人工开挖、回填形成地面具有一定斜度的地段
岩性	岩质边坡	由岩石构成,岩体结构又可细分(见表 3-2)
	土质边坡	由土构成,按土体结构又可细分为:单元结构、多元结构、土石混合结构、土石叠置结构
坡高	超高边坡	岩质边坡高度大于 30m,土质边坡高度大于 15m
	高边坡	岩质边坡高度 15 ~ 30m,土质边坡高度 10 ~ 15m
	中高边坡	岩质边坡高度 8 ~ 15m,土质边坡高度 5 ~ 10m
	低边坡	岩质边坡高度小于 8m,土质边坡高度小于 5m
坡长	长边坡	坡长大于 300m
	中边坡	坡长 100 ~ 300m
	短边坡	坡长小于 100m
坡度	缓坡	坡度小于 15°
	中等坡	坡度 15° ~ 30°
	陡坡	坡度 30° ~ 60°
	急坡	坡度 60° ~ 90°
	倒坡	坡度大于 90°
稳定性	稳定坡	稳定条件好,不会发生破坏
	不稳定坡	稳定条件差或已发生局部破坏,必须处理才能稳定
	已失稳坡	已发生明显的破坏

岩质边坡分类表 表 3-2

分类依据	名 称	简 述
岩体结构	块状结构边坡	边坡岩体呈块状结构,岩体较完整,由岩浆岩体、厚层或中厚层沉积岩或变质岩构成
	层状结构边坡	边坡岩体呈层状结构,由层状或薄层状沉积岩或变质岩构成
	碎裂结构边坡	边坡岩体呈碎裂状结构,由强风化或强烈构造运动形成的破碎岩体构成
	散体结构边坡	边坡岩体呈散状结构,由全风化或大断层形成的极破碎岩体构成
岩层走向、倾向与坡面走向、倾向的关系	顺向坡	两者基本一致
	反向坡	两者的走向基本一致,但倾向相反
	斜向坡	两者的走向成较大角度(>45°)相交

岩质边坡破坏类型

表 3-3

破坏类型	特征	
平面破坏	主要结构面的走向、倾向与坡面基本一致,结构面的倾角小于坡脚且大于其摩擦角	一个滑动平面和一个滑动块体
		一个滑动平面和一条张裂隙
		若干滑动平面和横节理
		一个主要滑动面和主动、被动两个滑动块体
楔形破坏	两组结构面的交线倾向坡面,交线的倾角小于坡脚且大于其摩擦角	
圆弧破坏	节理很发育的破碎岩体发生旋转破坏	
倾倒破坏	岩体被陡倾结构面分割成一系列岩柱,当为软岩时,岩柱产生向坡面弯曲;当为硬岩时,岩柱可再被正交节理切割成岩块,向坡面翻倒	

斜坡破坏形式分类

表 3-4

类　型	特　征
滑坡	斜坡在一定自然条件下,部分(岩)土体在重力作用下,沿着一定的软弱面(带),缓慢地、整体地向下移动。滑坡一般具有蠕动变形、滑动破坏和渐趋稳定三个阶段。有时也具有高速急剧移动现象。 因下伏岩层压缩,斜坡沿岩(土)体内较陡的结构面发生整体下坐(错)位移,称为坐(错)落。组成斜坡的岩(土),常不发展连续的滑动面,而顺斜坡方向发生塑性变形,称为倾倒
崩塌	整体岩(土)块脱离母体,突然从较陡的斜坡上崩落下来,并顺斜坡猛烈翻转、跳跃,最后堆落在坡脚。规模巨大时,称为山崩,规模小时称为塌方。悬崖陡坡上的个别岩块突然下落,称为坠落的岩块(或危石)
剥落	斜坡表层岩(土),长期遭受风化,在冲刷和重力作用下,岩(土)屑(块)不断沿斜坡滚落,堆积在坡脚

二、影响边坡稳定性的因素

1. 地质条件

(1)岩土性质:岩土的成因、组成、岩土强度等是决定边坡稳定的重要因素。由坚硬、密实、结构稳定、抗风化性强、强度高的岩土构成的边坡,其稳定性一般较好;反之较差。同时,岩土体的力学性质决定了边坡失稳的方式。坚硬岩石边坡失稳以崩塌和结构面控制型失稳为主;软弱岩石边坡失稳以应力控制型失稳为主。

(2)岩土结构:岩体的结构类型、结构面性状及其与坡面的关系,是岩质边坡稳定的控制因素。在评价结构面对边坡稳定性的影响时,要特别注意结构面的产出状态与边坡面的相互关系。结构面与边坡面的组合不同,边坡的稳定性也不同。如图 3-1 所示。

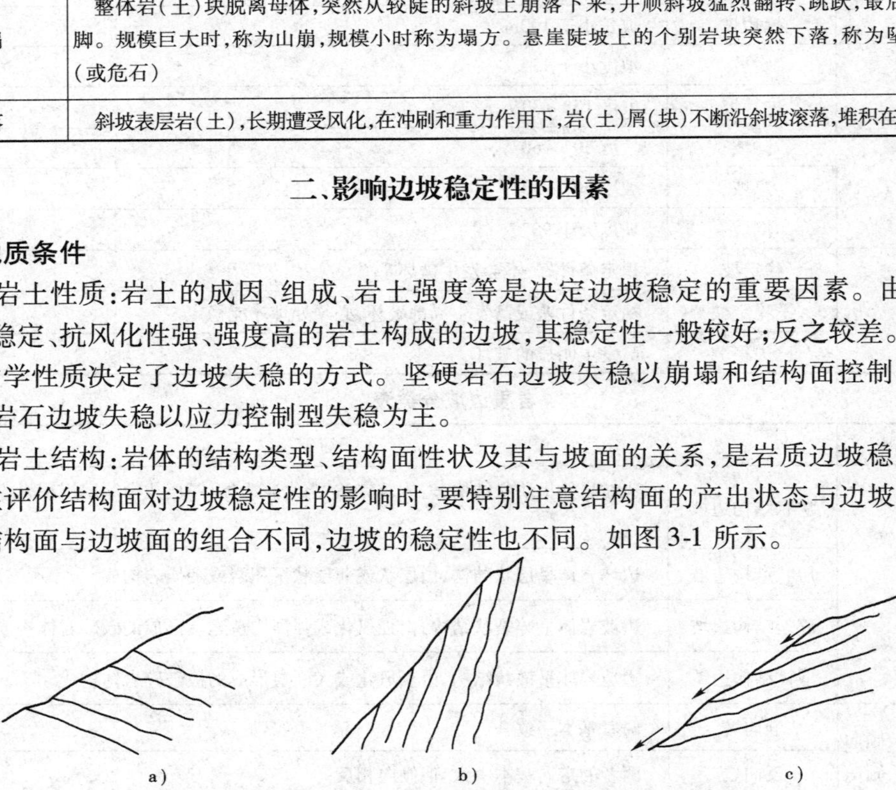

a)　　b)　　c)

图 3-1　结构面与边坡面组合类型对边坡稳定性影响示意图

a)反倾稳定;b)陡坡顺倾稳定;c)中、低坡顺倾易失稳

2. 水文及水文地质条件

边坡失稳大多与边坡的水文及水文地质条件恶化有关，而治理边坡也往往是由于改善了水文地质条件而获得成功。“十个边坡九个水”形象地反映了边坡失稳往往与地下水的活动有密切关系这一客观事实。水文条件包括河流洪水位及常水位、地表水排泄、地表积水和积水时间长短等。水文地质条件包括地下水的赋存、补给、径流、排泄条件等。

水的渗入一方面使岩土体质量增大，坡体下滑力增大，另一方面因岩土体被软化而抗剪强度降低，并使孔隙（裂隙）水压力升高；地下水的渗流将对岩土体产生动水压力，水位的升高将产生浮托力；地表水对岸坡的侵蚀使其失去侧向或底部支撑等等，都对边坡稳定不利。

3. 气候因素

气候条件直接影响着边坡地面水和地下水的状况。大气降雨是地面水和地下水的主要补给源。气候类型不同，大气降雨量不同，边坡的稳定性也不相同。大气降雨、融雪的增加提高了地面水及地下水的补给量，一方面降低岩体的强度，增大孔隙水的压力，使边坡滑动面的抗滑能力降低；另一方面增大边坡的下滑力，两者结合起来极大地降低了边坡的稳定性。岩土风化速度、风化层厚度以及岩石风化后的机械变化和化学变化（矿物成分的改变），均与气候有关。

4. 地形地貌因素

边坡的形态和规模对边坡稳定性的影响是显而易见的。临空面的存在以及边坡的高度、坡度等都直接与边坡稳定有关。不利形态和规模的边坡往往在坡顶产生张应力，并引起坡顶出现张裂缝；在坡脚产生强烈的剪应力，出现剪切破坏带，这些作用极大地降低边坡的稳定性。一般坡面呈凹形的边坡比凸形边坡稳定。

5. 风化作用

风化作用使岩土体的裂隙增多、扩大，透水性增强，抗剪强度降低。沿裂隙风化时，可使岩土体脱落或沿斜坡崩塌、堆积、滑移等。

6. 地震作用

地震对边坡稳定性的影响极大，地震往往伴有大量的边坡失稳。地震作用导致边坡稳定性降低主要是由于地震作用产生水平地震附加力，当水平地震附加力的作用方向不利时，边坡的下滑力增大，滑动面的抗滑力减小。另外，在地震作用下，岩土中的孔隙水压力增加和岩土体强度降低，也对斜坡的稳定不利。

7. 地应力

开挖边坡使坡体岩土的初始应力状态改变，坡脚附近出现剪应力集中带，坡顶和坡面的一些部位可能出现张应力区。在新构造运动强烈的地区，开挖边坡会使岩体中的残余构造应力释放，直接引起边坡的变形破坏。

8. 人为因素

边坡设计不合理、开挖、加载，大量施工用水的渗入及爆破等人为因素都能造成边坡失稳。对边坡稳定性产生显著影响的人为活动有：

（1）削坡。不当的削坡往往使坡脚结构面或软弱夹层的覆盖层变薄或切穿，减小坡体滑动面的抗滑力，使得边坡的稳定性降低。

（2）坡顶加载。坡顶加载一方面增加了坡体下滑力，另一方面加大坡顶张应力和坡脚剪应力集中程度,使边坡稳定性降低。当坡顶加载物为松散物时,情况就更为严重。

(3)地下开挖。地下开挖主要包括采矿和开掘铁路、公路隧道等。地下开挖引起的地表移动与边坡失稳随地下开挖位置、规模、边坡地质条件而不同。常具有先沉陷,后开裂,再滑动的活动规律。

●第二节　公路边坡常见病害及防治●

一、路基边坡常见病害

1. 路基边坡的塌方

路基边坡的塌方,是最常见的边坡病害,亦是水毁的普遍现象。按照破坏规模与原因不同,路基边坡塌方可以分为剥落、碎落、滑塌、崩塌及塌坍等,如图 3-2 所示。

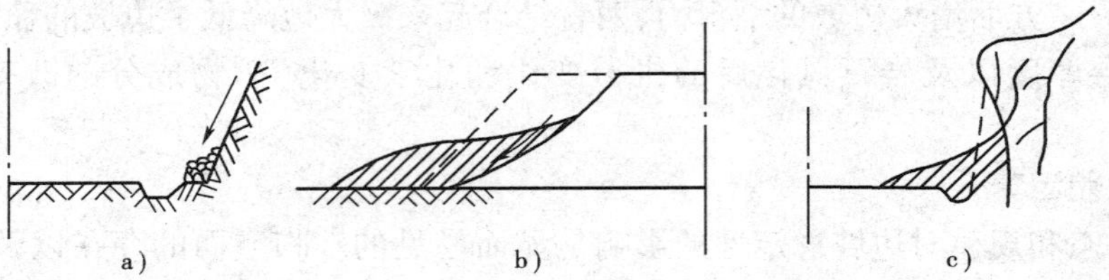

图 3-2　路基边坡塌方示意图
a)剥(碎)落;b)滑塌;c)崩塌

剥落是指边坡表土层或风化岩层表面，在大气的干湿或冷热的循环作用下，表面发生胀缩现象，使零碎薄层成片状从边坡上剥落下来，而且老的脱落后，新的又不断产生。这种破坏现象，对于填土不均匀和易溶盐含量大的土层，以及泥灰岩、泥质页岩、绿泥岩等松软岩层而言，较易发生。路堑边坡剥落的碎屑，堆积在坡脚下，堵塞边沟，影响路基的稳定，妨碍交通。

碎落是岩石碎块的一种剥落现象,其规模与危害程度比剥落严重。产生的主要原因是路堑边坡较陡(大于 45°),岩石破碎和风化严重,在胀缩、震动及水的浸蚀与冲刷作用下,块状碎屑沿坡面向下滚落。如果落下的岩块较大(直径在 40cm 以上),以单个或多块落下,这种碎落现象可称为落石或坠落。落石的石块较大,降落速度极快,所产生的冲击力,可使路基结构物遭到破坏,亦会威胁到行车的安全,有时还会引起其他病害同时发生。

滑塌是指路基边坡土体或岩石,沿着一定的滑动面成整体状向下滑动,其规模与危害程度,较碎落更为严重,有时滑动体可达数百立方米以上,造成严重阻车。产生滑塌的主要原因是原山坡具有倾向公路的软弱构造面,由于施工以及水的浸蚀、冲刷改变了原山坡平衡状态,使山坡在重力作用下沿软弱面整体滑动,如岩层倾向公路,层间又有软弱夹层或风化层、覆盖层;基岩的界面倾向公路,特别有地下水时,均可能形成滑塌。

崩塌是整体岩块在重力作用下倾倒、崩落。主要原因是岩体风化破碎,边坡较高,这是比较常见而且危害较大的路基边坡病害之一。它同滑塌的主要区别就在于崩塌无固定滑动面,坡脚线以下地基无移动现象,崩塌体的各部分相对位置在移动过程中完全打乱,其中较大石块翻滚较远,边坡下部形成倒石堆或岩堆。此外,还有塌坍(亦称为堆塌)等,其成因与形态同崩塌相似,但坍塌主要是土体(或土石混杂的堆积物)遇水软化,在45°~60°的较陡边坡无支撑情况下,自身重量所产生的剪切力,超过凝聚力和摩擦力所构成的抗剪力,沿松动面坠落散开,它的变形速度比崩塌慢,很少有翻滚现象。

1)公路填方路基边坡的病害类型及原因分析

(1)边坡坍塌

边坡坍塌直接影响路基路面的整体稳定乃至中断交通,多发生在路面综合坡度最大处或高填路段,由汇水冲刷而成。诱发原因较多,如纵坡较大,汇水集中;急流槽泄水能力不足或位置不当;边坡防护形式不当,大量汇水通过路缘石与路面边缘间隙渗入;圬工防护质量不符合要求;路基浸水或承载力不足。

(2)边坡冲沟

边坡冲沟多发生在汇水集中区或高填路段,诱发原因有急流槽位置或间距设置不当、边坡压实度不足、防护型式不当、边坡土质不良等因素。

(3)防护体滑落

导致防护体滑落的原因主要有水毁、圬工砌筑质量不符合要求、勾缝不密、未设粗砂滤层或泄水孔、坡脚支撑不稳。

(4)防护剥蚀

防护剥蚀的原因主要为风化、假缝、温差胀缩、干湿胀缩。

(5)急流槽悬空

急流槽悬空的原因主要为急流槽尺寸偏小导致泄水不及时、数量过少导致排水不及时、槽内泄水不畅导致溅水、急流槽基础不实等。

(6)草皮冲蚀

主要原因为坡陡时水流流速 $>1.2\text{m/s}$、草种不适、边坡压实度不足。

(7)草皮枯死

草皮枯死的诱发因素为土质与环境不适合、草种不适合、病虫害、寿命终止。

2)公路挖方路基边坡的病害类型及原因分析

(1)路堑塌方

路堑塌方的原因主要为岩土地质不良、路堑顶部水浸入、扰动填挖结合部、风化等。

(2)冲沟

冲沟的原因主要为顶部截水沟设置不当、未设急流槽或设置不当、岩土不良、防护不当、边坡过缓。

(3)剥蚀

剥蚀的原因主要为风化、未采取防护措施。

(4)坡脚淘蚀

坡脚淘蚀的原因主要为护面墙设置不当、排水沟尺寸偏小、护面墙基础不牢。

2. 路基边坡植物病虫害

随着高等级公路的迅速发展,山区高等级公路的建设不可避免地出现深挖高填边坡的情况,对沿线生态环境造成极大的影响。为减少公路建设对沿线生态环境的影响,保持生态平衡,近年来提出了"生态公路"的建设理念。因此,植物用于边坡防护绿化越来越引起公路建设的重视,运用越来越广泛。

在植物防护中,病虫害的危害极大,直接关系到边坡防护的成败。

1)病害

因病原的不同分为两类:非侵染性病害和侵染性病害。

非侵染性病害的发生主要在于草坪和环境两方面的因素。如草种选择不当、土壤缺乏草坪生长必须的营养、营养元素比例失调、土壤过干或过湿、环境污染等。这类病害不传染。

侵染性病害是由真菌、细菌、病毒等侵害造成的。这类病害具有很强传染性。

2)虫害

造成草坪害虫危害的原因主要是草坪建植前土壤未经防虫处理(晒土、拾虫、土壤消毒等);施用的有机肥未经腐熟;早期防治不及时或用药不当、失效等。

二、常见边坡病害的处治

1. 边坡的日常养护

(1)对于石质路堑边坡,应经常观察坡面岩石风化情况,以及危岩、浮石的变动,发现问题,及时采取适当的措施处理,如清除、抹面、喷浆、勾缝、嵌补、锚固等,避免危及行车、行人安全和堵塞边沟,影响排水。

(2)土质路堑边坡出现冲沟时,应及时用黏土填塞捣实;如出现潜流涌水,可开沟隔断水源,将水引向路基以外。

(3)对于填土路堤边坡形成冲沟和缺口,应及时用黏结性良好的土修补拍实。对较大的冲沟和缺口,修理时应将原边坡挖成台阶形,然后分层填筑压实,并注意与原坡面衔接平顺。对路堤中间部分用粉煤灰填筑的路基,尤应注意加强边坡的养护。发现冲沟、缺口应及时修理,以防止粉煤灰流失,影响路基整体强度和稳定。

(4)边坡上的植被对保护边坡大有益处,不能铲除,并禁止在边坡上割草、放牧。同时,严禁在边坡上及路堤坡脚、护坡道上挖土取料或种植农作物。

2. 边坡防护与加固

对于易出现缺口、冲沟、沉陷、塌落或受洪水及边沟流水冲刷的边坡,应根据水流、土质等情况,采取适当的防护与加固措施。防护与加固工程不仅可以稳定路基,而且可以美化路容,提高公路的使用品质。边坡的防护与加固工程,按其作用不同,可分为坡面防护、冲刷防护、支挡结构物三类。常用的防护与加固工程措施及选择见表3-5,各种措施的具体技术要求参见路基路面工程。

路基边坡防护与加固工程类型表 表3-5

防护类型	容许流速(m/s)	一般边坡	适用范围	备注
种草	0.4~0.6	缓于1:1	冲刷轻微和任何适于长草的路基边坡,且边坡高度不高者,不适于经常浸水或长期浸水的边坡	
平铺草皮	<1.2	缓于1:1.5	坡面冲刷较重和任何适于长草路堤、路堑边坡,不适于经常浸水或长期浸水的边坡	路堑边坡铺至堑外1m或截水沟
平铺叠置草皮	1.2~1.8	1:1~1:1.5		

续上表

防护类型	容许流速（m/s）	一般边坡	适用范围	备注
植树	<3.0	缓于1:1.5	适于生长植物的路堤、路堑边坡和河滩、河岸	
三维植被网防护		缓于1:0.75	沙性土、土夹石及风化岩石边坡，植被网中回填种植土	
湿法喷播		缓于1:0.5	土质、土夹石及严重风化岩石边坡	
客土喷播		缓于1:1	风化岩石、软岩、硬土等高大和受侵蚀边坡	
浆砌片石或混凝土骨架植物		缓于1:0.75	土质或全风化岩石边坡，受水流冲刷严重时缓于1:1，框架内植草	
混凝土空心块骨架植物		缓于1:0.75	土质和全风化、强风化岩石路堑边坡，视需要设置浆砌片石或混凝土骨架，空心块内填种植土植草	混凝土空心块强度不小于C20，厚度不小于15cm
锚杆混凝土框架植物			土质边坡和坡体中无不良结构面、风化破碎的岩石路堑边坡，框架采用钢筋混凝土，框内植草	锚杆保护层不小于2cm，混凝土强度不小于C25
抹面		1.0:1.1	易于风化而尚未严重风化的岩石边坡及软硬岩层路堑坡面防护	边坡同路基边坡，厚度不小于3cm
捶面		缓于1:0.5	易受冲刷的土质边坡及易风化剥落的岩石边坡	边坡同路基边坡，厚度不小于10cm
喷护		缓于1:0.5	易风化但较完整坚硬的岩石路堑边坡	喷浆或喷混凝土
挂网喷护		缓于1:0.5	碎裂结构的硬质岩石或不连续层状结构边坡	厚度10～25cm
勾缝与灌浆			适用于较坚硬不易风化的岩石路堑边坡，节理裂缝多而细者用勾缝，大而深者用灌浆	勾缝与灌浆应密实，防浸水
护面墙		1:0.5～1:1	易风化的软质岩石或较破碎岩石瓦房边坡和易受侵蚀的土质边坡	
干砌片石	2～4	缓于1:1.25	土质或岩石边坡的坡面防护和冲刷防护	厚度不小于25cm，防冲时不小于35cm
浆砌片（卵）石	4～5	缓于1:1		
抛石	3～5		水较深路基边坡坡脚及支挡结构基础防护	粒径不小于30cm
石笼	>5.0		受水流冲刷和淘刷较严重与大风浪作用的路堤坡脚和河岸	石料粒径不小于网孔
混凝土预制板	4～8		较浆砌片石能抵抗较大的流速与波浪或冰压力、动水压力	
土工织物			兼有加固、反滤和排水等作用	
挡土墙			①支承路基填土或山坡土体；②防止沿河路基受水流冲刷和淘刷；③受地形限制或其他建筑干扰；④防止多占农田；⑤路线通过悬崖峭壁，占河砌墙加宽路基等	
浸水挡土墙	5～8			

3. 植物病虫害的防治

1)病害防治办法

(1)消灭病原菌的初侵感染源,通过土壤消毒、种苗处理及及时消灭病株残体等措施加以控制;

(2)农业防治:适地适草,选择抗病品种,及时除去杂草,及时处理病害植株和病害发生地,加强水肥管理等;

(3)化学防治:喷施农药进行防治,防止多种真菌或细菌性病害的发生。病害种类不同,所用药剂各异。应注意药剂的使用浓度、喷药的时间和次数、喷药量等。一般在草坪草叶片保持干燥时喷药效果较好,喷药次数主要根据药剂残效期的长短而确定,一般7~10天喷一次,共喷2~5次即可。雨后应补喷。此外,应尽可能混合施用或交替使用各种药剂,以免产生抗药性。

2)虫害防治办法

(1)农业防治:适地适草,播前晒土、除虫,施用充分腐熟的有机肥、适时浇水管理等;

(2)物理和人工防治:灯光诱捕、药剂毒土等触杀,人工捕捉等;

(3)生物防治:利用天敌或病原微生物防治;

(4)化学防治:通常用杀虫剂杀灭,对地表害虫常用喷雾法,还有药剂拌种、毒饵诱杀等方法。

●第三节　边 坡 治 水●

一、边坡治水原则

由于岩土具有容水性、持水性、给水性、毛细管性、透水性等水理性质,所以水是造成路基边坡及其构造物破坏的主要原因。为保证路基边坡的稳定,在路基边坡的设计、施工和养护中,必须做好边坡排水工作。

边坡治水原则是:

(1)预防为主,防治结合。在公路边坡设计和施工过程中,要根据公路边坡的实际情况(如坡度、高度、土质、汇水面积等),事先设置截水沟、排水沟、边沟与渗水沟等排水设施;在岩土松散破碎处设置必要的防护和支挡工程。做到预防为主,防患于未然。

(2)分级截流,纵横结合。高陡边坡或岩土稳定性欠佳边坡的排水工程应采取分级截流、纵横结合排水的方法来进行处理。坡顶以外的地表水从截水沟排走;分级边坡每个台阶设一截水沟排水;坡脚设边沟排水。高陡边坡应根据地形和坡面大小,隔一定距离设一垂直路线的排水沟,使水尽快排出边坡。

(3)表里排水,综合治理。路基边坡设计中,必须考虑将影响边坡稳定的地面水加以拦截,排除在边坡范围以外,并防止漫流、停积或下渗。对影响边坡稳定的地下水,应予以截断、疏干、降低,并引导到边坡范围以外。只有把地表水和地下水有效地排出边坡以外,实行综合治理,才能保证边坡的稳定。

(4)坡面防护、支挡并重。要根治水害,除了要注意排水外,必要时还需修筑一些坡面防护工程(如拱式护坡、护墙、种草等),以保证边坡的稳固。有时,还要在坡脚设置一定数量的支挡结构物,以提高抗水害的能力。

(5)因地制宜,经济适用。由于边坡破坏现象和失稳原因是多方面的,因此应深入调查研究,根据当地气候环境、工程地质和材料等具体情况,因地制宜,就地取材,选用适当的工程类型或排水设施,不要轻易取消或减少必要的防护工程设施。排水沟渠应选择在地形地质较好的地段修筑,以节约加固工程投资。对排水困难和地质不良地段应进行特殊设计,使排水防护工程收到更好的效果。

二、边坡排水设施

危害路基边坡的水分为地面水和地下水两大类,因此,排水设施也分为地面排水设施和地下排水设施。

边坡排水的设计,必须根据不同情况,因地制宜。在地质不良地段、高填深挖地段等受水影响严重的路段,边坡排水应先进行排水系统的整体规划、综合设计,在此基础上,再进行各单项排水结构物的设计。

1. 边坡排水的综合设计

在综合设计中,对于地面水的排除可利用边沟、截水沟、排水沟、跌水、急流槽等排水设施,将流向路基的山坡水和边坡表面水分段截流,引入桥涵、自然沟谷、荒地、取土坑或低洼处,排出路基范围之外。自然沟谷、排水沟渠与桥涵等排水设施,应密切配合,充分发挥其效用,使排水顺畅,避免对边坡的冲刷,又不致形成淤积而危害路基。

有关路段综合排水系统示例如图 3-3 所示。

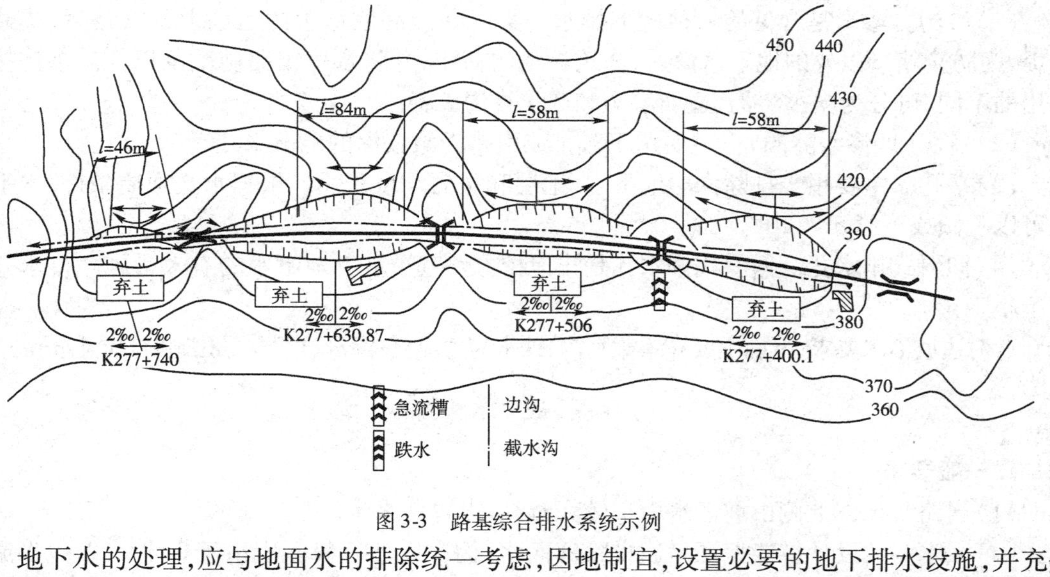

图 3-3 路基综合排水系统示例

地下水的处理,应与地面水的排除统一考虑,因地制宜,设置必要的地下排水设施,并充分利用地面排水沟渠,把危及边坡稳定的地下渗水、泉水予以排除。图 3-4 是路基边坡排水综合设计的一个简例,利用渗沟将路基上方出现的泉水汇集,经涵洞排至路基下方。

排水系统综合设计,应合理选定各种排水设施的类型和位置,恰当确定排水功能。此外,还应密切注意各种设施的衔接,使之构成统一完整的排水系统。

2. 地面排水系统

(1)边沟。设置在挖方路基的路肩外侧,用以汇集和排除路基范围内和流向路基的小量地面水。

(2)排水沟(泄水沟)。用来引排路基附近低洼处积水和边沟、截水沟汇集的水流。

(3)截水沟(天沟)。设置在挖方路基边坡坡顶以外,或山坡路堤上方的适当位置,用以截引路基上方流向路基的地面径流,防止冲刷和侵蚀挖方边坡与路堤坡脚,并减轻边沟的泄水负担。

岩石裸露和坡面不怕冲刷的路段,可不设置截水沟。

(4)跌水与急流槽。设置于需要排水的高差较大而距离较短或坡度陡峻的(坡度大于10%、水头高差大于1.0m的陡坡或陡坎)地段。跌水是阶梯形的建筑物,水流以瀑布形式通过,有单级和多级之分。它的作用主要是降低流速和消减水的能量。急流槽是具有很陡坡度的水槽,但水流不离开槽底。它的作用主要是在很短的距离内、水面落差很大的情况下进行排水,多用于涵洞的进出水口,或在特殊情况下,截水沟流向边沟的地段。

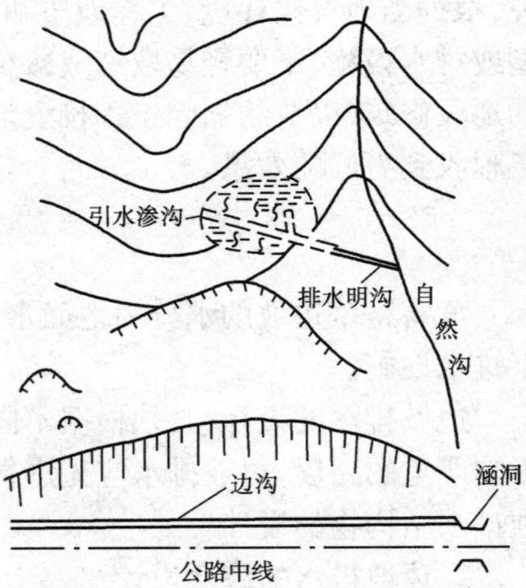

图3-4　路基边坡综合排水系统简例

3. 地下排水设施

地下排水设施主要有渗沟、盲洞、平孔及仰斜式排水孔。

(1)渗沟。渗沟是常见的一种地下排水沟渠。在湿润或渗水的山坡上开挖路堑,或修筑路堤,为防止路基以外的地下水渗入,修筑渗水沟截水,并将水引出路基范围以外。渗沟按其作用的不同,可分为支撑渗沟、边坡渗沟和截水渗沟三种。

(2)盲洞(即渗水隧洞)。主要用于截排或引排埋藏较深的地下水。

(3)平孔。主要用于排除深层地下水,土层和基岩均可采用。根据水文地质条件,水平钻孔可以上倾或下倾5°~10°。

(4)仰斜式排水孔。仰斜式排水孔是排泄挖方路基边坡上地下水的有效措施。排水孔仰角不小于6°。

针对边坡治水要求,下面主要介绍截水沟、跌水与急流槽、渗沟、盲洞、平孔、仰斜式排水孔。

*三、截　水　沟

1. 一般要求

(1)当路基挖方上侧山坡汇水面积较大时,应设置截水沟。

(2)截水沟的设计应能保证迅速排除地面水,沟底纵坡一般不应小于0.3%,以免水流停滞。对土质地段的截水沟,必要时应采取加固措施,以免水流冲刷或渗漏,致使山坡上过湿,引起滑塌。

(3)截水沟应结合地形合理布置,直接舒顺。在转折处应以曲线连接,必要时应采取加固措施。

(4)若因地形限制,截水沟绕行,工程艰巨,附近又无出水口时,可分段考虑,中部以急流槽衔接(如图 3-5 所示)。

(5)若由于地形限制,汇水量比较大,如将截水沟中的水流引至自然沟或路堤地段确有困难,引入边沟又将过大增加路基挖方时,则应综合考虑,可在挖方较低处增设急流槽和涵洞,直接将水引至路基的另一侧,排出路基范围以外,如图 3-6 所示。

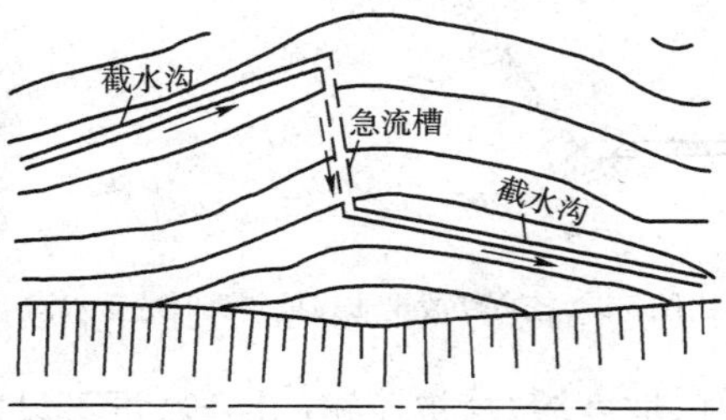

图 3-5 中部以急流槽相连接的截水沟

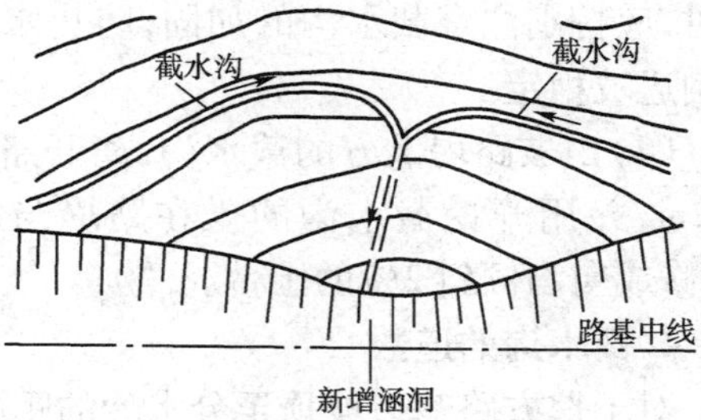

图 3-6 增设急流槽与涵洞

2. 截水沟的断面形式

(1)截水沟断面的形式一般为梯形。底宽不小于 0.5m;深度按设计流量确定,亦不应小于 0.5m;边坡坡度视土质而定。

(2)山坡覆盖层较薄(小于 1.5m),又不稳定时,修建截水沟可将沟底设置在基岩上,以截除覆盖层与基岩面之地下水,保证沟身稳定。必要时还应与沟身加固设计作技术经济比较。

(3)截水沟沟壁最低边缘开挖深度不能满足断面设计要求,可在沟壁较低一侧培筑土埂,如图 3-7 所示。土埂顶宽 1~2m,背水面坡度为 1:1~1:1.5,迎水面坡则按设计水流速度与漫水高度所确定的加固类型而定。如土埂基底横坡陡于 1:5时,沿地面须挖 0.5~1.0m 宽的台阶,如图 3-7 所示。

(4)当地形较陡,若采用一般沟渠断面形式,致使地表覆盖层被破坏范围太大,或遇地质条件不良的土层时,为了缩小山坡破坏面,可采用图 3-8 所示的形式。

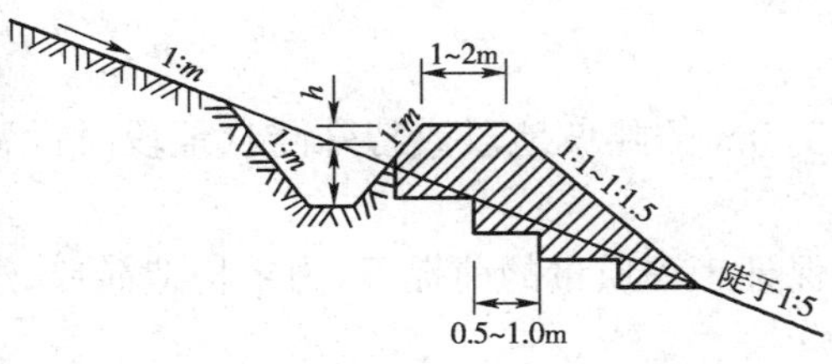

图 3-7 截水沟沟壁一侧培筑土埂断面图

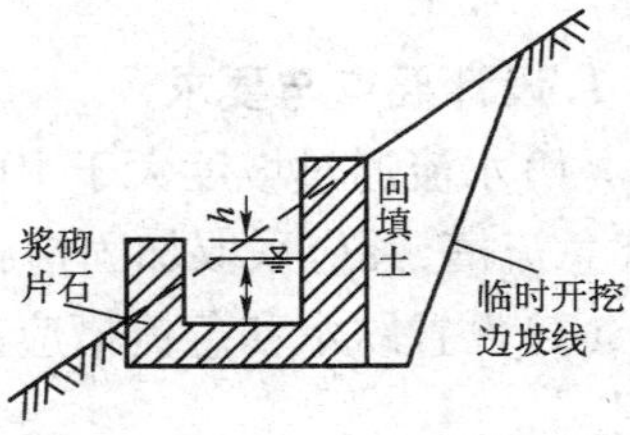

图 3-8 浆砌片石截水沟断面

3. 截水沟离开路基的距离

(1)截水沟离开挖方路基坡顶的距离,视土质而异,以不影响边坡稳定为原则。对于一般土层,距离 $d \geq 5$m。土质不良地段,酌情增大。对于有软弱层地段(如破碎或松散土层、淤泥层等),其距离因挖方边坡高度 H 而异,一般为 $d \geq H + 5$m,但不应小于 10m。截水沟挖出的土,可在截水沟之下侧做成土台,台顶应筑成 2% 倾向截水沟的横坡。土台坡脚离路基边坡顶应有适当距离。

(2)如路基上方有弃土堆时,截水沟应离开弃土堆坡脚1~5m,弃土堆坡脚离开路基挖方坡顶不应小于10m。

(3)当挖方路段土质边坡高度较大,降雨量也较大时,如边坡上设平台,则可考虑在平台上加设截水沟,拦截由坡顶流下的水流(如图3-9所示)。此时,应特别注意截水沟的加固,防止水流渗漏而影响边坡稳定。

(4)山坡路堤上方的截水沟,离开路堤坡脚至少2m,并用开挖截水沟的土在路堤与截水沟之间,修成向沟倾斜2%的土台。

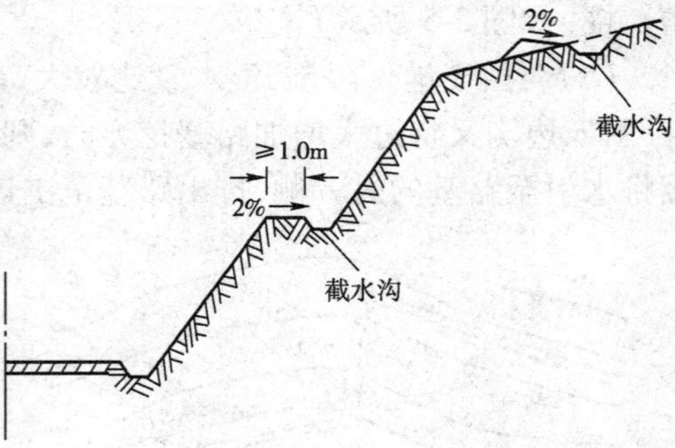

图3-9　挖方路段土质边坡较高时的截水沟

4. 截水沟的道数

对于挖方路基边坡顶至分水岭的距离不长、土质好、坡度缓、植被茂密的路段,可不设截水沟。反之,根据当地具体情况可设一道甚至几道平行的截水沟,分段拦截地面径流。

5. 截水沟的出水口

(1)截水沟内的水流一般避免排入边沟。

(2)通常应尽量利用地形,将截水沟中的水流排入截水沟所在山坡一侧的自然沟中,或直接引到桥涵进口处,以免在山坡上任其自流,造成冲刷。

(3)截水沟的出水口,应与其他排水设备(排水沟)平顺地衔接,必要时宜设跌水或急流槽。

6. 截水沟的沟槽加固

截水沟的加固,必须引起足够重视,对于地质条件不良地段,尤应慎重,以免积水成灾。例如在土质松软、透水性较大的地段,或裂隙较多的岩石地段,为防止水流下渗,影响边坡稳定,沟槽应予加固。沟底纵坡较大的土质截水沟,为防止冲刷,沟槽也应加固。加固措施详见沟渠加固部分内容。

*四、跌水与急流槽

1. 设计要点与要求

(1)水流通过坡度大于10%、水头高差大于1.0m的陡坡地段或特殊陡坎地段时设置跌水和急流槽,并应采取加固措施。

(2)设置跌水和急流槽应在满足排水需要和保证工程质量的前提下,力求构造简单,经济实用。

(3)确定跌水和急流槽的位置、类型和尺寸,要因地制宜,结合地形、地质、当地材料和施工条件,进行综合考虑。必要时可考虑改移路线或涵洞位置,以简化或不设此类构造物。

(4)路基边坡的跌水和简易急流槽,可以不必进行水力计算,按一般常用的构造型式设置。

(5)傍山路线遇有岩石山沟,有的相当于天然急流槽,应予利用。必要时适当加工修整,将水流沿该山沟引入指定地点。

(6)设计跌水和急流槽,可考虑采取增加槽底粗糙度的措施,使水流消能和减缓流速。

(7)跌水和急流槽同下游水面的连接形式,宜采用淹没式,以减少加固工程。

2. 跌水的一般构造

(1)跌水的构造可分为进口、台阶(消力池)和出口三个部分,如图3-10所示。路基边沟水进入涵洞前,可设置单级跌水的窨井,然后经由涵洞排出。土质边沟的纵坡较大时,可设置多级跌水,以减缓沟底纵坡,降低流速,减小冲刷。

(2)跌水台阶的高度,可根据地形、地质等条件而定,一般不应大于0.5~0.6m,通常是0.3~0.4m。多级台阶的各级高度,可以相同,也可以不同。其高度与长度之比,应与原地面坡度相适应。

(3)跌水可用砖或片(块)石浆砌,必要时可用水泥混凝土浇筑。沟槽槽壁及消力池的边墙厚度根据所用材料选定:浆砌片石为0.25~0.40m,混凝土为0.2m。高度应高出计算水位最少0.2m。槽底厚度为0.25~0.40m。出口部分设置隔水墙。

(4)设有消力槛时,槛的顶宽不小于0.4m,并设有尺寸为5cm×5cm~10cm×10cm的泄水孔,以便排除消力池的积水。

(5)跌水槽身一般砌成矩形。如跌水高度不大,槽底纵坡较缓,亦可采用梯形。梯形跌水槽身,应在台阶前0.5~1.0m和台阶后1.0~1.5m范围内,进行加固。

3. 急流槽的一般构造

(1)急流槽可分进口、槽身和出口三个部分,如图3-11所示。

(2)急流槽的纵坡,一般不宜超过1:2,可用片(块)石浆砌或水泥混凝土浇筑。临时工程急需,如有条件可用木槽。

(3)急流槽槽壁厚度,石砌时一般为0.3~0.4m,水泥混凝土为0.2~0.3m。槽壁应高出计算水深至少0.2m。

(4)急流槽的基础要稳固,基底可每隔1.5~2.5m设一平台(如图3-11所示),或每隔2.5~5.0m设置深0.3~0.5m的凸榫嵌入基底中,以防滑动。

(5)进水口和出水口底部需用片石铺砌,长度一般不短于10m,个别情况下,并应在下游设厚0.2~0.5m、长2.5m的防冲铺砌。

(6)急流槽很长时,应分段砌筑,每段长度一般为5~10m,接头处用防水材料填缝。

(7)急流槽槽底宜砌成粗糙面,或嵌入约10cm×10cm的坚硬小石块,用以消能和减小流速。

(8)植草困难的土质高路堤,为防止雨水漫流,冲刷边坡,常在路肩外缘设拦水带,将路面和路肩上的雨水分段集中,通过路堤边坡上设置的急流槽(俗称水簸箕),排除于路基范围以外。

*五、渗　　沟

渗沟按其不同的作用,可分为支撑渗沟、边坡渗沟及截水渗沟三种。

1. 支撑渗沟

适用深度为2~10m,用以支撑不稳定的边坡,兼起排除和疏干坡体内地下水的作用。

1)形式

支撑渗沟有主干和分支两种。主干平行于可能滑动方向,布置在地下水露头处或由土中

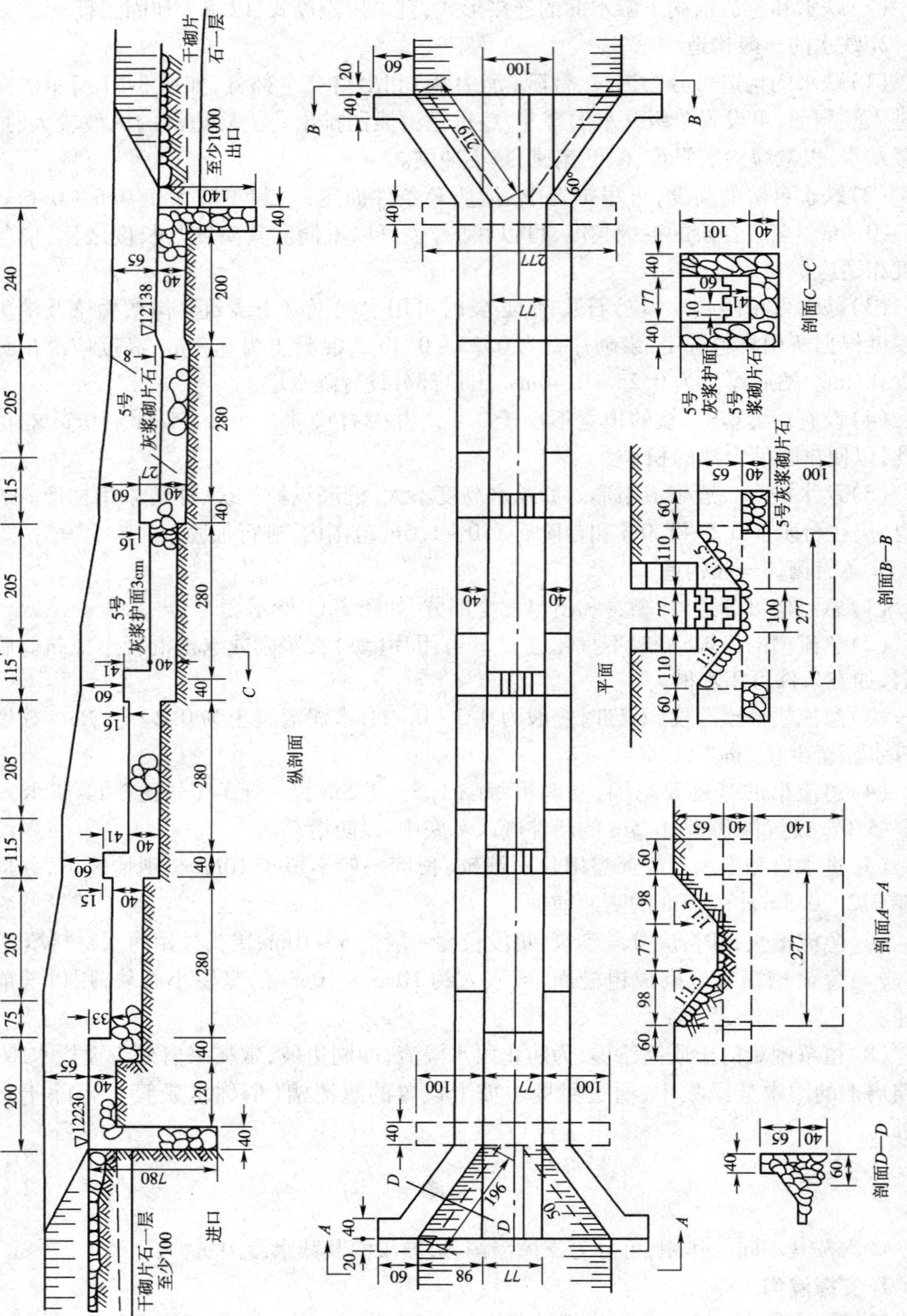

图3-10 跌水结构图(尺寸单位:cm)

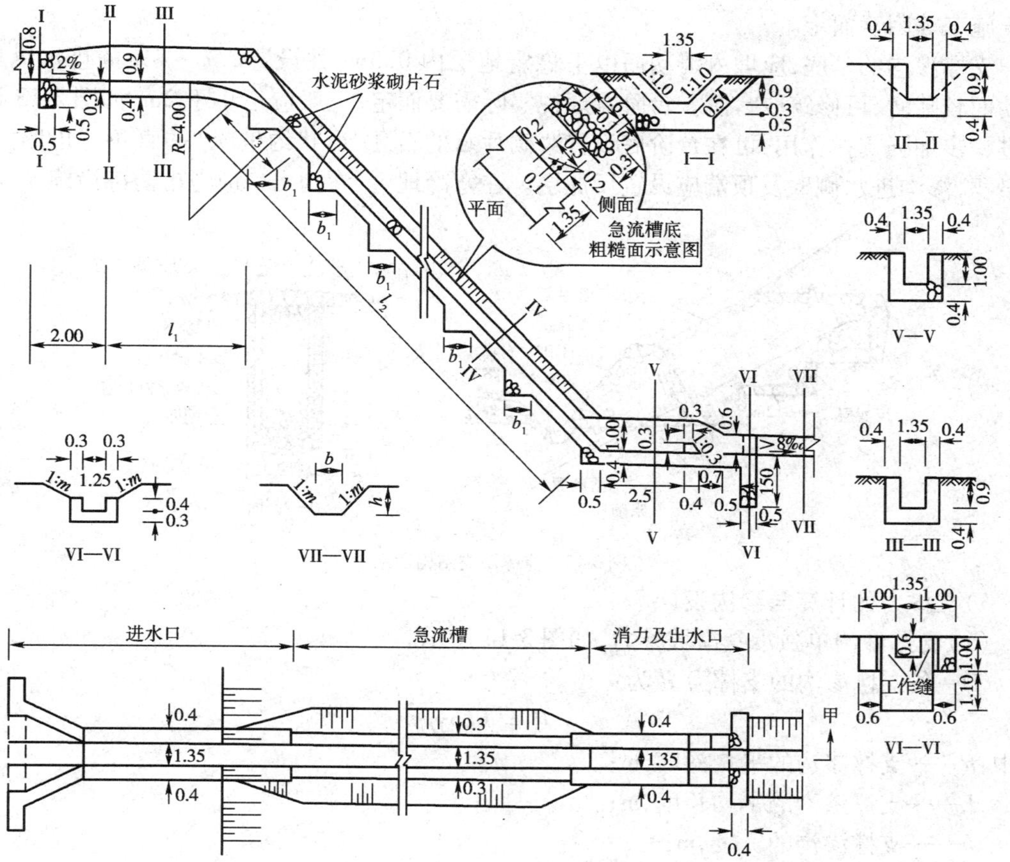

图 3-11　急流槽构造图(尺寸单位:m)

水造成坍塌的地方。支沟应根据坡面汇水情况合理布置,可与滑动方向成 30° ~45°交角,并可伸展到滑动范围以外,以起拦截地下水的作用,如图 3-12 所示。如滑坡推力大,范围广,可采用抗滑挡土墙与支撑渗沟相结合的结构形式,以支撑滑坡体。

支撑渗沟的平面形状,一般有"III"和"YYY"形。渗沟横向间距视土质情况,可采用表 3-6 所列数值。

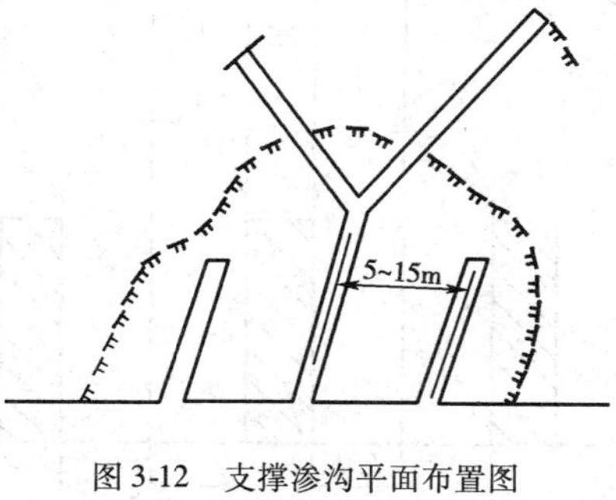

图 3-12　支撑渗沟平面布置图

渗沟横向间距　　表 3-6

土　类	渗沟横向间距(m)
黏土	6 ~ 10
重亚黏土	8 ~ 12
亚黏土	10 ~ 15
破碎岩层	15

2)结构

支撑渗沟的深度一般以不超过 10m 为宜;宽度一般采用 2 ~4m,视渗沟深度、抗滑需要及便于施工等因素而定。

支撑渗沟的基底,应埋入滑动面以下稳定地层内0.5m,并设置2% ~4%的排水纵坡;当滑动面较陡时,可修筑成台阶。台阶宽度视实际需要而定,一般应不小于2m,如图3-13所示。为进一步加强支撑作用,可在台阶底设置浆砌片石的石牙,形状约呈30°的直角三角形。为防止淤积,渗沟进水侧壁及顶端应设置反滤层。在寒冷地区,渗沟出口应考虑防冻措施。

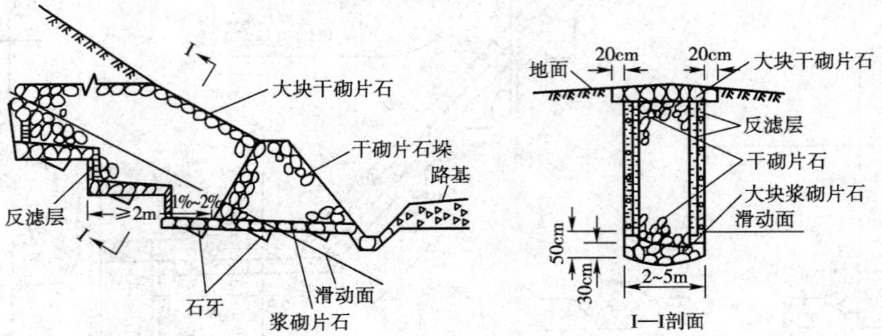

图3-13　支撑渗沟结构示意图

3)支撑力的计算与渗沟设计

(1)支撑渗沟单独承受滑坡推力,如图3-14所示。

①一条支撑渗沟的支撑力P为:

$$P = hLb\gamma f \tag{3-1}$$

式中:h——支撑渗沟的平均深度,m;

L——支撑渗沟的平均长度,m;

b——支撑渗沟的宽度,m;

γ——支撑渗沟填料的重力密度,kN/m^3;

f——支撑渗沟基底与土基间的摩擦系数。

②滑坡体作用在一条支撑渗沟上的总下滑力T为:

$$T = E_0 + E_1 + E_2 \tag{3-2}$$

式中:E_0——土体$ABCD$的下滑力,kN;

E_1——土体$BCEF$的下滑力,kN;

E_2——土体$AHGD$的下滑力,kN。

支撑渗沟间的土体形成天然拱,拱矢比常在1/3~1/2之间,一般为1/2。拱的形状随土体密实度和c、φ值而异,一般多采用抛物线或圆曲线。支撑渗沟承受左、右两端自然拱以上1/2土体的下滑力(靠边的支撑渗沟亦同)。

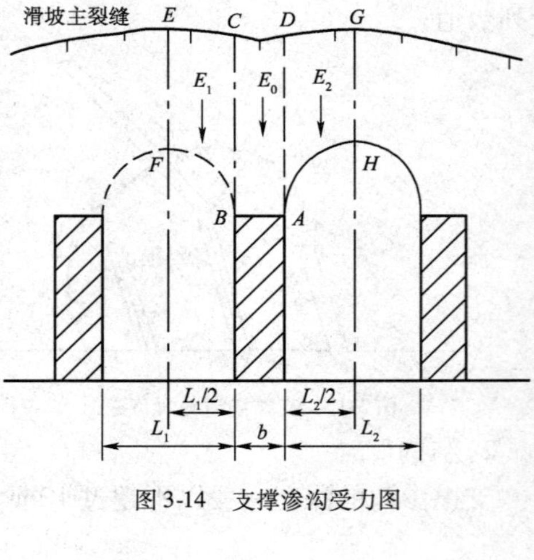

图3-14　支撑渗沟受力图

当支撑力与下滑力处于极限平衡时,有:

$$P = T\cos\alpha - fT\sin\alpha \tag{3-3}$$

式中:α——滑动面倾角;

f——滑坡体与滑坡床的摩擦系数;

P、T——意义同前。

③渗沟设计　支撑渗沟一般按抗滑支撑力控制设计，在计算中取抗滑稳定系数 $K \geqslant 1.25 \sim 1.50$，即：

$$K = \frac{P + fT\sin\alpha}{T\cos\alpha} \geqslant 1.25 \sim 1.50 \tag{3-4}$$

故

$$P = KT\cos\alpha - fT\sin\alpha \tag{3-5}$$

在设计中，一般是根据滑动面的埋藏深度和施工条件，先给定 h 和 b，再按抗滑力的要求计算出支撑渗沟的长度。

$$L = \frac{KT\cos\alpha - fT\sin\alpha}{hb\gamma f} \tag{3-6}$$

（2）支撑渗沟与抗滑挡土墙联合使用时，须参考有关书籍计算滑坡推力。滑坡推力算至墙后、减去渗沟的支撑力，剩余下滑力由挡土墙支承。计算下滑力时，在渗沟范围 $ABCD$（如图3-15所示）内采用疏干后的滑动土抗剪强度数值，实际中按流动、软塑、可塑的顺序提高一级考虑。

①支撑渗沟支撑力 P 的计算方法同前，其单位宽度内的支撑力按式（3-7）计算。

$$P' = P/d \tag{3-7}$$

式中：P'——单位宽度内的支撑力，kN；

P——一条支撑渗沟的支撑力，kN；

d——支撑渗沟的间距，m。

②作用于挡土墙的推力 T，可按式（3-8）计算。

$$T = E - \frac{P'}{\cos\alpha} \tag{3-8}$$

其水平分力 T'，可按下式计算

$$T' = E\cos\alpha - P' \tag{3-9}$$

设计中应根据滑动面的深度、含水状态及施工方法，先决定渗沟的布置、长度、断面尺寸及支撑力 P，然后再按 T 或 T' 设计抗滑挡土墙。

实践证明，用较长的支撑渗沟和较小的抗滑挡土墙比短沟大墙效果好。

2. 边坡渗沟

边坡渗沟可疏干潮湿的边坡和引排边坡上局部出露的泉水或上层滞水，支撑边坡，减轻坡面冲刷。

边坡渗沟垂直嵌入坡体，基底埋入潮湿土层以下较干燥而稳定的土层内，做成有 2% ~4% 泄水坡的阶梯式。基底一般都要铺砌防渗。

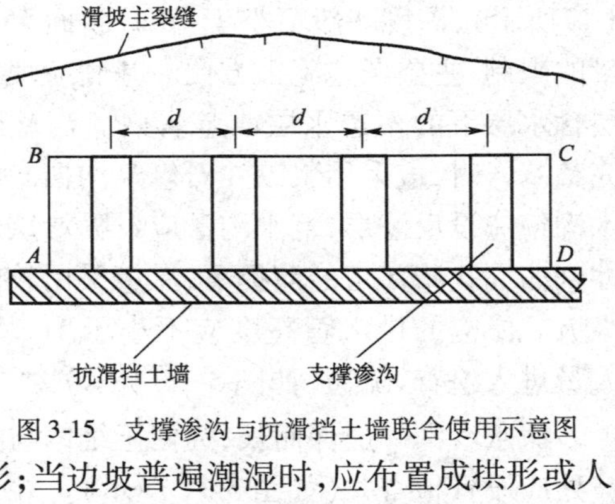

图 3-15　支撑渗沟与抗滑挡土墙联合使用示意图

当边坡上只是局部潮湿且面积不大时，宜布置成条带形；当局部潮湿的面积较大时，宜布置成分岔形；当边坡普遍潮湿时，应布置成拱形或人字形。分岔形、拱形或人字形渗沟的主沟主要起支撑作用，支沟（岔沟）则起疏干作用。

边坡渗沟的间距取决于地下水的分布、流量和边坡土质等因素，一般采用 6 ~ 10m。边坡渗沟的宽度约 1.2 ~ 1.5m，其深度视边坡潮湿土层的厚度而定，一般不应小于 2m。由于引排的地下水流量较小,故沟底填以大粒径石料作为排水通道。沟壁作反滤层,其余空间可用筛洗干净的渗水材料填充。分岔形布置的分岔部分和拱形、人字形布置的拱部、人字形部分的断面下侧可用黏土铺筑隔水防渗。渗沟顶部一般用单层干砌片石覆盖,其表面大致与边坡面齐平。

图 3-16 所示为边坡渗沟设计参考图。边坡渗沟的下部出水口一般用干砌片石垛支挡渗沟沟内的填料和排出所汇集的地下水。

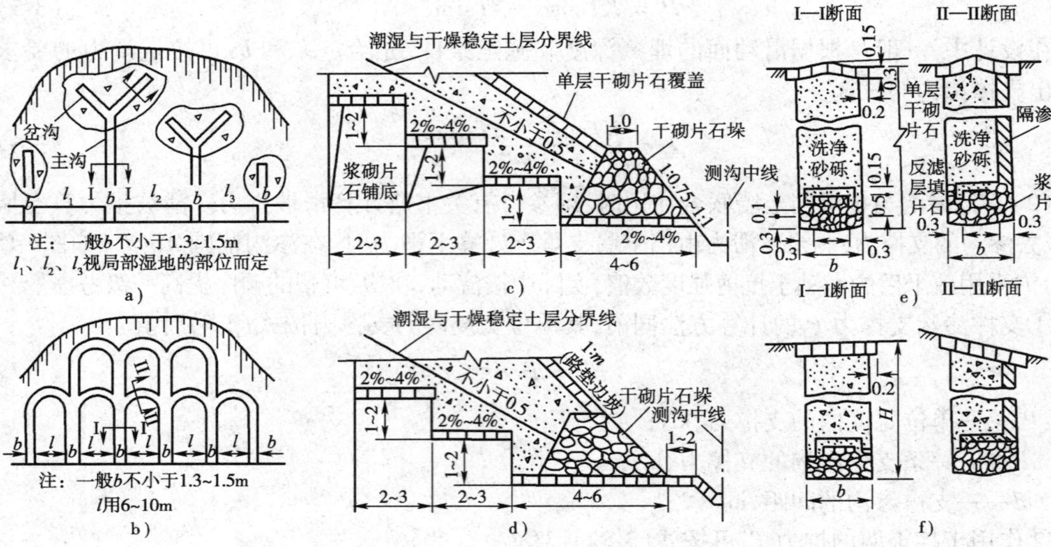

图 3-16　边坡渗沟设计参考图

3. 截水渗沟

当有丰富的深层地下水进入滑坡体时,可在垂直于地下水流的方向上设置截水渗沟以拦截地下水,并排出滑坡体以外。

截水渗沟应修筑在滑坡可能发展的范围 5m 以外的稳定土体上,平面上呈环形或折线形(如图 3-17所示),深度一般不小于 10m,断面大小不受流量的限制,主要考虑施工方便。基底应埋入最低一层含水层下的不透水层或基岩内。当基底未埋入完整基岩时,应采用浆砌片石修筑沟槽。渗沟的迎水沟壁应设反滤层,背水沟壁应设隔渗层。在不致冲刷四周孔壁圬工的前提下,尽量采用较陡的流水纵坡。渗沟的排水管高度应不小于 1m,以便养护人员进入检查、疏通(如图 3-18 所示)。

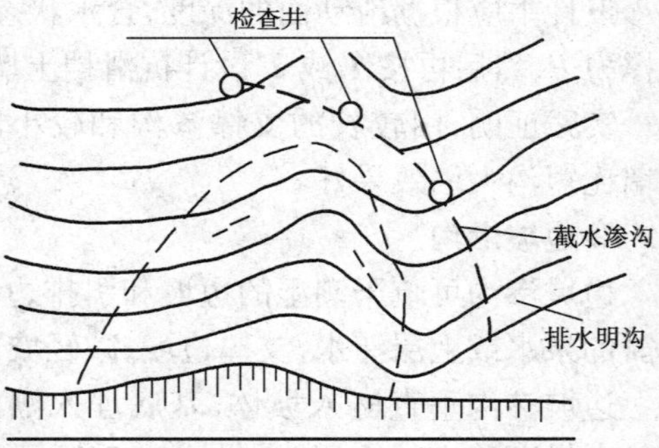

图 3-17　截水渗沟平面布置

截水渗沟一般深而长,为便于维修与疏通孔道,在直线段每隔 30 ~ 50m 或渗沟的转弯、变坡处应设置检查井(如图 3-19 所示)。检查井井壁应设泄水孔,以排除附近的地下水。

*六、盲洞(渗水隧洞)

盲洞主要用于截排或引排集中于滑动带附近埋藏又较深的一层地下水。对于滑动面以上

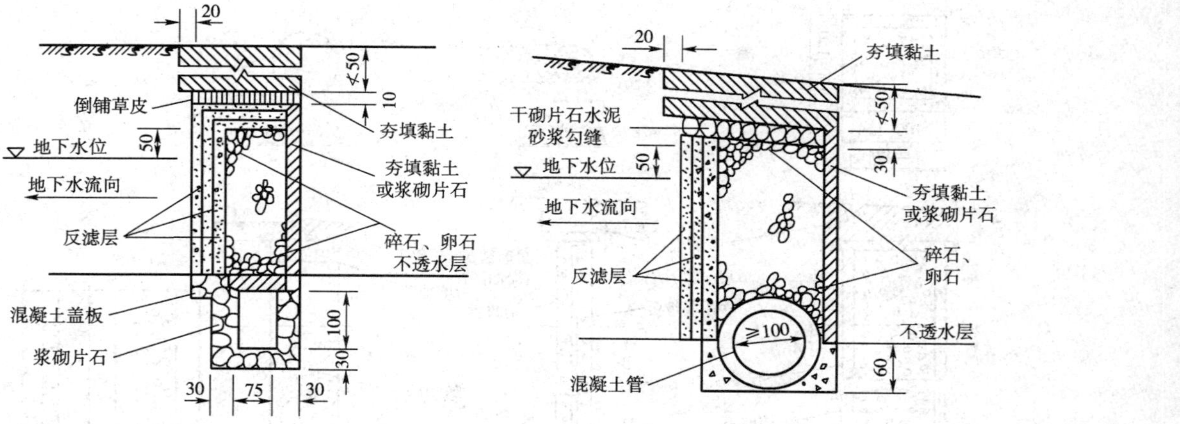

图 3-18　渗沟排水管(尺寸单位:cm)

的其他含水层,可在渗水隧洞顶上设置若干渗井或渗管(如图 3-20 所示)将水引入洞内;对低于盲洞的承压含水层,可在洞的下部设渗管将水引入盲洞排出。

盲洞的埋深决定于主要含水层的埋藏深度,并应埋入稳定地层内。对布置在滑坡范围内用于防治滑带地下水的渗水隧洞,其顶部应在滑动面(带)以下至少0.5m。

盲洞断面不受地下水流量的控制,主要决定于施工和养护维修的方便,并考虑节约投资。一般采用净空断面 1.6m(高) ×1.0m(宽)。

盲洞平面应尽量顺直,洞底纵坡不宜小于0.5% ,不同坡段可用折线坡、跌水等形式连接。

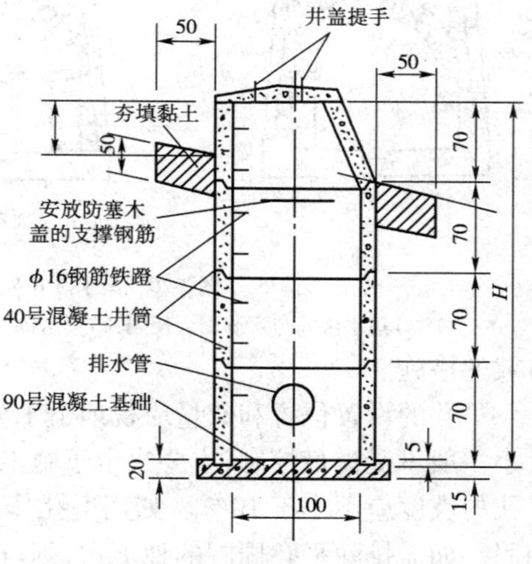

图 3-19　检查井(尺寸单位:cm)

盲洞按其作用,可分为截水、排水、疏干三种,其使用条件和设计原则见表 3-7。

盲洞适用条件及设计原则　　表 3-7

类型	适用条件	设计原则
截水盲洞	补给滑坡的地下水来源于滑坡以外或滑体后部滑动面之下	布置在滑坡以外供水方向或在滑坡后面滑动面之下,轴线应大致与地下水流向垂直。洞顶须低于滑动面 0.5m,洞底须低于隔水层顶面 0.5m
排水盲洞	排除滑体内的封闭式积水(俗称鸡窝水)	洞身应全部埋入滑动面或可能发展为滑动面的下部 0.5m,在滑坡稳定部分,洞底应低于含水层底面不小于 0.5m,直接排出"鸡窝水"
疏干盲洞	主要疏干滑坡头部接近滑动面(带)的地下水	洞身布置于滑坡头部,与滑坡方向平行。洞底低于滑动面不小于 0.5m,洞内回填片石,以疏干滑体。当滑体潮湿厚度及范围较大时,可于洞顶修筑渗井、渗管等以增大疏干范围

*七、平　　孔

用平孔排除滑坡地下水,具有施工方便、工期较短、节约材料和劳动力的特点,是一种经济

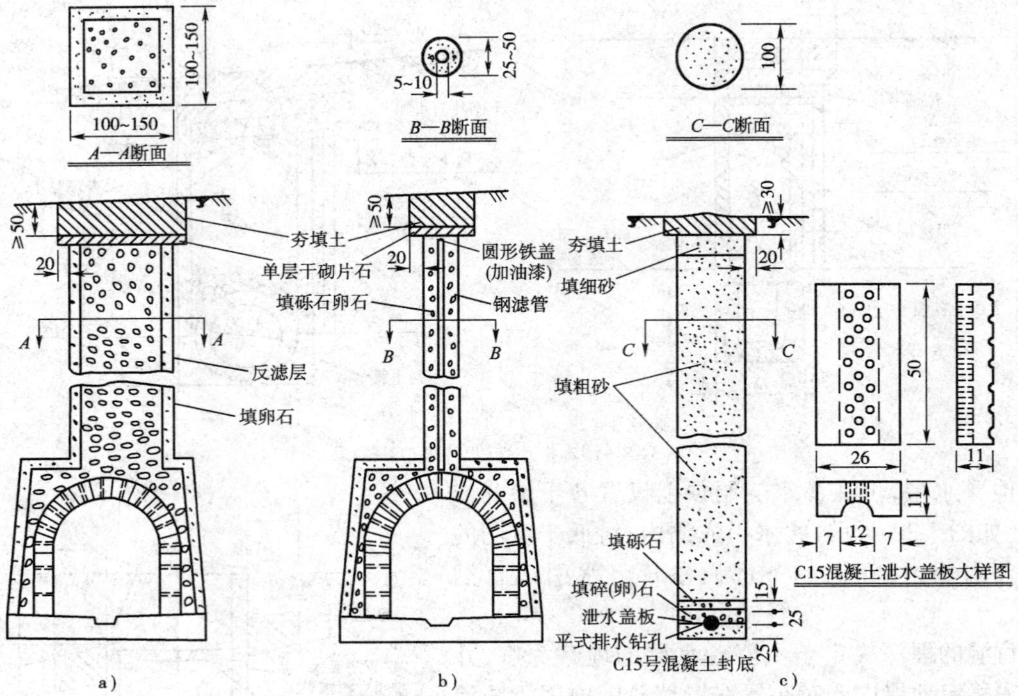

图 3-20　集水渗井及渗管参考图(剖面图)(尺寸单位:cm)

a)集水渗井与盲洞配合使用;b)集水渗管与盲洞配合使用;c)集水渗井与平式排水钻孔配合使用

有效的措施。

平孔的设置位置和数量应视地下水分布的情况及地质条件而定(如图 3-21 所示)。孔径大小一般不受流量控制,主要决定于施工机具和孔壁加固材料,可由数十毫米至 100mm 以上。平孔的坡度应不小于 10%。如用平孔作长期排水通道,则孔壁需用竹管、塑料管或镀锌钢管加固。如需排除平孔周围的地下水,则可在平孔内充砂,用风力将砂灌入孔内。

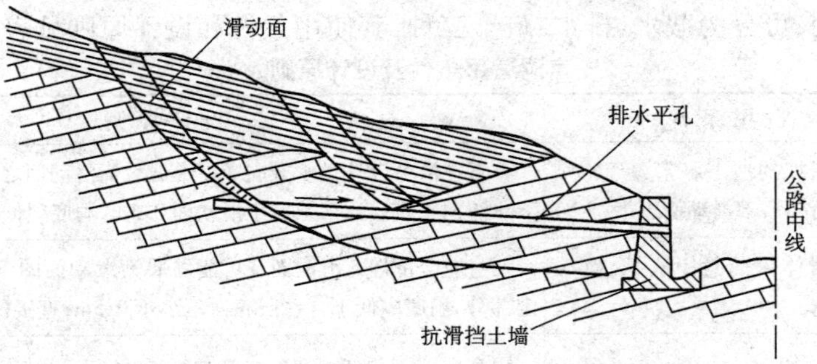

图 3-21　平孔

平孔可单独使用,也可与砂井联合使用(如图 3-22 所示),用砂井聚集滑坡体内的地下水,用平孔穿连砂井把水排出。

平孔的施工机具是钻机,一般立式钻机只需另作一套支撑钻架,把钢丝绳的牵引方向改为水平方向即可施钻。在钻进过程中要注意校正平孔轴线上翘和向左偏的偏差。

* 八、仰斜式排水孔

仰斜式排水孔是采用小直径的排水管在边坡体内排除深层地下水的一种有效方法，可以快速疏干地下水，提高岩土抗剪强度，防止边坡失稳，并减少对岩土的开挖，加快工程进度和降低造价，在山区公路中应用广泛。

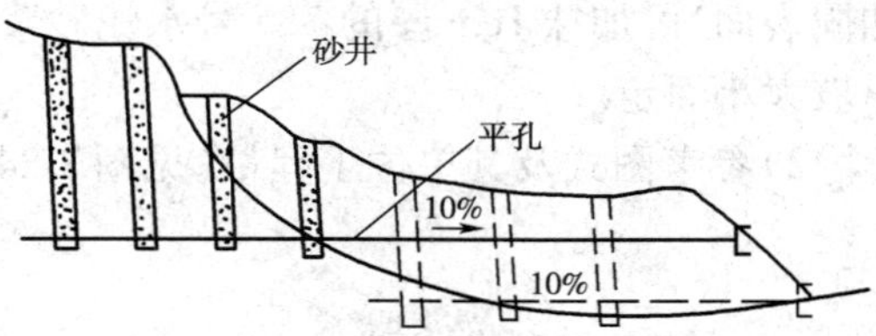

图 3-22 平孔与砂井联合使用

仰斜式排水孔钻孔直径一般为 75 ~ 150mm，仰角不小于 6°，长度应伸至地下水富集或潜在滑动面。目前，最长排水孔已达 50m。孔内透水管直径一般为 50 ~ 100mm。透水管外应外包 1 ~ 2 层渗水土工布，防止泥土将渗水孔堵塞，管内四周宜用透水土工布作为反滤层。

仰斜式排水孔排出的水宜引入路堑边沟排除。

九、沟渠的加固

为防止水流对排水沟渠的冲刷与渗漏，保证沟渠的稳定，提高公路使用品质，应采用各种措施对沟底和沟壁进行加固。沟渠加固措施应结合当地地形、地质、纵坡和流速的条件，因地制宜，就地取材，简便易行，经济适用。

1. 土沟表面夯实

1）使用条件

适用于土质边沟和排水沟，但不适用于路堑顶截水沟或路堑顶排水沟。沟内平均流速不大于 0.8m/s。沟底纵坡不大于表 3-8 所列数值。

沟 底 纵 坡 表 3-8

边坡坡率 1∶m	1∶1		
断面 $B \times H$（m^2）	0.4×0.4	0.4×0.6	0.6×0.6
纵坡（%）	1.5	0.7	0.6

2）参考图式及其每米长的工程数量（见图 3-23 及表 3-9）。

每米长土沟表面夯拍面积 表 3-9

断面尺寸（m）／工程名称	水沟边坡率（m = 1.0）					
	B	H	B	H	B	H
	0.4	0.4	0.4	0.6	0.6	0.6
夯拍面积（m^2）	1.531		2.097		2.297	

3）施工要点

（1）开挖水沟时沟底及底壁部分均少挖 5cm。

（2）将沟底沟壁夯拍密实，使土的干密度不小于 $1.66 \times 10^3 kg/m^3$，土层厚度不小于 5cm。

（3）沟渠开挖时应边开挖边夯实，以免土中水分消失，不易夯拍坚实。

（4）施工中如发现沟底沟壁有鼠洞或蛇穴，应用原土补填夯实。

2. 三合土或四合土加固层

1）使用条件

适用于无冻害及无地下水地段的水沟，沟内平均流速为 1.0 ~ 2.5m/s。在常流水的水沟加固表面，可加抹 1cm 厚的 7.5 号水泥砂浆。混合土厚 0.1 ~ 0.25m，视沟内平均流速或沟底纵坡大小而定。

2）参考图式及其单位工程量（见图 3-24 及表 3-10）

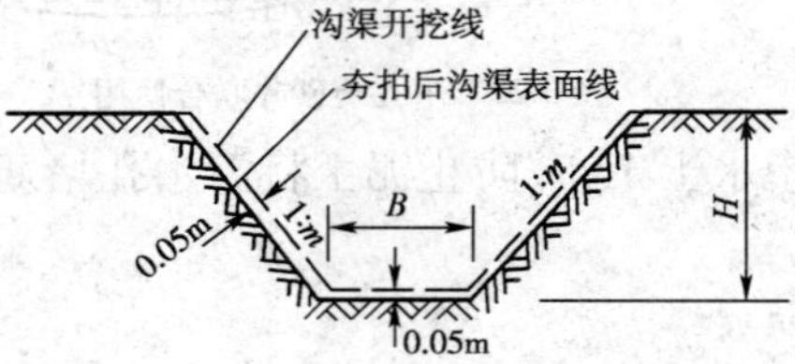

图 3-23　土沟表面夯实

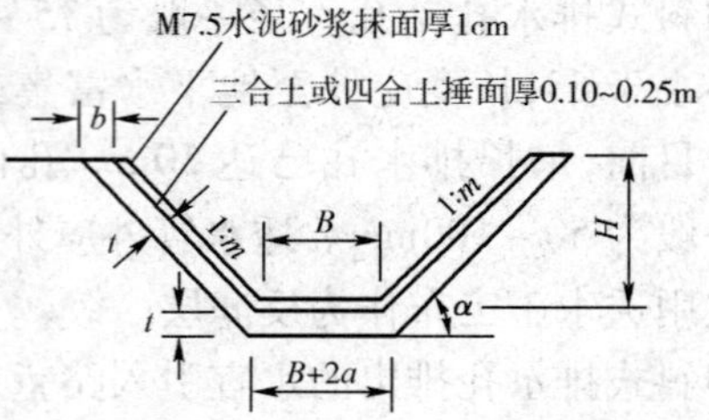

图 3-24　三合土或四合土加固层

$a = b - mt$；$b = t/\sin\alpha$

三合土或四合土加固层工程数量　　表 3-10

工程名称 \ 厚度（cm） \ 断面尺寸（m）		沟渠边坡率 $m=0.5$				沟渠边坡率 $m=1.0$					
		B	H	B	H	B	H	B	H	B	H
		0.3	0.3	0.4	0.4	0.4	0.4	0.4	0.6	0.6	0.6
三合土或四合土捶面（m^2）	10	0.114		0.147		0.171		0.228		0.248	
	15	0.165		0.234		0.271		0.356		0.386	
	20	0.264		0.329		0.379		0.493		0.533	
	25	0.351		0.432		0.497		0.639		0.689	
7.5 号水泥砂浆抹面（m^2）	1	0.971		1.294		1.531		2.097		2.297	

注：①每米长工程数量计算式：

表面面积　$A = B + 2H\sqrt{1+m^2}$

圬工体积　$V = 2bH + (B + a + b)t$

②材料规范及配合比：

三合土　水泥：砂：炉渣 = 1:5:1.5（质量比）

在无炉渣地区可试用　石灰：黄土：卵（碎）石 = 1:3.3:2.3（体积比）

四合土　水泥：石灰：砂：炉渣 = 1:3:6:24

③水泥宜采用低强度等级的，炉渣经过高温烧化且含灰量不超过 5%，其粒径不超过 5mm。

3）施工要点

（1）施工前两周将石灰水化；使用前 1 ~ 3 天，将黄土或炉渣掺入拌匀，使用时将卵（碎）石或砂掺入、反复拌和均匀。

（2）沟渠开挖后趁土质潮湿时立即加固；如土质干燥，则宜洒水湿润后再行加固。

（3）沟渠铺混合土前，应将沟底及沟壁表面夯拍平整，然后每隔约 2m 安一模板，以保证加固厚度的一致。

（4）沟渠铺混合土后，应拍打提浆，然后再抹水泥砂浆护层。待稍干后，用大卵石将表面压紧磨光。最后用麻袋或草席覆盖,并洒水养生 3 ~ 5 天。

(5)施工季节以春、秋季为宜,不宜在冬季,以免混合土尚未干燥即发生冻胀。

(6)养护时如发现裂缝或表面剥落,应抓紧有利季节修补。

3. 单层干砌片石加固

1)使用条件

适用于无防渗要求的沟渠加固地段。一般土夹砂卵石、软石、风化严重的岩石沟渠,沟底纵坡在 5% 以上,流速在 2m/s 以上,必须考虑加固。对于砂土质地段,纵坡 ≥1% 以上,即考虑加固。沟内平均流速在 2.0 ~ 3.5m/s 时,干砌片石尺寸可采用 0.15 ~ 0.25m。流速在 4m/s 以上时,应采用急流槽或加设跌水。当沟壁沟底为细颗粒土时,应加设卵石、碎(砾)石垫层,其厚度按平均流速大小及土质情况,在 0.10 ~ 0.15m 范围内选用。

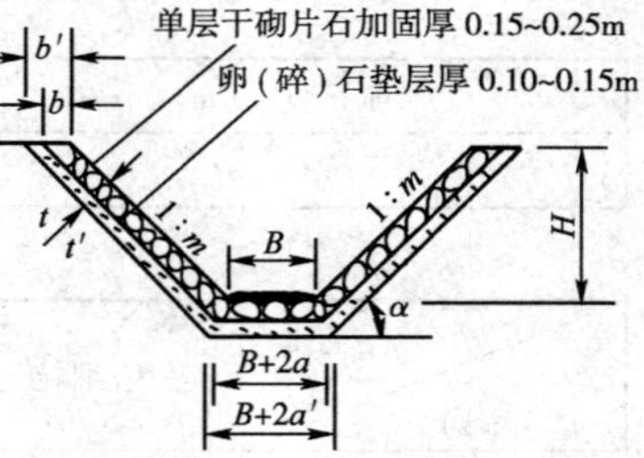

图 3-25 单层干砌片石加固

$a = b - mt; a' = b' - mt'$

2)参考图式及每米工程量

用单层干砌片石加固,内外侧边坡坡率相同(如图 3-25 所示)和不同($B = H = 0.4$m)的梯形边沟的工程数量见表 3-11、表 3-12。

单层干砌片石加固单位工程量(m^3/m)(内外坡率相同) 表 3-11

1:m		1:1					
片石厚(cm)		15		20		25	
工程名称	垫层厚(cm) / 断面尺寸 $B \times H$(m^2)	10	15	10	15	10	15
干砌片石	0.4 × 0.4	0.271		0.379		0.497	
	0.4 × 0.6	0.356		0.493		0.639	
	0.6 × 0.6	0.386		0.533		0.689	
垫层	0.4 × 0.4	0.226	0.353	0.245	0.381	0.263	0.408
	0.4 × 0.6	0.283	0.438	0.301	0.405	0.319	0.493
	0.6 × 0.6	0.303	0.468	0.321	0.495	0.339	0.521

单层干砌片石加固单位工程量(m^3/m)(内外坡率不同) 表 3-12

内坡率	1:1		
流速(m/s)	2.0 ~ 2.5	2.5 ~ 3.0	3.0 ~ 3.5
片石厚(cm) / 外坡率	15	20	25
1:0.75	0.252	0.365	0.478
1:0.50	0.250	0.364	0.465

3)施工要点

(1)垫层石料以粒径 5 ~ 50mm 者占 90%(质量比)以上为宜。

(2)片石间空隙应用碎石填塞紧密,片石大面应砌向表面,减少面部粗糙程度。

(3)片石厚度系指单层干砌片石的最小厚度。

4. 单层栽砌卵石加固

1)使用条件

适用于无严格防渗要求,且容许流速在2.0~2.5m/s以内的防冲沟渠加固地段。所用卵石的尺寸与容许流速的大致关系,参见表3-13。当沟壁沟底为细颗粒时,需要设砾石垫层,其厚度视容许流速及土质情况而定,见表3-14。垫层可采用平均粒径2~4mm的干净砂砾,其含土量应在5%以下。

卵石尺寸与容许流速的关系 表3-13

卵石直径(m)	0.15	0.20
$v_{容}$(m/s)	2.0	2.5

砾石垫层厚度(m) 表3-14

土质 / $v_{容}$(m/s)	一般细粒土	黏土	土质 / $V_{容}$(m/s)	一般细粒土	黏土
小于2.5	0.10	0.10	2.5~3.0	0.15	0.10

2)参考图式及单位工程量

参考图式见图3-26,单位工程量见表3-15。

单层栽砌卵石加固单位工程量(m^3/m) 表3-15

1:*m*		1:1			1:1.5		
卵石厚(cm)		15	20		15	20	
工程名称	垫层厚(cm) / $B \times H$(m^2)	10	15	10	15	10	15
栽砌卵石	0.4×0.4	0.271	0.379		0.324	0.453	
	0.4×0.6	0.356	0.493		0.433	0.597	
	0.6×0.6	0.386	0.533		0.462	0.637	
垫层	0.4×0.4	0.226	0.245	0.381	0.268	0.289	0.450
	0.4×0.6	0.283	0.301	0.465	0.340	0.362	0.558
	0.6×0.6	0.303	0.321	0.495	0.361	0.382	0.588

3)施工要点

(1)施工时,一般应先砌沟底,后砌沟壁。砌沟底选用较好的大卵石,坡脚两行尤应特别注意选料并砌牢。砌筑可自下而上逐步选用较小的卵石,最上一层则用较长卵石平放封顶压牢。

(2)所有卵石均应栽砌,大头朝下,每行卵石须大小均匀,两排之间保持错缝。卵石下部及卵石之间的孔隙,均应用小石填塞紧密。

5. 浆砌片石加固

1)使用条件

适用于沟内水流速度较大且防渗要求较高的地方。在有地下水(或常年流水)及冻害地段,沟壁沟底外侧应加设反滤层(或垫层),并在沟壁上预留泄水孔。沟内平均流速大于4m/s时,沟渠纵坡不加限制,可考虑用急流槽处理。

2)参考图式及其单位工程量

参考图式见图3-27,单位工程量见表3-16。

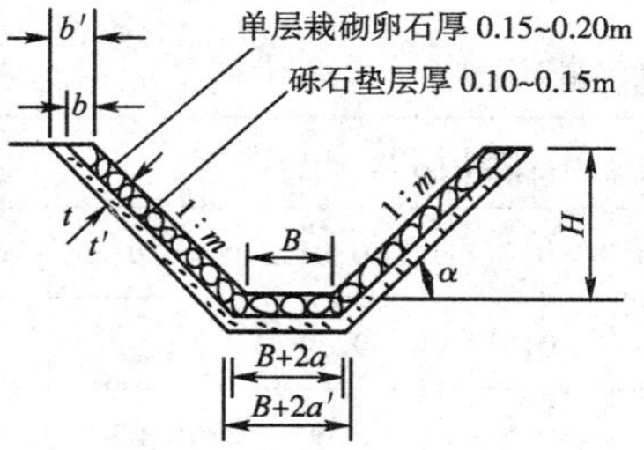

图3-26 单层栽砌卵石加固参考图

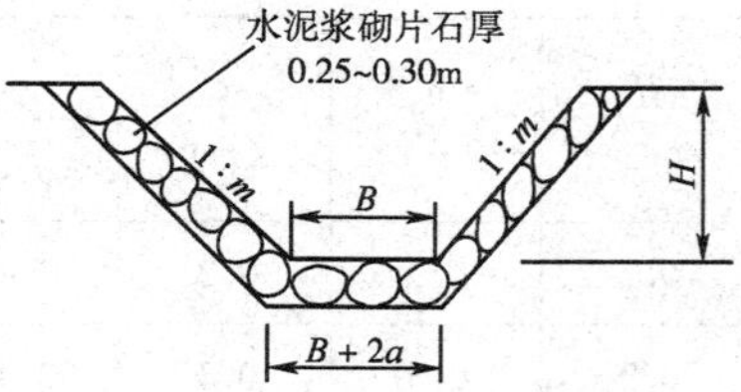

图3-27 浆砌片石加固

浆砌片石加固单位工程量(m^3/m) 表3-16

1:m		1:0.5				1:0.75						1:1.0					
工程名称	B×H(m^2)	B	H	B	H	B	H	B	H	B	H	B	H	B	H	B	H
	垫层厚(cm)	0.3	0.3	0.4	0.4	0.4	0.4	0.4	0.6	0.6	0.6	0.4	0.4	0.4	0.6	0.6	0.6
水泥浆砌片石	25	0.351		0.432		0.459		0.554		0.634		0.497		0.639		0.689	
	30	0.447		0.545		0.587		0.728		0.788		0.624		0.794		0.854	

3)施工要点

(1)沟渠开挖后应平整夯拍,如土质干燥应洒水湿润,遇有鼠洞陷穴,应用原土堵塞夯实。

(2)一般采用5号水泥砂浆砌筑,随拌随用。砌筑完后应注意养生。

6. 浆砌片石矩形排水槽

1)使用条件

基本同浆砌片石加固。

2)参考图式及其单位工程量

参考图式见图3-28,单位工程量见表3-17。

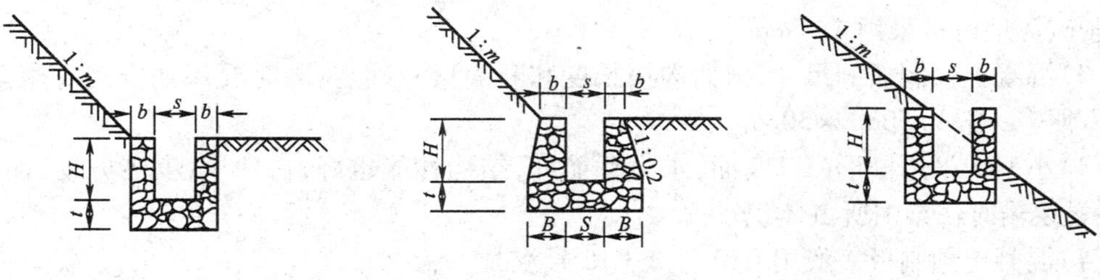

图3-28 浆砌片石矩形排水槽

3)施工要点

开挖基坑时,应根据土质条件确定边坡率。沟槽筑成后用原土回填。其余注意事项与浆砌片石加固相同。

7. 水泥混凝土预制板加固

1)使用情况

适用于缺乏砂、石地段,采用混凝土预制板更为经济,且施工方便。填方地段采用混凝土预制板，比安装模板现浇混凝土更为合适，且预制板可比现浇板稍薄。挖方地段安装混凝土预制板应按预制板规格挖成相应槽形，并将土拍夯坚实后进行。垫层可采用8%石灰剂量的石灰土，拍打坚实，并整平，或用碎砾石材料。

浆砌片石矩形排水槽单位工程量(m^3/m)　　表3-17

形式	H (m)	b (m)	t (m)	浆砌片石体积(m^3)						
				S=0.4(m)	S=0.5(m)	S=0.6(m)	S=0.7(m)	S=0.8(m)	S=0.9(m)	S=1.0(m)
直墙式	0.2	0.3	0.3	0.42	0.45	0.48	0.51	0.54	0.57	0.60
	0.3	0.3	0.3	0.43	0.51	0.54	0.57	0.60	0.63	0.66
	0.4	0.3	0.3	0.54	0.57	0.60	0.63	0.66	0.69	0.72
	0.5	0.4	0.4	0.83	0.92	0.96	1.00	1.04	1.08	1.12
直墙式	0.6	0.4	0.4	0.96	1.00	1.04	1.08	1.12	1.16	1.20
	0.7	0.4	0.4	1.04	1.08	1.12	1.16	1.20	1.24	1.28
	0.8	0.4	0.4	1.12	1.14	1.20	1.24	1.28	1.32	1.36
	0.9	0.4	0.4	1.20	1.24	1.28	1.32	1.36	1.40	1.44
	1.0	0.4	0.4	1.28	1.32	1.36	1.40	1.44	1.48	1.52
斜墙式	1.1	0.45	0.67	0.50	2.15	2.20	2.25	2.30	2.35	2.40
	1.2	0.45	0.69	0.50	2.31	2.36	2.41	2.46	2.51	2.56
	1.3	0.50	0.76	0.50	2.65	2.70	2.75	2.80	2.85	2.90
	1.4	0.50	0.73	0.50	2.82	2.87	2.92	2.97	3.02	3.07
	1.5	0.50	0.80	0.55	3.11	3.16	3.22	3.37	3.33	3.38

2）断面形式与结构尺寸

（1）预制混凝土板加固沟渠一般可采用梯形结构，同前几种加固形式。板厚为5～10cm，无冻胀破坏地区可采用4～8cm。

（2）混凝土预制板的尺寸，根据沟渠长度和断面尺寸确定，同时要保证安砌时搬动容易、施工方便。一般为50cm×50cm。

（3）小型沟渠用槽形（U）断面，水力性能好，结构性能也好，占地少，安装方便，而且造价低，不过运输时在车中所占体积较大。

（4）混凝土预制板一般用C10号或C15号混凝土制成。

3）流量与衬砌厚度的关系（水利部门的经验）

流量与衬砌厚度的关系可参考表3-18。

4）伸缩缝

（1）为避免因温度变化而引起混凝土板的伸缩，以及基础的不均匀沉陷等，需设置伸缩缝。纵向缝一般设在边坡与渠底连接处，渠道边坡上一般不设纵向缝。

（2）混凝土预制板采用M5水泥砂浆砌缝时，横向伸缩缝间距与现浇混凝土板相同，其参考值见表3-19。

板式混凝土衬砌厚度参考数值 表3-18

基础及其他条件	流量(m^3/s)	板厚(cm)	备注
砂砾石、砾石、风化石,无浮托力	<2 >2	5~6 4~10	3~4cm厚的混凝土衬砌渠道,一般采用压力喷射施工
密实的砂砾石、砂土挖方渠道,无浮托力	<2 >2	4~8 6~12	需要砾石垫层
黄土、普通土、冲积土、细砂粒的填方渠道	<2 >2	6~10 8~12	需要垫层和排水设施。黏性土地段需采取防冻措施。无冻胀,不加垫层

注:表列数值包括现浇和预制板。

(3)采用预制板加固时,应注意保持沟底与边坡的伸缩缝间距一致。

(4)伸缩缝宽取决于伸缩缝间距、湿度变化、干缩系数、线膨胀系数、填料伸缩性能、黏结力、施工要求等,一般采用1~4cm。

(5)伸缩缝填料的性能是决定衬砌效果和寿命的主要因素,要求高温不流淌,低温不冻裂、剥落,伸胀时不挤出,收缩时不裂缝,黏结力强,负温下仍能黏着不脱离,耐久性好。

目前实际工作中采用的填料有沥青混合物、聚氯乙烯胶泥和沥青油毡板等。

混凝土加固板横向伸缩缝间距表 表3-19

加固板厚度 t(cm)	伸缩缝间距 l(m)	加固板厚度 t(cm)	伸缩缝间距 l(m)
5~7	2.5~3.5	≯10	4.0~5.0
8~9	3.5~4.0		

5)防冻胀措施

在地下水位高、天气寒冷、有冻胀现象的地区施工,对沟渠混凝土加固板的平整度有影响时,需设防冻垫层。防冻垫层通常采用砂砾垫层,其厚度根据水利部门的经验,可按最大冻深的70%考虑。

6)注意事项

加固板的接缝除按照操作规程选料与施工外,在沟渠的使用中应密切注意接缝料,如有脱落或裂缝,应及时修补,以免水渗入沟底土中,影响沟身的稳定和排水能力。

•第四节 滑坡处治•

一、概述

山坡岩土体,在重力作用下,沿着一定的软弱面或带整体下滑的现象,叫做滑坡。

滑坡是山区公路的主要病害之一。滑坡常使交通中断,影响公路的正常运输。大规模的滑坡,可堵塞河道、摧毁公路、破坏厂矿、掩埋村庄,对山区建设的交通设施危害极大。

西南地区(云、贵、川、藏)是我国滑坡分布的主要地区,不仅规模大、类型多,而且分布广泛、发生频繁、危害严重。东南、中南的山岭、丘陵地区滑坡也较多。西北黄土高原,以及青藏高原和兴安岭的多年冻土地区,粤北、粤西山岭重丘区,也都有不同类型的滑坡分布。

1. 滑坡形态

发育完整的滑坡,一般都具备图 3-29 所示的形态要素,包括:

滑坡体。沿滑动面向下滑动的岩土体称为滑坡体,简称滑体。

滑动面。滑坡体沿着滑动的面称为滑动面,简称滑面。

滑动带。滑面上下被滑体揉皱的、厚数厘米到数米的地带,称为滑动带,简称滑带。

滑坡床。滑面以下稳定的岩土体称为滑坡床,简称滑床。

滑坡周界。滑坡体与周围稳定斜坡在平面上的分界线。滑坡周界圈出了滑坡范围。

滑坡壁。滑坡滑动后,在滑坡体后部山坡未动部分沿滑坡周界所形成的陡壁。滑坡壁实际上是滑动面上部的露头。

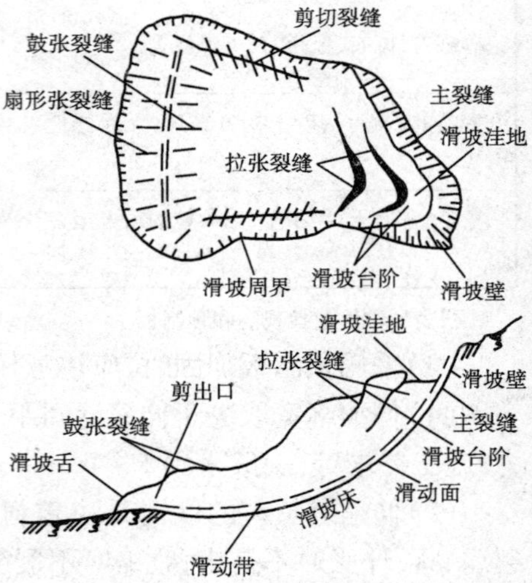

图 3-29　滑坡要素分布示意图

剪出口。滑动面下端与原地面交会处,是滑体从坡面剪出的地方,也是滑动面的终端。

滑坡台阶。有些滑坡各段土体运动速度不同,在滑坡体上形成阶梯状的错台。

滑坡台坎。滑坡台阶前缘的陡壁。

滑坡舌。在滑体的前部,形如舌状伸出的部分,简称滑舌。

滑坡洼地。滑坡滑动时,滑体与滑坡壁之间拉开成沟槽,相邻土楔形成反坡地形,这种四周高、中间低的封闭洼地,称滑坡洼地。洼地中有时积水成槽或形成湿地。

各种类型的滑坡裂缝。拉张裂缝分布在滑体上部,与滑坡壁方向大致吻合,多呈弧形,受滑坡体向下滑动的拉力而产生;剪切裂缝分布在滑体中部两侧,滑体下滑时,滑体与滑床分界处受剪而形成,剪切裂缝两侧常伴生有羽毛状的裂缝;鼓张裂缝分布在滑体下部,滑体上部较下部滑动快,滑体受阻隆起形成张开裂缝;扇形张裂缝分布在滑体中下部,滑体下滑时,滑体前部向两侧扩散形成。

2. 滑坡的分类

为便于对滑坡进行调查与防治,滑坡分类见表 3-20。

3. 产生滑坡的原因

产生滑坡病害的原因很多,主要是地质因素和水的作用。

(1)地质因素:包括具有蓄水构造、聚水条件、软弱面(或带)以及向路基倾斜的岩层山坡等地质条件。遇以下情况就有可能发生滑坡:

①山坡表层为渗水的土或岩层,下层为不透水土或岩层(形成隔水层),且岩层倾向路基。在这种情况下,当有地下水经常活动时,就会使表层土(或岩层)沿隔水层滑动造成滑坡。

②山坡岩层软硬交错,且其软弱面倾向路基,由于风化程度不同或地下水侵蚀等原因使岩层可能沿某一软弱面向下滑动。

③当边坡上部为松散堆积层,而下面的主要岩层较陡,且又伸入路基时,则上部的松散堆积层容易发生滑坡。

④路线穿过软硬不均的岩石断开地带，而断开地带又为地下水集中活动地区时，开挖路堑容易引起滑坡。

滑坡分类表 表3-20

编号	分类依据	滑坡类型	简要说明
1	按滑坡体的物质组成分类	堆积层滑坡	包括坡积、洪积、重力堆积体中或沿基岩顶面滑动的各种滑坡。这些滑坡往往是由于地下水的作用引起的
		残积层滑坡	主要指发生在厚层风化壳中的滑坡。由于强烈的化学风化作用，坚硬基岩已风化成土和碎石。滑坡多沿软弱的风化带滑动
		黄土滑坡	新、老黄土中发生的滑坡，多沿新、老黄土接触面滑动。滑坡的产生常和黄土对水的不稳定性有关
		黏性土滑坡	均质和非均质黏性土中产生的滑坡。多因网状裂隙破坏了土的结构，水沿裂隙下渗，使土的强度降低，而产生滑坡
		堆填土滑坡	人工填筑的路堤土及弃土中，主要是路堤沿原地面发生的滑动，有时也带动其下的坡积层一起下滑
		破碎岩石滑动	岩体失去完整性、松散破碎的多种岩石，可产生层面滑坡和构造面滑坡，滑体由碎、块石和黏性土混合组成，地下水较多，无明显的含水层
		岩石滑坡	各种较完整的岩石，以泥岩、泥质页岩、片岩等软弱岩石中发生较多，最常见的是层面滑坡
2	按滑坡体的厚度分类	浅层滑坡	<6m
		中层滑坡	6~20m
		深层滑坡	>20m
3	按主滑面成因类型分类	同生面滑坡	滑动面不通过土体内任何原有的软弱面，而是新产生的剪切面，滑动面多呈圆弧形
		接触面滑坡	第四纪堆积物沿基岩顶面滑动的滑坡，或堆填土沿下伏地面滑动的滑坡均属接触滑坡
		层面滑坡	滑动面与层面一致
		构造面滑坡	沿节理面、断层面等构造作用形成的构造面滑动的滑坡
4	按滑坡各部分滑动的先后顺序分类	牵引式滑坡	滑体下部先变形滑动，而使上部失去支撑，相继滑下
		推动式滑坡	上部先变形滑动，下部受挤压而向下滑动

(2)水文影响：水是促进滑坡的重要条件，主要表现为：

①大量雨水渗入滑坡体内，使土体潮湿软化，增加土体重量，降低土的强度，从而加速滑坡的活动。

②地下水是引起滑坡的主要条件之一，地下水量增加，浸湿滑坡面，降低滑坡面的抗滑能力，从而加速滑坡的形成。

③排水设施布设不合理。例如在渗水性强的边坡上设置截水沟，沟内没有铺设防水层，当地面水集中流入截水沟内，水分大量渗入土体内部，以致产生滑坡。

④溪河水位涨落，水分渗入坡体内，润湿滑坡面，或河水冲刷滑坡坡脚，减弱支撑力，引起坡体下滑。

⑤边坡上有灌溉渠道或水田，没有进行适当处理，渗漏严重，使土体潮湿软化，增加土体自重，降低土的强度，从而导致滑坡。

＊二、滑坡工程地质勘测

滑坡工程地质勘测的目的是查明滑坡的形成原因及其性质，判断滑坡的稳定程度及其对工程建设的危害性，提供防治滑坡的措施与计算参数。

在滑坡工程地质勘测以后，应提出：①滑坡工程地质平面图，比例尺 1∶500 或 1∶1000；②滑坡断面图，比例尺 1∶200 或 1∶500。

1. 滑坡测绘要点

1）滑坡工程地质平面图（如图 3-30 所示）

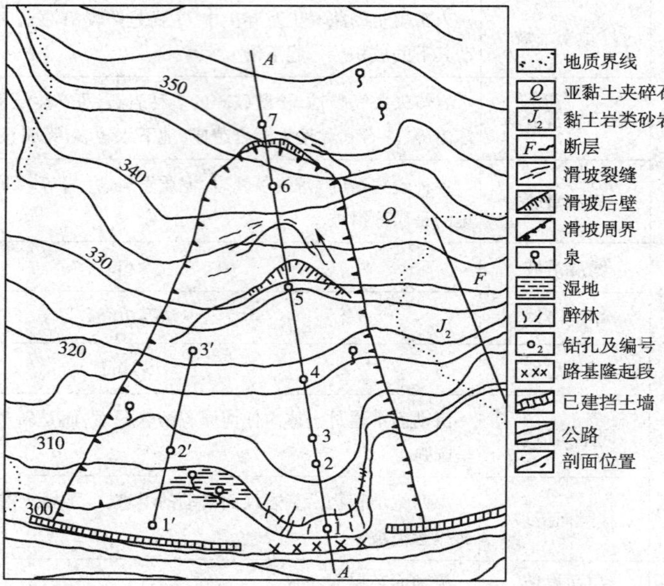

图 3-30　滑坡工程地质平面图

（1）根据地貌形态、裂缝、台阶及水文地质特征、位移观测，并结合勘探，弄清整个滑坡的周界和滑坡周界内不同的滑动部分的界线。

（2）滑坡壁的高度、陡度、植被和剥蚀情况；擦痕的方向与倾斜度；弧形裂缝的位置、宽度、长度、产状及贯通情况。

（3）滑坡台阶的数目、分布位置、形状、长度、宽度、陡坎高度、有无反坡、坎壁植物生长情况等。

（4）滑坡舌的位置、形状、掩盖和被侵蚀情况。

（5）滑坡裂缝的分布位置、形状、长度、宽度、出现的先后顺序、（可能的）组合特点及联通情况。

（6）泉水、湿地的出露位置、类型与地形、地质构造的关系，弄清地下水的补给与排泄关系。

(7)基岩层面和基岩顶面是否倾向路线、倾角大小,裂隙发育程度、产状、层面间有无软弱夹层和裂隙水活动。

(8)滑坡区内建筑物变形的程度、性质、部位和发展过程。

2)滑坡主滑断面图(如图3-31)

(1)主滑断面常在滑坡滑动量最大、滑坡床最深的部位。以最外边一个滑坡壁的最高一点为主滑断面顶点,沿滑坡擦痕方向向下延伸,通过滑坡台阶、滑坡舌的前缘凸出部位。如果滑动方向拐弯,断面也要随之拐弯,对于滑坡群应按不同滑动方向作各个滑坡的主滑断面,主滑断面不一定与路线垂直,但要与主滑动方向一致。测绘主滑断面的地面线时,要显示出滑坡壁、台阶、陡坎、裂缝等滑坡要素的位置和外形。

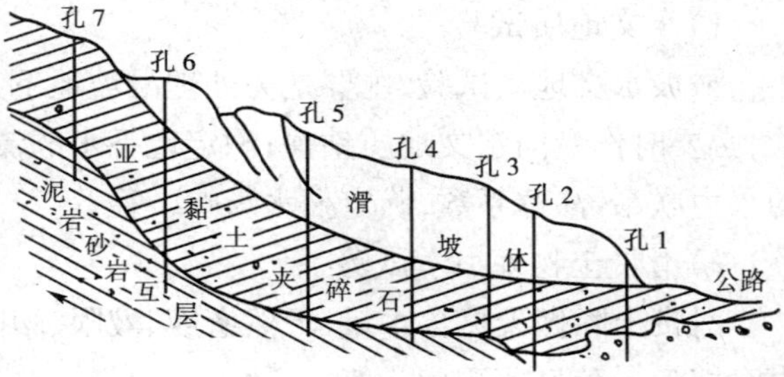

图3-31 滑坡主滑断面(A—A剖面)图

(2)据勘探资料在断面图上填绘地层层序、岩性及岩层结构,并勾绘出各个部位滑动面(带)的位置和形状。

2.滑坡勘探方法

滑坡勘探常用挖探、物探和钻探三种方法。钻探是主要方法,多用于滑坡的主体部分,物探和挖探多起配合作用。

1)挖探

包括挖坑、挖槽、平洞、深井等,多用以确定滑坡床的后壁及前缘的产状和滑坡的周界(当周界不明显时),特别适用于浅层滑坡。挖探的特点是揭露面大、易于观察和采取原状土样等。在勘探设备缺乏的情况下,若结合工程施工采用挖探,则可争取时间,节省费用。深井、平洞等大型挖探工程,费工费时,工作条件困难,一般很少使用。

2)物探

滑坡勘探中,使用较多的是电探和地震勘探,主要用以查明:

(1)覆盖土层的厚度,下伏基岩表面的形状;

(2)滑坡体内含水层和湿带的分布情况与范围,配合钻孔测定地下水的流速、流向;

(3)滑坡地区的地质构造及其分布的规律。

物探资料可以指导钻孔布置,利用钻探资料又可核对和修正物探成果,二者相辅相成。

3)钻探

(1)钻探常用于滑坡主滑动面的勘探。其钻孔位置与数量的确定,一般应根据调查、测绘的资料,结合滑坡的规模及其复杂程度而定;孔深以钻至滑床下1~3m为宜,若滑床为软质岩层时,则需适当加深。

(2)滑坡钻探以干钻为主,无泵反循环(小循环)只在特定情况下作为辅助之用。在钻进中,应力求有较高的岩心采取率(80%~95%),并应保持岩心的天然含水量与原状结构。

(3)在钻进过程中,应及时分析和鉴定:岩心的岩性(矿物成分、颜色、结构构造)、含水状态、破碎程度、力学强度及沿深度的变化情况等;地下水的出露及其水位的变化情况;观察岩心中微斜层理、镜面、擦痕等滑动迹象。

对孔内漏水、掉块、卡钻、涌水、孔壁坍塌、套管变形、钻进速度变化等异常现象，均应作详细记录。

3. 滑坡工程土质试验

1）水文地质试验

滑坡水文地质试验，主要是为处理滑坡地下水提供资料。一般结合工程地质钻孔进行试验，必要时作专门水文地质钻探；测定地下水的流速、流向、涌水量，地下水的腐蚀性，各含水层的水力联系、渗透系数，确定抽水影响半径等。

2）滑带土物理力学试验

滑带土除做天然含水量、天然密度、液限、塑限外，主要做剪切试验，测定抗剪强度，以决定内摩擦角 φ 值和凝聚力 c 值。

土体在受剪过程中，抗剪强度随剪切变形而增加，当达到某一峰值（极限值）时，土体开始破坏。破坏后的抗剪强度将随着剪切变形的增加而逐渐降低，最后趋于一稳定值，这一稳定的强度值称为残余强度。

滑坡经滑动后，滑带土、石的原始结构和性质遭到强烈破坏，其强度即降低至残余强度。因此，对已经产生滑动的滑坡作稳定性检算时，滑带土的抗剪强度不能采用常规试验的极限强度，而应根据滑坡的实际情况采用相应的残余强度值。

4. 滑坡位移观测

对运动的滑坡进行位移观测，以测得滑坡的移动方向和移动速度等资料。观测方法有简易观测和布网观测两种。

1）简易观测方法

适用于规模小、性质简单的滑坡。在滑坡裂缝两侧设桩、设固定标尺或在建筑物裂缝两侧贴片等方法，均可直接量得位移量。

2）布网观测方法

（1）十字交叉法（图 3-32a），适用于滑体小，窄而长，滑动主轴位置明显的滑坡。

（2）放射状网法（图 3-32b），适用于比较开阔、范围不大，在滑坡两侧或上、下方有突出的山包能使测站通视全网的地形。

（3）任意观测网法（图 3-32c），适用于地形复杂的大型滑坡。

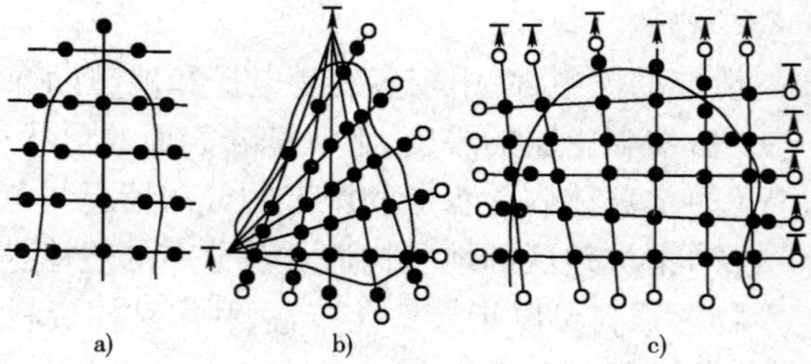

图 3-32　观测网布置图

3）观测资料的分析

对滑坡位移资料应及时进行整理和核对，并绘制滑坡观测桩的升降高程、平面位移矢量图，作为分析的基本资料。从位移资料的分析和整理中可以判别或确定：滑坡体上的次生滑坡；老滑坡体上的局部移动；滑坡周界；滑坡的主轴线和各部分的受力性质（压、拉）及大小；滑床的形状与深度。

若在观测中发现滑坡出现急剧滑动，有可能危及行车安全时，应立即提出措施，及时予以处理。

5. 滑动面的确定方法

滑动面的确定，在整治滑坡中具有特殊的重要性，它直接影响到滑坡稳定性的判断、推力计算和治理工程的效果。

确定滑动面的方法有直接观察法、工程地质对比法和几何图法三种，其中常用的是直接观察法和工程地质对比法。

1）直接观察法

主要是根据观察滑动面的各种滑动特征到滑面的位置，如滑面已部分暴露或埋藏不深，可用挖探的方法确定滑面位置。

2）工程地质对比法

此法是将勘测过程中获得的钻探、挖探、位移观测、水文分析、土质试验及调查访问等资料，互相对比，核对补充，经过全面分析后，使得各方面取得的资料统一起来，再同自然界类似的情况和滑坡体本身内在条件进行对比，据以判断滑动面的位置。其分析对比方法包括：地层的分析对比、地质构造的分析对比、地貌构造的分析对比、滑坡裂缝的分析对比、钻孔岩心与钻进现象的分析对比、滑坡水文地质条件的分析对比。

上述几项特征，可作为寻找和判断滑动面位置、形状、数目的参考。滑坡的地质条件是复杂的，在应用时，应认真综合分析，不应只根据某一特点就做出结论。在经过全面分析对比后，把所得各点滑面的坐标和高程标在滑坡工程地质平面图上，然后连接起来，即是完整的滑动面。若设计需要计算断面较多，可作滑动面等高线图。

*三、滑坡稳定性判断

判断滑坡稳定性，可以预测斜坡滑动的可能性和判断现有滑坡的稳定性。

判断滑坡稳定性，常用工程地质调查法与力学检算法。

1. 工程地质调查法

1）滑坡滑动前的迹象

（1）斜坡中地下水的水位和水质发生显著变化，有些干泉突然流出浑水，斜坡坡脚附近湿地增多且范围扩大。

（2）斜坡上部出现弧形裂缝，坡脚附近，土石被挤紧并出现大量鼓张裂缝，斜坡中部被纵、横裂缝所分割。

（3）斜坡上部不断下陷，其上树木开始倾斜，建筑物开裂并变形。

（4）斜坡下部的路基不断上拱，斜坡前缘土、石零星下落。

（5）大规模岩石滑坡滑动之前，由于岩层错动挤压会发出声响。

2）滑坡体缓慢滑动的迹象

（1）路基和行道树逐年下移。

（2）山坡上的农田变形，水田漏水变为旱地，或大块田变为小块田。

（3）斜坡上一些灌溉渠道不断破坏或逐年往下移动。

3）稳定滑坡和不稳定滑坡的区别

稳定滑坡和不稳定滑坡的主要区别见表 3-21。

2. 力学检算法

1)恢复山体极限平衡状态的检算

近期发生的滑坡,可将山坡轮廓恢复至开始滑动瞬间的形状,并认为它处于极限平衡状态,即稳定系数 $K=1$。按测定的滑面形状求滑面(或带)上的综合抗剪强度值,然后将此值用于目前滑动后的山坡的稳定计算,以判断其稳定性。此法因将全部滑带土强度指标按平均值考虑,故其精度较差。

滑坡稳定性的形态鉴别表 表 3-21

	稳定滑坡的形态	不稳定滑坡的形态
1	滑坡后壁较高,长满了树木,无擦痕和裂缝	滑坡后壁高陡,未长草木,常能找到擦痕和裂缝
2	滑坡台地宽大且已夷平,土体密实,无陷落不均现象	滑坡台地尚保存台坎,土地松散,地表有裂缝且陷落不均
3	滑坡前缘的斜坡较缓,土体密实,长满草木,无松散坍塌现象	滑坡前缘的斜坡较陡,土体松散,未生草木,不断产生小量坍塌现象
4	滑坡体较干,地表多无泉水和湿地,滑坡舌部泉水清澈	滑坡体湿度很大,地面泉水和湿地较多,滑坡底部泉水流量不稳定
5	滑坡两侧自然沟谷切割很深,谷底基岩出露	滑坡两侧多是新生沟谷,切割较浅,沟底多松散物质
6	滑坡前缘舌部有河水冲刷的痕迹。滑坡舌部有些土石已被冲走,残留一些大孤石	滑坡前缘处在河水冲刷的条件下

常见的滑动面为圆弧滑面和折线形滑面。根据滑带土的组成成分的不同又可分为三种方法。

(1)综合 c 法

适用于滑带的成分以黏性土为主,且土质较均匀,尤其是滑带饱水且排水困难条件下,认为 $\varphi\approx0$。

①当滑面为圆弧滑面时,抗滑稳定系数 K 的计算公式为:

$$K=\frac{\text{滑体绕滑动圆心抗滑力矩(不考虑内摩擦阻力)}}{\text{滑体绕滑动圆心的滑动力矩}} \tag{3-10}$$

②当滑面为折面时,根据主轴断面上折线的变坡点将滑体分成若干条块,分段将下滑段与抗滑段的力投影到水平面上。由水平力的平衡条件求稳定系数 K,其计算公式为:

$$K=\frac{\sum G_{2j}\sin\alpha_j\cos\alpha_j+\sum c(l_i\cos\alpha_i+l_j\cos\alpha_j)}{\sum G_{1i}\sin\alpha_i\cos\alpha_i} \tag{3-11}$$

式中:G_{1i}——滑体下滑部分第 i 个条块的质量,kN/m;

G_{2j}——滑体阻滑部分第 j 个条块的质量,kN/m;

α_i——滑体下滑部分第 i 个条块所在折线段滑面的倾角;

α_j——滑体阻滑部分第 j 个条块所在折线段滑面的倾角;

l_i——滑体下滑部分第 i 个条块所在折线段滑面的长度;

l_j——滑体下滑部分第 j 个条块所在折线段滑面的长度;

c——折形滑面上的综合单位凝聚力,kPa。

(2)综合 φ 法

适用于滑带土以粗粒岩屑或残积物为主，且滑动时能排出滑带水的条件下，即可认为 $c \approx 0$。这种情况的滑面一般为折面，其稳定系数 K 为：

$$K = \frac{\sum G_{2j}\sin\alpha_j\cos\alpha_j + (\sum G_{2j}\cos^2\alpha_j + \sum G_{1i}\cos^2\alpha_i)\tan\varphi}{\sum G_{1i}\sin\alpha_i\cos\alpha_i} \tag{3-12}$$

式中：φ——滑面上的综合内摩擦角。

(3) c、φ 法

适用于滑带土为含黏性土与岩屑碎粒的混合物，即认为 $c \neq 0$，$\varphi \neq 0$。这种情况的滑面一般为折面。在反求 c、φ 时，必须找出两个不同的断面，由联立方程解出 c、φ。其稳定系数 K 为：

$$K = \frac{\sum G_{2j}\sin\alpha_j\cos\alpha_j + (\sum G_{2j}\cos^2\alpha_j + \sum G_{1i}\cos^2\alpha_i)\tan\varphi + \sum c(l_i\cos\alpha_i + l_j\cos\alpha_j)}{\sum G_{1i}\sin\alpha_i\cos\alpha_i} \tag{3-13}$$

由以上所算得的抗滑稳定系数值，可判断滑坡是否处于稳定状态，从而确定是否需要进行治理，以增强其稳定性。在分析中应注意其受力状况和环境因素与今后工程使用期间内的最不利工作条件有何不同。由此来考虑必要的稳定系数值，作为是否要治理的依据。一般当 K 值大于1.5时，可认为是稳定的。

2）滑坡当前稳定程度的检算

对于老滑坡，恢复其开始滑动瞬间的极限状态很困难时，则可利用滑带土的实测、试验求得的抗剪强度指标，并考虑到今后可能发生的变化与最不利的影响因素组合条件，加以分析调整，再用以验算滑坡体的稳定性，从而判断滑坡体的稳定程度。

应当注意，由于滑带土（岩）的强度指标常因所在部位不同和滑坡所处的发展阶段不同而有差异，因此其稳定性的验算，应视具体情况选取参数指标，根据滑动面的形状，分析滑体沿滑动面的抗滑力和下滑力，检算滑体沿滑动面的稳定性。

稳定性验算时，滑体重力密度的取值为：当滑床相对隔水，滑体及滑带土的湿度变化不大时，下滑与抗滑均可取滑体重力密度；当滑床相对隔水，滑体上裂隙贯通至滑带时，应考虑雨季滑体全部为水所饱和的情况，此时，下滑部分取滑体土的饱和重力密度，阻滑部分取滑体土的浮重力密度；若滑体仅部分饱和时，应按饱和深度分别考虑滑坡体饱和及不饱和部分的重力密度来计算稳定系数。

验算时还需考虑：由软硬岩层组成的滑坡体沿某一软弱层滑动，滑体有贯通裂缝时，在有暴雨的条件下，应考虑裂隙中的静水压力的作用。地震地区还应考虑到地震力的影响。

3）坡脚应力与坡脚岩土的强度对比

由较坚实的岩土所组成的山坡，当下伏地层为软弱土层或破碎松散岩层时，易于产生深层滑动，形成深层滑坡。这类滑坡在形成过程中，往往是由于外界条件的变化，使软弱松散层极限抗剪强度降低时，塑性变形区便扩大，进而逐步形成贯通的滑动面而发生滑动。因此，可用坡脚应力与坡脚岩土强度的对比，作为判断山坡稳定状态的依据。

具体作法是：一般先在代表性的山坡地质断面图上，用路基基底应力的计算方法，计算坡脚松软地层的应力分布，并绘出最大剪应力的等值线图；再按地层分层取样的试验资料绘出相应部位的岩土等强度系数图，对比两图圈出塑性变形区。根据塑性变形区域的大小就可以判断当前山坡（或滑坡）的稳定程度。考虑到今后可能发生的变化及对岩、土应力与强度的影响，亦可分析滑坡今后的发展趋势，判断其今后的稳定性。对已有滑坡进行地质勘察、量测坡脚应力，观测其变化，常能直接判断滑坡的稳定性并预测滑坡的发展趋势。

*四、滑坡推力计算

根据滑坡勘测和滑坡稳定性判断结果，当滑坡不稳定或稳定程度较低时，应采取适当的工程措施来提高滑坡的稳定性。为此，首先应确定滑坡的下滑力（推力）大小，计算滑坡推力要选定抗滑安全系数，确定滑体的重力密度、滑动面形状以及滑面（或带）上的强度指标等。

1. 抗滑安全系数 K 值的选定

根据经验，对一般工程宜取 $K=1.10\sim1.25$；对重要工程可取 $K=1.25\sim1.30$；若计算中考虑了地震作用等各种不利条件，则可采用较小的 K 值，甚至可用 $K=1.05\sim1.10$。

抗滑安全系数的选定，要考虑如下因素：

（1）滑带岩土强度指标的可靠程度；

（2）对滑坡规模、性质和形成原因的了解程度；

（3）滑动后可能形成的危害程度；

（4）工程破坏后修复的难易程度。

2. 滑带岩土抗剪强度指标的选取

选取合适的抗剪强度指标 c 和 φ，常用的确定方法有试验、反算和经验三种途径。

1）用试验方法取得 c、φ 值

根据滑坡的特性与当前所处的阶段，采用代表性土样，并用与滑坡滑动特点相似的试验方法测定 c、φ 值，经分析比较选用峰值与残余抗剪强度之间合适的 c、φ 值。

（1）对于即将滑动的新滑坡，由于滑面尚未完全形成，可用滑带原状土做固结快剪或快剪试验，取其峰值作为抗剪强度指标。

（2）对于连续滑动的滑坡，滑面已完全形成，可将滑带土重塑后作多次快剪试验，用其残余抗剪强度值。

（3）对于断续滑动的古滑坡和滑动量不大的滑坡，其抗剪强度介于峰值和残余值之间，较难选定。此时，可采用现场大型直剪试验来测定，或者用原状土固结下剪切（或浸水剪）测定，或者以滑带土重塑后多次快剪试验中的某次值作为抗剪强度指标。

（4）对于尚未滑动的崩塌性滑坡，可用滑带原状土做固结快剪试验；对于已开始滑动的崩塌性滑坡，未脱离滑床的滑面已形成，滑带土强度的试验方法同第（3）条。

（5）当滑面（带）为碎石土，或与薄的软弱夹层接触时，也宜用现场直剪试验求取。

2）用反算法取得 c、φ 值

对于整个滑带刚刚形成的滑坡，利用滑体的极限平衡状态下的断面，令其剩余下滑力为零，抗滑安全系数为 1，寻找与断面有关的边界条件，列出辅助方程求出 c 和 φ 值。

3）经验数据法

当滑带岩土的性质及所在部位与已有可靠的经验数据的滑坡近似时，可经过对比，将经验数据分析调整后用于计算。

3. 滑坡推力计算

滑坡推力即为滑体沿滑面的剩余下滑力，采用不平衡推力法计算。

剩余下滑力是指在考虑一定安全系数的前提下，滑动面上滑体下滑力与抗滑力的差值。

1）基本力系计算

（1）滑面为折面（1 ~ n 个滑动平面组成）

如图 3-33 所示，在滑动面变坡点或抗剪强度变化点将滑体分成若干块，从最上一块起，逐块计算其剩余下滑力，最后一块的剩余下滑力就是整个滑坡的下滑力。

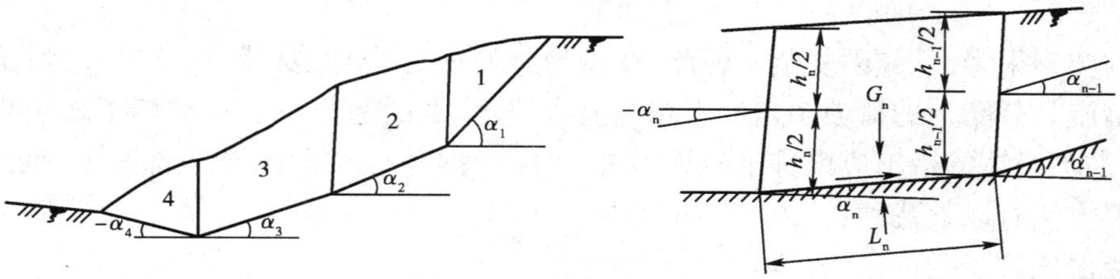

图 3-33 作用于滑体分块的基本力系

$$E_n = K \cdot T_n + E_{n-1}\cos(\alpha_{n-1} - \alpha_n) - [N_n + E_{n-1}\sin(\alpha_{n-1} - \alpha_n)]\tan\varphi_n - c_n L_n \quad (3\text{-}14)$$

式中：E_n——第 n 个条块的剩余下滑力，kN/m；

T_n——第 n 个条块自重的切线下滑力，kN/m；$T_n = G_n \cdot \sin\alpha_n$；

N_n——第 n 个条块自重的法线分力，kN/m；$N_n = G_n \cdot \cos\alpha_n$；

α_n——第 n 个条块所在折线段滑面的倾角，（°）；

φ_n——第 n 个条块滑面上的内摩擦角，（°）；

c_n——第 n 个条块滑面上的单位凝聚力，kPa；

L_n——第 n 个条块分段的长度，m；

E_{n-1}——第（$n-1$）个条块传递下来的剩余下滑力，kN/m；

α_{n-1}——第（$n-1$）个条块所在折线段滑面的倾角，（°）。

（2）滑面为圆柱面

先将滑面划分为若干竖向土条，按下式计算沿滑面的剩余下滑力：

$$E = K\sum G_{1i}\sin\alpha_i - \tan\varphi\left(\sum G_{1i}\cos\alpha_i + \sum G_{2j}\cos\alpha_j\right) - c\left(\sum l_i + \sum l_j\right) - \sum G_{2j}\sin\alpha_j \quad (3\text{-}15)$$

式中：α_i——滑体下滑部分第 i 条块所在圆弧段中心点的半径线与铅垂线之间的夹角，（°）；

α_j——滑体阻滑部分第 j 条块所在圆弧段中心点的半径线与铅垂线之间的夹角，（°）；

G_{1i}——滑体下滑部分第 i 个条块的重力，kN/m；

G_{2j}——滑体阻滑部分第 j 个条块的重力，kN/m；

l_i——滑体下滑部分第 i 个条块所在圆弧段滑面的长度，m；

l_j——滑体阻滑部分第 j 个条块所在圆弧段滑面的长度，m；

c——滑动圆弧面上的单位凝聚力，kPa；

φ——滑动圆弧面上的内摩擦角，（°）；

E——滑体下滑力，kN/m。

2）附加力系计算

滑体上有外加荷载 P 时，将 P 加在相应的滑块上；滑体有水，且与滑带水连通时，应考虑动水压力（D_i）作用于饱水面积的重心，方向与水力坡度平行，同时还应考虑浮力，其方向垂直于滑面;当滑带水有承压水头时,应考虑浮力,其方向垂直于滑面;滑体两端有贯通主滑带的裂隙,在滑动时裂隙充水,则应考虑裂隙水对滑体的静压力;在地震烈度大于和等于7度的地区,应考虑地震力的作用。将作用于滑体条块重心处的水平地震荷载引入计算,方向指向下滑方向。地震力的计算可参照《公路工程抗震设计规范》(JTJ 004—89)。

五、滑坡防治

滑坡的类型很多,且成因复杂。因此,在防治和处理滑坡时,要针对各种不同情况采取不同的防治措施。公路上的滑坡多发生于路基上边坡,这是因为修筑公路破坏了地貌自然的平衡。因此,防治滑坡的措施应以排水疏导为主,再配合抗滑支撑措施,或上部减重,维持边坡平衡。其主要方法有以下几种:

1. 清除滑坡体

(1)对无向上及两侧发展可能的小型滑坡,可考虑将整个滑坡挖除。

(2)用某些导滑工程,将滑坡的滑动方向改变,使其不危害公路路基或建筑工程。

2. 滑坡治水

1)地面排水

滑坡体以外的地面水,应予拦截引离;滑坡体上的地面水要注意防渗,并尽快汇集引出。各种地面排水措施的适用条件以及布置、设计与施工原则列于表3-22。

滑坡排水措施表 表3-22

名　称	适用条件	布置及设计施工原则
环形截水沟	滑体外	截水沟应设在滑坡可能发展的边界5m以外,根据需要可以设置数条,分段拦截地表水,向一侧或两侧的自然沟系排出。在坡度陡于1:1的山坡上,常采用陡坡排水槽来拦截山坡上方的坡面径流。沟槽断面以满足渲泄坡面径流为准,如土质渗水性强,应采用黏性土、石灰三合土或浆砌片石铺砌防渗层
树枝状排水系统(见图3-34)	滑体内	结合地形条件,充分利用自然沟系,作为排水渠道,汇集并旁引坡面径流于滑坡体外排出,排水沟布置应尽量避免横切滑体,主沟宜与滑移方向一致。支沟与主沟斜交30°~45°。如土质松软,可就土夯成沟形,上铺黏性土或石灰三合土加固。通过裂缝处,可采用搭叠式木质水槽或陶管、混凝土槽、钢筋混凝土槽,以防山坡变形拉断水沟,使坡面水集中下渗
明沟与渗沟相配合的引水工程	滑体内的泉水或湿地	目的在于排除山坡上层滞水和疏干边坡土体含水,埋入地下部分类似集水渗沟,露出地面部分是排水明沟
平整夯实自然山坡坡面	滑体内	如山坡土质疏松,坡面水易于阻滞下渗,应对坡面整平夯实。填塞裂缝,防止坡面径流汇集下渗
绿化工程(植树、铺种草皮)	山坡滑体内	绿化工程是配合表面排水的一项有效措施,特别对渗水严重的黏性土滑坡和浅层滑坡,效果显著。在滑坡面种植灌木及阔叶果树,可疏干滑体水分,根系起加固坡面土层的作用。铺种草皮可滞缓坡面径流流速,防止冲刷,减少下渗,避免坡面泥土淤塞沟槽

2）地下排水

（1）治理滑坡体中的地下水

①加强滑坡范围以外的截水沟，切断其补给源；

②针对出露的泉水和湿地等，作排水沟或渗沟，将水引出滑坡体外；

③滑坡体前缘，常因坡体内的地下水活动而松软、潮湿，引起坡体坍塌滑动，为此可作边坡渗沟疏干；

④整个坡面植树，加大蒸发量，保证坡面干燥。

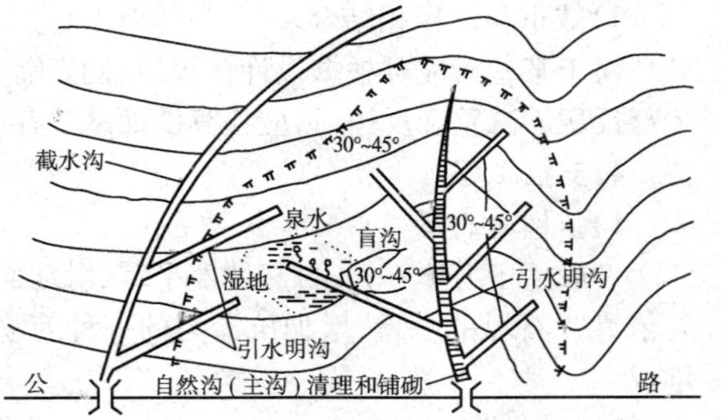

图 3-34 树枝状排水系统平面布置示意图

（2）治理滑带附近的水

①拦截。要求所设排水构筑物的走向垂直于地下水的流向。根据地下水的埋藏深度、部位和土的密实程度而使用不同的排水构筑物，一般浅层地下水可以使用截水渗沟、盲沟；深层地下水则用盲洞、平孔等。

②疏干、排除。一般在滑坡前缘附近作支撑渗沟疏导这部分滑动带的水，而在其他部位作排水构筑物排除滑动面上的地下水，后者通常多为盲洞（也叫泄水隧道）或平孔等。

③降低地下水位。若滑动带上的水是由下向上承压补给时，多采用盲洞或平孔将地下水排走，或采用垂直排水方式将地下水向下排出等措施，使地下水位降低到滑动面以下。

（3）排除深层地下水

①长水平钻孔。土层和基岩均可采用，但当穿过滑动面时，由于滑坡运动，有可能塌孔，遇到坚硬的孤石或软硬悬殊的岩石，容易引起钻孔弯曲而不能达到预定的位置。通常以孔径66mm 钻进。如遇地下水脉，可集中排水，排水量大的可达100L/min 以上。根据水文地质条件，水平钻孔可以上倾或下倾5°~10°。

②集水井。最适用于集中汇集基岩面上及其附近的地下水。在滑坡区内外，地下水最集中的地段附近，设置直径达3.5m 以上的竖井，并在井壁上打辐射状的短水平钻孔，使附近的地下水汇集于水井中，用水泵抽出，或从竖井底部，设置长的水平钻孔，使集水自然流出滑坡下方地表。若只是为了汇集从井壁流出的涌水，井的直径为0.3~1.5m 左右。辐射水平钻孔可布设2~3层，它不仅可排除深层地下水，亦可排除浅层地下水。集水井深度一般为15~30m。在正在滑动的滑坡区内施工集水井时，应达到比滑动面浅的部位即行停止，并尽量缩短工期；在暂未滑动的滑坡区内或滑坡区外，集水井应深入基岩2~3m。

3. 减重和反压

1）上部减重

对推动式滑坡，在上部主滑地段减重，常有根治滑坡的效果。对其他性质的滑坡，在主滑地段减重也能起到减小下滑力的作用。但牵引式滑坡和滑带土具有卸载膨胀性质的滑坡，不能采用减重法。减重一般适用于滑坡床为上陡下缓、滑坡壁及两侧有稳定的岩土体的滑坡，它不致因减重而产生新的不平衡。减重后的坡面须注意整平、排水及防渗。滑坡减重弃土，应尽量堆填于滑坡前缘，以起到稳定滑坡的作用。

2)下部反压

在滑坡的抗滑段和滑坡体外边缘堆填土石加重,能增大抗滑力而稳定滑坡。但必须注意只能在抗滑段加重反压,不能填于主滑地段,而且填方时,必须作好地下排水工程,不能因填土堵塞原有地下水出口,造成后患。

3)减重与反压相结合

对于某些滑坡可根据设计计算后,确定需减小的下滑力,同时在其上部进行部分减重和在下部反压。减重和反压后,应检算滑面从残存的滑体薄弱部位及反压体底面剪出的可能性。

4. 支挡工程

1)抗滑片石垛

一般用于滑体不大、自然坡度平缓、滑动面位于路基附近或坡脚下部较浅处的滑坡,是主要依靠片石垛的自重,增加抗滑力的一种简易抗滑措施。片石垛可用片石干砌或竹笼、木笼堆成。

2)抗滑挡土墙

在滑坡下部修建抗滑挡土墙是整治滑坡经常采用的有效措施之一。对于大型滑坡,常作为排水、减重等综合措施的一部分;对于中、小型滑坡,常与支撑渗沟联合使用。优点是山体破坏少,稳定滑坡收效快。应用时必须弄清滑坡的性质、滑体结构、滑面层位、层数、滑体的推力及基础的地质情况,否则,易使墙体变形而失效。

抗滑挡土墙,因其受力条件、材料和结构不同而有多种类型,一般多采用重力式抗滑挡土墙。抗滑挡土墙与一般挡土墙的主要区别在于所承受的土压力大小、方向、分布和作用点不同。抗滑挡土墙所承受的土压力,是按滑坡推力计算确定的。当滑坡推力小于主动土压力时,应把主动土压力作为设计推力,但若滑坡推力的合力作用点位置较主动土压力高时,挡墙的倾覆稳定计算,取其力矩大者进行验算,即在各项稳定性检算中取主动土压力和滑坡推力的不利情况考虑。

抗滑挡墙的平面布置应根据滑坡范围、滑坡推力大小、滑面位置和形状,以及基础地质条件等因素确定。对于多级滑坡,可分级支挡。

由于滑坡推力较大,作用点高,因此抗滑挡墙一般具有胸坡缓、外形矮胖的特点。其胸坡常用1:0.3~1:0.5,甚至缓至1:0.75~1:1。

抗滑挡墙的基础须埋入完整岩层内不小于0.5m,或者埋入稳定坚实的土层内不小于2m,并置于可能向下发展的滑面以下,即应考虑到设置抗滑挡墙后由于滑体受阻,滑面可能向下延伸。当基础埋置深度较大,墙前有形成被动土压力的条件时(埋入密实土层3m,中密地层4m及其以上),可酌情考虑被动土压力的作用。

抗滑挡墙的合理高度应控制墙后滑体不致沿墙顶滑出,可用试算法进行。如图3-35所示,先假定一适当的墙顶标高,过墙顶 A 作与水平线成 $\left(45°-\frac{\varphi}{2}\right)$ 夹角的直线与最后一段滑面交于 a 点,以 sa、aA 为最后滑面,验算滑体的剩余下滑力。若剩余下滑力为负值,则说明不可能沿该假定滑面滑出。然后,再自 a 点向上或向下每隔5°作一验算滑面进行验算,直至出现剩余下滑力的负值低峰为

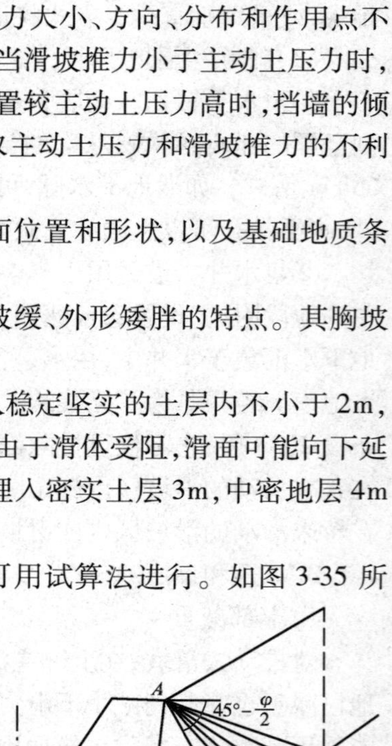

图3-35　抗滑挡墙的合理高度计算图式

止。若计算的剩余下滑力为正值时,则说明墙高不足,应予增高。当剩余下滑力为负值,但数值过大时,则说明墙身过高,应予减低,如此按1m高度反复验算调整,直至安全合理为止。

抗滑挡土墙其他各项计算与一般重力式挡土墙相同。

3)锚杆挡土墙

常用结构形式有柱板式锚杆挡土墙、竖向预应力锚杆挡土墙以及锚杆加固等。

(1)柱板式锚杆挡土墙

柱板式锚杆挡土墙主要由预制(或就地灌注)的钢筋混凝土立柱、挡土板构成的墙面,与水平(或倾斜)的钢锚杆(或钢筋束、钢丝束等)联合组成。滑坡推力作用在挡板上,由挡板传给立柱,再由立柱传给锚杆,由锚杆的锚固段所产生的抗拔力来维持结构和墙后岩(土)体的稳定。

(2)竖向预应力锚杆挡墙(如图3-36所示)

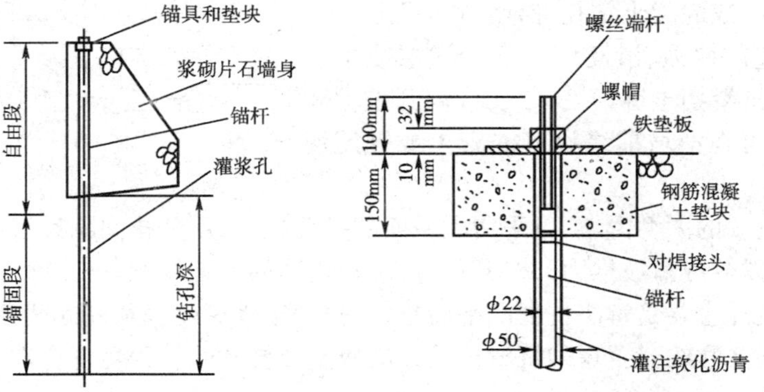

图3-36　竖向预应力锚杆挡墙

竖向预应力锚杆挡墙是将竖向锚杆的一端用水泥砂浆锚固在岩质地基中,另一端砌筑在混凝土或浆砌片石墙身内,并设锚具与圬工联系,最后以张拉锚杆的弹性回缩对墙身施加竖向预应力,以代替部分挡墙圬工重力,从而减小抗滑重力式挡墙圬工断面,达到节省圬工、降低造价的目的。

竖向预应力锚杆挡土墙的主要优点是:受力明确,设计简便,较柱板式锚杆挡土墙更便于施工,易于推广。它一般适用于岩石地基及墙身所受推力较大的情况。

(3)锚杆加固

对于斜坡岩层的顺层滑动,也可采用楔缝式锚杆进行加固,防止岩体的下滑。它是利用锚杆的抗拔力或剪力以及滑动岩层间摩擦力来阻止岩块的下滑,如图3-37示。

锚杆打入后,孔内应压注水泥砂浆,以提高锚杆的抗拔力,并防止钢筋锈蚀。安装锚杆时,应避免逐个安装。因边坡即使产生微小的移动,单个锚杆也易折断,故必须数个锚杆同时安装以策安全。

4)抗滑桩

抗滑桩是承受侧向荷载用以整治滑坡的支撑建筑物。它穿过滑体在滑床的一定深度处锚固,抵抗滑坡推力的作用。一般适

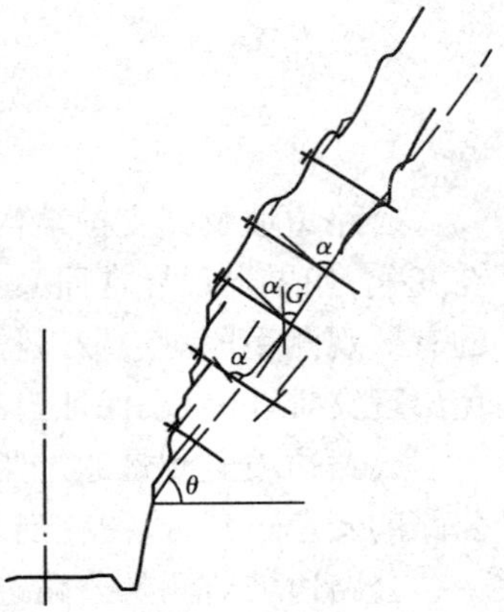

图3-37　锚杆加固示意图

用于非塑体浅层和中厚层滑坡前缘，重力式支挡建筑物圬工量过大，施工困难的工点。

抗滑桩具有抗滑能力大、圬工数量小、桩位灵活、可分散使用、施工方便、设备简单、工程进度快、施工质量好、比较安全等优点，能迅速、安全、经济地解决一些工程问题。

抗滑桩埋入滑面以下的部分称为锚固段，埋置于滑面以上的部分称为受力段。抗滑桩的受力段承受滑坡推力作用，传递到锚固段，在滑床的桩周地层产生反力嵌住桩身。如桩的强度能承受这些推力和反力，就可以阻止桩背滑体的滑动。

抗滑桩按制作材料分，有混凝土桩、钢筋混凝土桩及钢桩；按断面形式分，有圆桩、管桩、方桩及“H”形桩；按布置形式分，有密排式、间隔式、单排式及多排式；按施工方法分，有打入法、钻孔法、挖孔法等。

对于浅层滑坡或路基边坡滑坡，可用混凝土桩（如图3-38所示）或混凝土钻孔桩，使滑体稳定。

对于岩层整体性强、滑动面明确的浅层或中厚层滑坡，当修建抗滑挡土墙圬工量大，或因开挖坡脚易引起滑动时，可在滑坡前缘设置混凝土或钢筋混凝土钻孔桩。

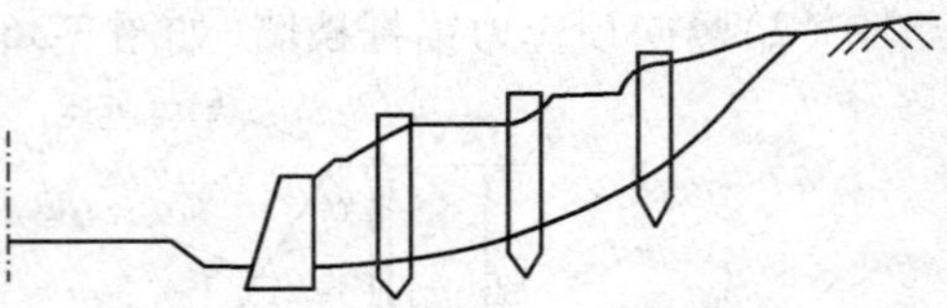

图3-38　抗滑桩示意图

对于推力较大的大型滑坡，可采用大截面的挖孔桩，采用分排间隔设桩或与轻型抗滑挡土墙结合的型式，以分散滑坡推力，减小每级抗滑建筑物的圬工体积。

抗滑桩的设计主要是解决桩群的平面布置、桩的锚固深度以及桩的截面形状与强度问题，这些问题是相互关联的。合理的抗滑桩设计应使整个桩群的工程经济合理，充分发挥作用。

5.整治措施

（1）为防止水流对滑坡前缘的冲刷，须在滑坡前缘设置冲刷防护。

（2）当滑坡前缘受湖泊、水库水的侵蚀、潜蚀及水位升降影响时，应对滑坡进行稳定性检算，并采取相应的防护措施。

（3）在基本烈度大于7度的地震地区，整治滑坡工程应考虑地震力的作用。对处于高烈度地震区的大型滑坡，路线应以绕避为宜。

第五节　边坡工程监测

一、概　　述

公路边坡及其支护结构在各种力的作用和自然因素的影响下，其工作形态和状况随时都在变化，如果出现异常而又不能及时掌握，任其险情发展，其后果不堪设想。但如能运用必要的有效观测手段对边坡工程进行信息化施工和监测，及时发现问题，采取有效的措施，就可避免出现灾难性事故，保证公路边坡工程正常快速地进行施工和公路的安全运营。

公路边坡监测是通过监测边坡坡体及支护结构的受力和位移变化，指导边坡工程处治和公路的安全运营，以便在出现问题前及时采取有效的措施，将损失降到最低。

公路边坡监测是公路边坡动态设计、安全施工的重要依据。通过监测，应掌握边坡现场的地质情况、施工情况、边坡变形、应力状态等信息，为边坡设计提供必要的岩土工程和水文地质等技术资料;获得更充分的地质条件和边坡发展动态,从而圈定边坡的不稳定区段;确定不稳定边坡的滑动模式、滑移方向和速度、发展规律,为边坡稳定性分析及采取防护与加固措施提供依据;评价治理措施的质量和效果;及时对边坡支护结构设计进行校核、修改和补充。

边坡工程监测要求:仪器的可靠性及长期稳定性;仪器与边坡体变形相适应的足够的量测精度;仪器对施工安全监测和防治效果监测的足够的精度和灵敏度;仪器在长期监测中具有防风、防雨、防潮、防震、防雷等与环境相适应的性能;监测仪器须经过国家有关计量部门的标定,并具有相应的质检报告;监测设计须提供边坡险情预警标准,并定期提交实时监测数据。

公路边坡监测内容包括对边坡的不稳定范围、移动方向、移动速度以及地下水、爆破振动等取得定量数据,供设计分析;对支护结构的受力、变形等进行量测,验证其工作状况是否达到预期的作用,如未达到,应采取补救措施。

公路边坡监测的主要内容和项目见表3-23,实际工作中,应考虑公路等级、支护结构特点、地质条件等因素选定。

公路边坡监测内容与项目　　表3-23

路堑边坡或滑坡监测			
监测内容		监测方法	监测目的
地表监测	水平位移监测	全站仪、光电测距仪	观测地表位移、变形发展情况
	垂直变形监测	水准仪	
	裂缝监测	标桩、直尺或裂缝计	观测裂缝发展情况
地下位移监测		测斜仪	探测相对于稳定地层的地下岩体位移,证实和确定正在发生位移的构造特征,确定潜在滑动面深度,判断主滑方向,定量分析评价边(滑)坡的稳定状况,评判边(滑)坡加固工程效果
地下水位监测		人工测量	观测地下水位变化与降雨关系,评判边坡排水措施的有效性
支挡结构变形、应力		测斜仪、沉降仪、压力盒、钢筋应力计	支挡构造物及岩土体的变形观测,支挡构造物与岩土体间接触压力观测
预应力锚固工程原位监测内容和项目			
预应力锚杆工作阶段	监测内容		监测项目
施工阶段	锚杆体	锚杆的工作状态、施工质量	锚杆张拉力、伸长值;预应力损失
	锚固对象	加固效果	被锚固体的位移和变形
运营阶段	锚杆体	锚杆的工作状态	预应力值变化
	锚固对象	锚固工程安全状况	被锚固体的位移与地下水状态

二、边坡工程监测仪器及使用条件

观测成果的可靠性和应用的及时性,取决于仪器的性能及其使用条件,同时也取决于工作人员的素质。一般常用的岩土边坡工程监测仪器可分为变形观测仪器、应力观测仪器和渗流观测仪器三类。

1. 变形观测仪器

1）位移计

位移计主要用于测量岩土体或其他结构的相对位移，包括钻孔多点位移计、地表多点位移计。

钻孔多点位移计主要用于岩土体内部位移的观测。所观测的是沿着埋设多点位移计钻孔方向的轴向位移，可以提供岩土体表面的绝对位移和岩土体内部的位移分布，以作为岩土体稳定分析的主要依据。

地表多点位移计在边坡工程监测中用得比较多。当已经确定了潜在的不稳定区时，布置地表多点位移计是为了进一步证实稳定情况。位移计按工作原理分为差动电阻式位移计和钢弦式位移计。差动电阻式位移计的工作原理是当外界提供电源时，输出的电阻变化量与位移变化量成正比，从而通过输出电阻变化量求出位移。钢弦式位移计两端伸长或压缩时，传感器钢弦处于张拉或松弛状态，此时钢弦频率发生变化，受拉时频率增高，受压时频率降低，位移与频率的平方差呈线性关系，测出位移后的钢弦频率，即可计算出位移。

2）测斜仪

钻孔测斜仪是岩土工程监测的主要仪器之一，被广泛地应用于各类工程中。边坡工程一般用来确定不稳定边坡潜在滑动面的位置或观测已有滑动面的滑动。

测斜仪通过测量测斜仪轴线与铅垂线之间夹角变化量，监测土、岩石和建筑物的侧向位移，如图3-39。测斜仪有常规型和固定型两种。常规型通常又被习惯地称为滑动测斜仪。带有导向滑动轮的测斜仪在测斜管中逐段测出产生位移后管轴与原准线的夹角，分段求出水平位移，累加得出总位移量及沿管轴线整个孔深位移的变化情况。固定型是把测斜仪固定在测斜管某个位置上，可连续、自动、遥控测量仪器所在位置倾角的变化，它不能测量整个孔深的倾角变化，但它可以安装在观测人员难以到达的高边坡上。固定型测斜仪目前用得比较少。

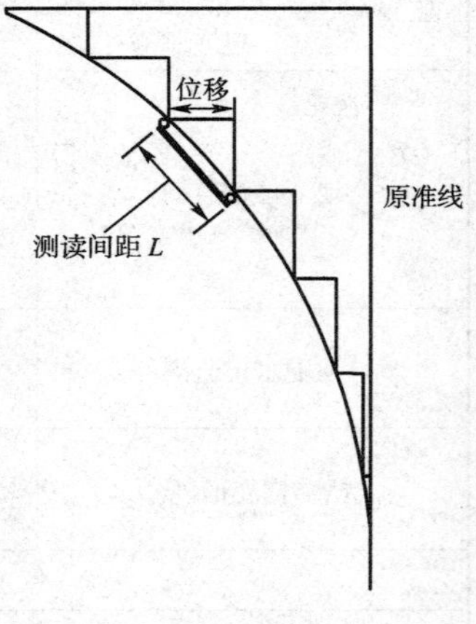

图3-39　测斜仪测斜原理示意图

滑动式测斜仪需要安装测斜管，测斜管用聚氯乙烯或ABS塑料、铝合金等材料专门加工而成。管内有互成90°的4个导向槽。测斜管可以用钻机钻孔安装，也可预埋在边坡支挡结构物中。埋设测斜管应尽量做到垂直、顺畅，测斜管底部应固定在位移基本为零的稳定体上。

使用时将测斜仪放入测斜管并使其导向轮完全置于标记好的那对导向槽中。当测斜管下部固定在稳定体中时，测量自下而上，每500mm测读一次直至管口。测点的位置由电缆上长度标记确定。为提高测量精度，消除测量设备的系统误差，应逐段正反向各测读一次，取其差值一半来计算各段位移量，并用正反两次值的和作为恒定值来校验检测值的正确性。

3）沉降仪

垂直位移观测是岩土工程变形观测的一项重要内容，其目的是测定边坡及其支挡结构在铅垂方向的升降变化。观测方法分为两类：一类是用几何水准方法对标石、标杆等观测对象进行垂直位移连续的周期性观测；另一类是在边坡及其支挡结构物内、外表面安装埋设观测仪，来监测其垂直位移,并结合水平位移、转动位移等观测对建筑物的变形情况作全面的综合分析。常用沉降仪有横梁管式沉降仪、电磁式沉降仪、干簧管式沉降仪、水管式沉降仪和钢弦式沉降仪。

2. 应力测量仪器

边坡工程的应力观测包括:混凝土应力观测、土压力观测、孔隙水压力观测、钢筋应力观测及岩土工程的荷载或集中力的观测等。对于混凝土结构物的应力分布,是通过观测应变计而计算得来的。土压力的观测对研究土体内各点应力状态的变化是非常重要的。观测的仪器有边界式土压力计和埋入式土压力计两类。土压力计测得的土压力均为总压力,要求得土体有效应力,在埋设土压力计的同时,应埋设孔隙水压力计。孔隙水压力计又叫渗压计,在边坡坡体中埋设渗压计,可以了解孔隙水压力分布和消散的过程。用来观测钢筋混凝土结构物内钢筋受力状态的仪器通常又称为钢筋计,国内常用的有钢弦式和差动电阻式两类。

1)混凝土应力计

混凝土应力计埋设在大体积混凝土边坡支挡结构物(如抗滑桩)内,直接测量混凝土内部压应力,并可同时兼测埋设点的温度。混凝土应力计结构上由感应板组件和差动电阻式传感器组成,如图 3-40 所示。压应力计形状扁平,受压板直径 185mm,仪器厚度 12mm,直径与厚度比为 15:1,这种形状使压力计受非应力应变的影响很小。

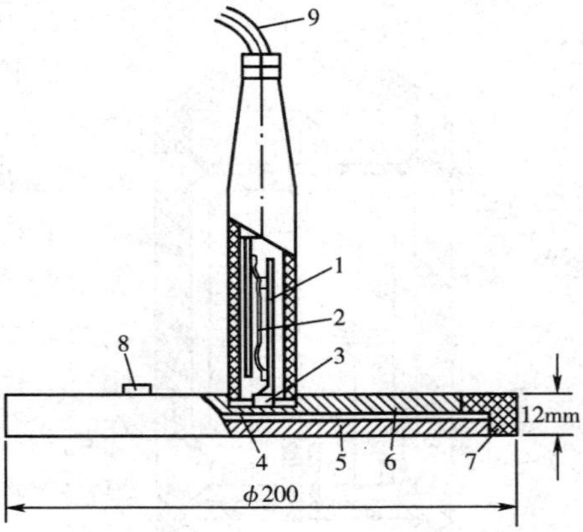

图 3-40 混凝土应力计结构示意图

1-传感部件;2-电阻钢丝;3-中性油;4-传压液体;5-面板;6-背板;7-护圈;8-封闭螺丝;9-引出电缆

混凝土应力计主要靠传压液体将受压面板上感受的混凝土压应力传递到感应背板上,感应背板产生变形推动感应部件,差动电阻式感应组件把背板的挠性位移转换成钢丝电阻值差动变化;用测读仪表接收电阻比变化量和电阻值,就可计算出压应力和混凝土温度。混凝土应力计测量的精度和埋设质量有关。埋设安装时应特别注意应力计受压面板要与混凝土完全接触,不允许有空隙和软弱层。用应力计测量水平应力时,其受压面板是铅垂放置的,用支架固定在测定位置,再把 8cm 以上粗料剔除后的混凝土振捣密实即可。用应力计测量垂直或倾斜方向应力时,应在混凝土硬化后埋设。先在混凝土表面留深 30cm 的坑,终凝后用钢刷打毛,铺 5cm 厚砂浆垫层,初凝后再用 80g 水泥、120g 砂和水拌成塑性砂浆,做成圆锥状放在坑底中央,然后把应力计平放在砂浆上,轻轻旋压使砂浆从应力计底盘边缘挤出,再用三角架放在应力计表面,加上 20kN 荷重,覆上去除 8cm 以上骨料的混凝土并捣实,凝固后撤去三角架,插上标志。

2)土压力计

土压力观测是土力学理论和实验研究的一个重要方面,是工程测试的重要内容。除在特定条件下,通过测定土体支撑结构物的变形来换算土压力外,一般采用土压力计来直接测定。

土压力计按埋设方法分为埋入式和边界式两种。埋入式土压力计埋入土体中,测量土中应力分布,也称土中压力计或介质式土压力计。边界式土压力计安装在刚性结构物表面,受压面面向土体,测量接触压力,这种压力计也称为界面式或接触式土压力计。测量时单只土压力计一般只能测量与其表面垂直的正压力,3～4只土压力计成组埋设,相互间成一定角度,即可用应力状态理论求得观测点上的大小主应力和最大剪应力。

从工作原理上土压力计可分为两种:钢弦式土压力计和差动电阻式土压力计。图3-41所示为钢弦式土压力计。当土压力作用于压力盒承压膜上时,承压膜即产生微小挠性变形,使油腔内液体受压,因液体不可压缩而产生液体压力,通过接管传到压力传感器的受压膜上,使钢弦式传感器的自振频率发生变化。差动电阻式土压力计则使差动电阻比和电阻值发生变化,通过测读仪表,测出相应的变化值,经核算即可求得所测土压力值。

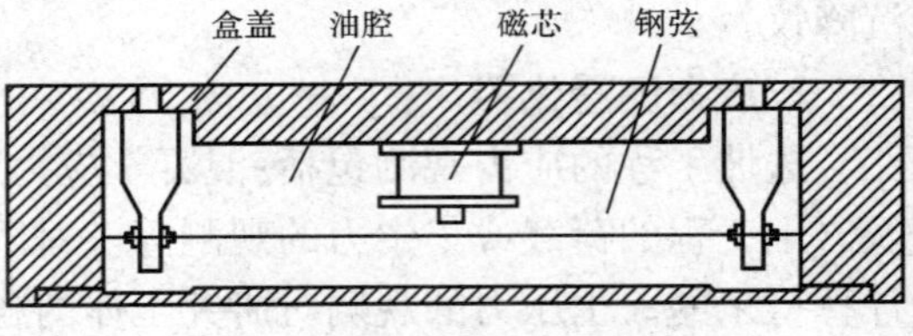

图3-41 钢弦式土压力计结构示意图

土压力测量准确与否和土压力计的埋设密切相关。埋设土压力计时应保证土压力计受压膜表面与所测土压力方向垂直,界面式土压力计的受压膜应保证在土体一侧。为准确测量土压力,减少埋设中"拱效应"和边界应力集中,土压力计的周围用15cm厚的细砂压密。土压力计埋设前应标定。

3)孔隙水压力计

土体是固、液、气三相体,在土压力作用下,土中的孔隙水会产生一定的水压力,测量土中孔隙水压力及其消散情况可以进而分析边坡的稳定性。

孔隙水压力计有多种类型,一般分为竖管式、水管式、气压式和电测式四大类。土工结构物使用较多的有竖管式、水管式、差动电阻式和钢弦式。竖管式孔隙水压力计适用于渗透系数为$10^{-4}\sim10^{-7}$cm/s的黏性土、粉土和较强透水性黏土的渗透水压力的观测。水管式孔隙水压力计埋设在饱和或非饱和土体中,可测得施工期和运营期土中孔隙水压力的分布和消散情况。

差动电阻式孔隙水压力计用以测量土、混凝土或基岩内的渗透水压力,也可以兼测埋设位置的介质温度,配备动态测试仪表,也可测量水流的脉动压力或动态水位。差动电阻式孔隙水压力计的工作原理是:渗透水通过进水口经透水板作用于感应板,使其变形并推动传感器。引起传感组件上两组钢丝电阻变化,测出电阻比值和电阻值,就可计算出埋设点的渗透压力和介质温度。

钢弦式孔隙水压力计因传输信号为频率,不受电缆、电阻、接头电阻及接触地漏电等因素影响,并允许长电缆数据传输,灵敏度高,广泛应用于监测土坝、边坡、软土地基处理及压力容器内孔隙水压力、水位或液体压力。其工作原理是压力计内将一根振动钢弦与一灵敏受压膜片相连。当孔隙水压力经透水板传递至仪器内腔作用到承压膜上,承压膜连带钢弦一同变形,测量钢弦自振频率的变化,即可把液体压力转化为等同的频率信号测量出来。见图3-42。

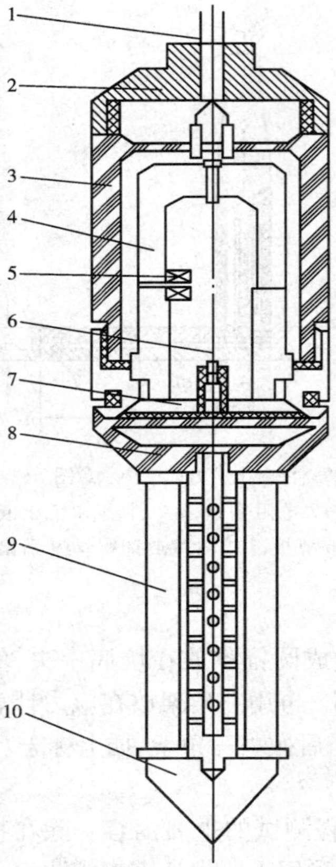

图3-42 钢弦式孔压计测头

1-屏蔽电缆;2-盖帽;3-壳体;4-支架;5-线圈;6-钢弦;7-承压膜;8-底盖;9-透水体;10-锥头

4)钢筋应力计

钢筋应力计又称钢筋计,用以测量钢筋混凝土内的钢筋应力。将不同规格的钢筋计两端对接,可以测得钢筋一段长度的平均应变,从而确定钢筋受到的应力。常用的钢筋计也有差动电阻式和钢弦式两种,钢弦式应力计结构如图3-43所示。

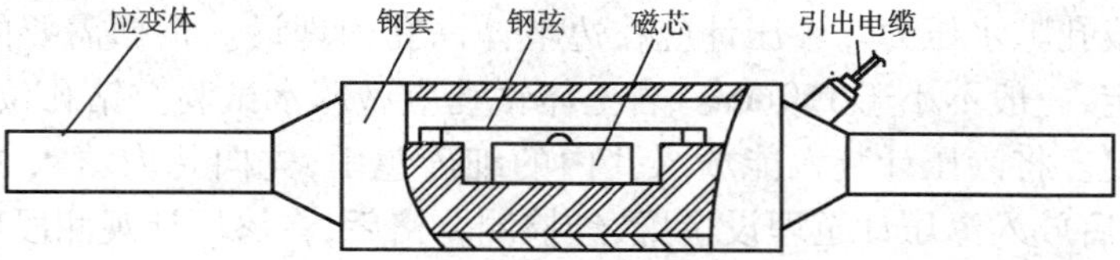

图3-43 钢弦式钢筋计结构示意图

差动电阻式钢筋计主要依靠与钢筋紧固在一起的感应组件工作,当钢筋受轴向拉力时,钢套产生拉伸变形,感应组件跟着拉伸,使电阻比产生变化,由此可求得轴向的应力变化。而钢弦式钢筋计则通过测定钢筋由于受拉而产生的感应件频率变化测得应力大小。

三、边坡坡体监测

边坡的安全监测以边坡坡体整体稳定性监测为主,兼顾局部滑动楔体稳定性监测,因此,变形监测是安全监测的重点。边坡中存在不利的结构面常常是引起边坡破坏的主要内在因素,所以边坡监测的重点是坡体中的这些软弱面,监测测点应放在这些软弱面或测孔应穿过这些软弱面。

引起边坡失稳的原因通常是公路施工破坏原有边坡的稳定因素,因此公路边坡的失稳通常发生在施工期间,尤其是施工程序不正确时。如边坡施工要求自上而下施工时同时进行支护,如果支护措施不及时跟进,则可能导致在施工时就发生边坡失稳。有些公路边坡特别是土质边坡的不稳定因素是逐步积累的,且往往受雨季的影响,边坡在施工期间表现为暂时稳定,但随着地下水的渗入和软弱面的发展,在运行期间突然产生滑动,中断交通,此时损失更大,治理成本更高。因此施工期间和运行期间安全监测应互相结合、互相衔接,施工期监测设施应尽量保留以备运行时监测。

边坡坡体监测方法如下:

1. 坡表位移监测

观测地表位移、变形发展情况,地表裂缝的产生和发展情况。

边坡水平变形使用全站仪、光电测距仪,也可以使用视程较远的水准仪和经纬仪。边坡垂直变形可以使用精密水准仪。

对于重大公路边坡的坡表变形观测点应规划成网。网点观测标志采用钢筋混凝土观测标墩,如图3-44所示,或选择其他的标准观测墩。标墩基础力求稳固,应浇筑在除去表面风化层的新鲜基岩上。当地表覆盖层较厚时,应开挖出一基坑,深度不小于1m,同时在底部打5根2m长的桩。标墩应现场浇筑。

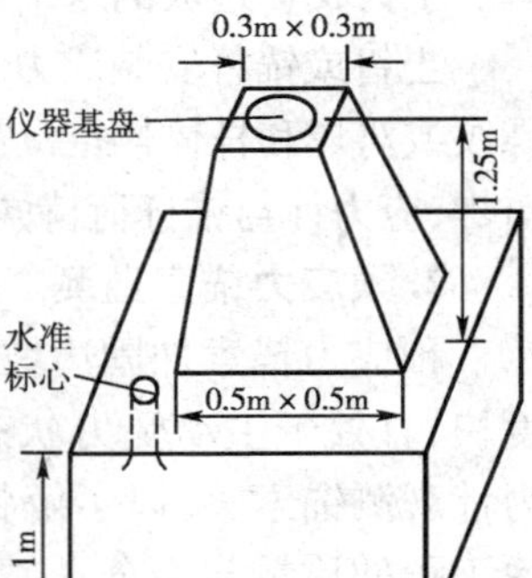

图3-44 观测墩标型图

2. 深部位移监测

深部位移监测常用活动式钻孔测斜仪。测斜仪钻孔应穿越边坡已有或潜在的危险滑动面,测斜管的基准点设在孔底的不动点上,测斜管的一对导向槽方向应与预计的最大位移方向一致。

3. 渗流监测

水是影响边坡稳定的重要因素之一,因此进行边坡监测有时需要使用渗压计观测岩土体内的渗透水压力或孔隙水压力。渗压计应在边坡体深孔内埋设。根据需要的深度钻孔,孔径由渗压计尺寸确定,一般不小于150mm。岩土体钻孔应做压水试验。钻孔位置应根据地质条件和压水试验确定。将渗压计装入能放入孔内的细砂包中,先向孔内填入40cm中粗砂至渗压计埋设高程,然后放入渗压计至埋设位置,经检测合格后,在渗压计观测段内填入中粗砂,并使观测段饱和,再填入20cm细砂,最后在剩余孔段灌注湿润土浆。分层测渗透压力时,可在一个钻孔内埋设多支渗压计。

四、支护结构监测

有滑动危险和已经失稳的公路边坡必须采取适当的支护措施,常用的支护结构有土钉、锚杆、预应力锚索、抗滑桩、挡土墙等。为保证支护结构的施工安全和建成通车后的边坡稳定,应对支护工程的工作状况和支护效果进行施工期和永久运行期监测。

施工期监测,目的是保证支护工程的施工安全和施工质量。运行期监测,目的是保证被支护边坡的整体稳定性和支护结构工作效果的保持。

1. 土钉、锚杆监测

土钉是一种原位加筋技术,在土中设置拉筋而使整体边坡的力学性能得以改善。适用于有一定黏性的砂土和硬黏土,或有一定自稳能力的土体。土钉一般不需要很大的抗拔力,面层利用喷射混凝土即可满足要求。锚杆分为锚固段和自由段,由位于稳定土层或岩层中的锚固段提供抗拔力。锚杆一般和混凝土构件如板、柱、墩等结合使用,可以提供较大的抗拔力。

为监测锚杆和土钉的受力状态,需进行杆体应力监测。监测仪器常用锚杆应力计,用作监测的每根锚杆或土钉一般宜布置3~5个测点,观测锚杆受力状态和加固效果,了解应力沿杆体的分布规律。土钉支护边坡的水平位移不得超过0.3%H(边坡高度)。

土钉或锚杆安装应力计时应符合安装技术要求。应力计采用螺纹或对焊和杆体连接。需要对焊的应力计,应在冷却状态下进行对焊,应力计与锚杆荷持同轴。应力计安装前按规定进行标定。

2. 预应力锚索监测

预应力锚索加固边坡或滑坡,具有扰动岩体少、施工灵活、速度快,且处于主动受力状态等优点,故被广泛采用。通过安装测力计观测锚索,可以了解锚固力的形成与变化,从而保证边坡处治工程的质量与安全。

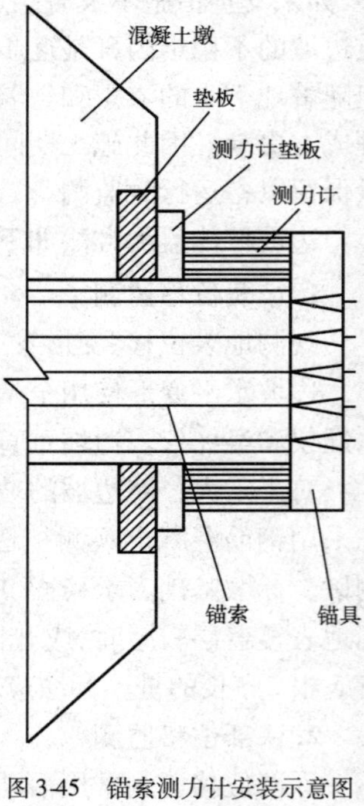

图3-45　锚索测力计安装示意图

测力计安装在孔口垫板上,应与孔轴垂直,偏斜应小于0.5°,偏心不大于5mm,如图3-45所示。测力计安装就位后,加荷张拉前,应准确测得初始值和环境温度,反复测读,二次读数差小于

1%,取其平均值作为观测基准值。锚索与工作锚索的张拉程序相同,分级加荷张拉,逐级进行张拉观测。一般连续三次读数差小于1%为稳定。张拉结束后,进行锁定后的稳定观测。

3. 抗滑桩监测

抗滑桩是承受侧向荷载用以处治滑坡的支撑结构物。它穿过滑体在滑床的一定深度处锚固,起抵抗滑坡推力的作用。

抗滑桩监测主要有两个内容:一是监测抗滑桩的加固效果和受力状态;二是监测抗滑桩正面边坡坡体的下滑力和背面边坡坡体的抗滑力。

监测抗滑桩的受力状态常采用钢筋计和混凝土应力计。钢筋计应布置在受力最大、最复杂的主滑动面附近。

监测边坡下滑力及其分布可在桩的正面和背面受力边界及桩的不同高度布置土压力计。

4. 挡土墙监测

挡土墙是支承路基填土或边坡土体,防止土体变形失稳的构造物。受土压力的作用,挡土墙破坏的主要表现形式是倾覆或墙体自身破坏,因此对挡土墙的监测,主要观测墙背土压力的变化以及挡土墙的位移。观测挡土墙的位移可以采用精密水准仪、经纬仪等。

挡土墙背土压力计埋设时首先在埋设位置按要求制备基面,用水泥砂浆或中细砂浆将基面垫平,放置土压力计,密贴定位后,周围用中细砂压实,回填土方。

第六节 边坡处治工程实例

公路边坡病害防治中,对于同一边坡工程,可以采用单一支护结构,也可以采用以某种支护结构为主,联合其他支护结构共同作用,或者采用两种以上的支护措施联合支护的形式。实践证明,采用多种措施联合支护能更好地发挥各种支护结构的特点,并能体现边坡处治的经济性。

边坡处治工程的工作情况及边坡治理后的效果可通过边坡监测掌握。

一、韶关坪乳公路洋碰路段西滑坡综合治理

1. 工程概况

广东省韶关坪乳公路洋碰路段西滑坡区位于K69+140~K69+300段以北的斜坡上。滑坡形成于1996年雨季,东西长210m,南北宽75m。滑坡呈北向南急剧散开的扇形,顶端宽45m,南缘宽约150m,滑坡后缘清晰可见,呈一高差约2m陡坎,滑动方向为南西方向。

该滑坡区为山前斜坡地貌,坡度约17°,坡高30m。滑坡区出露为不同成因类型的第四系及晚近代松散堆积。松散堆积主要是较近时期所形成的残积、坡积和滑坡堆积物,各岩土层性质分述如下:

(1)坡积层　浅棕色含碎石粉质黏土和黏土,干燥后坚硬,潮湿时可塑,碎石局部含量高,形成碎石土层,该层厚度6.8~8.8m。

(2)残积层　灰黄色、灰白色黏土,含碎石,局部碎石集中,呈不等厚夹层,黏土稍湿,可塑,厚度为3.4~14.5m不等。

(3)厚度不同的灰黄色千枚岩、夹砂岩,其下为泥盆系黑色角砾状灰岩。

根据原状土样试验结果，对所有土样的物理力学指标分层进行了统计，列于表3-24中。从表中可以看出表层土为高液限黏性土，含水量偏高，重力密度和抗剪强度等指标略偏小。

土工试验结果综合指标

表3-24

地质分层	岩　性	含水量（%）	天然重力密度（kN/m^3）	干重力密度（kN/m^3）	液限（%）	塑性（%）	塑性指数	凝聚力（kPa）	内摩擦角（°）
坡积层	粉质黏土、碎石土、黏土	27.8	18.7	14.5	53.4	33.2	20.2	36.0	20.4
残积层	粉质黏土、黏土	36.6	19.5	14.3				40.09	16.0
滑坡土层	黏土	26.5	19.0	15.0	54.1	33.6	20.5		
平均值		30.3	19.1	14.6	53.8	33.4	20.4	38.5	18.2

2. 滑坡成因分析

由于该边坡的坡积层、残积层土极为松散、裂隙发育、孔隙大、透水性好，地表水下渗使土体重力密度加大，强度降低，而下伏岩层不易透水，因而残积土与岩层分界面形成一隔水面。水体润滑此隔水面后，使其抗剪强度降低，成为一个最危险的潜在滑动面。加之新建公路削坡，破坏了坡体的平衡条件，导致了滑坡的形成。本滑坡为中层滑坡，如不及时采取有效的处治方法，地表水及上层滞水极易在松散的滑坡内继续下渗，将进一步加大滑坡体的范围，增加滑坡推力，降低土体抗剪强度，引起滑动面加深、扩大，从而产生大范围的坡体土沿岩土分界面的深层滑动。

3. 边坡治理设计

根据滑坡的成因、场地施工条件、安全可靠和经济等原则，同时考虑到维护滑坡体上部原有森林道路路基的稳定，课题组采用减载、支护、排水及坡面防护的综合治理措施。图3-46所示为该滑坡治理平面图，图3-47为该滑坡综合治理的典型横断面图。

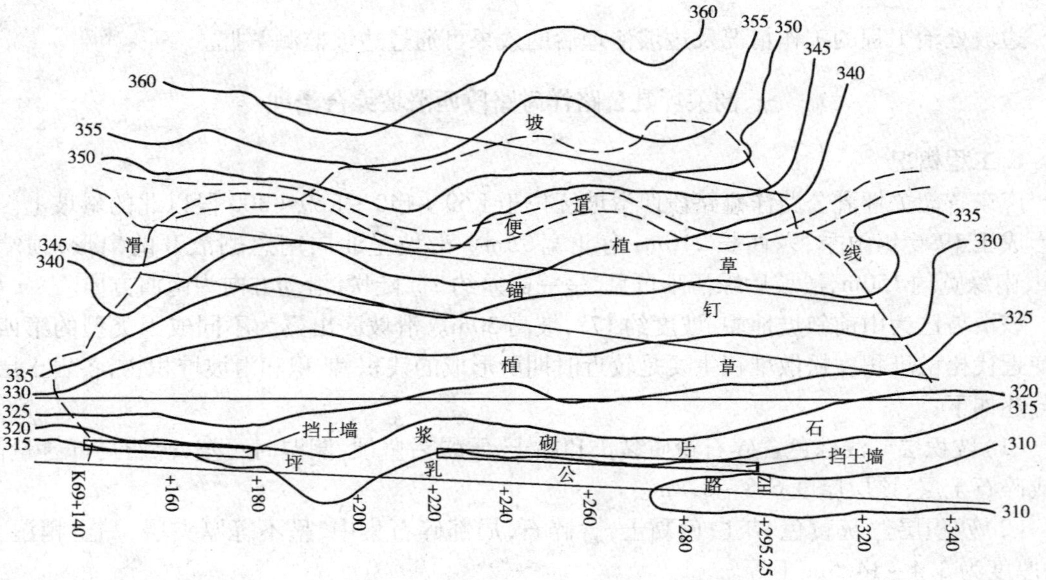

图3-46　洋碰路段西滑坡治理平面图

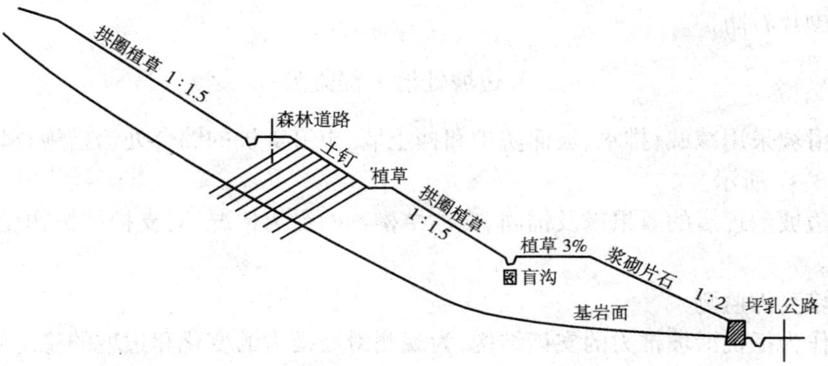

图 3-47 洋碰路段西滑坡综合治理典型横断面图

具体措施如下：

1）分台阶减载

滑坡体上部、中部为下滑推力的最大部分，因此消除中、上部分土方下滑推力是阻止滑坡滑动的经济有效的方法。首先将坡体上、中部分分台阶减载，依次逐步清除中、上部滑坡土体。清理土方约 10 万 m^3。

2）复合土钉加固

因土体松散，在地表水下渗作用下可沿土、岩分界面滑动，为此在中部（即森林道路路基边坡上）用复合土钉支护结构形式对滑坡体加固，使滑坡体锚固于稳定岩层中。土钉孔径为 100mm，土钉钢筋为 ϕ25 的螺纹钢筋，土钉坡面间距 1.5m × 1.5m，长度为 6 ~ 10m，进入岩层约 2m。土钉外挂钢筋网，喷厚 120mm 的 C20 细石混凝土面层，并每隔 5m 设一泄水孔，以使坡体内水及时排出。土钉支护结构具体施工步骤如下：

（1）分段削坡。为加快施工进度，采用分段切坡、分阶支护的流水作业施工方法。每段切坡垂直高度不超过 2.0m

（2）土钉成孔。采用回转式钻机按设计角度、深度成孔。

（3）置筋。为保证土钉钢筋置于钉孔正中，在每根钢筋上焊接对中支架。

（4）注浆。为保证锚钉质量，采用二次注浆，注浆压力不小于 0.5MPa。

（5）披挂钢筋网。在坡面披挂 ϕ6，间距 185mm 的钢筋网。

（6）喷射细石混凝土面层。喷射厚 120mm 的 C20 细石混凝土面层，重复以上步骤至完成土钉施工。

3）混凝土挡土墙支挡

在边坡坡脚处采用混凝土挡土墙支挡。混凝土挡土墙顶宽 1.5m，底宽 2.5m，高 3.5m，总长 100m。

4）边坡排水

水是诱发滑坡的主要原因，为此应尽量排干滑坡范围内的地表水，分别设置截水沟、平台排水沟、边沟和纵向排水沟。坡内自由水则通过土钉面层所设泄水管排出。

5）坡面防护

为了防止雨水冲刷坡面、渗入坡体，坡面除土钉加固部分外，其余大部分采用拱圈植草，小部分采用浆砌片石防护。

二、边坡处治工程监测

该边坡滑坡采用减载、排水、坡面防护和挡土墙、土钉支护的综合处治措施，滑坡处治典型横断面如图 3-47 所示。

为分析边坡治理后的效果以及锚固、支挡结构物的受力情况，对支护结构物设置了观测仪器进行监测。

1. 挡土墙受力监测

挡土墙作为抵抗滑坡推力的支挡结构，为观测滑坡推力的变化和边坡的稳定状况，在挡土墙背后埋设了土压力盒，竣工后进行了长期的受力观测。埋设土压力盒时先将压力盒紧贴墙背。为减小结构中横向力对测量结果的影响，埋设前在压力盒的周边包一层厚度为 1 ~ 2mm 的橡胶圈。埋设时将挡土墙背仔细削平，使压力分布均匀，再将压力盒就位，防止压力盒倾斜。压力盒分两层埋设，距挡土墙顶部深度分别为 1.5m、3m。

边坡处治工程竣工后，对土压力进行了长期观测，其中 452 号土压力盒的观测结果见表 3-25，该压力盒埋深 3m。从表中数据看，一般雨天后土压力明显增大，而且雨季土压力值比旱季大，说明水是边坡稳定的重要影响因素。实际最大土压力值并未超过挡土墙稳定允许值 25kPa，说明挡土墙的设计是合理的。

挡土墙 452 号压力盒受力观测表 表 3-25

序号	观测日期	天气	温度（℃）	输出频率（Hz）	相应压力（kPa）
1	1998.1.21	阴	3	1531.9	13.66
2	1998.2.19	阴	9	1549.5	19.40
3	1998.2.26	阴	9	1545.7	18.16
4	1998.3.5	阴	13	1547.2	18.65
5	1998.3.11	阴（大雨后）	7	1553.4	20.67
6	1998.3.19	晴	19	1546.8	18.52
7	1998.4.28	阴（雨后）	25	1547.5	18.75
8	1998.5.5	晴	27	1544.4	17.74
9	1998.5.13	晴	26	1545.0	17.93
10	1998.5.23	阴	25	1544.0	17.61
11	1998.6.2	阴	27	1541.0	16.63
12	1998.6.12	晴	30	1539.4	16.11
13	1998.6.24	晴	31	1541.9	16.92
14	1998.7.6	晴	29	1542.4	17.09
15	1998.9.5	雨	28	1531.8	13.63
16	1998.9.14	晴	32	1530.3	13.14
17	1998.9.25	晴	32	1522.0	10.43
18	1998.10.10	晴	29	1518.7	9.36

续上表

序号	观测日期	天气	温度（℃）	输出频率（Hz）	相应压力（kPa）
19	1998.10.23	晴	28	1505.0	4.89
20	1998.11.6	晴	26	1504.4	4.70
21	1998.11.19	晴	25	1508.7	6.10
22	1998.12.2	阴	9	1527.0	12.07
23	1998.12.15	晴	21	1511.4	6.98
24	1998.12.29	晴	18	1510.4	6.65
25	1999.1.27	晴	19	1518.6	9.33

2. 土钉受力监测

土钉是一种土质边坡原位加筋支护结构。土钉所提供的拉力是潜在滑移面以外部分的抗拔力，因此土钉受力监测的主要内容就是观测土钉所受的拉力，观测仪器采用钢筋计或类似可测量应力的仪器。钢筋计安装时先把土钉钢筋截断，中间对焊钢筋计，土钉钢筋计布置在土钉的中部。

表3-26为461号土钉钢筋计的受力观测值。从表中的结果看，雨天时钢筋计拉力较大，随后随着天气转晴和时间的推移逐渐减小，且雨季值比旱季大，同样说明了水对边坡稳定的重要影响。其最大值未超过土钉的设计允许拉力100kN。综合土钉和挡土墙观测资料，说明本工程设计是合理的，边坡经过处治后处于稳定状态。

461号钢筋计观测结果 表3-26

序号	观测日期	天气	温度（℃）	输出频率（Hz）	相应受力（kN）
1	1997.11.10	阴	11	1 911.6	0.39
2	1997.11.17	晴	16	1 913.5	0.08
3	1997.11.21	晴	15	1 910.0	0.65
4	1997.11.29	雨后	12	2 025.5	19.04
5	1997.12.8	阴	5	2 005.8	15.58
6	1997.12.22	雨后	4	2 051.8	23.78
7	1998.1.5	雨	6	2 023.3	18.65
8	1998.1.21	阴（雨后）	3	2 077.3	28.42
9	1998.2.19	阴（雨后）	9	2 106.5	33.87
10	1998.2.26	阴	9	2 102.3	33.08
11	1998.3.5	阴	13	2 107.1	33.98
12	1998.3.11	阴（大雨后）	7	2 124.8	37.32
13	1998.3.19	晴	19	2 115.3	35.53
14	1998.4.3	晴	21	2 114.5	35.38
15	1998.4.20	阴	23	2 112.0	34.91

续上表

序号	观测日期	天气	温度 (℃)	输出频率 (Hz)	相应受力 (kN)
16	1998.4.28	阴(雨后)	25	2 117.2	35.89
17	1998.5.5	晴	27	2 125.2	37.40
18	1998.5.13	晴	26	2 113.6	35.21
19	1998.5.23	阴	25	2 128.6	38.04
20	1998.6.2	阴	27	2 122.2	36.83
21	1998.6.12	晴	30	2 130.0	38.30
22	1998.6.24	晴	31	2 127.5	37.83
23	1998.7.6	晴	29	2 127.3	37.79
24	1998.9.5	雨	28	2 066.9	26.53
25	1998.9.14	晴	32	2 076.2	28.22
26	1998.9.25	晴	32	2 063.9	25.98
27	1998.10.10	晴	29	2 059.6	25.20
28	1998.10.23	晴	28	2 053.2	24.04
29	1998.11.6	晴	26	2 052.0	23.82
30	1998.11.19	晴	25	2 056.3	24.60
31	1998.12.2	阴	9	2 077.4	28.44
32	1998.12.15	晴	21	2 074.0	27.82
33	1998.12.29	晴	18	2 069.7	27.04
34	1999.1.15	雨后	8	2 076.2	28.22
35	1999.1.27	晴	19	2 075.8	28.15

三、治理效果

本滑坡经过处理后，目前稳定性状况良好。为了进一步分析边坡治理后的效果，为今后治理滑坡提供有用的数据和经验，课题组在该边坡竣工后进行了长期的观测。通过对治理的边坡受力跟踪观测分析，得出如下几点结论：

(1)影响边坡滑动的原因有许多，因此，治理一个滑坡不能只靠单一的处理方法。本滑坡经过分台阶减载、土钉支护和混凝土挡墙支挡，结合排水和坡面防护的综合治理后至今已有7年多时间，并经历了雨季特大暴雨的考验，目前边坡坡体及支挡结构稳定，未见任何裂缝，边坡排水合理。因此，该滑坡的治理是成功的。

(2)土钉钢筋计及挡土墙背土压力计的受力观测结果表明，土钉所受拉力及挡土墙所受压力均在设计允许值内，说明设计是合理的。

(3)观测数据反映，雨后土钉所受拉力、挡土墙所受压力有明显增加的现象，直接验证了雨水渗入土体，可使土体重力密度增加、下滑力增大的规律，同时也说明水是诱发边坡失稳的重要原因，因此，做好边坡排水工作应是防止滑坡产生的主要措施之一。

复习思考题

1. 影响边坡稳定性的因素有哪些？
2. 常见的路基边坡病害有哪些？
3. 简述常见路基边坡病害的防治措施。
4. 边坡治水应遵循怎样的原则？
5. 边坡的地面、地下排水设施分别有哪些？
6. 简述边坡地面、地下排水设施的作用及设置要点。
7. 简述沟渠加固的类型、适用条件及各自的施工要点。
8. 什么是滑坡？包括哪些形态要素？
9. 试述滑坡稳定性的判断方法。
10. 何为滑坡推力？用什么方法计算？怎样计算？
11. 简述滑坡的防治措施。
12. 抗滑挡土墙与一般挡土墙有何区别？
13. 简述公路边坡工程监测内容及其监测仪器。

第四章

路 面 养 护

教学要求

1. 对路面状况进行调查，并对路面状况进行评价；
2. 分析沥青类路面各种病害的形成原因，判断路面病害的种类及严重程度；
3. 描述沥青类路面病害的维修与处治；
4. 分析水泥混凝土路面各种病害的形成原因，判断路面病害的种类及严重程度；
5. 描述水泥混凝土路面病害的维修与处治；
6. 叙述粒料类路面的养护与维修；
7. 描述路面基层的改善措施。

●第一节　概　　述●

公路路面在使用过程中，在行车荷载和自然因素的反复作用下，路面将产生各种各样的破损。对于半刚性基层的沥青路面，由于行车压密和半刚性基层材料强度随路龄增长，其强度和刚度在使用初期呈增长趋势，表现在整体回弹弯沉的降低，此后由于路面材料的逐渐疲劳，其强度和刚度逐年降低。而沥青路面的表面破损、平整度、车辙和抗滑性能，则至路面投入运营以后呈逐年衰减过程。

近几年来，随着国民经济的高速发展，道路交通量日益增大，车辆迅速大型化且严重超载，使公路路面面临严重考验，许多公路路面建成通车不久，由于不适应交通快速发展的需要，发生了较为严重的早期破损现象。路面的破损对车辆的行驶速度、荷载能力、机械磨损、燃油消耗、行车舒适度、交通安全以及环境保护等均会造成较大的影响，因此路面的养护与维修就成为保证其服务质量和使用寿命的重要手段，即对路面进行预防性的、经常性的、及时性的、周期性的保养与维修，使其保持平整完好、横坡适度、排水畅通，具有足够的强度和抗滑性能；同时对路面的养护应避免对公路和沿线设施的污染，做到干净整洁，达到公路路面养护的质量标准（见表4-1、表4-2），以适应交通运输的发展需求。

沥青路面养护的质量标准　　表4-1

项　目		高速公路、一级公路	其他等级公路
平整度（mm）	平整度仪（σ）	≤1.2	≤2.5
	3m直尺（h）	—	≤5
	国际平整度指数IRI（m/km）	≤2.0	≤4.2

续上表

项目		高速公路、一级公路	其他等级公路
抗滑性能	横向力系数 SFC	≥40	≥30
	摆式仪摆值 BPN	—	≥32
路面状况指数 PCI		≥70	≥55
路面强度指数 SSI		≥0.8	≥0.6
路面车辙深度(mm)		≤15	—
路拱坡度(%)		1.0~2.0	—

水泥混凝土路面养护质量标准 表 4-2

项目		高速公路、一级公路	其他等级公路
平整度(mm)	平整度仪(σ)	2.5	3.5
	3m 直尺(h)	5	8
	国际平整度指数 IRI(m/km)	4.2	5.8
抗滑	构造深度 TD(mm)	0.4	0.3
	抗滑值 SRV(或 BPN)	45	35
	横向力系数 SFC	0.38	0.30
相邻板高差(mm)		3	5
接缝填缝料凸凹(mm)		3	5
路面状况指数 PCI		≥70	≥55

●第二节 路面状况调查及评价●

在公路养护管理过程中，养护管理人员和技术人员经常性地对路面状况进行实地量测、检查、研究、记录，必要时拍照录像，定时组织专业人员和设备对路面进行调查、数据采集，以便利用路面养护管理系统及时对路面状况做出分析研究，为确定路面破损的养护对策和处理方案提供依据。

路面状况是指路面在被调查、评价时所具有的外观和内在状态，也称为路面使用性能。通常外观状态表现在路面破损和不平整。内在状态有路面强度和抗滑性能。通过调查确定路面破损类型，路面破损一般可分为结构性破损和功能性破损。结构性破损包括路面结构整体或其中某一部分或某几部分的损坏，使路面达不到支承预定的荷载；功能性破损包括平整度、抗滑能力的下降，使其不再有预定的功能。一般说来，路面出现结构性损坏都要伴随功能性损坏，但路面出现功能性损坏则不一定是路面结构出了问题。对于功能性损坏可通过整段罩面使其功能得以恢复；对于结构性损坏，通常要对损坏路面进行彻底的翻修。

一、路面状况调查

路面状况调查主要包括路面破损状况、路面结构强度、路面平整度和路面抗滑能力四个方面内容。

1. 路面破损状况

路面破损状况是反映路面整体稳定性和其结构完整性的一个指标，沥青混凝土路面损坏按其形状可分为裂缝类、松散类、变形类和其他类，每类破损所包括的内容见表4-3。

沥青路面损坏分类分级 表4-3

损坏类型		分级	外观描述	分级指标	计量单位
裂缝类	龟裂	轻 中 重	轻：初期龟裂，缝细无散落，裂区无变形裂块； 中：缝较宽，无或轻散落或轻度变形裂块破碎； 重：缝宽，散落重，变形明显，亟待修理	轻块度：20～50cm 中块度：< 20cm 重块度：<20cm	m^2
	不规则裂缝	轻 重	轻：缝细，不散落或轻微散落，块度大； 重：缝宽，散落，裂块小	轻块度：100cm 重块度：50～100cm	m^2
	纵裂	轻 重	轻：缝壁无散落或轻微散落，无或少支缝； 重：缝壁散落，支缝多	轻缝宽：≤5mm 重缝宽：>5mm	m^2 （长度(m)×0.2m）
	横裂	轻 重	轻：缝壁无散落或轻微散落，无或少支缝； 重：缝壁散落，支缝多	轻缝宽：≤5mm 重缝宽：>5mm	m^2 （长度(m)×0.2m）
松散类	坑槽	轻 重	轻：坑浅，面积较小； 重：坑深，面积较大	坑深：≤25mm 坑深：>25mm	m^2
	松散	轻 重	轻：细集料散失，路面磨损，路表粗麻； 重：细集料散失，多量微坑，表面剥落		m^2
变形类	沉陷	轻 重	轻：变形浅，行车无明显不适感； 重：变形深，行车明显颠簸不适	深度：≤25mm 深度：>25mm	m^2
	车辙	轻 重	轻：变形较浅； 重：变形较深	深度：≤25mm 深度：>25mm	m^2 （长度(m)×0.4m）
	波浪拥包	轻 重	轻：波峰波谷高差小； 重：波峰波谷高差大		m^2
其他类	泛油		路表呈现沥青膜、发亮、镜面、有轮印		m^2
	修补损坏		因破损或病害而采取修复措施进行处治，路表外观上已修补的部分与未修补的部分明显不同		m^2

水泥混凝土路面的病害，按其损坏的特征和范围分为断裂类、竖向位移类、接缝类、表层损坏类四大类型。

对公路路面破损，调查人员在范围不大的情况下可用直尺、病害数据采集仪进行实地量测，必要时可拍摄照片或录像；当病害范围较广时，宜组织专业技术人员采用高速路面摄影车等高效测试设备进行调查。

调查时间，需根据路面病害类型确定，但调查次数一年应不少于一次。对于强度不足或因疲劳引起的荷载性裂缝（龟裂），宜在春季或雨季最不利季节之后进行；对于因温度收缩等引起的非荷载性裂缝（块裂及横向裂缝）宜在冬季以后调查，当然为便于观测裂缝，最佳时机宜选择在雨后（或预先洒水）路表已干但尚有水迹的时候观测；对车辙、拥包、波浪等热稳性变形宜在夏季观测；对坑洞及层状剥落宜在雨季观测。根据需要也可采用定期的或规定的同一时间内进行调查。

调查时，除应量测破损面积以及裂缝的长度、宽度或块度外，还需量测车辙、坑槽、沉陷的深度以及波浪、拥包的最大间隔和错台量的大小等，以确定各种破损的严重程度等级。各类破损长度或面积的量测，准确至 0.1m。调查结果应按破损类型及其严重程度记入记录表，并按路段将调查结果进行汇总。路段长度可为 100～500m。

2. 路面强度

路面强度调查主要用于评价路面结构的承载能力，从而确定路面的剩余寿命，即在达到预定的破损状况之前路面还能使用的年数或能承受标准轴载的作用次数。依据剩余寿命的长短，可以判断路面结构的完好程度和其破损的速度，以确定必要的养护措施。

路面强度的调查指标为路面的弯沉值，过去我国测定路面强度多采用贝克曼梁式弯沉仪，目前公路的路面强度提倡采用自动弯沉仪检测。路面的弯沉应在不利季节测定，并注意温度修正；若在非不利季节测定，应按照各地的季节影响系数进行修正，具体内容见《路基路面检测技术》。

3. 路面平整度

路面平整度是反映路面在行驶质量方面所提供服务能力的重要指标。路面平整度的检测一般用 3m 直尺，连续式平整度仪、颠簸累积仪和纵断面量测方法。由于车载式颠簸累积仪检测快速，故宜于路网平整度全面调查时采用。小范围的抽样调查，可采取连续式平整度仪或 3m 直尺检测。公路平整度调查每年至少进行一次，每次都要安排在基本相同的时段内进行。

4. 路面抗滑能力

路面所具有的抗滑能力是安全性能评价的主要指标，其调查指标为轮胎与路面的摩擦系数。路面在使用过程中，因车轮的不断磨损，路表面的抗滑能力因集料被磨光而逐渐下降，当抗滑能力下降到不安全时，便需采取措施予以恢复。影响路面抗滑能力的因素有路面表面特性、路面潮湿程度和行车速度等。

路面的抗滑能力可采用不同的方法测定，通常采用摆式摩擦系数测定仪和横向力系数（SFC）测定车。高速公路宜采用横向力系数测定车，一般每年春、秋季节进行抗滑能力的测定。

横向摩擦系数测定车主要由车辆底盘、测量机构、供水系统、荷载传感器、仪表及操作记录系统、标定装置等组成，如图 4-1 所示。其基本原理是承受恒定竖向荷载的测定轮与底面紧密接触，并与车辆前进方向成 20°角，这样当车辆前进时就在测试轮上产生一个横向滑动摩阻力，其值与路面同轮胎间的摩擦系数成正比例，并可通过压力传感器予以测定。此横向力与竖向力的比值，称作横向力系数 SFC。横向力系数在表示车辆制动时沿行车方向上路面抗力的同时，还可表征车辆在路面上发生侧滑的抗力。

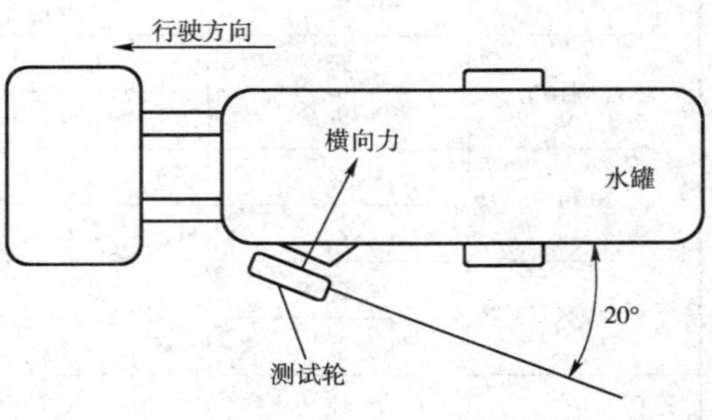

图 4-1　横向摩擦系数测定车示意图

摩擦系数测定车的测定结果要受到车辆性能、测试轮胎、车速和洒水量等条件的影响，因此在测试前应对测定车认真检查和标定，各项参数必须符合规定要求。除特殊情况外，测定的标准车速为50km/h,并应保持匀速。

根据需要可采用连续测定或断续测定,以及单轮测试或双轮测试,并确定每公里测定的长度,设定计算区间,即输出一个测定数据的长度。标准计算区间为20m,根据要求也可选择为5m或10m。测定车配置有专门的数据处理程序软件,可自动打印输出各测点路面摩擦系数值、行程距离、行驶车速以及每一个评定路段路面摩擦系数值统计个数、平均值、标准差和变异系数。

二、路面状况评价

1. 沥青混凝土路面状况评价

公路沥青路面使用状况评价的内容包括路面破损状况、行驶质量、强度、抗滑性能。

1)路面状况指数PCI

路面破损状况采用路面状况指数PCI进行评价。计算沥青路面的PCI时,首先根据路况调查的各种破损类型及其严重程度按式(4-1)计算路面综合破损率DR。

(1)路面综合破损率DR

$$DR = \frac{D}{A} \times 100 = \frac{\sum \sum D_{ij} K_{ij}}{A} \times 100 \tag{4-1}$$

式中:DR——路面综合破损率,以百分数计;

D——调查路段内的折合破损面积,m^2,$D = \sum \sum D_{ij} K_{ij}$;

A——调查路段的路面总面积,m^2;

D_{ij}——第i类损坏类型、j类严重程度(轻、中、重)的实际破损面积,m^2;如为纵、横向裂缝,其破损面积为:裂缝长度(m)×0.2;车辙破损面积为:长度(m)×0.4;

K_{ij}——第i类损坏、j类严重程度的换算系数,可从表4-4查得。

沥青混凝土路面破损类型和换算系数　　表4-4

破损类型	严重程度	换算系数 K_{ij}	破损类型	严重程度	换算系数 K_{ij}
龟裂	轻	0.6	松散	轻	0.2
	中	0.8		重	0.4
	重	1.0	沉陷	轻	0.4
不规则裂缝	轻	0.2		重	1.0
	重	0.4	车辙	轻	0.4
纵裂	轻	0.4		重	1.0
	重	0.6	搓板		0.8
横裂	轻	0.2	波浪拥包	轻	0.4
	重	0.4		重	0.8
坑槽	轻	0.8	泛油		0.1
	重	1.0	磨光		0.6
麻面		0.1	修补损坏面积		0.2
脱皮		0.6	冻胀		1.0
啃边		0.8	翻浆		1.0

(2)路面状况指数(PCI)

路面状况指数(PCI)的数值范围为0~100。其值越大,路况越好。其计算公式为

$$PCI = 100 - 15DR^{0.412} \tag{4-2}$$

路面破损状况的评价标准:根据路面破损状况,可将路面质量分为优、良、中、次、差五个等级,见表4-5。

路面破损状况的评价标准 表4-5

评价指标 \ 评价等级	优	良	中	次	差
路面状况指数PCI	≥85	≥70~<85	≥55~<70	≥40~<55	<40

2)路面强度指数SSI

沥青路面强度指数SSI作为评价指标,其计算公式如下:

$$SSI = \frac{L_r}{L_c} \tag{4-3}$$

式中:L_r——路面在当前交通量下允许弯沉值;

L_c——路段代表弯沉值。

沥青路面允许弯沉值L_r采用设计弯沉,按《公路沥青路面设计规范》(JTJ 014—97)计算,即

$$L_r = 600N_e^{-0.2}A_cA_sA_b \tag{4-4}$$

式中:N_e——设计年限内一个车道上累积当量轴次;

A_c、A_s、A_b参照《公路沥青路面设计规范》(JTG D50—2006)内容取值。

路段代表弯沉值L_c为实际所测弯沉,由路面调查确定。

$$L_c = L_1 + Z_A\delta \tag{4-5}$$

式中:L_1——评定路段内经温度与测定季节修正后的各测点弯沉的平均值,0.01mm;

Z_A——与保证率有关的系数;

δ——评定路段内经修正后的全部测点弯沉值的标准差,0.01mm。

路面强度评价标准见表4-6。

路面强度评价标准 表4-6

评价指标 \ 评价等级	优		良		中		次		差	
	高速公路一级公路	其他等级公路	高速公路一级公路	其他等级公路	高速公路一级公路	其他等级公路	高速公路一级公路	其他等级公路	高速公路一级公路	其他等级公路
强度系数SSI	≥1.0	≥0.83	<1.0~≥0.83	<0.83~≥0.66	<0.83~≥0.66	<0.66~≥0.50	<0.66~≥0.50	<0.5~≥0.3	<0.5	<0.3

3)行驶质量指数RQI

沥青路面的平整度采用行驶质量指数RQI作为评价指标。路面行驶质量指数RQI由国际平整度指数IRI通过下式计算得来:

$$RQI = 11.5 - 0.75IRI \tag{4-6}$$

式中:RQI——行驶质量指数,其范围为0~10,如计算出现负值,则取0;如计算结果大于10,

则取10；

IRI——国际平整度指数，cm/km。

路面行驶质量评价标准见表4-7。

路面行驶质量评价标准　　表4-7

等级 / 评价指标	优	良	中	次	差
路面行驶质量指数 RQI	≥8.5	<8.5 ~ ≥7	<7 ~ ≥5.5	<5.5 ~ ≥4	<4

4）路面抗滑系数

沥青路面抗滑能力的评价指标采用摆式仪测定的摆值BPN或横向摩擦系数测定车测定的横向力系数SFC表示。路面抗滑能力评价标准见表4-8。

路面抗滑能力评价标准　　表4-8

等级 / 评价指标	优	良	中	次	差
横向力系数 SFC	≥50	≥40 ~ < 50	≥30 ~ < 40	≥20 ~ < 30	< 20
摆值 BPN	≥42	≥37 ~ < 42	≥32 ~ < 37	≥27 ~ < 32	< 27

5）路面综合评价指标PQI

在实际的养护工作中，养护管理技术人员不但希望得到每项评价指标的评价结果，同时还希望知道对整段路面的综合评价结果，故提出了沥青路面综合评价指标PQI。

（1）路面的综合评价指标（PQI）

PQI用分项加权计算得出，其数值范围为0 ~ 100，值越大，路况越好。

$$\mathrm{PQI} = \mathrm{PCI}' \times P_1 + \mathrm{RQI}' \times P_2 + \mathrm{SSI}' \times P_3 + \mathrm{SFC}' \times P_4 \tag{4-7}$$

式中：P_1、P_2、P_3、P_4——相应指标的权重，按PCI、RQI、SSI、SFC（或BPN）的重要性确定，建议值见表4-9。

P_1、P_2、P_3、P_4 权重建议值　　表4-9

取值 / 权重	建议值		
	高速公路、一级公路	二级公路	三、四级公路
P_1	0.25	0.3	0.35
P_2	0.35	0.25	0.2
P_3	0.1	0.25	0.35
P_4	0.3	0.2	0.1

PCI′、RQI′、SSI′、SFC′的赋值见表4-10。

PCI′、RQI′、SSI′、SFC′的赋值　　表4-10

等级 / 权值	PCI、RQI、SSI、SFC（或BPN）评定结果				
	优	良	中	次	差
相应指标的赋值	92	80	65	50	30

（2）路面综合评价的评价标准

路面综合评价的评价标准，见表4-11。

路面综合评价的评价标准 表4-11

评价指标＼等级	优	良	中	次	差
路面综合评价指标 PQI	≥85	≥70～＜85	≥55～＜70	≥40～＜55	＜40

PQI 的数值越大路况越好。在实际养护决策中，综合指标和单一指标不是孤立的，而是应将它们结合起来考虑。

2. 水泥混凝土路面状况评价

路面使用质量可用路面破损状况、行驶质量、表面抗滑能力、结构承载能力、交通状况、路基和路面排水状况、路面修建和养护历史来调查和评定。

1）路面破损状况评价

（1）路面状况指数 PCI

水泥混凝土路面状况指数 PCI，其数值范围为 0～100，数值越大，路况越好，其计算公式为：

$$PCI = 100 - \sum_{i=1}^{n}\sum_{j=1}^{m_j} DP_{ij} \times W_{ij} \tag{4-8}$$

$$DP_{ij} = A_{ij} D_{ij} B_{ij} \tag{4-9}$$

$$W_{ij} = \begin{cases} 2.5R_{ij} & (R_{ij} < 0.2) \\ 0.5 + 0.686(R_{ij} - 0.2) & (0.2 \leqslant R_{ij} < 0.55) \\ 0.74 + 0.28(R_{ij} - 0.55) & (0.55 \leqslant R_{ij} < 0.8) \\ 0.81 + 0.95(R_{ij} - 0.8) & (R_{ij} \geqslant 0.8) \end{cases} \tag{4-10}$$

$$R_{ij} = \frac{DP_{ij}}{\sum_{i=1}^{n}\sum_{j=1}^{m_j} DP_{ij}} \tag{4-11}$$

式中：i、j——损坏类型和严重程度；

n——损坏类型总数；

m_j——i 种病害和 j 种轻重程度的单项扣分值；

DP_{ij}——i 种病害 j 种轻重程度扣分值，是损坏密度 D_{ij} 的函数；

D_{ij}——i 种病害 j 种轻重程度的损坏数占路段内板块或裂缝总数的比例，%；

W_{ij}——同时出现多种病害时，i 种病害 j 种轻重程度扣分值的修正权数；

A_{ij}、B_{ij}——系数，见表 4-12；

R_{ij}——各单项扣分值占总扣分值的比值。

（2）断板率 DBL

依据路段破损调查得到的断裂类病害的板块数，按断裂各种类和严重程度不同，采用不同的权数进行修正后，由下式确定该路段的断板率（DBL），以百分数表示。

$$DBL = \left(\sum_{i=1}^{n}\sum_{j=1}^{m_j} DB_{ij} W_{ij}\right) / BS \tag{4-12}$$

式中：DB_{ij}——i 种裂缝病害 j 种轻重程度板块数；

W_{ij}——i 种裂缝病害 j 种轻重程度的修正权数，见表 4-13；

BS——评定路段的板块总数。

(3)路面破损状况分为五个等级,各等级的路面状况指数和断板率的评定标准如表4-14所示。

A_{ij} 和 B_{ij} 系数 表4-12

系数		A_{ij}			B_{ij}		
严重程度		轻	中	重	轻	中	重
损坏类型	纵、横、斜缝	30	65	93	0.55	0.52	0.54
	板角断裂	49	73	95	0.76	0.64	0.61
	交叉裂缝、断裂板	70	88	103	0.60	0.50	0.42
	沉陷、胀起	49	65	92	0.76	0.64	0.52
	唧泥	25	—	65	0.90	—	0.80
	错台	30	60	92	0.70	0.61	0.53
	接缝碎裂	23	30	51	0.81	0.61	0.71
	拱起	49	65	92	0.76	0.64	0.52
	纵缝张开	30	—	70	0.90	—	0.70
	填缝料损坏	10	35	60	0.95	0.90	0.80
	纹裂或网裂、起皮	22	60	90	0.70	0.60	0.50
	磨损、露骨	20	—	60	0.70	—	0.50
	坑洞	—	30	—	—	0.60	—
	活性集料反应	25	47	70	0.90	0.80	0.70
	修补损坏	10	60	90	0.95	0.60	0.54

计算坏板率权数 W_{ij} 表4-13

类型	交叉裂缝			角隅断裂			纵、横、斜向裂缝		
程度	轻	中	重	轻	中	重	轻	中	重
权数	0.60	1.00	1.50	0.20	0.70	1.00	0.20	0.60	1.00

路面破损状况等级评定标准 表4-14

评定等级	优	良	中	次	差
路面状况指数 PCI	≥85	84~70	69~55	54~40	<40
断板率 DBL(%)	≤1	2~5	6~10	11~20	>20

2)行驶质量指数(RQI)

路面行驶质量采用行驶质量指数(RQI)进行评定,以十分制表示。行驶质量指数同路面平整度指数IRI之间的关系,应由有代表性的成员组成的评定小组通过实地评定试验建立,也可参照下列关系式确定行驶质量指数。行驶质量评定标准,见表4-15。

$$RQI = 10.5 - 0.75IRI \tag{4-13}$$

行驶质量评定标准 表4-15

评定等级	优	良	中	次	差
行驶质量指数 RQI	≥8.5	8.4~7.0	6.9~4.5	4.4~2.0	<2.0

3）路面表面抗滑能力

路面表面抗滑能力采用侧向力系数 SFC 或抗滑值 SRV 以及构造深度等指标评定，其评定标准见表 4-16。

路面抗滑能力等级评定标准 表 4-16

评定等级	优	良	中	次	差
构造深度（mm）	≥0.8	0.7～0.6	0.5～0.4	0.4～0.2	＜0.2
抗滑值 SRV	≥65	64～55	54～45	44～35	＜35
侧向力系数 SFC	≥0.55	0.54～0.45	0.44～0.38	0.37～0.30	＜0.30

4）路面结构承载能力的评定

路面结构承载能力的评定按《公路水泥混凝土路面设计规范》（JTG D40—2003）中规定的方法进行。

三、路面养护对策

1. 沥青路面养护对策

确定了路面状况的各项指标后，要依据沥青路面状况的评价等级，给出路面质量的评价标准。通过对路面使用性能各指标的评价，了解路段的路面服务水平与状况，确定对该路段的路面养护措施和对策。其目的是使已破损的路面经过修理与恢复达到行车所需的服务水平。

在确定养护决策时，应充分考虑各质量指标的关系。虽然四个评价指标各表示路面一方面的属性，但它们之间也存在着相互联系。如：当强度系数较小时，往往相对的破损率、平整度都较差；而抗滑系数较小时，其他指标值不一定小。所以结合我国公路的现有实际情况，《公路养护技术规范》（JTG H10—2009）对沥青路面提出了如下控制性的对策：

（1）在满足强度要求的前提下（路面的结构强度系数为中等以上时），若高速公路及一级公路的路面状况指数（PCI）评价为优、良，或者二级及二级以下公路的路面状况指数评价为优、良、中时，以日常养护为主，并对局部破损进行小修；若高速公路及一级公路的路面状况指数（PCI）评价为中及中以下，或者二级或二级以下公路的路面状况指数评价为次及次以下，应采取中修罩面措施。

（2）在不满足强度要求的前提下（路面的结构强度系数为中等以下时），应采取大修补强措施以提高其承载能力。

（3）若高速公路及一级公路的行驶质量指数（RQI）评价为优、良，或者二级及二级以下的公路的行驶质量指数评价为优、良、中时，以日常养护为主；若高速公路及一级公路的行驶质量指数（RQI）评价为中及中以下，或者二级及二级以下公路的行驶质量指数评价为次及次以下时，应采取罩面等措施改善路面的平整度。

（4）高速公路及一级公路的抗滑能力不足（SFC＜40）的路段，或二级及二级以下公路抗滑能力不足（SFC＜30 或 BPN＜32）的路段，应采取加铺罩面层等措施提高路表面的抗滑能力。

（5）因路面不适应现有交通量或载重的需要，应通过提高现有路面的等级，或通过加宽等改建措施提高道路的通行能力和服务质量。

2. 水泥混凝土路面养护对策

（1）高速公路及一级公路的路面破损状况等级为优和良，或者二级及二级以下公路的路面破损状况等级为中及中以上时，可采用日常养护和局部或个别板块修补措施。

(2)高速公路及一级公路的路面破损状况等级为中及中以下，或者二级及二级以下公路的路面破损状况等级为次及次以下时，应采取全路段修复或改善措施，包括沥青混合料修补、板块破碎和碾压稳定、铺筑沥青混凝土或水泥混凝土加铺层以及修建纵向边缘排水设施等。

(3)高速公路及一级公路的路面行驶质量等级为中及中以下，或者二级及二级以下公路的行驶质量等级为次及次以下时，应采取刻槽、罩面或加铺层等措施改善路面的平整度。

(4)高速公路及一级公路的路面抗滑能力等级为中及中以下，或者二级及二级以下公路的抗滑能力等级为次及次以下时，应采取刻槽、罩面等措施提高路表面的抗滑能力。

(5)路面结构承载能力不满足现有交通的要求时，应采取铺筑沥青混凝土或水泥混凝土加铺层措施提高其承载能力。

• 第三节　沥青类路面的养护与维修 •

一、沥青路面的日常保养

1. 沥青路面初期养护

1)热拌沥青混合料路面的初期养护

(1)摊铺、压实后的热拌沥青混合料路面，待摊铺层自然冷却，混合料表面温度低于50℃后方可开放交通。

(2)纵横向的施工接缝是沥青路面的薄弱环节，应加强初期养护，随时用3m直尺查找暴露出来的轻微不平，铲高补低，经拉毛后，用混合料垫平、压实。

2)沥青贯入式路面的初期养护

(1)路面竣工后，开放交通时，行驶车辆限速在15km/h以下，根据表面成型情况，逐步提高到20km/h。

(2)设专人指挥交通或设置临时路标，按先两边后中间控制车辆易辙行驶，达到全面压实。

(3)应随时将行车驱散的嵌缝料回扫、扫匀、压实，以形成平整密实的上封层。当路面泛油后，要及时补撒与施工最后一层矿料相同的嵌缝料，同时控制行车碾压。

3)乳化沥青路面的初期养护

乳化沥青路面的初期稳定性差，压实后的路面应做好初期养护，设专人管理，按实际破乳情况，封闭交通2～6h。在未破乳的路段上，严禁一切车辆、人、畜通过。开放交通初期，应控制车速不超过20km/h，并不得制动和调头。当有损坏时应及时修补。

2. 沥青路面日常养护

(1)保持路面平整、横坡适度、线形顺直、路容整洁、排水良好。

(2)加强巡路检查，掌握路面情况，随时排除有损路面的各种因素，及时发现路面初期病害，研究分析病害产生的原因，并有针对性及时对病害进行维修处理。

(3)根据各地不同季节的气候特点、水和温度变化规律，按照“预防为主、防治结合”的原则，结合本地区成功经验，针对不同季节病害根源，因地制宜，采取有效的技术措施，做好预防性季节性养护工作。

二、沥青路面常见病害的维修

公路沥青路面常见的病害一般有裂缝、车辙、坑槽、松散、沉陷、麻面等。

1. 裂缝

路面裂缝是路面早期破损最常见的病害之一，它的危害在于从裂缝中不断进入水分，使基层甚至路基软化，导致路面承载能力下降，加速路面破坏。

1）裂缝种类

（1）龟裂网裂：龟裂是缝宽3mm以上，且多数缝距10cm以内，面积$1m^2$以上的块状不规则裂缝。网裂是缝宽1mm以上或缝距40cm以上，面积在$1m^2$以上的裂缝。龟裂网裂通常是由于路面整体强度不足、基层软化、稳定性不良等原因引起的。沥青路面老化变脆，也会发展成网状裂缝。

（2）纵裂缝：一种情况是由于路基压实度不均匀，路面不均匀沉陷而引起的，如发生在半填半挖处的裂缝；另一种情况是沥青面层分幅摊铺时，两幅接茬未处理好，在行车荷载作用下，易形成纵缝。有时，车辙边缘也会有纵向裂缝。

（3）横裂缝：横向裂缝可分为荷载性裂缝和非荷载性裂缝两大类。荷载性裂缝是由于路面设计不当或施工质量低劣，或由于车辆严重超载，致使沥青面层或半刚性基层内产生的拉应力超过其疲劳强度而裂缝。非荷载性裂缝是横向裂缝的重要形式，它有两种情况：沥青面层温度收缩性裂缝和基层反射性裂缝。

2）影响裂缝产生的因素

（1）沥青混合料。

①沥青：一方面，沥青混合料的低温劲度是决定是否开裂的根本因素，沥青劲度又是决定沥青混合料劲度的关键。沥青老化越严重，劲度越大，裂缝出现越早。另一方面，沥青的温度敏感性也影响裂缝的产生。感温性大的沥青易开裂。一般情况下，含蜡量高，使沥青的拉伸应变减小，脆性增加，温度敏感性变大，裂缝就容易产生。

②级配：矿料组成级配与开裂有一定关系，一般来说用油量偏低，矿粉含量高易产生裂缝。

（2）基层。半刚性基层较之级配碎石、沥青稳定碎石等柔性基层，热容量小，与沥青表面层的附着黏结性能差，尤其是本身收缩的附加影响，使面层的横向裂缝增多。特别是由于我国高速公路分期修建，施工较快，有相当部分的半刚性基层养生不足，修筑后不久便开裂，这些裂缝在荷载和温度的作用下，由下层逐渐反射到表面。

（3）路面面层厚度。一般情况下，用同一种沥青混合料铺筑面层，厚度大的比薄的裂缝率要小。但采用质量好的沥青既使铺筑较薄的路面其横向裂缝也可能少于质量差的沥青且厚度大的路面。

（4）施工因素。优良的施工质量，特别是各结构层的压实度达到规范要求、稳定性优良、排水性能好、面层接缝处理完善等是保证裂缝（特别是纵向裂缝和龟裂网裂）不出现的前提条件。

（5）气候交通条件。气温的升降是温度收缩性裂缝出现的条件，雨水是加速裂缝形成、扩大甚至导致路面破坏的催化剂。在行车荷载的作用下，无论什么样的裂缝，都会加速路面破坏。

3）裂缝的维修

（1）在高温季节全部或大部分可愈合的轻微裂缝，可不加处理。在高温季节不能愈合的轻微裂缝，可采用下列方法处治：

①将有裂缝的路段清扫干净并均匀喷洒少量沥青（在低温、潮湿季节宜喷洒乳化沥青），再匀撒一层2～5mm的干燥洁净石屑或粗砂，最后用轻型压路机将矿料碾压。

②沿裂缝涂刷少量稠度较低的沥青。

（2）由于路面基层温缩、干缩引起的纵向或横向的裂缝，缝宽在5mm以内的，可采用稠度较低的热沥青（缝内潮湿时应采用乳化沥青）灌缝并撒石屑或粗砂封堵、捣实。缝宽在5mm以上的，把缝内处理干净后，用热拌沥青混合料填入缝中，捣实。缝内潮湿时应采用乳化沥青混合料。

（3）因沥青性能不好，或路面设计使用年限较长、油层老化等原因出现的大面积裂缝（包括网裂），此时如基层强度尚好时，通过技术经济比较，可选用下列维修方法：

①乳化沥青稀浆封层，封层厚度宜为3～6mm。

②加铺沥青混合料上封层，或先铺设土工合成材料后喷洒沥青，再在其上加铺沥青混合料上封层。

③改性沥青薄层罩面。

④单层沥青表处。

（4）由于土基、基层强度不足或路基翻浆等引起的严重龟裂，应先处治好基层后再重作面层。

2. 车辙

车辙是路面上沿行车轨迹方向产生的深度在1.5cm以上的纵向带状凹槽。车辙在行车荷载重复作用下，有扩展和累积的趋势，车辙面积按实有长度乘以变形部分的平均值计算。

1）车辙类型

（1）结构性车辙。由于荷载作用超过路面各层的强度，发生沥青面层以下包括路基在内的各结构层的永久变形。这种车辙宽度较大，两侧没有隆起现象，横断面成凹字形。

（2）流动性车辙。在高温条件下，车轮碾压反复作用，荷载应力超过沥青混合料的稳定度极限，使流动变形不断累积形成车辙。这种车辙一方面车轮作用部位下凹，另一方面车轮作用甚少的车道两侧反而向上隆起，在弯道处还明显向外推挤，车道线或停车线因此可能成为变形的曲线。

（3）磨损性车辙。由于车辆不断地磨损路面，特别是大量重型超载车辆渠道化地行驶在主车道上，磨损路面也会形成车辙。

（4）压实不足性车辙。这属于非正常情况车辙，是由于施工控制不严引起的。由于沥青面层本身压实不足，致使通车后的第一个高温季节混合料继续压密，在交通车辆的反复碾压作用下，空隙率不断减小，达到极限残余空隙率才稳定。它不仅产生压实变形，而且平整度迅速下降，形成明显的车辙，这种由于施工不良造成的非正常性车辙在我国是非常突出的。

2）车辙产生的影响因素

车辙的产生受内因和外因的综合影响，内因包括沥青混合料和路面结构设计，外因包括施工、交通、气候条件等。

(1)沥青混合料:提高沥青混合料的抗车辙能力是防止车辙最有效的途径,下面从沥青、集料、矿粉、级配四方面阐述。

①沥青:车辙与沥青的黏度直接相关,提高沥青高温黏度是防止车辙的有效措施,所以施工时应选用低针入度、高软化点、低含蜡量的高黏度沥青。

②集料:在集料中掺加破碎砾石对抵抗车辙是不利的,因其缺乏棱角而易变形,酸性集料容易降低混合料的水稳定性和高温稳定性。所以施工时应选用表面粗糙、嵌挤作用好、与沥青黏结性能强的集料。

③矿粉:为提高混合料的高温稳定性,必须使矿粉有足够的数量,以减少游离沥青。

④级配:空隙率对车辙的影响非常大,增大集料粒径对提高抗车辙能力有一定效果,但空隙率也不能太小,4%的空隙率为最小空隙率的临界。

(2)路面结构层次:沥青混合料的厚度是影响车辙的重要因素,一般来说路面厚度既要有足够的承载能力,又应有较好的抗车辙能力。在超过某一厚度后,沥青面层越厚,车辙越严重。

(3)交通条件:大量重型超载车辆在主车道上行驶,速度慢且渠道化现象严重,由于其单轴荷载加大,甚至翻倍,从而使车辙更容易产生。

(4)气候条件:由于沥青混合料是弹塑性材料,沥青路面是黑色路面,吸收热量能力强,所以在气温较高时,路面在行车荷载反复作用下极易产生车辙。

(5)施工因素:在施工过程中要加强碾压,切忌片面追求平整度而放松压实。保证压实度,把空隙控制在规范要求的范围内,是避免压实度不足引起车辙的有效途径。

3)车辙的维修

(1)车道表面因车辆行驶推移而产生的车辙,应将出现车辙的面层切削或铣刨清除,然后重铺沥青面层。

(2)路面受横向推挤形成的横向波形车辙,如果已经稳定,可将凸出的部分削除,在波谷部分喷洒或涂刷黏结沥青并填补沥青混合料,找平、压实。

(3)因面层与基层间有不稳定的夹层而形成的车辙,应将面层挖除,清除夹层后,重做面层。

(4)由于基层强度不足、水稳性能不好,使基层局部下沉而造成的车辙,应先处治基层,再做面层。

3. 坑槽

坑槽是路面破坏而形成的深洼,坑槽的深度一般大于2cm,面积在$0.04m^2$以上。如小面积坑槽较多,又相距很近(20cm以内),应合在一块计算。沥青路面的坑槽往往都有一个形成过程,起初局部龟裂松散,在行车荷载和雨水等自然因素综合作用下逐步形成坑槽。

1)坑槽类型

(1)压实不足性坑槽:一种情况是施工时混合料温度太高,使沥青老化,黏结力降低,脆性增加,导致压实度不够,黏结不牢,在行车荷载作用下,形成坑槽。另一种情况是混合料温度太低,摊铺不均匀,压实不充分,导致压实不够形成坑槽。

(2)厚度不足性坑槽:路面下面层局部标高控制不严,导致沥青上面层局部厚度不够,在行车作用下,部分混合料易被"带走",形成坑槽。

(3)水损害性坑槽:这种坑槽是沥青混凝土路面早期破坏中最常见的病害,其形成过程可归纳如下：

①在开始阶段，水分浸入沥青与集料的界面，以水膜或水气的形式存在，影响沥青与集料的黏附性。

②在反复荷载的作用下，沥青膜与集料开始剥离。

③渐渐地路面开始麻面、松散、掉粒。

④最后形成坑槽。

水损害破坏通常是从沥青面层的下面层开始的，水分进入沥青路面，滞留在基层上面，沥青下面层又往往是空隙率大的混合料，空隙中充满水，给水损害提供了条件。当集料与沥青膜剥离后，沥青混合料不再是一个整体，集料在荷载作用下，对基层产生了力的作用，使基层的局部松落形成灰浆，从路面的缝隙向上挤出来，在沥青路面上形成白色的泥浆。如此循环不断，形成水损坏性坑槽。

2）坑槽产生的影响因素

（1）沥青混合料。

①沥青：沥青与集料的黏附性和抗剥离性是防止路面剥离的基本条件，所以选用沥青应具有较好的黏附性和抗老化性能。

②集料：沥青混合料所用的集料一般是碱性集料，它与沥青的黏附性好。如使用酸性集料，通常添加一定数量的抗剥离剂来提高沥青与集料的黏附性和抗剥离性，而这些抗剥离剂的优劣就决定着抗剥落性能。集料的吸水率大不仅影响拌和机生产能力，而且残存的水分影响施工压实度及空隙率，容易使混合料产生剥落。

③级配：合理设计混合料级配，尽量减少空隙率可防止或减少水分进入沥青混合料内部。由于Ⅱ型沥青混凝土水稳定性要比Ⅰ型沥青混凝土差，所以下面层应尽量使用Ⅰ型沥青混凝土。

（2）防水设计。路面排水可分为路表排水和结构排水，路表排水是指沿纵、横坡流到路基边沟，排出路基之外；结构排水是指路面结构层的排水。

①设置沥青面层的防水层：在沥青面层结构组合设计中，应将其中一层按密级配要求来考虑，或专门设置一层隔水层来防水，减少面层渗水。

②设置沥青下封层：在干净的基层表面上设置一层沥青薄膜下封层，一方面减少基层直接受到水的冲刷，另一方面形成一个光滑的界面，以利于渗入水的排除。

③做好硬路肩和中央分隔带排水设计。

（3）施工因素。

①控制混合料温度，确保混合料温度在规定要求范围之内，混合料温度太高或太低绝不能施工。

②确保压实度达到规范要求。

③严格控制沥青面层的高程，确保沥青面层的厚度。

（4）气候条件。坑槽中的水损害性坑槽与气候条件直接有关，水能加速坑槽的形成，加速路面的破损。冬季过后的春融、雨季，是对沥青路面的水稳定性考验。

3）坑槽的维修

（1）路面基层完好，仅面层有坑槽时，有两种维修方法。

①常规法修补：

a. 按照“圆洞方补，斜洞正补”的原则，划出所需修补坑槽的轮廓线。

b. 沿所划轮廓线开凿至坑底稳定部分，其深度不得小于原坑槽的最大深度。

c. 清除槽底、槽壁的松动部分及粉尘、杂物，并涂刷黏层沥青。

d. 填入沥青混合料（在潮湿或低温季节，采用乳化沥青拌制的混合料）并整平、压实。如果坑槽较深(7cm 以上)，应将沥青混合料分两次或三次摊铺和压实。

②热补法修补：采用热修补养护车，用加热板加热坑槽处路面，翻松被加热软化铺装层，喷洒乳化沥青，加入新的沥青混合料，然后搅拌摊铺，压路机压实成型。

(2)若因基层局部强度不足等使基层破坏而形成的坑槽，应先处治基层，再修复面层。

4. 拥包

(1)由于施工时操作不慎将沥青漏洒在路面上形成的拥包，将拥包除去即可。

(2)对已趋于稳定的轻微拥包，应将拥包用机械刨削或人工挖除，并将路表处治平整。

(3)因面层沥青用量过多或细料集中而产生较严重拥包，或路面连续多次出现拥包且面积较大，但路面基层仍属稳定，则应用机械或人工将拥包全部除去，并低于路表面约 10mm。扫尽碎屑、杂物及粉尘后用热沥青混合料重做面层。

(4)因基层原因引起的严重拥包，应把拥包连同面层挖除，处理基层，并待基层稳定密实后，再重做面层。

5. 沉陷

(1)因路基不均匀沉降而引起的局部路面沉陷，若土基和基层已经密实稳定，不再继续下沉，可只修补面层，并根据路面的破损状况分别采取下列处治措施：

①路面略有下沉，无破损或仅有少量轻微裂缝，可在沉陷处喷洒或涂刷黏层沥青，再用沥青混合料将沉陷部分填补，并压实平整。

②因路基沉陷导致路面破损严重，矿料已松动、脱落形成坑槽的，应按照坑槽的维修方法予以处治。

(2)因土基或基层结构遭到破坏而引起路面沉陷，应先处治好基层后再重做面层。

6. 波浪与搓板

(1)属于面层原因形成的波浪或搓板可按下述方法进行维修：

①路面仅有轻微波浪或搓板，可在波谷部分喷洒沥青，并匀撒适当粒径的矿料，找平后压实。

②波浪（搓板）的波峰与波谷高差起伏较大时，应顺行车方向将凸出部分铣刨削平，并低于路表面约 10mm。削除部分喷洒热沥青，再匀撒一层粒径不大于 10mm 的矿料，扫匀、找平，并压实。

③严重的、大面积波浪或搓板，应将面层全部挖除，然后重铺面层。

(2)因面层与基层之间存在不稳定的夹层而使面层形成波浪（搓板）的，应挖除面层，清除不稳定的夹层后，喷洒黏结沥青，重铺面层。

(3)因基层局部强度不足，或稳定性差等原因造成的波浪（搓板），应先对基层进行处治，再重做面层。

7. 麻面与松散

(1)对大面积的麻面、松散路段,可在气温上升(10℃以上)后,清扫干净,重做喷油封层,喷布沥青0.8～1.0kg/m^2后,撒3～5(8)mm石屑或粗砂(5～8)m^3/1 000m^2,用轻型压路机压实。

(2)由于油温过高,黏结料老化而造成的松散,应挖除重铺。

(3)由于基层或土基松软变形而引起的松散,先处理基层或土基的病害,后重做路面。

(4)因沥青与酸性石料间的黏附性差而造成路面松散,应将松散部分全部挖除后,重作面层。重作面层的矿料不应再使用酸性石料。在缺乏碱性石料的地区,应在沥青中掺入抗剥离剂、增黏剂或使用干燥的生石灰、消石灰、水泥等表面活性物质作为填料的一部分,或采用石灰浆处理粗骨料等抗剥离措施,以提高沥青与矿料的黏附力,并增加混合料的水稳性。

8. 泛油

(1)轻微泛油的路段,可撒上3～5mm粒径的石屑或粗砂,并用压路机或控制行车碾压。

(2)泛油较重的路段,可先撒5～10mm粒径的碎石,用压路机碾压。待稳定后,再撒3～5mm粒径的石屑或粗砂,并用压路机或控制行车碾压。

(3)面层含油量高,且已形成软层的严重泛油路段,可视情况采用下述方法之一进行处治:

①先撒一层10～15mm粒径(或更大的)碎石,用压路机将其强行压入路面,待基本稳定后,再分次撒上5～10mm粒径的碎石,并碾压成型。

②将含油量过高的软层铣刨清除后,重做面层。

(4)施工要求:

①处治时间应选择在泛油路段已出现全面泛油的高温季节。

②撒料应顺行车方向撒,先粗后细;做到少撒、薄撒、匀撒、无堆积、无空白。

③禁止使用含有粉粒的细料。

④采用压路机或引导行车碾压,使所撒石料均匀压入路面。

⑤如采用行车碾压,应及时将飞散的粒料扫回,待泛油稳定后,将多余浮动的石料清扫并回收。

9. 脱皮

(1)由于沥青面层与上封层之间黏结不好,或初期养护不良引起的脱皮,应清除已脱落和已松动的部分,再重新做上封层,所做封层的沥青用量及矿料粒径规格应视封层的厚度而定。

(2)如沥青面层层间产生脱皮,应将脱落及松动部分清除,在下层沥青面上涂刷黏结沥青并重做沥青层。

(3)面层与基层之间因黏结不良而产生的脱皮,应先清除掉脱落、松动的面层,分析黏结不良的原因,处理后,重做面层。

10. 啃边

(1)因路面边缘沥青面层破损而形成啃边,应将破损的沥青面层挖除,在接茬处涂刷适量的黏结沥青,用沥青混合料进行填补,再整平压实。修补啃边后的路面边缘应与原路面边缘齐顺。

(2)因基层松软、沉陷而形成的啃边,应先对路面边缘基层局部加强后再恢复面层。

(3)应加强路肩的养护工作,保持路肩稳定;随时注意填补路肩上的车辙、坑洼或沟槽;经常保持路肩与路面衔接平顺,并保持路肩应有的横坡,以利排水。

(4)为防止路面啃边,可采取下列措施:

①用砂石、碎砖(瓦)、工业废渣等改善、加固路肩或设硬路肩,使路肩平整、坚实。

②可在路面边缘增设路缘石,或将路面基层加宽到其面层宽度外20~25cm处。

③在平交道口或曲线半径较小的路面内侧,适当加宽路面。

11. 磨光

(1)抗滑能力降低,已磨光的沥青面层,可用路面铣刨机直接恢复其表面的粗糙度。

(2)路面石料棱角被磨掉,路面光滑,抗滑性能低于要求值时,应加铺抗滑层。

(3)对表面过于光滑、抗滑性能特别差的路段,应作罩面处理。

三、沥青路面的罩面、翻修、改善、再生

沥青路面投入使用后,受行车荷载和自然因素的综合作用会受到不同程度的损害,沥青路面的各种破损进行局部修补后,并不能完全保证路面的平整度、防水性能和抗滑性能,为此需要采取在原路面上铺筑上封层(即罩面),用以全面封闭表面空隙、裂缝或已修过的原路面,改善抗滑性能,恢复路面使用质量,满足行车要求。对于破损严重的路面,采取局部修补措施并不能保证路面的平整度、防水性能和抗滑性能,必须进行翻修,以满足公路服务水平的要求。

1. 罩面

沥青路面罩面按其使用功能划分为普通型罩面、防水型罩面(简称封层)和抗滑型罩面(简称抗滑层)三种。

1)普通型罩面

(1)适用范围:普通型罩面主要适用于消除破损、完全或部分恢复原有路面平整度、改善路面性能的修复工作。

(2)材料要求:

①结合料宜使用性能较好的黏稠型道路石油沥青、乳化石油沥青、改性乳化沥青或改性沥青。

②宜选择耐磨、强度高的石料。

③公路宜采用中粒式、细粒式密级配沥青混凝土或沥青玛蹄脂结构。

(3)厚度要求:普通型罩面厚度应根据所在路段的交通量、公路等级、路面状况、使用功能等综合考虑确定。

①当路面状况指数、行驶质量指数在中、良等级,路面仅有轻度网裂时,可采用较薄的罩面层厚度(1.0~3.0cm)。

②当路面破损、平整度、抗滑三项指标都在中等以下,又要求恢复到优、良等级时,应采用较厚的罩面层厚度(3.0~5.0cm)。

③高等级公路普通型罩面宜采用4.0~5.0cm的厚度,且罩面层厚度不得小于最小施工层厚度。

2)封层(防水型罩面)

(1)适用范围:封层主要适用于提高原有路面的防水性能、平整度和抗滑性能的修复

工作。

(2)材料要求:

①封层的结合料采用乳化石油沥青、改性乳化石油沥青。

②矿料选用耐磨、强度高的石料。

③各种材料技术指标应符合有关规范规定。

④高等级公路可采用沥青稀浆封层养护,但宜用粗粒式改性乳化沥青混合料。

(3)厚度要求:

①交通量较大、重型车较多的路段采用厚约1.0cm封层。

②在中等交通量路段采用厚约0.7cm封层。

3)抗滑层(抗滑型罩面)

(1)适用范围:抗滑层适用于提高路面抗滑能力的修复工作。

(2)材料要求:

①选用适合铺筑抗滑表层的材料和沥青混合料。

②高等级公路选用重交通道路石油沥青、改性石油沥青、改性乳化石油沥青作为结合料。

③选用抗滑耐磨的石料,磨光值应大于42。

④所用材料技术指标应符合有关规范要求。

(3)厚度要求:高等级公路抗滑层罩面厚度不小于4.0cm,且不得小于最小施工层厚度。

4)施工要求

(1)按《公路沥青路面施工技术规范》(JTG F40—2004)有关规定,还应按下列要求进行:

①对确定罩面的路段,在罩面前必须完成各种病害的处治修复工作,并清除路面上的泥土杂物。

②根据施工气温、旧沥青路面状况等因素采取相应施工工艺措施,罩面前必须喷洒黏层沥青,确保新老沥青层的结合,沥青用量为0.3~0.5kg/m^2,裂缝及老化严重时为0.5~0.7kg/m^2。有条件时,洒黏层沥青前最好用机械打毛处理。

③当气温低于10℃或路面潮湿时,不得浇洒黏层沥青,不得摊铺沥青罩面层。

(2)采用乳化沥青稀浆封层时,必须有固定的专业人员、固定的专业乳液生产和施工(撒布、摊铺)设备、专职的检测试验人员,并按有关规定标准进行检测和质量控制。稀浆封层撒布机在使用前,应根据稀浆混合料配合比设计,对骨料、乳液、填料、加水量进行认真调试,调试稳定后,方可正式摊铺。

2. 路面翻修

路面破损严重,采用罩面等养护方法不能使路面恢复良好的工作状态时,为保证必要的服务功能,应进行翻修。

翻修前,应对需要翻修路段的路面结构、路基土特性和交通量等进行调查分析,并按《公路沥青路面设计规范》(JTG D50—2006)的规定进行结构厚度设计。对原有沥青路面必须作挖检调查和经济比较,尽可能采取再生利用或重复利用旧沥青面层的方法,并考虑旧面层挖除后的剩余强度下降的因素进行设计,同时应采取措施防止新面层受原路面不利因素的危害。

施工时应根据设计的路面结构类型、施工方案按有关施工技术规范进行。如采取旧料利用,应将铣刨或挖除的旧沥青面层按不同的质量、规格分别集中储存于拌和厂(场)。需要挖除基层的,宜采用挖掘机械挖掘,并尽量做到基层材料重复利用,同时注意新旧基层的结合,使之不形成隔层。在边通车边施工的交通繁忙路段,应设立施工标志,加强施工现场交通指挥和管理,保障交通正常通行,施工安全顺利。

3. 路面改善

路面改善包括路面加宽、补强。

1)加宽基本要求

(1)沥青路面加宽方案应根据原有公路等级、线形及交通量等确定。

(2)加宽路面的材料、结构应与原有沥青路面相同,加宽的基层压实程度也应与原有的基层基本一致,使加宽部分路面的结构强度不低于原有路面的强度或保持一致。

(3)加宽时必须处理好新路面与原路面的纵横向衔接,对于软土地基高路堤加宽时还应对新路基进行加固处理,待固结沉降稳定后方可进行加宽施工,避免加宽路面出现非均匀沉降。

(4)加宽宜采用双侧等宽加宽,当路基加宽宽度小于1m,或因线形和地形的限制,宜采用单侧加宽的方式,单侧加宽时必须调整原有路面的路拱横坡。

2)补强基本要求

(1)对原有沥青路面必须作全面的技术调查和方案比较。

(2)补强设计应综合考虑由补强厚度导致的纵坡与横坡的调整以及与路面结构物的连接等方面的相互协调,使纵坡线形符合《公路工程技术标准》(JTG B01—2003)的要求。

(3)补强设计中应考虑补强结构层与原路面结构的联结问题。

(4)沥青路面补强层厚度应根据《公路沥青路面设计规范》(JTG D50—2006)有关规定计算确定。

3)施工要求

(1)加宽接茬一般采用毛茬热接法。施工时,在基层加宽的基础上将原有沥青路面边缘刨切整齐,露出坚硬的垂直边缘,不得松动原路面面层和新铺基层的粒料,将加宽的基层表面清扫干净。在接茬处均匀涂一层黏结沥青。单层式面层接茬时,混合料摊铺时应与原路面平齐对接,压实后的高度与原路面面层平齐;双层式或多层式面层接茬时,上、下层不宜接在同一垂直面上,应错开30cm以上,做成台阶式,加宽后新上面层的压实高度与原路面上面平齐。

(2)如原路面有路缘石,应将路缘石移栽至新加宽(或加厚)路面的外侧,重新夯实路肩后,在路缘石内侧涂黏结沥青。

(3)补强加厚路面时,原有沥青面层经检验调查并进行技术经济比较后,如需再生利用时,一般可不铲除。但补强仅需在原有路面上加铺沥青补强层时,当原有沥青面层有不稳定软层时则应予铲除,或在夏季气温较高时撒布粗矿料(粒径一般为软层厚度的0.9倍),用重型压路机强行压入的方法使其稳定,并对原有路面的其他破损先予处治,必要时可设整平层。

(4)加宽和加厚同时进行时,宜采用单幅施工、单幅通车的方式,一般不宜中断交通。

4. 旧沥青面层的再生利用

为了节约能源,减少环境污染,合理利用筑路资源,少占筑路废料堆放用地和降低路面工程造价,在沥青路面大修、改善工程中,推广采用旧沥青面层的利用技术,是当前国内外养路部门都普遍重视的问题。

旧沥青面层的利用，一般分为两种情况：一是将旧面层的结合料、旧集料进行再生，组配成合格的再生沥青混合料供重新铺筑路面使用，叫做再生利用；二是旧面层在破碎后仅需掺加少量结合料或矿料后使用，叫做重复利用。

再生沥青混合料的拌制一般分为热拌和冷拌两种。热拌再生沥青混合料是旧料、新矿料、再生剂与新沥青在热态下拌和而成；冷拌再生沥青混合料是旧料、新矿料、再生剂与乳化沥青在常温下拌和而成。热拌再生沥青混合料强度高，路用性能良好。冷拌再生沥青混合料成型期较长，强度相对较低。

热拌再生沥青混合料一般适用于翻修养护工程，可用于一、二、三级公路的中、下面层，以及四级公路的面层。对于一级、二级及三级公路的上面层，以及高速公路中、下面层，必须经试验、总结、评定合格后才能使用。冷拌再生沥青混合料一般适用于翻修养护的三、四级公路的路面。

再生利用的要求：

(1)旧料质量要求

①旧料必须洁净，不得混入有机垃圾。混入无沥青黏结的砂石料的比例不得大于10%，含泥量不得大于1%。

②块状旧料可采用机械轧碎或人工敲碎。

③破碎后的旧料最大粒径按用途确定。用于粗粒式再生沥青混合料时，最大粒径为26.5mm或31.3mm(方孔筛)；用于中粒式再生沥青混合料时，最大粒径为16mm或19mm(方孔筛)；用于细粒式再生沥青混合料时，最大粒径为9.5mm或13.2mm(方孔筛)。

④破碎后的旧料应按质量分类堆放在平整、坚实和排水良好的场地。堆放高度以不结块为度，一般小于1.5m。

(2)再生剂要求

①应具有较强的渗透和软化能力，以降低旧沥青黏度，达到要求的针入度。

②能与旧沥青互溶，使之和新沥青均匀地混合成一体。

③能调节旧沥青的成份，达到路用沥青的质量要求，有较好的抗老化性能。

适用的再生剂有：机油、润滑油、抽出油和玉米油。

(3)新材料要求

用于再生沥青混合料的新沥青和乳化沥青的类型和标号可根据公路等级、用途和当地气候条件选定。用于再生沥青混合料的粗、细集料应具有足够强度、与沥青黏附性良好、无风化和杂质、颗粒形状接近立方体、材料质量均应符合《公路养护技术规范》(JTG H10—2009)的规定。

(4)热拌再生沥青混合料配合比设计步骤

①旧料分析与新旧沥青掺配：将破碎后的旧料按《公路工程沥青与沥青混合料试验规程》(JTJ 052—2000)规定的方法作抽提分析，并回收旧沥青，计算旧沥青含量和旧矿料的颗粒组成，测定旧沥青的针入度、延度和软化点。

在旧沥青中掺入再生剂，使其达到本地区要求的沥青稠度。将掺有再生剂的旧沥青掺入符合质量要求的新沥青，测定针入度、延度和软化点等质量指标，按《公路养护技术规范》(JTG H10—2009)中的技术要求，确定新、旧沥青的掺配比例。

②根据确定的新、旧沥青的掺配比例,选定新矿料与旧料的配合比,并根据新矿料的颗粒组成,《公路养护技术规范》(JTG H10—2009)计算新矿料的用量。

③对破碎的旧料先按确定的再生剂用量进行喷洒拌和,然后按确定的再生沥青混合料级配,并根据本地区经验初定混合料的沥青用量,扣除旧料的旧沥青含量后作为新沥青用量的中值,每次增减0.5%新沥青用量制备混合料试件进行马歇尔试验。根据试验结果和《公路养护技术规范》(JTG H10—2009)中的马歇尔试验技术标准确定再生沥青混凝土的最佳沥青用量。

热拌再生沥青混合料可采用间歇式拌和机或连续式拌和机拌制。冷拌再生沥青混合料宜采用机械拌和。受条件限制时也可采用人工拌和。

四、沥青路面破损的防治

沥青路面的破损与沥青混合料、路面设计、施工、交通、气候条件的全部或部分有联系,而交通、气候条件是客观存在的,我们只能根据其特性来制定合理的养护措施,科学地养护路面,所以沥青路面破损预防应从沥青混合料、路面设计、施工和养护等方面综合考虑。

1. 沥青混合料的优化

1)沥青的选取

选用具有良好的高低温性能、抗老化性能、含蜡量低、高黏度的优质国产或进口沥青,在条件许可的情况下,可在沥青中掺加各种类型的改性剂,以提高其性能指标。

2)集料的选用

集料应选用表面粗糙、石质坚硬、耐磨性强、嵌挤作用好、与沥青黏附性能好的集料。如果集料呈酸性则应添加一定数量的抗剥落剂或石灰粉,确保混合料的抗剥落性能,同时应尽量降低集料的含水量,尽可能使用人工砂代替圆形颗粒的天然砂。

3)混合料级配的确定

沥青混合料的高温稳定性和抗疲劳性能、低温抗裂性,路面表面特性和耐久性是两对矛盾,相互制约,照顾了某一方面性能,可能会降低另一方面性能。混合料配合比设计,实际上是在各种路用性能之间平衡或最优化设计,根据当地的气候条件和交通情况作具体分析,尽量互相兼顾。

在我国现行《公路沥青路面设计规范》(JTG D50—2006)中规定,确定最佳的沥青用量是找出马歇尔指标均符合要求的共同范围。尽管马歇尔试验的过程比较精密,但也不可能排除人为及其他有关的环境、操作等因素影响,因此还应参考以前的经验来确定最佳用油量。

通过理论与实践相结合,确定了配合比最佳用油量后,便可检验混合料是否具有高温稳定性及耐久性。在做动稳定性试验时,一定要控制好材料及试件成型温度,因为它直接影响着结果的真实性。试验若不满足大于800次/mm的规范要求,便需重新调整配合比。如果通过调整配合比仍达不到要求,则应采取改性沥青等。

总之,公路沥青混凝土配合比设计是一项复杂而细致的工作,必须严格控制各个环节,才能得出可靠的配合比。当然,室内配合比还不能作为最终配合比使用,必须根据拌合设备性能、施工控制精度及材料变异情况进行试拌,然后进一步调整直至使拌和设备生产出的混合料指标达到规范规定,方可作为生产配合比使用。

当然为提高沥青路面使用性能还可以考虑以下两个途径：一是改善矿料级配，采用沥青玛蹄脂碎石混合料（SMA）。二是改善沥青结合料，采用改性沥青。

2. 路面结构合理设计

设计质量是工程质量的基础和前提，是很重要的一环。设计单位应从实际出发，对地形复杂路段做好地质调查，精心设计。路面结构设计主要考虑以下几个方面：

（1）减薄沥青面层厚度。过去人们一直认为沥青面层的厚度越厚越好，对防止反射裂缝的产生较为有利。最新研究成果表明：

①半刚性基层沥青路面结构的承载能力可由半刚性材料层（基层和底基层）来完成。主要承重层为半刚性基层，无需用增厚面层来提高承载力。沥青混凝土面层在正常情况下主要起功能作用，保证行车平稳、舒适，并保护基层与延长基层的使用寿命等。6～15cm 不同沥青面层厚度的弯沉值没有明显差别。

②提高沥青路面的使用寿命不是用厚的沥青面层，而是用优质的沥青。

③沥青面层的裂缝不只是反射裂缝，在正常施工情况下主要有沥青面层本身的温缩裂缝。

④厚沥青面层的病害中车辙是不容低估的，厚沥青面层较容易导致在设计使用期间车辙超过容许值。

综上所述，公路的沥青面层合理厚度可比《公路沥青路面设计规范》（JTG D50—2006）推荐的厚度再酌情减薄。当然面层厚度与设计轴载大小、抗疲劳极限等有关。

（2）加强沥青路面的防水设计。为防止沥青路面因水而引发早期破坏，除要求路基、路面必须具备足够的稳定性和强度外，还要求路面必须有较好的排水性能。为此，路面排水设计应成为路面设计中的重要内容。

路面排水可分为路表排水和结构排水，路表排水是指水沿横坡和路线纵坡所合成的坡度漫流到路基边坡，然后进入路基边沟，排出路基之外，这点在一般路面排水设计中都已考虑到。而路面结构排水，在现阶段的设计中考虑的还不够充分。重点做好以下几点：

①设置沥青面层防水层。在沥青面层结构组合设计中，应将其中一层按密级配（不透水层）要求来考虑，或专门设置一层隔水层来防水，以减少面层渗水。

②设置沥青下封层。为防止面层渗水滞留在基层表面，使基层表面软化，宜在干净的基层表面上设置一层沥青薄膜下封层，一方面减少基层直接受到水的冲刷，另一方面形成一个光滑的界面，以利于渗入基层水的排除。

③搞好硬路肩排水设计。设置平路缘石，硬路肩横坡应较路面横坡大 0.5%～1%，以使路表横向流水排泄顺畅。在硬路肩下设置垫层或横向盲沟，将路面结构内的水通过路肩排水引出路基之外。

④软地基与高填土路基的横坡排水设计

由于路基沉降作用，随着时间的推移，路面也会沉陷，横坡减少，严重时会出现平坡甚至倒坡现象，因此可在《公路沥青路面设计规范》（JTG D50—2006）规定的基础上增加 0.5%～1% 的预拱度，以抵消路面横向联合坡度的损失，保证路面水能够顺利地向外排泄。

⑤中央分隔带和高护坡的排水设计。当有中央分隔带时，同样也应考虑沿界面水的排出，弯道处的中央隔离带应设置纵向排水沟，既排路表水，又排下渗水。

（3）选用合理的基层和底基层结构，并保证一定厚度。实践证明，半刚性基层材料强度高、水稳性好、刚度大，是公路的合适基层。目前常用的半刚性基层有二灰碎石、水泥稳定碎（砾）石等。

3. 科学施工，确保施工质量

沥青路面质量的好坏，除与结构设计、材料组合有关外，还与施工有很重要的关系。通常说，工程质量是施工做出来的，所以施工对工程质量起保证作用。

沥青路面施工必须按全面质量管理的要求，建立健全有效的质量保证体系，实行目标管理、工序管理、明确岗位责任制，对施工的全过程、各阶段每道工序的质量进行严格的检查、控制、评定，来最终保证建设项目的整体质量。

第四节　水泥混凝土路面的养护与维修

一、日常养护

水泥混凝土路面的特点是在养护良好的条件下使用年限比其他路面长。然而一旦开始破损，将会迅速发展。因此必须做好预防性、经常性养护，通过经常的观察，及早发现缺陷，弄清原因，不失时机地采取适当的措施以保持路面状况的完好。

水泥混凝土路面必须经常清扫，保持路容整洁，清除路面泥土污物。如有小石块应随时扫除，以免车辆碾压而破坏路面表面。冬季应及时清除冰雪。路肩与路面衔接应保持平顺，以利于排水。

水泥混凝土路面保养的重点在接缝，使接缝保持完好，表面平顺，行车不产生颠跳。当气温下降接缝扩大而有空隙时，应在当地气温最低时进行灌缝填隙；当气温上升填缝料挤出缝口时，应予铲除，并防止沙土、泥土压入接缝内，影响板的正常伸缩。填缝料一般每隔 2 ~ 3 年宜更换一次。

二、常见破损的原因分析

1. 裂缝

混凝土板面的裂缝，可分为表面裂缝和贯穿板全厚度的裂缝（简称贯穿裂缝）。

1）表面裂缝

混凝土板面的表面裂缝主要是由混凝土混合料的早期过快失水干缩和碳化收缩引起的。混凝土是一种多项不均匀材料。由于构成混凝土的各种固体颗粒大小、密度都不同，混合料不可避免地会发生分层离析，但离析的程度有轻有重。配比合理，操作得当，混凝土的离析就会大大减轻。

在水泥混凝土路面施工中发生的颗粒不均匀、分层离析大多是粗集料从混合料中分出，即重颗粒下沉，水分向上迁移，从而形成表层泌水。泌水的结果，使水泥混凝土路面表面含水量增加。当混合料表面水的蒸发速度比泌水速度快时，水的蒸发面就会深入到混合料表面之内，水面形成凹面，从而形成一定的张力。但混凝土表面尚未充分硬化，不能抵制这一张力时，混凝土表面则发生裂缝。这种塑性裂缝的发生时间，大致与泌水消失时间相对应，在混凝土浇筑后数小时，混凝土表面将普遍出现细微的龟裂。

混凝土的碳化收缩也会引起混凝土表面龟裂。当混凝土的水泥用量较低，水灰比较大时，空气中的 CO_2 易渗透到混凝土内，与其中的碱性物质起化学反应后生成碳酸盐和水。混凝土的碳化反应在空气相对湿度为 30% ~50% 的情况下最为激烈。碳化引起的收缩仅限于水泥混凝土路面表层，只产生混凝土的表面裂缝。

混凝土的碳化收缩速度较失水干缩速度慢得多，因而由碳化带来的表面裂缝对混凝土强度的危害并不大，但是无论是哪种表面龟裂，都给混凝土路面表面的耐磨性带来了不利影响。严重的表面裂缝，会使混凝土路面较快出现裸露砂石现象，如不及时处理，将会降低水泥混凝土路面的表面抗滑能力和行车舒适性。

2）贯穿裂缝

水泥混凝土路面贯穿裂缝分为贯穿板全厚度的横向裂缝、纵向裂缝、交叉裂缝、板角断裂等。

（1）横向裂缝：垂直于行车方向的有规则的裂缝称为横向裂缝，导致水泥混凝土横向裂缝的原因较多，大致可以归纳为如下几个方面：

①干缩裂缝。在水泥混凝土中，水是以化学结合水、层面水、物理吸附水，还有毛细水等状态存在着，当这些水在混凝土硬化过程中失去时，水泥浆体就会收缩，这就是干缩。但是自由收缩，还不会导致裂缝发生，当收缩受到限制时才会产生收缩应力，才会引起干燥收缩裂缝。

干缩裂缝引发的路面横向裂缝，往往是在混凝土水化硬化的早期，有资料表明，水泥混凝土 20 年收缩量的 14% ~34% 发生在水泥混凝土的 14d 龄期内，40% ~80% 发生 3 个月龄期内。

②冷缩裂缝。和一般材料一样，水泥混凝土具有热胀、冷缩性能，当混凝土板块的自由热胀、冷缩部分或整体被限制时热胀、冷缩就会产生应力变形。热胀属于压缩变形，而冷缩则属于拉伸变形，这都很容易引起混凝土板开裂。

③切缝不及时。为防止混凝土路面的干缩裂缝和冷缩裂缝，人们采用切缝将路面分块。但由于施工中切缝的时间难以控制得当，造成混凝土路面出现横向裂缝。从混凝土收缩因素考虑，最好是混凝土中水泥水化初始阶段就切缝，但实际上很难做到，因抗压强度过低，根本无法切缝，所以有时切缝不及时导致裂缝也是不可避免的。

（2）纵向裂缝：顺路方向出现的裂缝称为纵向裂缝。水泥混凝土路面的传荷顺序为面层、基层、垫层、路基。尽管面层板传到路基顶面的荷载应力值很小，往往不会超过 0.05MPa，但路基的支承条件却是很重要的。由于填料土质不均匀、湿度不均匀、膨胀性土冻胀、压实不足等多种原因，很可能导致路基支承不均匀，在混凝土浇筑之前未严格检查基底弹性模量是否符合规范要求，而盲目施工，在路基稍有沉陷的情况下，在板块自重和行车压力作用下而产生纵向断裂。开始缝很细，一般小于 0.05mm，但随着雨水浸入和浸泡，使基层表层软化，而产生唧泥、淘空，使裂缝加大。

拓宽路基时，由于路基处理不当，新路基出现沉降，混凝土板下沿纵向出现脱空。在车轮荷载作用下，使混凝土发生纵向断裂。

（3）交叉裂缝：两条或两条以上相互交错的裂缝称为交叉裂缝。产生交叉裂缝的主要原因：其一，水泥混凝土强度不足，在荷载和温度作用下出现交叉裂缝；其二，路基和基层的强度与水稳定性差，一旦受到水的浸入，将会发生不均匀沉陷，在车轮荷载作用下，混凝土板块出现交叉裂缝；其三，水泥的水化反应和碱集料反应。水泥混凝土在拌和、运输、振捣、凝结、硬化的过程中，始终存在着水泥的水化反应。水化反应可分为初始期、休止期、凝结期及硬化期四个阶段。水泥水化反应使混凝土在升温和降温过程中产生体积的胀缩变形。在内部集料及外部边界约束下,混凝土的自由胀缩变形受阻,而产生拉压应力。特别是使用了安定性不良的水泥,浇筑的混凝土路面就会产生大面积龟裂。

3)板角断裂

与混凝土板角两边接缝相接的贯穿板厚的裂缝称为板角断裂。板角是混凝土路面板的薄弱部位,由于侧模的模壁效应,施工时插入式振捣器很难使混凝土完全密实。板角密实度不够,强度相对较小,在受力上板角较为不利,相邻板角之间无传力杆,传荷能力较差,在车轮荷载的作用下荷载应力较集中。除在混凝土路面的起始点设有角隅及边缘钢筋外,其他部位均未设加强筋,而且一旦混凝土路面板接缝进水,板下就会出现唧泥、脱空现象,板角更是处于不利状况,车轮荷载作用在板角时,很容易出现板角断裂。

2. 接缝碎裂和填缝料损坏

水泥混凝土路面板接缝两侧倾斜的剪切挤碎现象称为接缝碎裂。混凝土路面常见的接缝分纵缝和横缝。横缝又分为胀缝(真缝)和缩缝(假缝)两种。胀缝的宽度随气温而变化,当气温上升时缝中的填料被挤出;当气温下降时性能较差的填缝料不能恢复,使缝中形成空隙,因而泥沙、石屑等杂物侵入,成为板块伸胀时的障碍;雨雪水便能沿此空隙渗入,损坏基层和接缝;加之填缝料的老化,也会造成象胀缝一样的后患;施工、养护不规范,切缝不及时或未达规定深度,也是造成接缝破损的原因之一。

填缝料损坏主要是由于填料脆裂、老化、挤出与板边脱离造成,质量较差的填缝料,短时间内就会发生填缝料损坏现象。

3. 拱起

拱起是指横缝两侧板体发生明显抬高的现象,通常多由接缝被硬物阻塞或胀缝构造设置不当致使板体在气温升高时不能自由伸胀所引起。

4. 错台

错台是指接缝处相邻板体产生的垂直高差。在浇筑混凝土板时,胀缝的填缝板未予牢固固定,在振捣中被振歪使缝壁倾斜,或接缝的上部填缝料同下部填缝板未能对齐,两板在伸胀挤压过程中将导致形成错台,当接缝未设传力杆、传荷能力不足或雨水通过接缝渗入基层产生唧泥使接缝板块产生不均匀下沉,以及因温度和湿度梯度的作用,使板的接缝处产生翘曲都可引起板的错台。

5. 唧泥

接缝的填缝料失效,雨水渗入基层使其软化,在轮载频繁作用下产生塑性变形累积而使板底脱空,这时积水在轮载通过时成为有压水并与基层细料混搅成泥浆而从缝隙中泵唧出来,即形成唧泥现象。唧泥使板边缘的基础部分失去支承能力,在轮载重复作用下最终导致板的断裂,使板产生局部沉陷,并污染路面。

6. 板块沉陷

水泥混凝土路面板的沉陷,多由基层湿软、水稳性不足,或板底出现空隙以及路基下有墓穴等坑洞,在行车作用下逐渐产生竖向变形所形成。

7. 板面起皮、剥落

水泥混凝土路面表层上下脱开,这种板面浅层内发生的病害称为起皮。距接缝 40cm 宽度内的板边，板角 40cm 半径内不垂直贯通板的破碎（裂）现象称为剥落。起皮主要是施工中水灰比过大或因混凝土施工时表面砂浆有洒水提浆现象所致。剥落主要是由混凝土强度不足，缝内进入杂物所引起。混凝土施工时过度抹面、养生不及时、集料质量低劣、水泥中的碱（氧化钠与氧化钾）与集料中某些特定矿物发生化学反应以及采用盐类融化路面冰雪等都可以引起表面起皮与剥落。

8. 坑洞

坑洞是指水泥混凝土路面板表面产生直径为 2.5 ~ 10cm、深为 1 ~ 5cm 的破损现象，施工质量差或在浇筑混凝土时砂石材料含泥量过大，夹带木块、泥块等杂物，以及行驶的某些车辆、机械的金属硬轮等对路面产生撞击都可造成坑洞的产生。面层集料局部脱落而产生的长槽称为坑槽。

9. 麻面、露骨

水泥混凝土表面结合料磨失，成片或成段地呈现过度的粗糙称为麻面。路面混凝土保护层脱落形成集料裸露称为露骨。麻面主要是由于混凝土施工时遇雨所致。露骨主要是混凝土表面灰浆不足，洒水提浆造成混凝土路面表层强度不足。

10. 松散

水泥混凝土路面由于结合料不足，成片或成段地呈现过渡地粗糙和砂石材料分离的现象称为松散。松散主要是由于砂石含泥量较大，水泥质量较差或用量较少，混凝土强度不足引起。

11. 磨光

水泥混凝土路面磨成光面，其摩擦系数已降到极限值以下。磨光的主要原因是由于水泥混凝土路面水泥砂浆层强度降低，水泥等原材料耐磨性差，路面使用时间较长也会发生磨光现象。

三、路面病害的维修与处治

下面介绍接缝修补、裂缝修补、局部修补、全深度混凝土补块、板下封堵、罩面、加铺面层等几种水泥混凝土路面修补方法。

1. 接缝修补

接缝是水泥混凝土板块的薄弱部位，一旦填缝材料老化损坏，要立即更换填缝料，否则冬季水泥混凝土板块收缩，填缝料与板块之间被拉开形成空隙，雨雪水渗入路基，造成板块唧泥。此外，坚硬的石块落入缝内，夏天板块受热膨胀，石块易将板边挤碎。

接缝修补的步骤：

（1）用小扁凿凿除旧填缝料，用钢丝刷清理缝壁，并用空气压缩机吹干净缝内尘土；

（2）如为胀缝，应用稀释沥青涂刷缝壁，低温施工时，采用喷灯烘吹，使沥青涂匀；

（3）在缝的两侧路面上各撒一层石粉（或用石灰水涂刷），防止灌缝填接缝材料时污染路面；

（4）缝的下部可填 25 ~ 30mm 高的泡沫塑料嵌条；

（5）用填缝机对配制好的接缝材料进行填缝，缝的顶部须留有 5 ~ 10mm 的膨胀空间，冬季可取下限，填缝料有加热式和常温式两种，其填灌方法基本相同；

(6)在已填好的缝上,用烙铁烙平,使接缝密实。

2. 裂缝修补

混凝土路面的裂缝情况比较复杂,修补时要根据具体的情况采取相应修补措施,对混凝土路面裂缝的修补可采用压注灌浆法、扩缝灌浆法、直接灌浆法、条带罩面法。

1)压注灌浆法

对宽度在0.5 mm以下的非扩展性的表面裂缝,可采取压注灌浆法。

(1)用压缩空气清除缝隙中泥土杂物;

(2)将松香和石蜡按1:2配制并加热溶化;

(3)每隔30cm 安置一个灌浆嘴;

(4)用胶带将缝口贴牢,并在灌浆嘴及胶带上加封松香石蜡;

(5)用压力灌浆器将灌浆材料溶液压入缝内。

2)扩缝灌浆法

对局部裂缝且缝口较宽时,可采取扩缝灌浆法。

(1)先顺着裂缝用冲击电钻将缝口扩宽成1.5cm 的沟槽,槽深根据裂缝深度确定,最大深度不得超过2/3 板厚;

(2)用压缩空气吹除混凝土碎屑,填入粒径为0.5cm 的清洁的小石屑(含泥量 $<1\%$);

(3)根据选用的裂缝修补材料使用方法,准备好灌浆材料;

(4)用灌浆机灌入选用的裂缝修补材料;

(5)用远红外灯加热增强2 ~3h 即可通车。

3)直接灌浆法

对非扩展性裂缝,可采取直接灌浆法。

(1)先将缝内泥土、杂质清除干净;随后用钢丝刷将缝口刷一遍,并用空压机将浮土吹掉,确保缝内无水、干燥;

(2)缝内及路面先涂刷一层聚氨脂底胶层,厚度为(0.3 ± 0.1)mm,底胶用量为$0.15kg/m^2$,底胶铺设采用涂刷方法;

(3)准备好灌浆材料;

(4)将灌浆材料灌入缝内,固化后达到通车强度,即可放行。

4)条带罩面法

对贯穿全厚的开裂状裂缝,宜采取条带罩面法进行修补,如图4-2 所示。

(1)首先顺裂缝两侧各约15cm,且平行于裂缝切7 ~10cm 深两条横缝;

(2)在两横缝内侧用风镐或液压镐凿除7 ~10cm 深混凝土;

(3)沿裂缝两侧10cm,每隔50cm 钻一对钯钉孔,钯钉孔的直径略大于钯钉的直径;

(4)用$\phi16$ 螺纹钢筋制作长20cm、弯钩长7cm 的钯钉;

(5)将孔槽内填满快硬砂浆,安装钯钉;

(6)用人工将切割的缝内壁凿毛,以增强新老混凝土的黏结力,人工去除已破裂但尚未掉下来的表面裸石;

(7)在修补面上先刷一层环氧水泥砂浆,然后浇筑硬混凝土;

(8)喷洒养生剂养生。为防止修补混凝土中的水分沿相邻原混凝土孔中失去,养护剂的

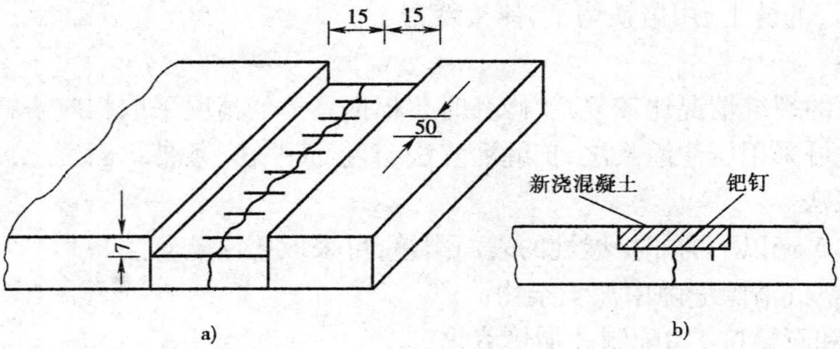

图 4-2　条带罩面法

喷洒面应延伸到相邻原混凝土内 20cm 以上；

(9)用切缝机加深裂缝；

(10)灌填缝料。

3. 局部修补

1)孔洞、坑槽修补

孔洞、坑槽主要是由于混凝土材料中夹带块木、纸张和泥块等杂物所致，影响行车的舒适性。

对较小的孔洞：

(1)先将孔洞凿成形状规则的直壁坑槽；

(2)用钢丝刷将破坏处的尘土、碎屑清除；

(3)用压缩空气吹干净修补面；

(4)填上聚合物乳液混凝土；

(5)喷洒养生剂；

(6)养生至规定通车强度即可通车。

对较深的孔洞或连片的小坑洼，应集中地划为一个施工面，进行罩面。

(1)放样，用粉笔画出处治区域；

(2)用切缝机切成 5cm 以上深的槽；

(3)用风镐将切缝机切过的光滑面凿毛，以提高新旧混凝土黏结力；

(4)用压缩空气吹除混凝土碎屑；

(5)配制聚合物砂浆或聚合物混凝土；

(6)配制水泥浆乳液界面剂；

(7)将水泥浆乳液均匀地在坑面涂刷一层；

(8)把拌好的混凝土倒入坑内摊铺，振捣、提浆、抹平；

(9)喷洒养生剂养生。

2)错台的修理

混凝土路面错台的修理，可根据板块错台的高度采取相应的修补方法。

(1)错台高度为 $5\text{mm} < h < 10\text{mm}$ 时，采用切削法修补。使用带扁头的风镐或液压镐，均匀地将高起处凿下去并与邻板齐平，或直接用铣刨机将高出的部分铣平(如图 4-3a)所示)。

(2)错台高度 $h \geq 10\text{mm}$ 时，采用凿低补平罩面修补。将低下去的一侧水泥板凿除 20 ~

30mm,使用乳砂浆材料修补。修补长度按错台高度除以1.0%坡度计算(如图4-3b)所示)。

3)板体拱起处治

当胀缝的上部被硬物阻塞,缝两旁的板体因受热伸长而把板拱起时,应立即用大切缝机将板拱起的部分1~2cm预留缝切除,使相邻板放平,并在缝隙内灌填料。

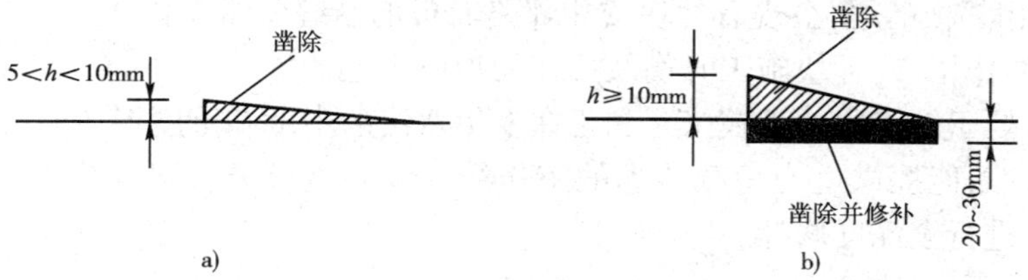

图4-3 错台的修补

a)切削法;b)凿低补平

4)板块沉陷的处治

为使沉陷的混凝土板恢复到原来的位置,可采用顶升施工法和灌浆施工法进行处治。灌浆法有沥青类灌注和水泥类灌注两种,通常使用沥青灌注。

采用顶升法施工时,先将混凝土板钻成透孔,然后用压缩空气或千斤顶把板直接顶起,或用横梁和螺旋液压千斤顶将板间接顶起至预定高度,然后往孔中压注灌砂浆直至填满空隙密实为止,最后用混凝土封住孔口。

灌浆法即在混凝土板上的透孔中以200~400kPa的压力灌注温度为210℃以上的热溶沥青或以300~500kPa的压力灌注水泥浆,水泥浆用水泥和水调和,并掺加细粒料、粉煤灰、硅藻土、石膏等。当沥青或水泥浆灌注填满孔隙、板恢复至预定高度后,封住孔口。待灌注的温度下降后或水泥浆养生3天后即可开放交通。

透孔孔径及其数量和位置的布设,应根据面板的大小、下沉量、裂缝状况以及使用的机械性能予以确定。

5)路面磨光处治

为了改善水泥混凝土路面的防滑性能,可采用刻槽机对磨光的路面进行刻槽处理。

4.全深度混凝土补块

全深度混凝土补块可恢复横向接缝或裂缝传递板间荷载的能力,并可最大限度地减少垂直弯沉。发生大面积严重破损时,应去除并更换全板,破损面积小一些的要通过鉴定来确定需要做全深度补块的边界。

对于设接缝的混凝土路面来说,接缝处需做补块的量比板的其他部位多得多,在横向接缝或其附近处发生下述类型的破损时,可视其严重程度铺设全深度补块。

(1)胀起:因热膨胀引起的横向接缝处的板边局部上移,这种现象主要发生在设接缝的较长板块的路面上,并发生在接缝内落入且留下不可压缩的物质以后。

(2)角裂:一般始于板边并与接缝相交叉的全深度对角线裂缝,是由于板下缺少边部支承和承受重型交通荷载引起的。水和交通荷载的共同作用使板下的细集料吸出来,加速了支承力的丧失。

(3)耐久性裂缝:靠近并大致平行于横向和纵向裂缝的月牙形裂缝是由于某种粗集料的

冻融膨胀压力造成的。

(4)接缝荷载传递能力破坏而引起的路面恶化:与横向接缝平行或传力杆距横向接缝仅有很短距离的裂缝,这种裂缝是由于传力杆荷载传递能力的破坏而引起的。它的破坏是由于传力杆设置不当,排列有误,以致在重型交通荷载作用下杆的插口被侵蚀或扩大而造成的。

(5)补块、相邻板的恶化:现有补块或相邻路面板的裂缝常常是由于荷载传递设计不当和重型交通荷载的作用,或补块施工时伤及相邻的板所引起的。

一般来讲,处于动态中的正在张开和正在发生弯沉的中度和重度损坏的裂缝,需要做全深度补块以建立一条能提供适当荷载传递的工作缝。没有裂开或仅显现出细小裂缝的轻度破坏,一般不需要进行全深度修补。

修补过程如下:

1)荷载传递设计

与荷载传递能力有关的补块接缝设计是控制补块性能的最关键因素。横向接缝荷载传递方法有三种:

(1)集料嵌锁接缝:集料嵌锁适用于无筋混凝土路面的接触面交错的接缝,而且接缝的间隔要小于300~450cm。

(2)刨挖法接缝:刨挖法亦为倒T形法,适用于接缝间传荷很差部位。在相邻板横边的下方挖出15cm×15cm的一块面积,用于荷载传递。

(3)传力杆接缝:传力杆荷载传递体系适用于在寒冷气候和承受重型交通荷载的混凝土路面,这种方法既为接缝提供了必要的荷载传递,又可以用作破碎和吊、降混凝土过程中对相邻板块损坏最少的全深度锯缝(如图4-4所示)。

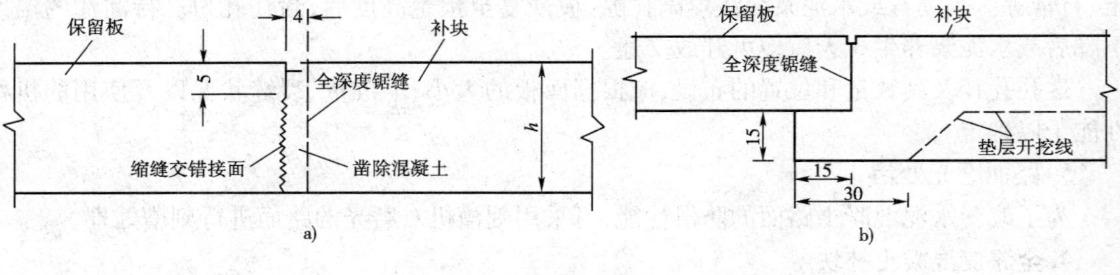

图4-4　全深度锯缝修补

2)补块尺寸确定

(1)路面基础已恶化的部分全部清除掉。

(2)锯缝的位置应离破损位置至少30cm。

(3)若边界距现有(另一条)横向裂缝不足180cm,或距现有未设传力杆接缝不足90cm,应考虑边界外移,把裂缝或接缝包括在补块内。建议采用这些措施来最大限度地减少板块松动、唧泥。

3)施工工序

(1)锯混凝土板。沿着指定的横向和纵向边界进行全深度切割,锯板工作要比混凝土去除工作提前1天。

(2)混凝土去除。用铰链、吊杆或其他装置将混凝土吊出,在去除过程中要特别谨慎小心,尽量不要使混凝土与其他材料混在一起,不要伤及基层、相邻路面和路肩。在锯混凝土板和吊降过程中被损坏的地方,要通过外移补块边界将其包括在补块内一并修理。

混凝土的去除面积不能超过1天内所能完成的全深度混凝土补块量。在工地现场应储备足够的临时补块用的材料,其量应大致等于去除的混凝土量。在白天不能完成混凝土摊铺工作的情况下,需要做临时补块,夜间不允许任何补块位置处于空缺状态。无传力杆的补块要做接面交错的接缝。

(3)垫层、基层的准备。去除混凝土以后,把所有混杂的或松散的垫层材料去掉。混凝土去除后要保护好垫层和基层。如果垫层太干,则需喷水,水量要控制在摊铺混凝土前能被吸收掉。垫层地基处在饱和状态时,不适宜摊铺混凝土。对级配集料垫层要压实到最佳密实度的95%,要分层摊铺,分层压实,每层厚度不大于5cm,设置横向地基排水。

(4)补块的准备。在板厚1/2处钻出比传力杆直径大6mm的孔,孔中心距30cm。钻具应安装在硬框架上以确保钻孔在水平方向和垂直方向上都能对齐,同时使每30cm传力杆的误差不超过3mm。

横向施工缝传力杆直径为25mm,长度为45cm,嵌入相邻保留板内达22cm深,传力杆间距为30cm。比拉杆直径大6mm的拉杆孔应沿相邻板间的纵向接缝在板厚1/2处钻孔,中心距为80cm。拉杆采用螺纹钢筋,长80cm,40cm嵌入相邻车道的板内。

为保证传力杆、拉杆牢牢地固定在规定位置,先将环氧砂浆填入孔的后部,然后插入传力杆或拉杆。摊铺混凝土前光面传力杆的伸出端要涂少许润滑油。

在与沥青路肩相接时,要将路肩锯缝并挖去15cm,放置边模。模板与现有路面至少搭接30cm,并加以固定,以免摊铺过程中发生移动。模板拆除后,路肩用混凝土回填,每层不超过7cm,然后整平并压实,直至新补块和现有路肩齐平。

(5)混凝土配料。用水总量应控制在使混合料运到工地最佳和易性所必须的最小值,最大水灰比为0.40,混凝土混合料的抗折强度4h以内至少要达到3.0MPa。

(6)混凝土摊铺。混凝土应在搅拌开始以后30~45min内卸到补块区内摊铺,采用有效的插入式振捣器及平板振捣器振实混凝土,确保传力杆周围及板边充分地振实。

(7)整平。面层用木制的模板刮平并用镘刀抹平。长度小于300cm的补块,平行于中心线移动刮平,较长的补块最好采用振动梁纵向刮平,其形状变化要与相邻路面的横断面吻合。经过整平的表面,包括接缝在内,纵向平整度允许值3m直尺为3mm。补块表面纹理的类型与原路面相吻合。补块表面纹理做好以后,立即用养护剂进行养生,养护剂用量为0.2kg/m^2。

(8)接缝。混凝土摊铺以后和车道开放交通以前的12h内,将板中间的各缩缝先锯到1/3板厚处,将聚乙烯隔离条镶嵌先锯出的收缩缝内,混凝土铺完以后5天内要完成接缝的封缝工作。

5. 板下封堵

板下封堵是指对水泥混凝土路面板下和基层、垫层中的细小空隙进行灌浆,以加固现有路面的技术。在修复水泥混凝土路面时,采用板下封堵的目的是为了恢复对路面结构的支承,它是通过向这些空隙灌浆而实现的。灌浆时要施加一定的压力,而施加的压力不应使路面板抬升。板下封堵作为一种预防性维护措施,应在板角刚一出现支承丧失的情况时就尽快地进行。板下封堵不能矫正沉降,不能提高结构设计能力,也不能消除因板内温、湿度变化及板上交通荷载而造成的垂直错台。但是由于空隙被填充,减少了弯沉,恢复了结构的整体性,因此减少了未来发生唧泥以及错台和板裂的可能性。只有在支承能力丧失程度有限的接缝、裂缝处才进行板下封堵。

1)封堵设计

板下封堵工程的设计,包括选择一种合格的灌浆混合料,测试路面有没有脱空,预计灌浆的量和决定适宜的灌浆孔。

(1)灌浆混合料　灌浆混合料应能渗入细的空隙,同时具有足够的强度和耐久性,抵抗荷载、湿度和温度的影响。

(2)脱空空隙位置的测定　采用JN150黄河车、贝克曼梁、千分表,测定接缝两侧靠近路肩边缘板角弯沉。

(3)砂浆量的预测　每个接缝的灌浆量一般为0.03~0.09m^3。

(4)材料　采用粉煤灰水泥混合料并掺外加剂。粉煤灰掺水泥是一种能支承荷载的高强度耐久混合料,粉煤灰的颗粒级配和球形形状还使它具有填充细小空隙所需要的易流动性。外掺剂包括减水剂、膨胀剂,以补偿粉煤灰的收缩。

(5)设备要求　配制粉煤灰砂浆,需要专门用于培植胶质材料的混合器才能配制出处于悬浮状态、抗游离稀释的真正的胶质混合料。可用一部水泥喷射泵为砂浆加压。为了能在发现移动时尽快地停止灌浆。应使用回流管以减少板的移动或过渡灌浆。采用砂浆回流系统有助于消除砂浆在喷射管内的初凝,砂浆的流动一被切断,管内的砂浆就可回流到泵中。水箱也需要加压泵,且容量能满足一天的生产需要。使用能扩张的胶喷嘴以便使喷射管牢牢地贴紧孔壁。

(6)板下封堵砂浆孔的分布　钻孔的分布形式应能提供足够的孔,使砂浆能流到路面下的所有空隙内。板封堵的常用钻孔分布形式如图4-5所示。孔的分布形式随水泥混凝土路面的不同设计类型而变化。因为对不同的板长、使用性能和破损形式的分布会有所不同,板下封堵的位置也需做相应的调整。

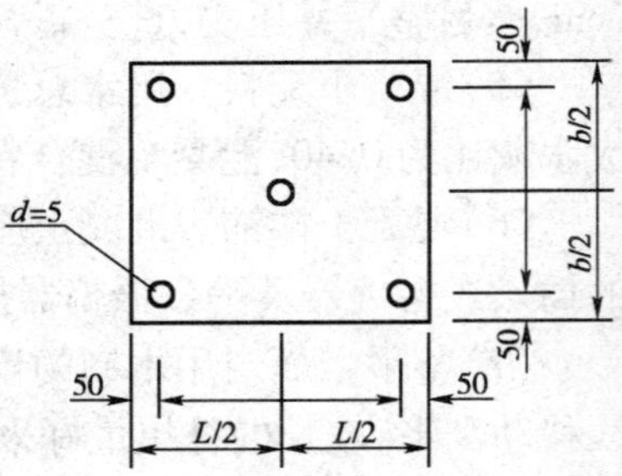

图4-5　板封堵的常用钻孔分布形式
d-灌浆孔直径;*L*-板长;*b*-板宽

钻孔应穿过并进入未经处治的垫层。如果基层经过稳定处理,空隙往往存在于垫层和土基之间。侧孔应穿透垫层并钻入土基内,深度最大不超过7 cm。砂浆喷射管的输出管口不能低于混凝土板的板底,这样才能使砂浆流入混凝土板以下的所有空隙以及基层以下的所有空隙。在砂浆流不到的地方,必须用泵向孔内射入少量的空气以形成一个小空腔同脱空部位贯通。

板下封堵期间要进行严密的观察,以免灌浆过度,板被抬升。当砂浆从相邻孔流入裂缝、接缝与路肩下方时,可停止灌浆。

2)板下封堵施工工序

板下封堵工作是用泵将稀砂浆混合料从路面上的钻孔灌入到板下的空隙中。对水泥混凝土路面进行稳定和板下封堵,用混合料填充板下的空隙,使之形成一个不溶解的坚硬块体。

(1)确定板下封堵位置。对板角进行弯沉测定,凡弯沉超过0.6mm的板就应进行板下封堵。

(2)钻砂浆喷射孔。孔的直径不大于5cm,要保持垂直同时又圆,其深度要穿透稳定的基层垫层,但钻入土基的深度不得大于7cm,用吹气的方法形成空腔以便于砂浆的初始分布。

(3)砂浆准备。将水泥、粉煤灰放入筒内,搅拌15s,然后加入所需的外加剂,搅拌15s,再加水搅拌,将砂浆送入搅拌器,用泵送出。

(4)板下封堵。将膨胀橡胶灌浆栓塞,或与装配有和出料口相接的软管插入孔内,灌浆栓塞或软管的出料口不能伸至混凝土板底部以下。要连续地向泵内送砂浆,直至观察到砂浆已从一个孔流入另一个孔。当观察到板开始抬升,或砂浆流动线路内的压力迅速升高时停止泵送。持续压力最大允许值为0.88MPa,压力将借助一只放在砂浆输送管线中的精密的压力计来监视。

空隙中的水被砂浆排挤出来后,可任其流走和排走,灌浆后至少2h以内要求所有车辆避开此区。流到路面接缝内的砂浆应予清除,以保持适宜的接缝缝隙。在相邻的两个砂浆喷射孔之间出现横向裂缝的情况下,可用喷涂环氧树脂的方法封堵。

一个孔灌完浆后,应拔出灌浆栓塞并立即插上木塞,以使有足够的时间使砂浆充分凝固。当砂浆不会在回复压力的作用下从孔中挤出时,方可将临时用的木塞拔出,并将孔用快凝水泥砂浆永久性地密封,抹平与路面等高。

残留在路面或路肩顶面上的砂浆要趁其尚未黏在面层上时扫掉,并用水冲刷,以免留下斑渍。如果砂浆流到了缝隙内,应趁其尚未将缝隙密封时,及早将砂浆混合料去除,并将损坏的接缝及时用填缝料填好。灌浆后2h内应避免车辆通过灌浆区。

6. 罩面

1)水泥混凝土罩面

对于部分板块出现较大面积磨损和浅层龟裂现象严重的水泥混凝土路面,可采用水泥混凝土罩面技术加以处理。

2)沥青混凝土罩面

在加罩面层之前对混凝土路面的破损进行修补,对于发生错台并发展成角裂的混凝土路面,其接缝附近可能会有空隙,在横向接缝或裂缝处,荷载传递能力减弱,在罩面层之前,必须采取一些修补措施,解决空隙和荷载传递的问题。

对填塞裂缝,扼制反射裂缝的发展均应在加罩面层以前考虑。反射裂缝是一种起源于路面的裂缝或接缝并出现在罩面层的裂缝。目前还没有防止产生反射裂缝的理想设计方法,只有推迟反射裂缝形成的处理方法,即采用橡胶沥青混凝土罩面,并在产生疲劳裂缝而不是温度裂缝的路面上做土工织物夹层。

7. 加铺面层

加铺面层可采用普通混凝土和钢纤维混凝土。

1)普通混凝土路面加铺层

在旧水泥混凝土路面加铺水泥混凝土路面层的方法有结合式、直接式及分离式三种。

(1)结合式加铺层。结合式加铺层系指对旧水泥混凝土板采取一定技术处理后,使加铺层与旧水泥混凝土板完全黏结在一起,此时认为层间的相对水平位移为零,即连续接触。结合式加铺层水泥混凝土厚度一般不小于10mm。

(2)直接式加铺层。直接式加铺层系指加铺层直接铺筑在清扫和清洗的旧水泥混凝土板上，层间不作任何的处理。加铺层水泥混凝土路面厚度不小于14mm。

(3)分离式加铺层。分离式加铺层系指加铺层与旧混凝土板之间设置了一层隔离层。隔离层通常采用沥青砂。加铺层水泥混凝土厚度一般不小于18mm。

2)钢纤维混凝土加铺层

钢纤维混凝土是一种纤维型与颗粒型相混合而成的复合材料，通过其两者之间的界面作用成为一体，在受力过程中两种材料各使所长，显著地提高了混凝土各项性能指标。纤维混凝土的抗拉强度、抗弯强度与抗剪强度高，在动荷载下，抗冲击性能好，抗弯、抗冲击韧性优异，耐疲劳寿命长，并具有良好的阻止和抑制因温度应力引起裂缝产生与扩展的能力。此外，纤维混凝土的抗冻性与耐磨性能良好。纤维混凝土的各方面性能与路面的要求基本一致，因而可减小路面厚度和延长路面的使用年限。

钢纤维混凝土加铺层与普通混凝土加铺层一样，分结合式、直接式、分离式三种形式。钢纤维混凝土加铺层的最小厚度，结合式为5cm，直接式为8cm，分离式为10cm。结合式或直接式加铺层的接缝宜与旧混凝土板的接缝对齐，不设拉杆和传力杆。分离式加铺层全幅摊铺的路面可不设纵向缩缝，横向缩缝间距一般为15m，纵、横向施工缝及胀缝的设置与普通混凝土路面相同。

8. 水泥混凝土路面的破碎和稳固

用于水泥混凝土路面修复最常用的技术之一是用沥青混凝土或水泥混凝土做罩面层，但它所带来的一个严重问题是反射裂缝，主要表现在沥青混凝土罩面层上。

反射裂缝是水泥混凝土路面原有裂缝和接缝透过加铺层向上扩散而产生的。沥青加铺层的裂缝主要是位于原裂缝的接缝上方的加铺层底部产生的应力造成的。

控制加铺层反射裂缝的一种方法是先将混凝土路面板破碎成小块，然后用沥青混凝土或水泥混凝土罩面稳固，破碎和稳固路面的目的，是将混凝土破碎成能将板的水平位移减小，以消除产生反射裂缝的温度应力，同时还要能使块与块之间形成集料嵌锁，保持住水泥混凝土路面原来所具有的大部分结构强度。碎块稳固的目的是为其上的加铺层提供较好的支承。

对旧的混凝土路面，可通过混凝土补块、修理接缝、基层处理等手段保留住。但是，如果旧的混凝土路面出现综合性的破损且从耗资情况来看，采用一般手段时，就应采用破碎和稳固的修复方案。具体内容如下：

1)破碎形式

破碎和稳固是在保留混凝土路面结构的某种程度完整性的同时将其破碎成边长45～60cm碎块的过程，而不是把混凝土路面变成尺寸很小的碎块。破碎形式应既能减少板的过度位移(垂直的和水平的)，又能使板作为加铺层的稳定基础使板保持足够的结构完整性。破碎技术运用得好，可以获得穿透板全深，而又难以看出裂缝的效果。

2)铺面的类型

经过破碎和稳固的混凝土路面通常采用沥青混凝土铺面，也可采用水泥混凝土铺面。沥青混凝土铺面层的最小厚度为8cm，水泥混凝土路面的最小铺面厚度为18cm。

3)稳固

混凝土路面经过破碎以后，应将混凝土块稳固在基层上，稳固板块的目的是各点均能与基层接触，从而提高承载能力。只有足够的重量作用于路面并用碾压机械碾压才能消除板块松动。如果板块稳固不当，混凝土就会松动并引起加铺层反射裂缝。最常用的稳固板的方法是用重型（15t 以上）轮胎压路机碾压 5 次。压路机的碾压速度小于 2.5m/s，钢轮压路机和振动压路机在碾压时往往会有一些碎块被漏碾。

4）加铺面层之前的准备工作

（1）在原路面破碎和稳固后立即将接缝和裂缝内的所有松散混凝土、污物和其他异物除掉，清扫路面，然后用压缩空气清洁接缝，去除松散材料，修理宽度大于 1.8cm、深度大于2.4cm 的接缝和裂缝。

（2）碾压过程中发现的任何软弱点或松动碎块都要去除，并用沥青混凝土修补。

（3）将所有接缝、裂缝、脱落和沉陷区域用沥青混凝土填满刮平，然后依次铺黏结层、沥青混凝土整平层和加铺层（柔性的或刚性的）。加铺层按标准施工步骤进行。

5）施工细节

（1）水泥混凝土路面的破碎结果应为边长 46 ~ 60cm 大小的块，偶尔有一些 75cm 左右的块也可，同时，大于 60cm 的块不超过 70%。破碎路面前要去除原有的沥青加铺层。

（2）采用一部撞击锤、改进过的柴油或燃气打桩机、液压或气动锤完成路面的破碎，每一次破碎沿车道进行全宽度撞击。混凝土路面破碎设备应能以各种不同大小的、可以控制的撞击力撞击路面，这是为了撞击出既不造成沿裂缝的过度脱落，又不造成路面或基层粉碎的连续裂缝。过度脱落是指脱落深度超过 3cm。破碎机上装上板形桩靴，是为防止扎入面层而使面层脱落或粉碎而设置的。不允许使用重力冲击锤或无导轨自由落锤。应设置挡板保护相邻车道上的车辆，使之免遭破碎过程飞出碎片的伤害。在破碎过程中要谨慎小心，以保护并避免伤害地下管道、排水设施和桥面板。

路面破碎后，用重型充气轮胎压路机碾压。压路机的轮胎最小充气压为 $7kg/cm^2$，是使路面板得到满意稳固所需要的面层接触压力。碾压工作要持续地进行到混凝土碎块稳固，并达到均匀压实为止。通过检验发现软弱点或松动的块要除去，然后用经过破碎的集料基层材料回填，一直填到相邻的水泥混凝土路面的底部，回填后用热沥青混凝土覆盖。

路面破碎和稳固以后要清扫表面并用扫帚或压缩空气将所有接缝和裂缝内的松散脱落的材料清除干净。如果需在破碎和稳固工序之后，摊铺第一层沥青之前开放交通，应通过清扫路面，做补块使路面处于可供使用的状态。

要在路面破碎稳固 24h 内摊铺沥青加铺层，破碎路面长度不宜超过 1500m。第一层为沥青混凝土，第二层沥青层要在第一层养生一夜后才能摊铺。

• 第五节 粒料路面的养护 •

粒料路面是用碎石、砾石、砂砾、碎砖、礓石、矿渣等粗粒料为主要材料，以黏土或灰土为结合料铺筑的路面，这些路面属中级路面，其保养、修理与改善的基本要求是：

（1）经常保持路面平整坚实，防止和修复路面的破损和变形，保持排水良好，加铺磨耗层和保护层，以及对路面做必要的加宽、加厚等，以改善路面技术状况。

（2）经常保持路面磨耗层和保护层完好。发现表面有少量和轻微的破损应及时修理，防止损坏范围扩大。

(3)路面与路肩连接处,应保持平整坚实,高差不得大于2cm。路面与桥涵衔接应平顺,防止跳车。

(4)如路面磨耗严重,强度不足或宽度不够,不能满足交通量增长的需要时,应采取加宽和加厚路面的办法提高其通行能力。

(5)在保养修理时,所采用的材料应符合技术要求;路面加宽、加厚时,所用结构与材料,应力求与原有路面相同;对于从旧路面挖出来的材料,应筛分后与新材料掺配使用。

(6)级配碎(砾)石路面的翻修、加宽、加厚时所用材料的规格应符合规范规定,天然碎(砾)石材料不能满足规范规定时,需进行人工配合,添加不足的颗粒,使之成为最佳混合料。

(7)泥结碎石路面在翻修和加宽、加厚时,均按原有结构的颗粒尺寸和配合比处理,要求黏土的含量不大于15%,塑性指数宜为18~27。碎石均为有棱角的小块石料,其中所含扁平长条的碎石的容许含量不宜超过20%。

(8)碎(砾)石路面的养护应做到勤预防、勤检查、勤修补。所用材料,应尽量利用当地可能采集或供应的价廉质好的天然材料和工业废渣,以降低养护成本。

一、粒料路面的保养

粒料路面的保养工作,主要是保护层的养护,磨耗层的小面积修补,排除路面积水,保持路面清洁。

对粒料路面保养工作的要求如下:

(1)加强雨季不利季节的日常保养工作。做到雨前抓扫砂匀砂,保持路面平整;雨中抓排水,使路面、路肩不积水;雨后抓刮(铲)补,及时刮(铲)波浪和修补坑洞。

(2)松散保护层的保养应做到勤添砂、勤扫砂、勤匀砂、勤除细粉。

(3)稳定保护层应视具体情况采用以下方法保养:

①洒水法　在干旱季节,为防止稳定保护层松散,应洒水保养,洒水要均匀,洒水后经行车碾压可形成硬层。有条件的可就地取材,浇洒吸湿盐类的溶液或利用咸水(海水)养护。

②加浆法　稳定保护层使用较长时间后,表面易磨损,应采用加浆法使其表面稳定、平整、密实。其方法是在保护层上先撒一薄层过5mm筛的黏土,然后均匀洒水,再用扫浆器或竹扫帚扫匀拖平,加砂后引导车辆压实,或把黏土搅拌成泥浆,泼洒在保护层上,扫匀、拖平、加砂引导车辆碾压。

(4)路面出现轻微的坑槽、车辙、波浪、沉陷等破损现象,应及时进行修补。

(5)保持路面一定的路拱横坡度。在雨量较多及干湿分明的半干旱地区,路拱控制在3%~4%;在干旱、少雨地区,路拱控制在2%~3%。路肩横坡度相应增加1%,与路面连接处应保持平顺坚实。弯道上加宽和超高的横坡度应符合规定。

(6)及时清除冬、春季节的路面积雪,尤其在陡坡急弯、窄路、高填土桥头路堤等处以及容易发生翻浆路段的积雪。

(7)路面与桥梁、明涵衔接应平顺;不得产生跳车。

(8)在进行扫砂、匀砂和扫雪除冰等保养工作时,必须注意防止损坏路面结构。

(9)储备一定数量的保养维修材料,并整齐堆放在沿线规定地点或路边堆料台上,不得乱堆。

二、磨耗层、保护层的铺筑

铺筑磨耗层、保护层属中修工程范围，是粒料路面养护的一项主要工作。

1. 磨耗层的铺筑

磨耗层的厚度根据所用粒料的大小、硬度、原有路面的结构组合形式、路面强度和地区干湿条件确定。

磨耗层的铺筑应严格执行操作规程，按下列步骤进行：

1）放样清底

根据设计铺筑宽度划出边线，把原路面上的浮土及松散材料清扫干净，修补好坑槽，校正路面横坡。

2）扫浆

在路面铺料宽度以内洒水，并用扫帚或扫浆器扫起一薄层泥浆。若路面扫不起泥浆，可撒一薄层细黏土，然后适量洒水，进行扫浆。

3）配料拌和

根据材料性质及地区气候等因素，通过试验确定材料的配合比。

拌和可用机械拌和或人工拌和，一般干拌两遍，湿拌两遍，边拌和边洒水，达到均匀为止。拌和砖屑、炉渣等粒料时，应先在砖屑等料堆上洒水润湿，然后才与黏土拌和。

4）铺料

扫浆之后，摊铺拌和料，松铺系数为 1.3 ~ 1.4，用木刮板耙平，防止大颗粒集中。每隔 20m 用直尺和路拱板校正平整度和路拱。

5）培肩和碾压

碾压前应先做好路肩的培筑和整平工作，使路肩与磨耗层同时被压实，以保护磨耗层的边缘。

碾压工作应在混合料最佳含水量时进行，并要求和铺料工序紧密衔接，先用轻型压路机碾压 2 ~ 3 遍。初步压实后，开放交通，利用行车控制碾压。碾压时，先两边，后中间，交错碾压，并随时注意校验平整度和路面横坡。

6）加铺保护层

在磨耗层全面压实后，加铺松散保护层。

7）初期养护

磨耗层的初期养护，一般应在铺筑后第一周内每天洒水一次，第二周内隔天洒水一次。洒水的同时还应引导车辆碾压，并适当加以修理，等磨耗层达到全面坚实后，转入正常养护阶段。

2. 保护层的铺筑

按使用材料和铺设方法的不同，保护层分为稳定保护层和松散保护层两种。前者系使用含有黏土的混合料，借行车碾压形成稳固的硬壳，与磨耗层结合为整体；后者是只用粗砂或小砾石而不用黏土，在磨耗层上成松散状态。

松散保护层一般采用 2 ~ 8mm 的粗砂、砾砂、石屑等材料，厚度一般为 5 ~ 10mm。材料应坚硬耐磨，粒径均匀，粒径小于 0.5mm 的颗粒含量不应超过 15% 。

1)稳定保护层的种类

(1)砂土级配稳定保护层。压实厚度8~10mm。

(2)泥浆砂封面稳定保护层。用黏土和砂铺筑。土和砂用量按体积比,一般采用1:1,压实厚度为4~5mm。

(3)在缺乏砂料的半干旱地区,可采用"黏土封面"或"泥浆封面"。封面的压实厚度雨季2~4mm,旱季4~6mm,不得撒铺太厚,以能覆盖露骨的石料为宜。

2)稳定保护层铺设方法

(1)拌和法:将粗砂、砂砾与黏土拌和均匀,铺撒在路面上压实。在干旱期应经常洒水,雨季则应适当撒砂,以保持稳定。

(2)层铺扫浆法:清扫原路面,洒水至路面均匀湿润,铺撒黏土,再洒一遍水,然后用扫帚或扫浆器拖扫至泥浆达到无泥块、稠度适宜为止。在泥浆表面未干之前进行铺料,利用行车碾压,在初期养护的第一周内,每天洒水1~2次,保持路面湿度。

三、路面的小修与中修

1. 磨耗层的修理

(1)当磨耗层出现高低不平时,可铲去凸出部分,并用同样的湿润混合料补平低凹部分,碾压密实,使之与原磨耗层保持一致。

(2)局部路段磨耗层全部被磨损,应清除残存部分,划出整齐的修补范围,整平洒水润湿,然后按新铺磨耗层的方法用同样的混合料重铺。

(3)磨耗层经行车碾压而减薄时,用同样材料加铺一层封面。为使上、下层结合良好,须先将旧磨耗层上的浮砂、泥土等扫净,然后撒铺一层黏土、洒水扫浆,或浇洒一薄层黏土浆,再铺上拌和好的混合料,整平、洒水、压实。

2. 路面坑槽和车辙的修理

路面发生坑槽或车辙后,为避免积水,进一步恶化而扩大其损坏范围,应按其破坏面积的大小及其深度采取不同方法及时修补,修补时尽量采用与原路面相同的材料。

对于面积较小、深度小于3cm的较浅的坑槽和车辙,可先将坑槽和车辙内及其周围的尘土杂物清除,洒水润湿,再用与原路面相同的材料拌和后填补压实。

(1)对面积较大、深度大于3cm的较深的坑槽或车辙,应按以下方法进行挖槽修理:

①将坑槽或车辙按规则形状划出修补的轮廓范围,所划轮廓要比损坏边缘扩大5~10cm,并清除尘土杂物;

②沿轮廓挖槽,槽壁应垂直整齐,深度应大于坑槽或车辙的最大深度,做到浅洞深补;

③把挖出的槽内材料筛选出可利用部分;

④清理挖槽时,尽量避免挖动槽底下面的材料,如有松动应予挖除,并整平槽底;

⑤坑槽较多,坑槽之间距离很近,为便于修补并使修补部分更加平整,可将邻近的坑槽划为一片,按片挖槽进行修补;

⑥新铺部分压实系数采用1.3,以便碾压密实后与原路面齐平。如坑槽、车辙深度较大时,应按路面结构层次分层修补。

(2)对深达路基的坑槽或车辙,应先清理路基土层。遇有稀泥应挖除干净,并在整平后重新填筑最佳含水量的土,压实。挖除路基深度超过30cm时,应分层填筑压实,使其稳定后再修补路面。

3. 路面松散和波浪的修理

1)路面松散的修理

路面出现厚度小于3cm的松散层,应将松散层材料与松动的材料扫集起来,然后整平路面的表层,扫除泥土,洒水润湿,把扫集起来的砂石材料进行筛分,补充新的粒料,按比例加适量的黏土拌和均匀摊铺,并校验断面,在混合料最佳含水量时,进行压实。

松散层厚度大于3cm,应进行挖槽修补,先挖除所有松散材料,然后按修补坑槽和车辙的方法重铺。

2)路面波浪的修理

(1)轻微波浪而且已经稳定,应予铲高补凹,保持平整;

(2)波浪严重,其波峰与波谷高差达5cm以上时,可作大修。必要时还需处理路基土或改善排水设施;

(3)经过测定如系强度不足而造成,采取在原路面上补强或翻修补强重铺。

3)磨耗层波浪的修理

(1)波浪比较轻微的路段,在雨后(或晴天洒水)磨耗层处于湿润状态时,用镐、路刮或拉毛器把高凸部分刮松、刮去,凹陷处拉毛、整平,刮出的粒料如黏性不足,可以添加适当黏土拌和(或筛除过多的细料,添加适量粗料)铺平,及时碾压密实。

(2)波浪比较严重的路段,应铲除高凸部分,重铺磨耗层混合料。黏土宜采用较高的塑性指数,被铲除的材料可选择重复利用。

4. 路面翻浆的处理

(1)当路面发现有潮斑,可在路肩上每隔5m开挖横沟,深达路面以下,用以排除水分。

(2)采用加深边沟等办法,降低地下水位。

(3)挖出翻浆土,重铺路面。

(4)若路面发软、翻浆,主要原因是路基翻浆造成的,应先处理路基翻浆。

四、路面的大修与改善

1. 路面大修

当路面强度不足,坑槽、车辙既深又多;或破坏面积很大,且深达基层;或路面沉陷过剧、路基翻浆严重等,须进行局部或整段大修。在大修前应分析破坏原因,调查路基稳定程度,确定大修方案。

路面大修施工步骤:

(1)挖槽。

①如局部大修可先按破坏范围划定大修轮廓(比破坏部分每边扩大5~10cm),挖成方形或长方形,槽壁要垂直,槽的深度视破坏程度而定;

②全部挖除翻浆或稀湿土;

③整段大修,应把整段损坏部分全部挖除。

(2)清底。清出挖松的材料,将槽底整平压实,并校验纵横断面,使其符合规定坡度。

(3)充分利用旧路面挖出的材料,将其筛选后与新的材料掺配使用。

(4)在槽底夯压密实以后,再按修补坑槽或加铺路面的方法铺设路面。

2. 路面的加宽与加厚

当公路的交通量增大或重车增多时,原有路面的宽度、厚度不能满足行车需要时,应进行路面的加宽和加厚。路面加宽,根据路基情况可分别采用双侧或单侧加宽,如路基过窄,则应在加宽路基后再加宽路面。在路堤加宽时,应注意新旧路基的结合,避免不均匀沉陷。在路堑加宽开挖边坡时,必须自上而下进行,严禁采用大爆破,以免边坡失稳。

路面加宽,一般可按原路面的分层结构、厚度、使用材料和操作方法进行铺筑。当采用单侧加宽时,应将原路面刮松,增做三角垫层,使加宽后的路拱左右对称。

路面加厚,应通过调查根据设计确定其厚度。但需注意满足最小压实厚度的要求,当厚度大于最大压实厚度时,应采用分层铺筑。在路面开始加厚的接头处,在纵向可将原路面挖松5~10m,挖松深度以不小于加厚路面材料的最大粒径为宜,做成缓坡搭接,以保证新旧路面搭接顺适,不致产生推移。

当路面既要加宽又需加厚时,应先进行加宽,然后进行加厚。待路面稳定后及时铺筑磨耗层和保护层。

路面基层在使用过程中,由于交通量的急剧增长和自然因素的作用,或原先施工中遗留的缺陷以及路基失稳等原因,致使基层强度降低,破损严重,或路面的几何尺寸不能适应交通量增长的需要时,必须改善基层的技术状况,以提高其适应能力。

第六节　路面基层的改善

路面基层的改善包括基层的加宽、补强加厚以及翻修与重铺。在进行路面基层改善时,必须按就地取材的原则,结合原有路面基层材料的利用,合理地应用旧结构,进行设计。

一、基层的加宽与补强

1. 设计要求

在进行基层加宽与补强设计前,应对原有路面进行详细调查和检测,其内容包括:

(1)调查该路段的交通量、交通组成和年平均增长率;

(2)调查原有公路的路况,如路基宽度、纵坡、平曲线半径、路面宽度、厚度、结构和材料、路面横坡、平整度、摩擦系数、路表面排水(积水)状况、积雪(沙)状况等;路面坑槽、搓板、翻浆等破损程度以及路肩采取的加固措施等;

(3)调查原有路面设计、施工、养护技术资料以及使用开始至改建的年限、使用效果等;

(4)测定路基的干湿类型,规定每500m取一断面,每个断面如路基宽度大于等于7m选两个测点,不足7m取一个测点;

(5)测定加宽部分的土基湿度和压实度;

(6)测定原有路面的整体强度。

基层加宽一般应采用两侧加宽,如原有路基宽度不足,则应先加宽路基后再铺筑加宽的基层,必要时可设护肩石(带)。加宽部分的基层应按新土基新建路面设计其厚度,采用的结构与材料宜与原路面的基层相同；基层加厚按旧路补强公式进行设计，基层结构的选择应根据路面等级、交通量、地带类型、现有路况以及材料供应与施工条件等确定。必要时，应增设排水设施，并事先处理好涵洞接长、倒虹吸的防漏以及沿溪路段的护岸挡土墙等工程。

在基层需要同时加宽加厚时，应先将加宽部分按新土基设计后，再作全幅补强设计。将原路面分段实测的计算弯沉值作为加宽部分的设计弯沉值，并由实际调查检测的路基土质、干湿类型及其平均稠度确定土基回弹模量，然后根据不同材料的模量按新路设计方法设计加宽部分的基层厚度，使之与原有路面强度保持一致。最后，根据原路面确定的计算弯沉值和补强要求的允许弯沉值，按旧路补强厚度计算方法，进行全幅的基层补强设计。

在季节性冰冻区，基层的补强还应验算防冻层厚度。

2. 施工要点

加宽基层时应做好新旧基层的衔接。对于半刚性基层一般宜用平头搭接；对于粒料基层一般宜用斜接法；当基层厚度超过25cm，也可在原有基层半厚处挖成宽约30cm的台阶做成错台搭接。加宽沥青路面基层时，应将紧挨加宽部位15cm宽的原有沥青面层切凿除去，清扫干净原基层上的松散粒料、浮土后再铺筑加宽基层。如原基层已损坏，则应将其材料重新翻修利用，根据试验掺配新的材料后与加宽混合料一并拌和、铺装、碾压。

基层加宽后需调正路拱而涉及原有路面的部分，应将旧面层铲掉，按路拱要求一次调正铺装。为使调拱部分的新旧基层结合良好，可把原基层拉毛或使调拱铺装的最小厚度大于8cm，不足时可开挖原基层。

原基层有局部坑槽、搓板、松散的路段，在补强前应先进行修补找平，平整度超过规定的应加铺整平层。对于发生过翻浆、弹簧、变形等病害的路段，应根据其产生的原因，采取有效的处治措施，严重者可采取综合处治后再加铺基层。

原有砂石路面，尤其是泥结碎石及级配砾石路面，因含泥量过多或土的塑性指数过大，一般不宜用作沥青路面的基层，应将其过量的土筛除或用其他方法改善，并铲除其上的磨耗层和稳定保护层后再作补强层处理。基层加宽或补强应符合施工压实度的规定要求。

二、基层的翻修与重铺

(1)当路面具有下列情况时，则基层需要进行翻修：

①原有路面整体强度不足；

②根据路面使用质量的评定已经达到翻修条件；

③原有路面的材料已不能满足结构强度要求，造成全面损坏，需彻底更换路面结构。

(2)基层具有下列情况时，则需进行基层重铺：

①原有路面基层材料没有利用价值，翻修在经济上不合理；

②当地盛产路面基层材料，原基层材料虽然可以利用，但因机械施工困难，技术上暂时难以解决；

③原有路面因路基干湿类型发生变化，需改善其水稳性。

基层的翻修与重铺，应分别按《公路沥青路面设计规范》(JTG D50—2006)与《公路路面基层施工技术规范》(JTJ 034—2000)的有关规定要求进行设计和施工。

翻修基层时，对原有基层的材料应尽可能地充分利用。为此，应对原基层取样检测其材料性质，一般每500m检测一处，如路基干湿类型有变化应增加测点。检测项目包括干密度、级配组成以及小于0.5mm细料的含量与塑性指数等，以确定其可利用的骨料含量和需要掺配的材料用量。对于无机结合料稳定基层，还应测定其水泥、石灰剂量及其剩余活性，以确定再生利用时需要掺添的水泥或石灰剂量。

基层翻修应结合原材料的利用价值与加铺方案进行技术经济比较后，确定最后的采用方案。在中湿、潮湿地带的粒料基层，翻修时宜掺加适量的石灰，以提高其水稳性，有条件时也可掺加水泥予以稳定。

复习思考题

1. 路面养护有哪些要求？
2. 试述沥青路面养护的评价方法。
3. 沥青路面出现车辙的维修措施有哪些？
4. 试述沥青路面加宽的基本要求。
5. 水泥混凝土板块脱空怎样处治？
6. 在什么情况下要进行基层的翻修？

第五章

路面不平整的防治

教学要求

1. 描述路面不平整的含义、平整度指标、平整度测定方法；
2. 描述路面不平整产生的原因；
3. 叙述提高路基和路面基层平整度的措施；
4. 叙述控制沥青路面平整度的措施；
5. 叙述控制水泥混凝土路面平整度的措施；
6. 对不平整路面进行处治。

•第一节　概　　述•

平整度是路面施工质量与服务水平的重要指标之一。路面平整度是以几何平面为基准，表现为路面纵向和横向的凹凸程度，即实际路面表面对设计的几何平面的偏离程度（不平整度指标）。优良的平整度是车辆高速、舒适、安全地通行的重要保证。平整度对路面养护费用和使用寿命有显著影响。路面的平整度与路面各结构层次的平整状况有着一定的联系，即各层次的平整效果将累积反映到路面表面上。路面面层由于直接与车辆及大气接触，不平整的表面将会增大行车阻力，并使车辆产生附加振动作用。这种振动作用会造成行车颠簸，影响行车的速度和安全及驾驶的平稳和乘客的舒适。同时，振动作用还会对路面施加冲击力，从而加剧路面和汽车机件损坏和轮胎的磨损，并增大油耗。而且，不平整的路面会积滞雨水，加速路面的损坏。为保证高速行车，提高行车的安全性和舒适性，路面应保持足够的平整度。因此，平整度的检测、评定与控制是公路施工与养护的一个非常重要的环节。

我国从20世纪80年代开始修建高速公路时就比较重视路面平整度，并随着公路建设的发展对平整度提出了更高的要求。目前，我国公路的路面平整度已达到了一个新的水平。

平整度测定有多种方法和仪器。可划分为断面类及反应类两大类。

断面类平整度测定实际上是测定路面表面凹凸情况的，是直接沿行驶车辆的轮迹量测路面表面的高程，得到路表纵断面，通过数学分析后采用综合统计量作为平整度指标。最常用的方法和仪器有：3m 直尺及连续式平整度仪，还可用水准测量方法测量路表纵断面。

反应类平整度测定系统是在车上安装由传感器和显示器组成的仪器，累积计量车辆以一定速度驶经不平整路表面时悬挂系统的竖向位移量，测定路面凹凸引起车辆振动的颠簸情况。反应类指标是司机和乘客直接感受到的平整度指标，因此它实际上是舒适性指标，最常用的测试设备是车载式颠簸累积仪。

常见几种平整度测试方法的特点及技术指标比较见表5-1。国际上通用国际平整度指数IRI衡量路面行驶舒适性或路面行驶质量,可通过标定试验得出IRI与标准差或单向累积值VBI之间的关系。

平整度测试方法比较　　表5-1

方　法	特　点	技术指标
3m直尺法	设备简单,结果直观,精度低,间断测试,工作效率低,反应凹凸程度	最大间隙h(mm)
连续式平整度仪法	设备较复杂,连续测试,工作效率高,反应凹凸程度	标准差σ(mm)
颠簸累积仪法	设备复杂,工作效率高,连续测试,反应舒适性	单向累积值VBI(cm/km)

•第二节　平整度测定方法及平整度指标•

一、平整度测试方法

1.3m直尺法

1)试验目的和适用范围

(1)本方法规定用3m直尺测定距离路表面的最大间隙表示路基路面的平整度。

(2)本方法用于各级公路路面各层施工过程中平整度控制检测,以及二级及以下公路交工验收时平整度评定。

2)测试要点

(1)在测试路段路面上选择测试地点。

①当施工过程中质量检测需要时,测试地点根据需要确定,可以单杆检测;

②当路基、路面工程质量检查验收或进行路况评定需要时,每200m测两处,每处应首尾相接连续测量10次。除特殊需要外,应以行车道一侧车轮轮迹(距车道线80~100cm)带作为连续测定的标准位置;

③对已形成车辙的旧路面,应取车辙中间位置为测定位置,用粉笔在路面上作好标记;

④清扫路面测定位置处的脏物。

(2)测试要点:

①在施工过程中检测时,按根据需要确定的方向,将3m直尺摆在测试地点的路面上。

②目测3m直尺底面与路面之间的间隙情况,确定间隙为最大的位置。

③用有高度标线的塞尺塞进间隙处,量记最大间隙的高度,精确至0.2mm。

④施工结束后检测时,按现行《公路技术状况评定标准》(JTG H20—2007)的规定,每200m测两处,每处连续检测10次,按上述步骤测记10个最大间隙。

3)计算

单杆检测路面的平整度计算,以3m直尺与路面的最大间隙为测定结果。连续测定10次时,判断每个测定值是否合格,根据要求计算合格百分率,并计算10个最大间隙的平均值。

4)报告

单杆检测的结果应随时记录测试位置及检测结果。连续测定10次时,应报告平均值、不合格次数、合格率。

2. 连续式平整度仪法

1)试验目的与适用范围

(1)本方法规定用连续式平整度仪量测路面的不平整度的标准差(σ),以表示路面的平整度,以毫米计。

(2)本方法适用于测定各级公路路表面的平整度,评定路面的施工质量和使用质量,但不适用于在已有较多坑槽、破损严重的路面上测定。

2)仪器设备

(1)连续式平整度仪:构造如示意图 5-1 所示。

除特殊情况外,连续式平整度仪的标准长度为 3m,其质量应符合仪器标准的要求。中间为一个 3m 长的机架,机架可缩短或折叠,前后各有 4 个行走轮,前后两组轮的轴间距离为 3m。机架中间有一个能起落的测定轮。机架上装有蓄电源及可拆卸的检测箱,检测箱可采用显示、记录、打印或绘图等方式输出测试结果。测定轮上装有位移传感器,自动采集位移数据时,测定间距为 10cm,每一计算区间的长度为 100m,100m 输出一次结果。当为人工检测,无自动采集数据及计算功能时,应能记录测试曲线。机架头装有一牵引钩及手拉柄,可用人力或汽车牵引。

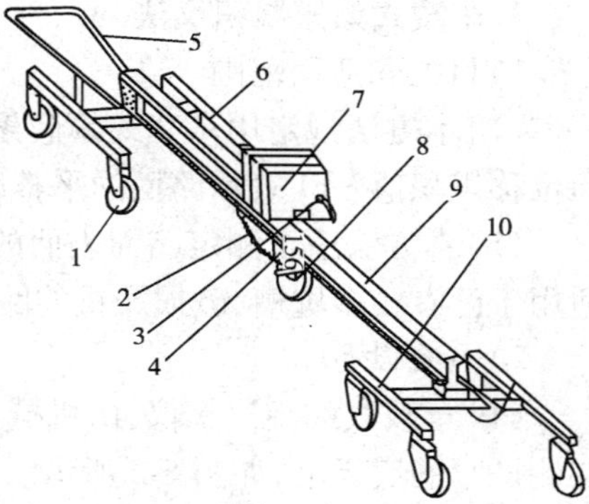

图 5-1　连续式平整度仪构造示意图

1-脚轮;2-拉簧;3-离合器;4-测架;5-牵引架;6-前架;7-纵断面绘图仪;8-测定轮;9-纵梁;10-后架

(2)牵引车:小面包车或其他小型牵引汽车。

(3)皮尺或测绳。

3)试验要点

(1)选择测试路段路面测试地点,同 3m 直尺法。

(2)将连续式平整度测定仪置于测试路段路面起点上。

(3)在牵引汽车的后部,将平整度的挂钩挂上后,放下测定轮,启动检测器及记录仪,随即启动汽车,沿道路纵向行驶,横向位置保持稳定,并检查平整度检测仪表上测定数字显示、打印、记录的情况。如检测设备中某项仪表发生故障,即停车检测。牵引平整度仪的速度应均匀,速度宜为 5km/h,最大不得超过 12km/h。

在测试路段较短时,亦可用人力拖拉平整度仪测定路面的平整度,但拖拉时应保持匀速前进。

4)计算

(1)连续式平整度测定仪测定后,可按每 10cm 间距采集的位移值自动计算 100m 计算区间的平整度标准差,还可记录测试长度、曲线振幅大于某一定值(3、5、8、10mm 等)的次数、曲线振幅的单向(凸起或凹下)累计值及以 3m 机架为基准的中点路面偏差曲线图,并打印输出。当为人工计算时,在记录曲线上任意设一基准线,每隔一定距离(宜为 1.5m)读取曲线偏离基准线的偏离位移值 d_i。

(2)每一计算区间的路面平整度以该区间测定结果的标准差表示,按式(5-1)计算。

$$\sigma_i = \sqrt{\frac{\sum(\bar{d} - d_i)^2}{n-1}} \tag{5-1}$$

式中：σ_i——各计算区间的平整度计算值，mm；

d_i——以100m为一个计算区间，每隔一定距离（自动采集间距为10cm，人工采集间距为1.5m）采集的路面凹凸偏差位移值，mm；

$\bar{d}$——一个计算期间内的路面凹凸偏差位移平均值；

n——计算区间用于计算标准差的测试数据个数。

（3）计算一个评定路段内各区间平整度标准差的平均值、标准差、变异系数。

5）报告

试验应列表报告每一个评定路段内各测定区间的平整度标准差、各评定路段平整度的平均值、标准差、变异系数以及不合格区间数。

3. 车载式颠簸累积仪法

1）目的和适用范围

（1）本方法规定用车载式颠簸累积仪测量车辆在被测路面上通行时后轴与车厢之间的单向位移累积值VBI表示路面的平整度，单位为cm/km。

（2）本方法适于测定路面表面的平整度，以评定路面的施工质量和使用期的舒适性，但不适用于已有较多坑槽、破损严重的路面上测定。

2）主要设备

（1）车载式颠簸累积仪：由机械传感器、数据处理器及微型打印机组成，传感器固定安装在测试车的底板上，如图5-2所示。

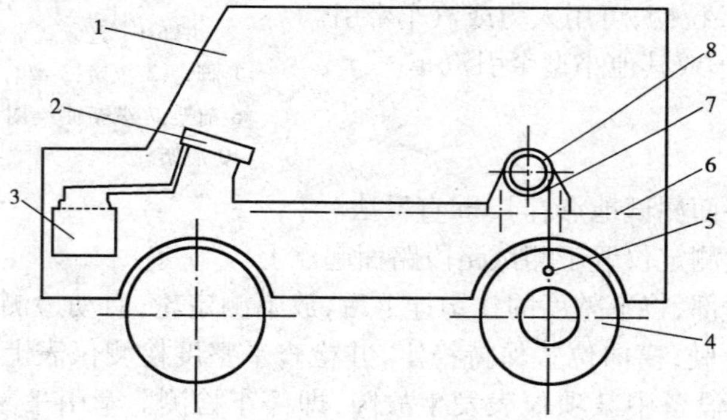

图5-2　车载式颠簸累积仪安装示意图

1-测试车；2-数据处理器；3-电瓶；4-后桥；5-挂钩；6-底板；7-钢丝绳；8-颠簸累积仪传感器

仪器的主要技术性能指标如下：

①测试速度：可在30～50km/h范围内选定；

②最小读数：1cm；

③最大测试幅值：±30cm；

④最大显示值：9 999cm；

⑤系统最高反应频率：5kHz；

⑥使用环境温度：0～50℃；湿度：<85%；

⑦稳定性：连续开机8h漂移<|±1|cm。

（2）测试车：旅行车、越野车或小轿车。

3）工作原理

测试车以一定的速度在路面上行驶，由于路面上的凹凸不平状况，引起汽车的激振，通过机械传感器可测量后轴同车厢之间的单向位移累积值 VBI，单位为 cm/km。VBI 越大，说明路面平整性越差，人体乘坐汽车时越不舒适。

4）测试要点

（1）仪器安装应准确、牢固、便于操作。

（2）测试速度以 32km/h 为宜，一般不宜超过 40km/h。

（3）测试路段计算长度在 100m、200m、300m、400m、500m、600m、700m、800m、900m、1km 中选择。

5）注意事项

（1）检测结果与测试车机械系统的振动特性和车辆行驶速度有关。减振性能好，则 VBI 测值小；车速越高，VBI 测值越大。因此必须通过对机械系统的良好保养和检测时严格控制车速来保持测定结果的稳定性。

（2）用车载式颠簸累积仪测出的颠簸累积值 VBI，与用连续式平整仪测出的标准差 σ 概念不同，可通过对比试验，建立两者的相关关系，将 VBI 值换算为 σ，用于路面平整度评定。

（3）国际平整度指数 IRI 是国际上公认的衡量路面行驶舒适性或路面行驶质量的指数。也可通过标定试验，建立 VBI 与 IRI 的相关关系，将颠簸累积仪测出的颠簸累积值 VBI 换算为国际平整度指数 IRI。

关于车载式颠簸累积仪测定平整度试验方法可详见《公路路基路面现场测试规程》（JTG E60—2008）。

6）报告

（1）应列表报告每一个评定路段内各测定区间的颠簸累积值，各评定路段颠簸累积值的平均值、标准差、变异系数。

（2）测试速度。

（3）试验结果与国际平整度指数等其他平整度指标建立的相关关系式、参数值、相关系数。

二、平整度指标间的相互关系

1. 国际平整度指数 IRI

平整度测定的方法和仪器不同，采用的技术指标也不同。为了使采用不同方法和仪器测定的结果可以相互比较，需要寻找一个标准（或通用的）平整度指标，它同其他平整度指标应具有良好的相关关系。为此，世界银行组织国际研究小组进行了大规模路面平整度试验，在实验基础上提出了采用国际平整度指数（IRI）作为评价平整度标准。

国际平整度指数 IRI 是第一个在世界范围内被广泛应用的纵断指数，是一项标准化的平整度指标。它同反应类平整度测定系统类似，但采用的是数学模型模拟 1/4 车轮（即单轮）以规定的速度行驶在路面断面上，分析行驶距离内动态反应悬挂系的累积竖向位移量。标准的测定车速为 80km/h，IRI 单位为 m/km 或 mm/m。

用 IRI 可以将不同单位、不同地区，甚至不同国家测得的道路平整度（或不平整度）进行相互比较。IRI 概括了影响车辆响应的不平整度性质。

2. 平整度指标(国际平整度指数 IRI、标准差 σ 及单向累积值 VBI)相互关系

1)VBI 与其他平整度指标的相关关系

用车载式颠簸累积仪测定的 VBI 值应经过标定,与国际平整度指数 IRI 和标准差 σ 建立起对应关系后,方能正式使用。VBI 与 IRI、σ 进行标定换算时,其相关系数均不得小于 0.90。

VBI 与 IRI 和 σ 建立相关关系时,选择的标定路段应符合下列要求:

①有 5 ~6 段不同平整度的现有道路,每段长宜为 250 ~300m,每段中平整度均匀;

②标定路段应选交通量小,纵坡变化较小的平坦、支线地段;

③标定路段起讫点应作好标记,标定应在行车道的正常轮迹上进行。

(1)用连续式平整度仪进行标定。

①用于标定的仪器应使用按规定进行校准后能准确测定路面平整度的连续式平整度仪。

②按现行操作规程用连续式平整度仪沿选择的每个路段全程连续测量平整度 3 ~5 次,取其平均值作为该路段的测试结果(以标准差表示)。

③用车载式颠簸累积仪沿各个路段进行测量,重复 3 ~5 次后,取其各次颠簸累积值的平均值作为该路段的测试结果,与平整度仪的各段测试结果相对应。标定时的测试车速应在 30 ~50km/h 范围内选用一种或两种稳定的车速分别进行,记录车速及搭载量,以后测试时的情况应与标定时的相同。

④整理相关关系。将连续式平整度仪测出的标准差 σ 及车载式颠簸累积仪测出的颠簸累积值 VBIv 绘制出曲线并进行回归分析,建立相关关系

$$\sigma = a + b \cdot \mathrm{VBI_V} \tag{5-2}$$

式中:σ——用连续式平整度仪测定的以标准差表示的平整度,mm;

$\mathrm{VBI_V}$——测试速度为 v 时用颠簸累积仪测得的累积值 VBI,cm/km;

a、b——回归系数。

(2)将车载式颠簸累积仪测定结果换算成国际平整度指数的标定方法:

①将所选择的标定路段在标记上每隔 0.25m 作出补充标记。

②在每个路段上用经过校准的精密水平仪分别测出每隔 0.25m 标点上的标高,按有关方法计算国际平整度指数 IRI(m/km)。

③用车载式颠簸累积仪测试得到各个路段的测试结果。

④将各个路段的国际平整度指数 IRI 与颠簸累积值 VBIv 绘制出曲线并进行回归分析,建立相关关系

$$\mathrm{IRI} = a + b \cdot \mathrm{VBI_V} \tag{5-3}$$

式中:IRI——国际平整度指数,m/km;

$\mathrm{VBI_V}$——测试速度为 v(km/h)时颠簸累积仪测得的颠簸累积值,cm/km;

a、b——回归系数。

2)σ 与 IRI 的关系

交通部公路科学研究所经过对比测量得到 IRI 与 σ 的经验关系式如下:

$$\sigma = 0.598\mathrm{IRI} + 0.013 \tag{5-4}$$

世界银行提出不同道路平整度的要求如表 5-2 所示。

世界银行要求的 IRI 与 σ　　表 5-2

路面类型	IRI	σ	正常车速(km/h)
机场跑道和超级公路	0.2～1.8	0.13～1.09	110～120
新路面	1.3～3.2	0.79～1.93	98～113
老路面	2.2～5.7	1.33～3.42	86～103
已破坏路面	4.0～10.8	2.4～6.47	60～95

我国公路平整度的要求见《公路技术状况评定标准》(JTG H20—2007)。

●第三节　产生路面不平整的原因●

路面不平整主要表现为坑凹、起拱、波浪、接缝台阶、碾压车辙、桥头或涵洞两处路面沉降、桥梁伸缩缝的跳车等。造成路面不平整或平整度下降的原因是多方面的,主要为以下几个方面。

一、路面设计不合理

路面结构设计不合理,缺乏超前使用意识,对交通量估计不准确,对重型超载车辆没有在设计上给予充分考虑,从而导致路面厚度设计过薄,在车辆动荷载的反复作用下,造成路面自身破损,致使原来合格的路面平整度破坏。

二、路基不均匀沉降

路基是路面的基础,路基不均匀沉降,必然会引起路面的不平整。路基不均匀沉降的主要原因是:

(1)路堤地基处理不当。

①在进行线路和地质勘察中,对地质、水文地质情况考虑不周,结果出现地基处理不合理,造成地基下沉及不均匀沉降,从而导致路面平整度的破坏。

②伐树除根及表土处理不彻底,路堤成形后一旦杂质腐烂变质,地基将会发生松软和不均匀沉降。

③地面横坡大于1∶5的路段,路堤填筑前土基未按规定要求挖成台阶,填料与土基结合不良,在荷载作用下,填料极易失稳而沿坡面产生滑移。

(2)路堤填料控制不当。

①选用了稳定性较差的路基填料,如采用高液限黏土、粉质土或使用淤泥、腐殖质含量较高的土料填筑路堤,会使路堤产生整段或局部的变形。

②采用不同土质填筑路堤时,因土的性质不同,如填筑方法不当,碾压成型后易造成不均匀沉降。

(3)填挖结合路基的接合部处理不当。填挖结合地段的施工,土基未按规范要求挖成台阶,使土基与填料在接合部产生裂缝和沉降。

(4)填土路基压实不足。路基填料的含水量、压实时的松铺厚度、碾压机具的选择不当,都易造成路基压实不足,使路基土壤的密实度偏低,土体的透水性增强,造成水分积聚和侵蚀路基,使路基土软化或因冻胀而产生不均匀沉降。

(5)特殊地基路段。当路基修筑于软土地段时,由于软土的压缩性大,在自重的作用下会产生沉降。

(6)排水不完善。路基施工中,如果排水系统不完善,必然造成水流不畅,引起路基变形,这种情况在黄土地区尤为突出。

三、基层不平整

基层的平整度对路面平整度有着重要影响。若基层不平,即使面层摊铺平整,压实后也会因虚铺厚度不同,而产生不平整。对于沥青路面,因基层顶面的平整度允许偏差为:高速、一级公路8mm,其他公路12mm。当用沥青混凝土摊铺机作业时,尽管沥青混合料表面摊平了,但该处因多出8mm或12mm的松厚,压实后仍将出现低洼。若是水泥混凝土路面,由于基层不平整,造成路面厚度不均,也会因干缩程度不同,而影响路面平整度。

基层顶面清理不干净,或在摊铺施工现场随地有漏散混合料,或摊铺机滑靴和履带常碾压到石料上,都会引起摊铺机局部提高,影响沥青混合料摊铺厚度不均匀,从而导致沥青路面不平整。

四、桥头涵洞两端及桥梁伸缩缝处不平整

桥、涵台背处路基由于沉降而导致不平整(跳车),其主要原因是:

(1)由于压实机械的作业面狭小而使压实不到位,通车后,易引起路基的压缩沉降。

(2)由于台背填料和台身刚度差较大,造成沉降不均匀。

(3)在桥(涵)与路基接合处,常会产生细小缩裂缝,雨水涌入缝后,使路基产生病害,导致该处路基发生沉降。

(4)桥梁伸缩缝在选型和施工时考虑不周和处理不当,以及桥梁伸缩装置的损坏等,均会形成路面高低不一的台阶,产生跳车现象。

五、路面摊铺机械及工艺方面存在的问题

1. 沥青路面

摊铺机是沥青面层施工的主要机具设备,其本身性能及操作水平对摊铺平整度影响很大。摊铺机结构参数不稳定、行走装置打滑、摊铺的速度快慢不均、机械猛烈起步和紧急制动以及供料系统速度忽快忽慢都会造成面层的不平整和波浪。

(1)摊铺机结构参数选择不当。

①熨平板组合宽度不对称以及下表面不平直,当组合后熨平板宽度与机械本身左右不对称,机具易走偏,并在混合料的惯性作用下使熨平板前后混合料的压力不一致,造成横断面摊铺厚度的差异。

组合后的熨平板下表面若不成平面,也将形成摊铺厚度不均匀。

②熨平板初始工作角不一致将造成摊铺层同一横断面内厚度不一致或出现台阶,直接影响平整度。

③熨平板前后拱差值选择不合适,会使整个摊铺层结构不均匀,密实度不一致。如前拱过

小,摊铺层中部会出现松散结构,摊铺层两侧会出现明显刮痕。

④当摊铺厚度较大,骨料粒径较大和要求密度较高时,若螺旋分料器与熨平板前缘的距离过小时,满足不了规定的摊铺厚度,而且使摊铺层出现波纹,使路面平整度下降。

⑤当摊铺较薄的上面层,振捣器、夯锤皮带过于松弛会使振捣频率、夯实次数快慢不一,形成路面"搓板"。

(2)摊铺机基准线控制不当。目前使用的摊铺机大都有自动找平装置,摊铺时可按照预先设定的基准来控制(基准面可以是设计高程面,也可以是设计高程的平行面)。如果基准控制不好,如基准线因张拉力不足或支承间距太大而产生挠度,使面层出现波浪。挂线高程测量不准,量线失误或桩位移动,都会通过架设在钢丝线上的仪表反映在相应的摊铺路段上,造成路面高低起伏,影响平整度。

(3)摊铺机的摊铺速度控制不当。在摊铺沥青混合料过程中,随意变更摊铺机的摊铺速度,使摊铺速度快慢不匀,也会导致面层出现粗糙不均匀,影响到摊铺后的预压密实度和平整度。此外,当摊铺机中途停顿时,因混合料温度下降会引起局部不平整,而且纵向调平系统在每次起动后,自动找平装置仍需行驶 3~8m 后才能恢复正常,也易造成摊铺厚度不匀。

(4)摊铺机操作不正确。

①摊铺机操作手不熟练,导致摊铺机曲线前进,一旦纠偏过猛就会出现凸楞,使路面不平整;

②在正式摊铺前,熨平板未充分预热,造成混合料黏结和熨不平;

③运料车在倒车时撞击摊铺机,会引起摊铺机扭曲前进,使路面出现凸楞;或是料车停在摊铺机前待卸料和卸料过程中使用制动增加了摊铺机的牵引负荷以及卸料过猛,使摊铺速度发生变化,使路面形成波动或"搓板";

④在摊铺中,熨平板处于浮动状态(由已铺筑的路面混合料支撑着),如果供料系统失常,料位高度不稳定,就会使进入熨平板全宽范围的拌和物密度发生变化,当熨平板下拌和物密度变小时,支撑熨平板的浮力变小,摊铺厚度减小;反之,熨平板被抬起,摊铺厚度加大,导致路面出现"波浪";

⑤因卸料而撒落在下层的混合料未及时清除,影响了履带或轮胎的接地标高,殃及摊铺层的横坡及平整度。

2. 水泥混凝土路面

现分别叙述水泥混凝土路面按小型配套机具和滑模摊铺机施工对路面平整度的影响。

(1)采用小型配套机具施工。

①立模质量的影响。立模质量是确保混凝土路面平整度的重要环节。振动梁、提浆滚或三轴整体机是依靠模板的控制进行作业的,若立模本身凸凹不平或模板固定不牢,当受各种振捣机具的冲击而变形时,路面整平就失去了基准。

②施工机具本身的影响。振动梁变形和振动频率的失调会直接影响对混凝土拌和物的刮平、补振、压实、提浆功能。振动夯梁行进速度不当也会影响路面平整度。

③混凝土摊铺工序的影响。混凝土卸料作业的均匀程度,对混凝土路面的平整度影响很大。如自卸汽车大堆卸料或施工人员用钉钯抛卸摊铺、振捣工序混乱都会使混凝土摊铺初始密度不匀或产生离析,难以保证最终的平整度。

④在混凝土表面制毛时(一般是采用压纹和拉毛两种方法),如时间掌握不当,进行压纹

时易使相邻两压纹段之间的路面上形成不平整的一条鼓包,拉毛易疏松和破损,使表面1~2mm范围的密实度受到影响,平整度也相应降低。

(2)采用滑模摊铺机施工。滑模摊铺机是以人工架设基准线为基准,摊铺过程中传感器的探测杆沿基准线滑动,实现自动找平,控制标高。

①摊铺机自身的影响。

a.底模:底模是挤压成型的模板。底模的平整是影响路面平整度的关键。底模经过一定时间的施工使用后,由于受到压力和自身重力作用,会产生一定的变形,因而由底模挤压成型后的路面也会不平整,如呈拱形或波浪形。

b.浮板:浮板挂在成型模之后,施工时浮板悬浮在混凝土面上,起修面作用。同底模一样,浮板的变形也会影响路面的平整度。

c.翘角:边模内侧的底模设定一可调的翘角,一般根据混凝土的坍落度来调整。翘角调整不当,摊铺带两侧混凝土面会略高于或低于标高,影响混凝土板两边平整度。特别在进行分幅摊铺时,由于板边是纵向接缝,平整度差时难以接顺,致使路面横向平整度变差。

②基准线的影响。基准线是控制摊铺机标高和导向的,架设是否准确,直接影响路面的标高和平整度。基准线标高不准会影响纵向平顺,架设基准线的铁架刚度不够,会产生变形;基准线若张拉不紧会产生挠度;在坡道处,铁架横杆受压力会向下弯曲;在弯道内,钢丝会对支架的立杆产生偏拉力,使铁架偏离原来的位置。所有这些都会导致方向偏离,标高偏高或偏低,使路面产生波浪。

施工中常见基准绳支架螺丝松脱现象,导致横杆下掉。用作基准线的钢丝绳长期使用后,会产生较多脱丝和打结现象,当探测杆碰到钢丝结时,不能滑过而出现掉传感器现象,造成摊铺过程标高的失控;即使能够滑过,由于传感器产生跳越而不能实现正常找平,使路面平整度降低。人工移动传感杆通过支架或钢丝结,同样不能保证标高的准确。

在施工中,运输车辆、施工人员不留意,会意外碰及基准线,使之脱离支架或偏位,造成正在摊铺的路面标高产生变化。

③摊铺机操作的影响。机械操作人员除了要在施工之前对机械进行准确的校正之外,在施工过程中也要根据具体情况进行适当的调整和操作,否则,会造成以下影响:

a.缺料:由于布料太少或虚方板过低,使进入成型模的拌和物不够,产生缺料现象。人工修补缺料,难以保证路面的质量及平整度。

b.堆料过多:当摊铺机前堆料过多,摊铺机走不动时,机手通常采用手动抬高仰角的办法减小摊铺阻力,由此造成标高偏高,平整度变差。

c.振捣过度:坍落度较大的拌和物,若过分振捣提浆,会使混凝土料的粒料分层,下层粗骨料偏多,而上层只有砂浆和小骨料,振动棒向前拖动过后,回填的混凝土料基本是稀浆,且水灰比较大,当水分蒸发之后,该处的强度小、收缩率大,影响路面平整度。

六、面层材料的质量问题

1.沥青路面

(1)沥青混合料的组合设计不合理,或配合比计量不准确,质量不合格。

(2)沥青混合料的拌和不均匀。

①当拌和设备出现意外情况，如刚开炉或料温低，含水量大，易出现料温不均现象；

②当筛分系统出现问题时，造成骨料级配发生较大变化；

③由于料温偏低、拌和时间短等原因出现花白料，使路面难以摊铺成型；

④由于炒拌温度过高造成沥青材料老化，不能保证沥青混凝土摊铺后质量；

⑤当拌和设备供应能力过小，出现停工待料状况，使接头处温度降低，出现温度差，形成"坎"；当运输设备不配套或操作人员技术较差时，易撞击摊铺机，使机身后移，形成"台"。

2. 水泥混凝土路面

(1)原材料的影响。使用强度低、脆性大、干缩性大的水泥，路面易出现干缩裂缝、脱皮等病害。

使用耐磨性较差的集料会造成水泥路面耐磨性较差，出现露骨、断板。

使用含有活性二氧化硅和其他活性集料时，可能产生碱—集料反应，从而影响路面的使用寿命，出现早期破坏，影响路面平整度。

(2)配合比设计不当。配合比设计不当，水泥用量偏多，水灰比偏大，会使混凝土干缩增加，出现开裂、断板，使路面不平。施工中配合比掌握不严、计量不准、拌和不足或过量，常会出现坍落度不均匀、离析失水和初凝现象，对路面平整度造成不利影响。

(3)停工待料的影响。每个工作日只停工一次，并设置工作缝，否则会由于待料时间过长，混凝土形成初凝，与后续拌和料不能具有相同的状态，造成面层不平整。

七、沥青路面碾压存在的问题

沥青面层铺筑后的碾压对平整度有着重要影响，需认真选择碾压机具、碾压温度、速度、路线、次序等。

1. 压路机型号

如果采用低频率、高振幅的压路机时，会产生"跳动"夯击现象而破坏路面平整度。压路机初压吨位过重也会使刚摊铺好的路面产生推挤变形。

2. 碾压温度

初压温度过高压路机的轮迹明显，沥青料前后位移大，不易稳定。复压温度过高会引起胶轮压路机黏结沥青细料，小碎片飞溅，影响表面级配而导致不平整；温度过低，则不易碾压密实和平整。

3. 碾压速度

压路机碾压速度不均匀、急刹车和突然起动、随意停置和掉头转向、在已碾压成型的路面上停置而不关闭振动装置等都会引起路面推拥。在未冷却的路面上停机会出现凹陷。

4. 碾压路线

碾压行进路线不当，不注意错轮碾压，每次在同一横断面处折返，会引起路面不平。

5. 碾压次数

碾压遍数不够，压实不足，通车后形成车辙。

6. 驱动轮和转向轮的前后问题

如果是从动轮在前，由于从动轮本身无驱动力，靠后轮推动，因而使混合料产生推移，倒退时在轮前留下波浪。

八、接缝处理欠佳

接缝包括纵向接缝和横向接缝(工作缝)两种。接缝处理不好常容易产生的缺陷是接缝处下凹或凸起,以及由于接缝压实度不够和结合强度不足而产生裂纹甚至松散。

水泥混凝土路面接缝施工质量欠佳,会引起板的各种损坏,从而引起路面的不平整,使行车的舒适性受到影响。

●第四节　路基及路面基层平整度控制●

一、路　　基

1. 路堤填筑前基底处理

(1)填筑路堤时应首先进行原地面处理。当路堤填筑高度小于1.0m时,应将路基范围内的树根、草丛全部挖除。

若基底的表层土系腐殖土,则须将其表层土清除换填,厚度视具体情况而定,一般以不小于30cm为宜,并予以分层压实。如出现草炭层、鼠洞、裂缝,应更换符合要求的土,并按规定进行压实。

路堤通过耕地时,路堤填筑施工前必须预先填平压实。如其中有机质含量和其他杂质较多,碾压时因弹性过大,不易压实,应换填土。

(2)坡面基底处理。当坡度较小(横坡缓于1:5)时,只需清除坡面上的表层,其处理方法同上。但坡度较大(横坡陡于1:5)时,应将坡面挖成台阶,让填料充分嵌在地基里,以防止路堤滑移。台阶的尺寸,依土质、地形和施工方法而不同,一般宽度不宜小于2m,而且台阶顶面应做成向堤内倾斜2%~4%的坡度,并分层夯实。当所有台阶填完之后,可按一般填土进行。

2. 路堤填料

路堤填料一般应采用砂类土、砾类土及塑性指数和液限符合规范的土,不得使用淤泥、沼泽土、冻土、有机土、含草皮土、生活垃圾及含腐殖质的土。对于液限大于50,塑性指数大于26的土,一般不宜作为路基填土。在特殊情况下,受工程作业现场条件限制,必须使用时,应作如下处理:

(1)控制最佳含水量,保证土料在最佳含水量下达到最佳压实度。可通过翻晒或是洒水来实现,洒水量可由自然含水量和最佳含水量之差求出。

(2)掺外加剂改良。对含水量大、塑性高或强度不足的土掺入石灰、水泥工业废料或其他材料的稳定剂(或凝固剂),对土的性质进行改良,达到填土要求。

采用不同土质填筑路堤时,应注意以下几点:

(1)层次应尽量减少,每一结构层总厚度不小于0.5m。不得混杂乱填,以免形成水囊或滑动面;

(2)透水性差的土填筑在下层时,其表面做成一定的横坡(一般为双向4%横坡),以保证来自上层透水性填土的水分及时排出;

(3)应合理安排不同土质的层位,一般采用不因潮湿及冰融而变更其体积的优良土填在上层,强度(形变模量)较小的应填在下层;

(4)在不同土质填筑的路堤交接处应做成斜面,并将透水性差的土填在斜面的下部。

3. 路基压实

路基施工时,应严格按现行《公路路基施工技术规范》(JTG F10—2006)的要求进行,并应通过试验路段来确定不同机具压实不同填料的最佳含水量、适宜的松铺厚度和相应的碾压遍数、最佳的机械配套和施工组织。各级公路的路基压实度必须满足《公路路基设计规范》(JTG D30—2004)的要求。

4. 特殊地基处理参见第二章。

5. 完善排水设施

为了保持路基能经常处于干燥、坚固和稳定状态,必须将影响路基稳定的地面水予以拦截,并排除到路基范围之外,防止漫流、聚积和下渗。同时,对于影响路基稳定的地下水,应予以截断、疏干、降低水位,并引导到路基范围以外,使全线的沟渠、管道、桥涵构成完整的排水体系。

对于黄土地区的排水设施应注意防冲、防渗以及水土保持问题。

1)一般路段排水

对路基排水沟渠(包括边沟、截水沟、排水沟)要注意防渗、防冲,当沟渠纵坡达到或超过表 5-3 所列数值时即需采取加固及防止渗漏措施。

边沟需加固的纵坡值 表 5-3

土类	新黄土	老黄土	红色黄土
纵坡度(%)	≥3	≥4	≥6

注:①边沟长度≥200m 时,需进行铺砌加固;

②边沟过长时,应考虑减小纵坡的容许值或做好出口设计,将水引离路基;

③边沟纵坡过于平缓,将会引起边沟淤塞,一般纵坡不小于 0.3%,受限制时不小于 0.1%。

黄土地区公路边沟以采用浆砌片石加固效果较好。当纵坡较大时采用跌水消力池式加固。

截水沟应设在离堑顶边缘以外不少于 10m 的地方,断面不宜过大,沟底纵坡不宜小于 0.3%。

在填挖交界处引出边沟水时,应注意出水口的加固。

2)特殊路段的排水

在垭口、深路堑、高路堤、滑坡、陷穴等地段,应注意结合水土保持进行综合治理,如用挖鱼鳞坑、水平沟、种草、植树等方法对坡面径流进行调治与防护;在冲沟头植树,防止冲沟溯源侵蚀,危害路基;布设在沟谷的路线,在沟谷中筑坝淤池,并保护路基坡脚不受水的冲刷破坏;还可做护坡埂、涝池、水窑等。

二、路面基层

(1)严格按照《公路路面基层施工技术规范》(JTG F40—2004)的要求进行底基层和基层施工,对于高速公路和一级公路,必须坚持除与土基接触的底基层可以采用路拌法施工以外,其上面的各层均应采用集中场拌和摊铺机摊铺施工方法，以确保标高、横坡、强度、平整度达到设计要求。当采用摊铺机进行基层施工时，为了消除中间高两侧低的现象，可适当调整摊铺机两侧的横向斜杆，使熨平板呈中间低两头翘状态。

(2)加强基层养护。在基层施工完成后，宜采用不透水薄膜或湿砂进行养护，也可以采用喷洒沥青乳液保护。若无上述条件时，可以用洒水进行养护，并应严格控制行车。若不能封闭交通，应限制重车通行，其车速不应超过30km/h，同时应注意其他交通设施对基层的损坏。若出现车槽(坑槽)松散，应采用相同材料修补压实，也可用贫混凝土填平振实后，上面铺一层油毛毡再进行路面施工。严禁用松散粒料填补。

(3)严格控制基层平整度。

①面层铺筑前用3m直尺对基层进行平整度检测，平整度差而且大于8mm(高速、一级公路)或12mm(二级及以下公路)的路段应进行整平。

②面层摊铺前认真清扫基层表面，确保基层表面整洁、没有松散浮料和杂质。如有泥土还应用压力水冲洗干净。如基层表面局部透层沥青或下封层脱落，则应将脱落处基层表面清洗干净后补洒透层沥青或补做下封层。

③认真抄平放线，确保基层标高和基准线标高准确无误。基层标高超过允许范围时，高处必须铲平，低处可用下面层补平。

(4)当基层铺筑面层前受到其他工序污染，如表面滴落水泥成硬渣时，应及时清除，以确保面层平整度。

三、桥头涵洞两端及桥梁伸缩缝处平整度的控制

桥头涵洞两端平整度控制参见第二章第五节。桥梁伸缩缝处平整度控制，应合理进行伸缩缝的设计、选型、施工及养护，以保证伸缩缝处的路面平整度。

1.选择符合要求的伸缩缝装置

(1)满足伸缩位移要求。

(2)质量和刚度符合要求。

(3)车辆行驶平稳、舒适。

(4)能防止雨水和垃圾渗入。

(5)便于安装、检查、养护。

2.伸缩装置的安装

(1)为方便施工，伸缩装置的锚固钢筋应以每片梁(板)中心对称设置，并保证锚固钢筋的作用。

(2)规范和控制伸缩缝预埋钢筋在梁(板)端部和桥台的锚固宽度，一般锚固宽度以50cm为宜。

(3)定位角钢之间的距离须按安装时气温下伸缩缝的伸缩量调整，并按桥面高度将定位角钢焊接到预埋钢筋上，对角钢附近的混凝土应加强插捣，以严格控制缝距。

(4)伸缩装置锚固区混凝土与行车道桥面铺装应同时浇筑，以避免施工缝以及伸缩装置两侧的混凝土与桥面系的相邻部位结合不紧密，导致伸缩装置的破坏。

3. 伸缩缝养护

(1)清洁桥面,以免杂质损坏伸缩缝。

(2)做好桥面铺装层的维修工作,特别是伸缩缝处,桥面不平整大于5mm时,应及时修复。

(3)经常巡查,发现梁(板)端部破坏或填缝料剥落、老化、开裂等,应及时修补或更换。

4. 伸缩装置的修复

伸缩装置的损坏会导致产生桥面高低不一的台阶。在桥面伸缩缝处台阶达到1~2cm时,伸缩缝装置开始局部损坏,不能正常工作,应进行修复。

伸缩缝装置损坏初期一般只是局部构件不能正常工作,虽然对行车影响不大,但也应及时维修,更换已损坏部件,以满足伸缩缝正常工作的要求。

对伸缩缝装置破损已引起桥面跳车,局部维修更换个别部件已不可能时,即应更换整个伸缩缝装置。

•第五节　沥青路面平整度控制•

一、沥青路面摊铺工艺控制

1. 摊铺机结构参数的选择和调整

1)熨平板宽度选定原则

(1)组合后的熨平板应与机械本身左右对称,即对称原则;

(2)熨平板的组合宽度内尽可能减少纵向接缝,即最小纵向接缝原则;

(3)多层次路面的上下层纵向接缝不重合原则。

沥青路面正式摊铺前,应检验组合后熨平板的底面不平整度和基本熨平板与附加熨平板底面的高度差,以保证足够的平整度。

2)熨平板初始工作角的选择

熨平板初始工作角主要根据摊铺层厚度选择,即在同一沥青混合料的条件下,对较大的摊铺厚度应选用较大的初始工作角。

在摊铺过程中,不应频繁调整摊铺厚度控制杆,否则将使工作角不断变化,而工作角的恢复需要一段时间,在此时间内,面层的平整度将受影响。

3)熨平板拱度的调整

熨平板拱度值应按设计给定值进行调整,需要有适当的前后拱差值,一般前拱比后拱大3~5mm。

4)螺旋分料器与熨平板前缘距离的调整控制

这一距离的调整,主要涉及混合料下料速度及其通过性。当摊铺厚度较大,骨料粒径较大和要求密实较高时,需将距离调大,使混合料有较高的下料速度和较好的通过性。在摊铺作业中,应根据不同的摊铺层厚度和宽度及摊铺速度正确地调整刮料板的开度,以保证螺旋分料器中混合料压力的稳定。

5)摊铺机振捣器、夯锤的控制

振动梁振幅调整的主要依据是摊铺厚度和摊铺层密实度。振动压实时,大振幅比小振幅有较高压实能力。但沥青混凝土摊铺层属于薄层，一般采用小振幅（控制在4～12mm为宜），以避免面层松散和整体强度下降。

在摊铺前，应检查振捣器、夯锤皮带使用性能，尤其是皮带是否过于松弛，避免振捣频率和夯实次数快慢不一。

2. 摊铺机基准线的控制

摊铺机在进行自动找平时，需要有一个准确的基准面（线）。下面介绍两种确立基准面（线）的方法，施工时可结合路面的结构层次和施工位置进行选定。其基本原则是：当以控制高度为主时，以走钢丝为宜；当以控制厚度为主时，则采取浮动基准梁法。一般是底面层用走钢丝法，中面层和表面层用浮动基准梁法。

1）摊铺底面层——基准钢丝绳（走钢丝）法

此方法是在路面两侧安装基准钢丝绳，但应注意：

（1）支持钢丝绳的立柱钢筋的间距不能过大，一般为5～10m；

（2）用两台精密水准仪测量控制钢筋的高程，钢筋宜较设计高程高1～2mm，并保证钢筋的高程在铺筑过程中始终准确；

（3）一般使用ϕ2mm～ϕ3mm的高强度钢绞线，用紧线器拉紧安放在支柱的调整横杆上，每两根支柱间钢丝绳的挠度不大于2mm，张紧钢丝绳的拉力一般不小于1.2kN；

（4）基准线应尽量靠近熨平板，以减少厚度增量值；

（5）为保证连续作业，每侧钢丝绳至少应具备有3根200～250m长的钢绞线，在未走完本段钢丝之前，下段钢丝已经架设完成。

2）摊铺中面层和表面层——浮动基准梁法

浮动基准梁用于保持摊铺机前后高差相同，保证摊铺厚度和提高表面平整度。在构造物上另加挂钢丝绳配合进行控制（因构造物上沥青层的厚度与表面层厚度不同），方法是：浮动基准梁的前部由长2～3m的2～4个轮架组成，每个轮架有3～4个小轮，行走在摊铺机前面下承层。浮动基准梁的后部是约0.5m×1.0m的滑板（俗称滑靴），在摊铺层顶面滑移，见图5-3。为了减少基准误差和自动找平装置的误差，需在进行自动找平装置的安装和调整时注意以下几点：

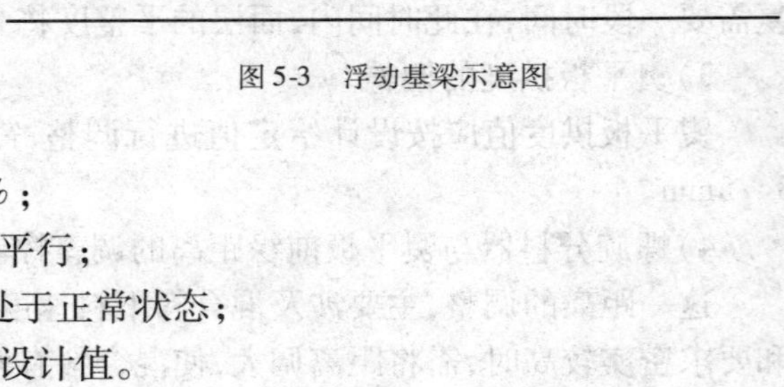

图5-3　浮动基梁示意图

（1）横坡传感器的安装误差应小于±0.1%；

（2）浮动基准梁的滑动基面应与摊铺基面平行；

（3）随时检查液压系统的工作压力，使其处于正常状态；

（4）随时检查摊铺厚度和横坡值是否符合设计值。

3. 摊铺机的摊铺进度控制

摊铺机应该匀速、不停顿地连续摊铺，严禁时快时慢。因摊铺速度的变化必然导致摊铺厚度变化。为了保证厚度不变，就要调节厚度调节器以及捣固器和熨平板的激振力与振捣梁行程，但人工调节是凭经验调节，在速度变化处会引起摊铺后预压密实度的变化，从而导致最终压实厚度的差异，影响路面平整度。

（1）摊铺机的速度一般为 2～6m/min，实际可采用的摊铺速度则取决于拌和机的产量，可按下式计算：

$$v=\frac{100\times Q}{60D\times W\times T}\times C \tag{5-5}$$

式中：v——摊铺速度，m/min；

D——压实沥青混凝土的毛体积密度，t/m^3；

Q——拌和机产量，t/h；

W——摊铺宽度，m；

T——压实后的平均厚度，m；

C——摊铺机的效率系数，应根据材料供应、拌和机的生产能力与运输能力等配套情况确定，一般为 0.9 左右。

（2）在摊铺过程中，应尽量避免停机，应将每天必须停机中断摊铺点放在构造物一端预定做收缩缝的位置。在中途万一出现停机，应将摊铺机熨平板锁紧不使下沉；停顿时间在混合料温度为 100℃以上时不要超过 10min。停顿时间超过 30min 或混合料温度低于 100℃时，要按照处理冷接缝的方法重新接缝。

4. 摊铺机操作控制

（1）选用熟练的摊铺机操作手，并进行上岗前培训。

（2）在摊铺过程中，运料车应在摊铺机前 10～30cm 处停住，并挂空档，依靠摊铺机推动缓慢前进，并应有专人指挥卸料车进行卸料。

（3）确保摊铺机供料系统的工作具有连续性，即保证脚轮（输送轮）内的料位高度稳定、均匀、连续，料位高度保持在中心轴以上叶片的 2/3 为宜。如中断摊铺时间短，仅受料斗内的混合料已经冷硬，则应先将受料斗内已冷硬的混合料铲除干净，然后重新喂料。

（4）在沥青摊铺机前设专人观察路面平整度，并负责及时清扫洒落的粒料。

（5）摊铺前，熨平板必须清理干净，调整好熨平板的高度和横坡后，预热熨平板。熨平板的预热温度应接近沥青混合料的温度，一般可加热到 85～90℃。

二、沥青面层材料的质量控制

1. 沥青混合料的组合设计

混合料的组合设计应根据公路等级的要求，经过目标配合比设计、生产配合比设计和生产配合比验证三个阶段调试后，确定粗集料、细集料、矿粉和沥青材料相互配合的最佳组成比例，使其既满足沥青面层设计要求，又符合经济的原则。高速公路和一级公路的上、中面层还应进行动稳定度的检查，检查其抗车辙能力是否符合设计要求。

连续级配沥青混凝土混合料配合比设计是以马歇尔试验为主，并通过车辙试验对抗车辙能力进行辅助检验。沥青混合料 60℃时，车辙试验的动稳定度高速公路不小于 800 次/mm（较热地带不小于 1000 次/mm），一级公路不小于 600 次/mm。

（1）提高混合料的高温稳定性。可采用提高黏结力和内摩阻力的方法解决。在沥青混合料中，增加粗矿料含量，使粗矿料形成空间骨架结构，从而提高沥青混合料的内摩阻力。适当地提高沥青材料的黏稠度，控制沥青与矿料的比值（油石比），严格控制沥青用量，采用活性矿粉以改善沥青与矿料的相互作用，就能提高沥青混合料的黏结力。

（2）提高混合料低温抗裂性。在组合设计中，应选用稠度较低、温度敏感性低、抗老化能力强的沥青，在沥青中掺入橡胶等高聚物，也能大大提高混合料低温抗裂性。

（3）提高混合料的耐久性。一般在混合料中应残留3% ~5%（或6%）空隙（或以饱水率2% ~4%计）。

2. 消除沥青混合料在拌和中出现的质量问题

（1）清除热仓料的超尺寸颗粒。检查振动筛，调整冷料仓上料速度。

（2）消除混合料的花白料。根据检查确定的原因升高集料加热温度，或增加拌和时间，或减少矿粉用量。

（3）清除湿料。含水量大于7%的细集料不允许使用。

（4）消除混合料无色泽。严格控制沥青加热温度在160 ~170℃。

（5）消除矿料颗粒的明显变化。检查原因和采取相应的措施或调整配合比。另外，在拌和时沥青、矿料的加热温度和沥青混合料的出厂温度应根据沥青品种、标号、黏度、气候条件和铺筑层的厚度确定。沥青的针入度小、黏度小、气温低、铺筑层薄时用高限，参照表5-4。

热拌沥青混合料的施工温度（℃） 表5-4

施工工序		石油沥青的标号			
		50号	70号	90号	110号
沥青加热温度		160 ~170	155 ~165	150 ~160	145 ~155
矿料加热温度	间隙式拌和机	集料加热温度比沥青温度高10 ~30			
	连续式拌和机	矿料加热温度比沥青温度高5 ~10			
沥青混合料出料温度		150 ~170	145 ~165	140 ~160	135 ~155
混合料贮料仓贮存温度		贮料过程中温度降低不超过10			
混合料废弃温度		>200	>195	>190	>185
运输到现场温度		≮150	≮145	≮140	≮135
混合料摊铺温度，不低于	正常施工	140	135	130	125
	低温施工	160	150	140	135
开始碾压的混合料内部温度，不低于	正常施工	135	130	125	120
	低温施工	150	145	135	130
碾压终了的表面温度，不低于	钢轮压路机	80	70	65	60
	轮胎压路机	85	80	75	70
	振动压路机	75	70	60	55
开放交通的路表温度，不高于		50	50	50	45

注：①沥青混合料的施工温度采用具有金属探测针的插入式数显温度计测量。表面温度可用表面接触式温度计测定。当采用红外线温度计测量表面温度时，应进行标定；

②表中未列入的130号、160号及30号沥青的施工温度由试验确定。

(6)拌和设备的数量的决定。为了保证均匀、连续、不间断地摊铺,必须保证拌和炉具有一定的产量,可根据实际情况测定每天供应或摊铺的数量和一台拌和炉的产量,来确定拌和炉的数量。其依据为在摊铺机前应经常保持有4~5车沥青混合料待卸,以保证摊铺的连续性。

(7)运输车辆。

①在施工现场应有专人指挥运输车辆。

②应选用载质量大于15t的大型自卸汽车运送沥青混合料到摊铺现场,以减少摊铺前经常短时换车卸料的情况。

③车辆数量的确定,应根据施工位置、施工条件、摊铺能力、运输路线、运距和运输时间,以及所需混合料的种类和数量确定,可采用式(5-6)计算

$$n=\alpha\frac{t_1+t_2+t_3}{T} \tag{5-6}$$

式中:n——运输车辆数量;

t_1——重车运程时间,min;

α——储备系数,视交通情况而定,一般取1.1~1.2;

t_2——空载运程时间,min;

t_3——在工地卸料和等待的总时间,min;

T——拌制一车混合料所需的时间,min,$T=60G_o/G$;

G_o——车辆载重能力,t/h;

G——拌和设备生产能力,t/h。

④从拌和厂到摊铺现场的距离远时,在非高温季节施工时应用篷布或棉毯覆盖沥青混合料,以保持沥青混合料的温度。在雨季施工时,运料车还应有防雨篷布。

三、碾压质量控制

为达到设计要求的平整度,沥青混合料路面的碾压通常应通过初压、复压和终压三个阶段。

1. 初压

初压习惯上常称作稳压阶段。应紧跟摊铺机后碾压,并保持较短的初压区长度,以尽快使表面压实,减少热量散失。由于沥青混合料在摊铺机的熨平板前已经过初步夯击压实,而且刚摊铺成的混合料的温度较高(常在140℃左右),因此只要用较小的压实功就可以达到较好的稳定压实效果。通常用6~8t的钢轮压路机以2km/h左右速度进行碾压2~3遍。碾压机械驱动轮在前静压匀速前进,后退时沿前进碾压时的轮迹行驶并振动碾压。也可以用组合式钢轮—轮胎(四个等间距的宽轮胎)压路机(钢轮接近摊铺机)进行初压。前进时静压匀速碾压,后退时沿前进碾压时的轮迹行驶并振动碾压。

通常不采用普通轮胎压路机进行初压。初压后应检查平整度、路拱,有严重缺陷时进行修整乃至返工。

2. 复压

复压是主要压实阶段。在此阶段至少要达到规定的压实度,因此,复压应该在较高温度下并紧跟在初压后面进行,不得随意停顿,其碾压总段长度不超过60~80m,相邻碾压带重叠宽度为10~20cm。复压期间的温度不应低于100~110℃,通常用双轮振动压路机(用振动压

实)或重型静力双轮压路机和16t以上的轮胎压路机同时先后进行碾压;也可以用组合式钢轮—轮胎压路机与振动压路机和轮胎压路机一起进行碾压。振动压路机折返时应先停止振动。厚度小于3cm的薄沥青层不宜采用振动压路机碾压。碾压遍数参照铺筑试验路段时所得的碾压遍数确定,通常不少于8遍。碾压方式与初压相同。

对路面边缘、加宽、港湾式停车带等大型压路机难于碾压的部位,宜采用小型振动压路机或振动夯板作补充碾压。

3. 终压

终压是消除缺陷和保证面层有较好平整度的最后一步。由于终压要消除复压过程中表面遗留的不平整,因此,沥青混合料也需要有较高的温度。终压常使用静力双轮压路机并应紧接在复压后进行。终压结束时的温度不应低于《公路沥青路面施工技术规范》(JTG F40—2004)中规定的温度,应尽可能在较高温度(如不低于80℃)下结束终压。若经复压后已无明显轮迹时可免去终压。

在施工现场,组织得好的碾压应是初压、复压、终压的压路机各在相互衔接的小段上碾压并随摊铺速度依次向前推进。实际碾压过程中压路机会超出复压与初压和终压与复压的分界线。为使压路机驾驶员容易辨明自己应该碾压的路段,可用彩旗或其他标记物放在初压与复压和复压与终压的分界线上,并根据沥青混合料的温度和碾压遍数移动这些标记物,指挥驾驶员及时进入下一小段进行碾压。

为保证各阶段的碾压作业始终在混合料处于稳定的状态下进行,碾压作业应按下述规则进行:

(1)由低到高(沿纵坡和横坡);

(2)先静压后振动碾压;

(3)初压和终压使用双轮压路机,初压可使用组合式钢轮—轮胎压路机,复压使用振动压路机和轮胎压路机;

(4)碾压时驱动轮在前,从动轮在后;

(5)后退时沿前进碾压的轮迹行驶;

(6)压路机的碾压作业长度应与摊铺机的摊铺速度相平衡,随摊铺机向前推进;

(7)压路机折回去不在同一断面上,而是呈阶梯形;

(8)当天碾压完成尚未冷却的沥青混凝土层面上不应停放一切施工设备(包括临时停放压路机),以免产生形变;

(9)为防止汽车荷载作用造成平整度破坏,应严格控制开放交通时间。热拌沥青混合料路面应待压实成型的沥青面层完全自然冷却,混合料表面温度低于50℃后才能开放交通。

4. 接缝碾压

横向接缝的碾压是工序中的重要一环。碾压时,应先用双轮压路机进行横向(即垂直于路面中心线)碾压,需要时,摊铺层的外侧应放置供压路机行驶的垫木。碾压时压路机应主要位于已压实的混合料层上,伸入新铺混合料的宽度不超过20cm。接着每碾压一遍向新铺混合料移动15~20cm,直到压路机全部在新铺面层上碾压为止。然后进行正常的纵向碾压。

纵向接缝的碾压,压路机先在已压实路面上行走,同时碾压新铺混合料10~15cm,然后碾压新铺混合料,同时跨过已压实路面10~15cm,将接缝碾压密实。

各压实阶段压路机碾压速度见表5-5。

压路机碾压速度(km/h) 表5-5

压路机类型	初压		复压		终压	
	适宜	最大	适宜	最大	适宜	最大
钢轮压路机	2~3	4	3~5	6	3~6	6
轮胎压路机	2~3	4	3~5	6	4~6	8
振动压路机	2~3	3	3~3.5	5	3~6	6
	静压或振动压实		振动压实		静压	

四、接缝处理

沥青路面的施工必须接缝紧密、连接平顺,不得产生明显的接缝离析。上、下层的纵缝应错开15cm(热接缝)或30~40cm(冷接缝)以上。相邻两幅及上、下层的横向接缝均应错开1m以上。接缝施工应用3m直尺检查,确保平整度符合要求。

1. 纵向接缝

两条摊铺带相接处,必须有一部分搭接,才能保证该处与其他部分具有相同的厚度。搭接的宽度应前后一致。搭接施工有冷接缝和热接缝两种。

(1)冷接缝施工是指新铺层与经过压实后的已铺层进行搭接。半幅施工不能采用热接缝时宜加设挡板或采用切刀切齐。铺另半幅前必须将缝边缘清扫干净,并涂洒少量黏层沥青。

摊铺时应重叠在已铺层上5~10cm,摊铺后用人工将摊铺在前半幅上面的混合料铲走,然后再进行碾压。应注意新摊铺带必须与前一条摊铺带的松铺厚度相同。

(2)热接缝施工一般是在使用两台以上摊铺机梯队作业时采用的。此时两条毗邻摊铺带的混合料都还处于压实前的热状态,所以纵向接缝易于处理,且连接强度较好。施工时应将已铺混合料部分留下10~20cm宽度暂不碾压,作为后摊铺部分的高程基准面,待后摊铺部分完成后,一起碾压(跨缝碾压)。

无论采用冷接法或热接法,摊铺带的边缘都必须整齐,这就要求机械在直线上或弯道上行驶要始终保持正确位置。为此,可沿摊铺带一侧敷设一根导向线,并在机械上安置一根带链条的悬杆,驾驶员只要注视所悬链条准导向线行驶即可。

2. 横向接缝

横向接缝有斜接缝和平接缝两种。高速公路、一级公路的表面层横向接缝应采用垂直的平接缝,以下各层可采用自然碾压的斜接缝。其他等级公路的各层均可采用斜接缝。

铺筑接缝时,可在已压实部分上面铺一些热混合料使之预热软化,以加强新旧混合料的黏结。但在开始碾压前应将预热用的混合料铲除。

斜接缝的搭接长度与层厚有关,一般为0.4~0.8m。搭接处应清扫干净并洒黏层油。当搭接处混合料中的粗集料颗粒超过压实层厚时应予剔除,并补上细料。斜接缝应充分压实并搭接平整。

平接缝应做到紧密黏结、充分压实、连接平顺,施工可采用下列方法:

(1)在施工结束时,摊铺机在接近端部前约1m处将熨平板稍抬起驶离现场,用人工将端部混合料铲齐后再予碾压,然后用3m直尺检查平整度,趁混合料尚未冷透时垂直刨端部层厚不足的部分,使下次施工时直角连接。

(2)在预定的摊铺段的末端先撒一薄层砂带,摊铺混合料后摊铺层上挖一道缝隙,缝隙位于撒砂的交界处,在缝中嵌入一块与压实层厚等厚的木板或型钢,待压实后铲除撒砂的部分,扫尽砂子,撤去木板或型钢,在端部洒黏层沥青接着摊铺。

(3)在预定的摊铺段末段先铺上一层麻袋或牛皮纸,摊铺碾压成斜坡,下次施工时将铺麻袋或牛皮纸的部分用人工刨除,在端部洒黏层沥青接着摊铺。

(4)在预定摊铺段的末端先撒一薄层砂带,再摊铺混合料,待混合料稍冷却后用切割机将撒砂的部分切割整齐后取走,用干拖布吸走多余的冷却水,待完全干燥后在端部洒黏层沥青接着摊铺。不得在接头有水或潮湿的情况下铺混合料。

对于横向接缝,应于接缝处起继续摊铺混合料前,用 3m 直尺检查已铺路面端部平整度,不符合要求时应予清除。在摊铺新混合料时应调整好预留高度,接缝摊铺层施工结束后再用 3m 直尺检查平整度,当有不符合要求者应趁混合料尚未冷却时立即处理,以保证横向接缝处的路面平整度。

●第六节　水泥混凝土路面平整度控制●

建立完善的质量自检体系,加强施工企业的自检制度建设。尽量避开严重影响水泥混凝土路面施工质量的天气,如果必须在不利天气中施工时,应采取相应的技术措施。

一、施工工艺控制

1. 采用小型配套机具施工

1)模板安装控制

(1)应选用钢模且其外侧设有固定模板的斜支撑装置,使立模工作方便、迅速;

(2)使用前对钢模的直顺度进行校正;

(3)在立模时应精确放样,并检查其中线位置、设计高程和宽度、横坡度、侧面铅垂度、纵缝的顺直度和相邻模板高差;

(4)严格控制模板的安装,模板间接头用螺钉固定,模板下缘与基层之间空隙用加工铁锲垫高,用道钉、钢钎控制模板下边线,用斜支撑控制模板的上边线,使模板能经受各种振捣机具的冲击,确保模板牢固不斜;

(5)施工时还应注意清除模板顶面附着的水泥砂浆等杂物,保证模板顶面平顺;

(6)模板安装就位后应横跨路面拉线检查拟浇混凝土路面厚度,基层高出部分应予凿除整平。

2)施工机具的控制

(1)振动梁底面要保持平直,当弯曲超过 2mm 时,应调整或更换。施工结束时,振动梁要清洗干净,放在平整处(必要时将振动梁朝下搁放,以使其自行校正平直度),且不得曝晒或雨淋。

(2)混凝土全面振捣后,再用振动梁进一步拖拉振实并初步整平。振动梁往返拖拉 2 ~ 3 遍,使表面泛浆,并赶出气泡。振动梁移动的速度要缓慢而均匀,一般以 1.2 ~ 1.5m/min 为宜。

3）摊铺工序控制

（1）摊铺前，应对模板的间隔、高度、润滑、支撑稳定情况和基层的平整度、润湿情况以及钢筋的位置和传力杆装置等进行全面检查。

（2）混凝土厚度不大于24cm时，可一次摊铺；大于24cm时，宜分为两次摊铺，下层厚度宜为总厚度的3/5。

（3）摊铺的松料厚度，应考虑振实的影响而预留一定的高度，具体数值根据试验确定，一般可取设计厚度的10%左右。

（4）混凝土混合料运送车辆到达摊铺地点后，一般直接倒入安装好侧模的路槽内，并用人工找平补齐。可采用"扣锹"的方法，严禁抛掷和搂耙，以防止混凝土离析。

（5）振捣顺序：①首先用插入式振捣器在模板边缘角隅等平板振捣器振捣不到之处振一次（如面板厚大于22mm，则需用插入式振捣器全面顺序插振一次）。同一位置振捣时间不宜少于20s。②然后再用平板振捣器全面振捣，振捣时应重叠10～20cm。同一位置振捣时，当水灰比小于0.45时，振捣时间不宜少于30s；水灰比大于0.45时，不宜少于15s，以不再冒气泡并泛出水泥浆为准。③混凝土在全面振捣后，用振动梁进一步拖拉振捣并且初平。④用平直的滚杆进一步滚揉表面，使表面进一步提浆调平。

4）混凝土未凝固前表面不平处理

当振捣后的混凝土表面不平时，应及时采用人工补填找平。补填时应用较细的混合料原浆。

5）混凝土表面制毛的控制

一般应以四周边混凝土适合压纹的时间为准，在板面中央等强度高的部位，采用在压纹机上加载的办法解决。采用压纹的路面平整度，一般都不如拉毛的路面平整度好。

2. 采用滑模摊铺机

1）消除摊铺机自身的影响

（1）调整挤压底板的倾角、边部超铺角及侧模位置。应根据滑模摊铺机的动力大小、履带行走部位坚硬程度及挤压底板面积，调整好底板仰角，原则是既要保证滑模摊铺机对混凝土路面有足够的挤压力，又能使其顺畅行进摊铺。

在摊铺出一小段路面时，应根据稳定的混凝土坍落度，检测出横向平整度，调整底板两侧翘起量，同时调整侧模板内倾斜度，使给定坍落度下的超铺角合适，路面出模边混凝土坍落后，达到路面边角所要求的规则几何形状下的横断面平整度。

（2）调整好浮板抹平板压力。为了提高路面平整度并消除表面坑槽、气泡和翘出的石子，在摊铺机上一般应配置自动悬浮式抹平板，进行表面的机械修整和提浆，既保证优良外观和平整度，又提供制作抗滑构造所需足够的砂浆层厚度。自动抹平的压力应根据混凝土稠度和路面纵坡度变化随时调整，其压力宜轻不宜重，压力过大会使原有的纵横向平整度丧失。

2）基准线的控制

滑模摊铺水泥混凝土路面的施工拉线是保障平整度的"生命线"，路面的摊铺平整度及精度只会低于而决不可能高于拉线设定值，所以必须高度重视。

（1）在拉线敷设时首先必须严防出现差错，保证拉线精度，并对其进行必要的测量复查。还可以经常贴近拉线，观察是否有肉眼能看出的拐点和不平顺现象，一经发现，应立即纠正。

（2）拉线桩应钉牢，桩之间的间距在顺直段每10m一根，在渐变段及小半径平曲线及竖曲线内应加密到每 5m 一根，特别是渐变段处纵横坡变化路段的摊铺，两侧拉线的每个横断面上的坡度都必须正确无误。拉线可用醒目的红色尼龙绞线，也可以用直径合适的钢丝绳。每根拉线最长为 500m。每根线上不得有 3 个以上的接头，断开分叉的钢丝应剪掉。每个拉线在两端应设有专用紧线器，拉线张拉力应不小于 1kN。拉线张力的要求是为了保证传感器的导杆在拉线上滑动时，其挠度不至于影响摊铺的平整度。

(3)在施工过程中，严禁人和车辆碰动已设好的拉线。滑模摊铺操作手应随时观察监视拉线及传感器的工作，严防传感器掉线。如果拉线被扰动或传感器掉线，路面平整度就会失控。目前较先进的滑模摊铺机在传感器控制上，设有防止突然掉线的防差错初始参数设定系统，从摊铺机的自动控制上考虑到掉线差错的防止。即便如此，施工中仍应严禁碰撞拉线，以保证摊铺位置、高程和平整度达到设计要求。

3)摊铺机操作控制

首先应将滑模摊铺机各项工作参数调整到最佳状态。

(1)均匀分布混凝土料。操作手根据前方料堆位置，及时转动螺旋布料器，左右横向均匀布料，特别应保持两边角处有充足的拌和物。同时，要注意前后卸料尽量均匀，一般应在摊铺前配备一定的机械来保证布料。布料不匀将严重影响路面平整度。

(2)调整松方控制板高度。松方控制板的高度根据振动仓内的料位高度随时调整，振动仓内的最佳料位一般应保持在高于路表面 10cm 左右。料位过低，振捣棒裸露，减小振动效果，还可能烧毁振捣棒；过高，则混凝土排气不充分，密实度受影响。料位过高或过低都会影响摊铺平整度。

(3)调整好振捣棒间距、位置、振捣频率及行进速度。滑模摊铺机振捣捧数量要足够，安装间距不大于 45cm，距侧边不大于 25cm。滑模摊铺时，振捣捧的水平部位应平行于路面，悬浮在路表面处振捣。如插在路面中，拉出的振捣棒沟槽或砂浆沟槽将影响路面平整度。砂浆沟槽会引起路面纵向开裂。振捣棒的振动频率应视混凝土稠度在 6000 ~ 10000 次/min 范围调整。振捣频率要与摊铺速度、拌和物的稠度匹配。振捣棒的振动频率，料干时高频，料稀时用低频振动。料干时应减慢摊铺速度，料稀应加快摊铺速度，既要防止出现欠振麻面现象，又要防止过振流淌。

(4)调整夯实杆位置及夯实频率。插捣粗集料夯实杆最低位置应在挤压底板前沿以下 5 ~ 8mm 处，位置过浅不起作用，过深增加摊铺机推进阻力。夯捣频率控制在 60 ~ 120 次/min 之间，料干加大，料稀减少。

二、路面材料控制

1.原材料控制

(1)水泥原则上应选用强度高、干缩小、耐磨性和抗冻性好的水泥，特重、重交通路面宜采用硅酸盐水泥、普通硅酸盐水泥和道路硅酸盐水泥。中、轻交通的路面可采用矿碴硅酸盐水泥；低温天气施工或有快通要求的路段可采用 R 型水泥，此外宜采用普通型水泥。各级交通选用水泥标号为：特重、重交通采用强度等级 52.5；中、轻交通采用强度等级 42.5。

(2)集料应选用坚硬、耐久、洁净，并有良好级配的集料，避免选用含二氧化硅的集料。

施工时严格控制混凝土原材料的质量，按照现行技术规范对原材料进行检测，不合格的材料不得进场，更不得用于工程。混凝土原材料的检测项目与频率如表 5-6。对于合格的砂石料进场后应避雨储存，以确保含水量均匀一致，保证混凝土拌和物的水灰比符合设计要求。

混凝土原材料的检测项目与频率 表 5-6

材料	检查项目	检查制度	
		高速公路、一级公路	其他公路
水泥	抗折强度、抗压强度、安定性	机铺 1500t 一批	机铺 1500t、小型机具 500t 一批
	凝结时间、标稠需水量、细度	机铺 2000t 一批	机铺 3000t、小型机具 500t 一批
	f - CaO、MgO、SO_3 含量、铝酸三钙、铁铝酸四钙、干缩率、耐磨性、碱度、混合材料种类及数量	每标段不少于 3 次，进场前必测	每标段不少于 3 次，进场前必测
	温度、水化热	冬、夏季施工随时检测	冬、夏季施工随时检测
粉煤灰	活性指数、细度、烧失量	机铺 1500t 一批	机铺 1500t、小型机具 500t 一批
	需水量比、SO_3 含量	每标段不得少于 3 次，在进场前必测	每标段不得少于 3 次，在进场前必测
粗集料	针片状、超径颗粒含量、级配、表观密度、堆积密度、空隙率	机铺 $2500m^3$ 一批	机铺 $5000m^3$、小型机具 $1500m^3$ 一批
	含泥量、泥块含量	机铺 $1000m^3$ 一批	机铺 $2000m^3$、小型机具 $1000m^3$ 一批
	坚固性、岩石抗压强度、压碎指标	每种粗集料每标段不少于 2 次	每种粗集料每标段不少于 2 次
	碱集料反应	怀疑存碱活性集料进场前必测	怀疑存碱活性集料进场前必测
	含水量	降雨或湿度变化随时测	降雨或湿度变化随时测
细集料	细度模数、表观密度、堆积密度、空隙率、级配	机铺 $2000m^3$ 一批	机铺 $4000m^3$、小型机具 $1500m^3$ 一批
	含泥量、泥块含量、石粉含量	机铺 $1000m^3$ 一批	机铺 $2000m^3$、小型机具 $500m^3$ 一批
	坚固性	每种砂每标段不少于 3 次	每种砂每标段不少于 3 次
	云母含量、轻物质与有机物含量	目测有云母或杂质时测	目测有云母或杂质时测
	含盐量（硫酸盐、氯盐）	必要时测，淡化海砂每标段 3 次	必要时测，淡化海砂每标段 2 次
	含水量	降雨或湿度变化随时测	降雨或湿度变化随时测
外加剂	减水剂减水率、液体外加剂含固量和相对密度、粉状外加剂的不溶物含量	机铺 5t 一批	机铺 5t、小型机具 3t 一批
	引气剂引气量、气泡细密程度和稳定性	机铺 2t 一批	机铺 3t、小型机具 1t 一批
养生剂	有效保水率、抗压强度比、耐磨性、耐热性、水溶性	开工前或有变化时，每标段 3 次	开工前或有变化时，每标段 3 次
	含固量、成膜时间	试验路段测，施工每 5t 测 1 次	试验路段测，施工每 5t 测 1 次
水	pH 值、含盐量、硫酸根及杂质含量	开工前和水源有变化时	开工前和水源有变化时

注：①开工前，所有原材料项目均应检验；当原材料规格、品种、生产厂、来源变化时，必检；

②机铺是指滑模、轨道、三辊轴机组和碾压混凝土摊铺，数量不足一批时，按一批检验。

2. 混凝土配合比设计

混凝土配合比设计应根据混凝土设计弯拉强度、耐久性、工作性(和易性)等要求和经济合理的原则,通过试验确定混合料各组合成分的配合比例。其方法是:

(1)根据已有的配合比试验参数或以往的经验,得出初拟设计配合比。

(2)按初拟设计配合比进行试拌,考虑混合料的工作性,按符合要求的情况作必要的调整,然后进行强度和耐久性试验。按符合要求的情况再作必要的调整,得到设计配合比。

(3)根据混凝土现场实际浇筑条件,如集料供应情况(级配、含水量等)、摊铺机具和气候条件等,进行适当的调整,得出施工配合比。

三、纵横缝设置

1. 纵缝

小型机具施工时,按一个车道的宽度(3.75~4.5m)一次施工,纵向施工缝一般采用平缝加拉杆或企口缝加拉杆的形式。纵缝拉杆应采用螺纹钢筋,设置在板厚的中间,并应避免将脱模剂(如沥青等)涂撒在拉杆上。在道口等特殊部位,一次性浇筑的混凝土板宽度可能会大于4.5m,这就需要设纵向缩(假)缝。纵向假缝一般也应设置拉杆。

2. 横缝

1)缩缝

横向缩缝可采用在混凝土凝结后(碎石混凝土抗压强度达到6.0~12.0MPa,砾石混凝土达到9.0~12.0MPa)锯切或在混凝土铺筑时压缝的方式修筑。压缝法施工方法是:当混凝土混合料路面完成后,应立即用振动压缝刀压缝。当压至规定深度时,应提出压缝刀,用原浆修平缝槽,严禁另外调浆。然后,应放入铁制或木制嵌条,再次修平缝槽,待混凝土混合料初凝前泌水后,取出嵌条,形成缝槽。由于切缝可以得到质量比压缝好的缩缝,因此,应尽量采用这种方式。特别是高等级公路必须采用切缝法,其施工工艺为:

(1)切缝前应检查电源、水源及切缝机组试运转的情况,切缝机刀片应与机身中心线成90°角,并应与切缝线在同一直线上。

(2)开始切缝前,应调整刀片的进刀深度,切割时应随时调整刀片切割方向。停止切缝时应先关闭旋扭开关,将刀片提升到混凝土板面上,停止运转。

(3)切缝时刀片冷却用水的压力不应低于0.2MPa,同时应防止切缝水渗入基层和土基。

(4)当混凝土强度达到设计强度的25%~30%,即可进行切割。当气温突变时,应适当提早切缝时间,或每隔20~40m先割一条缝,以防因温度应力产生不规则裂缝。严禁采用一条缝分两次切割的操作方法。

(5)切缝后,应尽快灌注填缝料。

这里应指出的是,切割时间要特别注意掌握好,切得过早,由于混凝土的强度不足,会引起粗集料从砂浆中脱落,而不能切出整齐的缝;切得过迟,则由于温度下降和水分减少而产生的混凝土收缩因板长而受阻,导致收缩应力超出其抗拉强度而在非预定位置出现早期裂缝。合适的切割时间应控制在混凝土获得足够的强度,而收缩应力并未超出其强度的范围内时。切缝时间随混凝土的组成和性质(集料类型、水泥类型和含量、水灰比等)、施工时的气候条件等因素而变化,施工技术人员需依据经验并进行试切后决定。表5-7为大致的切缝时间范围,供参考。

2)胀缝

胀缝应与路中心线垂直,缝壁必须垂直,缝隙宽度必须一致,缝中不得连浆。缝隙下部设胀缝板,上部灌填缝料。传力杆的活动端,可设在缝一边或交错布置,固定后的传力杆必须平行于板面及路面中心线,其误差不得大于5mm。传力杆的固定,可采用端头木模固定或支架固定安装两种方法。

经验切缝时间 表5-7

昼夜平均温度(℃)	常规施工方法(h)	真空脱水作业(h)	昼夜平均温度(℃)	常规施工方法(h)	真空脱水作业(h)
5	45~50	40~45	20	18~21	12~15
10	30~45	25~30	25	15~18	8~11
15	22~26	18~23	30	13~15	5~7

(1)端头木模固定传力杆安装方法,宜用于混凝土不连续浇筑时设置的胀缝。传力杆长度的一半应穿过端头挡板,固定于外侧定位模板中。混凝土拌和物浇筑前应检查传力杆位置,浇筑时应先摊铺下层混凝土拌和物,用插入式振捣器振实,并应在校正传力杆位置后,再浇筑上层混凝土拌和物。浇筑后板时应拆除端头木模,并应设置胀缝板、木制嵌条和传力杆套管(见图5-4)。

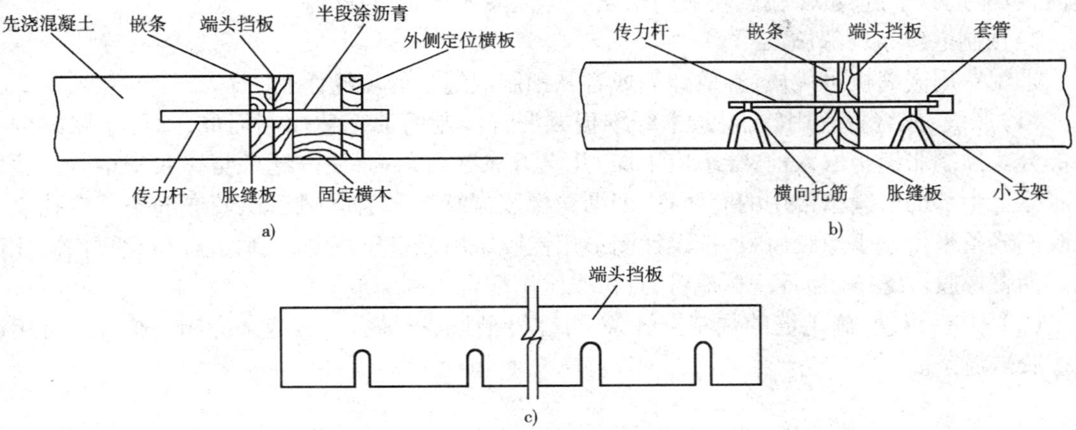

图5-4 有端头挡板的胀缝

a)顶头木模固定;b)钢筋支架固定;c)端头挡板

(2)支架固定传力杆安装方法。宜用于混凝土连续浇筑时设置的胀缝。传力杆长度的一半应穿过胀缝板和端头挡板,并应用钢筋支架固定就位。浇筑混凝土时应先检查传力杆位置,再在胀缝两侧摊铺混凝土拌和物至板面,振捣密实后,抽出端头挡板,空隙部分填补混凝土拌和物,并用插入式振捣器振实。

此法还可改进为:预先设置好胀缝板和传力杆支架,并预留好滑动空间。为保证胀缝施工的平整度以及施工的连续性,胀缝板以上的混凝土硬化后用切缝机按胀缝的宽度切两条线,待填料时,将胀缝板以上的混凝土凿去。这种方法对保证胀缝施工质量特别有效,如图5-5所示。

3)施工缝

施工缝宜设于胀缝或缩缝处,多车道施工缝应避免设在同一横断面上。施工缝如设于缩缝处,板中应增设传力杆,其一半锚固于混凝土中,另一半应先涂沥青,允许滑动。传力杆必须与缝壁垂直。

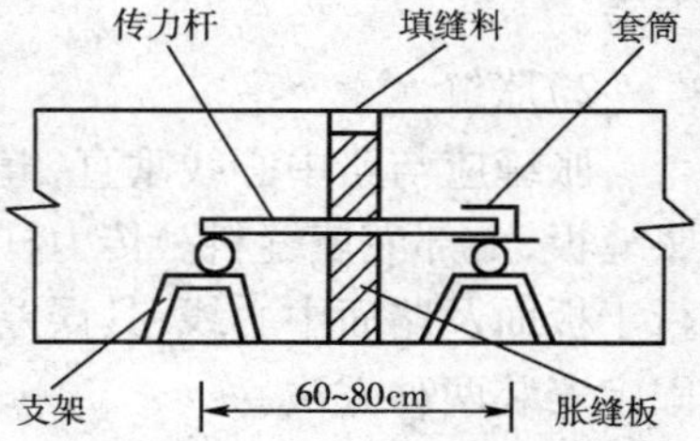

图5-5 无端头挡板的胀缝

3. 接缝填封

混凝土板养护期满应及时填封接缝。填缝前必须保持缝内清洁,防止砂石等杂物掉入缝内。常用的填缝方法有灌入式和预制嵌缝条填缝两种。

1)灌入式填缝施工

采用灌入式填缝施工时,灌注填缝料必须在缝槽干燥状态下进行,填缝料应与混凝土缝壁黏附紧密,不渗水,其灌注深度以3~4cm为宜,下部可填入多孔柔性材料。填缝料的灌注高度,夏天应与板面平齐,冬天宜稍低于板面。

当用加热施工或填料时,应不断搅拌使填料达到规定温度。气温较低时,应用喷灯加热缝壁,个别脱开处,应用喷灯烧烤,使填料黏结紧密。目前用的强制式灌缝机和灌缝枪,能把改性聚氯乙烯胶泥和橡胶沥青等加热施工式填缝料和常温施工式填缝料灌入缝宽不小于3mm的缝内,也能把分子链较长、稠度较大的聚氨脂焦油灌入7mm的缝内。

2)预制嵌缝条填缝施工

采用专用嵌缝机可优质、高效地完成各种预制嵌缝条的填缝作业。

(1)胀缝:胀缝板宜用软木板、木纤维板或沥青浸制的油毛毡压制而成,适用于胀缝的下半部分。预制胀缝板嵌入前,缝壁应干燥,并应清除缝内杂物,使嵌缝条与缝紧密结合。适用于胀缝上半部的嵌缝条常用的有两种,即沥青橡胶嵌缝条和有孔氯丁橡胶嵌缝条。有孔氯丁橡胶嵌缝条采用氯丁橡胶原料,按设计图形用橡胶挤出机挤压成型,然后放在硫化罐内硫化而成。沥青橡胶嵌缝条用沥青、石棉粉、石粉按比例配合压制而成。

(2)缩缝:纵缝、施工缝的预制嵌缝条,可在缝槽形成时嵌入,嵌缝条应顺直整齐。常用沥青橡胶嵌缝条。

• 第七节　不平整路面的处治 •

根据行业标准《公路技术状况评定标准》(JTG H20—2007)中规定:高速、一级公路水泥混凝土路面的平整度指标不大于2.0m/km(IRI),其他公路水泥混凝土路面平整度指标不大于3.2m/km(IRI);高速、一级公路沥青混凝土路面的平整度指标不大于2.0 m/km(IRI),其他公路沥青混凝土路面平整度指标不大于4.2m/km(IRI)。若实际工程平整度达不到此要求,则路面平整度不合格,须处治。

一、沥青混凝土路面

(1)在摊铺层表面有个别超尺寸颗粒,被熨平板带动而在层面划出不规则的小沟,或在摊铺层表面有少数超尺寸颗粒因被熨平板带动而在其后形成小坑洞。

处治:人工及时用适量的细骨料沥青混合料填补,并及时碾压整平。

(2)摊铺机后局部一片或一条较宽的带内沥青混合料中的大碎石被压碎。

处治:采用人工及时把被压碎的碎石混合料铲除,选用合适的沥青混合料补齐和整平。

(3)表面层混合料有离析现象(大料集中)。

处治:人工及时补撒适量的细骨料沥青混合料。

二、水泥混凝土路面

(1)当未成型的水泥混凝土路面遭水冲击,造成路面不平整的处治方法:

①将被雨水毁坏的路面板全部清除,清理干净后重新浇筑混凝土。

②剔除被毁坏的表层,在经过清理和用水泥浆和环氧树脂混合料结合剂处理完毕的原水泥混凝土上,加铺一层新拌混凝土面层(通常为3~5cm),使之完全结合,牢固黏结成一个整体,形成单层板。

a. 补强层厚度计算

$$h_1 = h_0 - h \tag{5-7}$$

式中:h_1——补强层厚度,通常取3~5cm,并不得小于3cm;

h_0——设计荷载所需的单层板厚度;

h——被剔除表面层后原混凝土板厚度。

b. 补强层混凝土强度:补强层混凝土强度应比原路面板略大一些,这样补强层不但可以用来改善路面表面缺陷,同时也提高了路面的承载能力。补强层没有必要加配钢筋及采用钢纤维混凝土。

(2)若混凝土路面个别地方不平整时,可在混凝土强度较低时即采取3m直尺边检查边用水磨石机磨平。

复习思考题

1. 何谓路面平整度?
2. 平整度如何测定?
3. 平整度指标有哪些?
4. 导致路面不平整的原因有哪些?
5. 如何进行路基平整度的控制方法?
6. 如何进行路面基层平整度的控制方法?
7. 简述沥青路面平整度的控制方法。
8. 简述水泥混凝土路面的平整度控制方法。
9. 不平整路面如何处治?

第六章

小型构造物养护

教学要求

1. 描述挡土墙、小桥涵、病害产生的原因及处治方法，进行常见病害的处治，并对结构进行加固与改造；

2. 根据实际情况对小型构造物进行检查、检测。

●第一节　概　　述●

挡土墙是用来支撑天然边坡或人工填土边坡以保持土体稳定的构造物，是公路的重要组成部分，其技术状况的好坏对公路有较大的影响。在公路工程中，它广泛应用于支撑路堤或路堑边坡、隧道洞口、桥梁及河流岸壁等。

挡土墙的日常养护除经常检查其有否损坏外，每年应在春秋两季各进行一次定期检查，北方冰冻严重地区尤应注意，主要检查挡土墙在冰冻融化后墙身及基础的变化情况，以及冰冻前所采取的防护措施的效果。另外，在发生反常气候、地震或重型车辆通过等特殊情况后应进行及时检查，发现裂缝、断缝、倾斜、鼓肚、滑动、下沉或表面风化、泄水孔堵塞、墙后积水、周围地基错台、空隙等情况，应查明原因，并观察其发展情况，采取相应的修理、加固等措施。对检查和修理加固情况，应做好工作记录，设立技术档案备查。

为了保证公路畅通无阻，应当尽量保证桥涵构造物处于完好的技术状态，延长其使用年限，满足承载力和通行能力要求。因此，对桥涵构造物进行经常性的养护和维修是十分必要的。当其不能满足实际承载力及通行能力要求时，还需对其进行必要的加固、拓宽等技术改造。

桥涵构造物的养护维修：主要是对危害桥涵正常运营的部分进行经常性的修缮工作，如保持桥面清洁，伸缩缝完好并能伸缩自由，疏通泄水孔，铺砌加固涵洞进出水口等。

桥涵构造物的技术改造：是通过加强薄弱构件，增加辅助构件或改变结构体系等措施来恢复和提高其承载能力及通行能力。

●第二节　挡土墙病害处治●

一、挡土墙病害的产生及处治方法

1. 浆砌块石挡土墙

1）泄水孔堵塞

（1）现象：挡土墙背后填土潮湿，含水量大，但泄水管却长期不出水，周围块石表面干燥无水迹。

(2)原因:

①泄水孔进水口处反滤材料被堵塞,因反滤层碎石含泥量大或反滤层外未包滤布,填土进入反滤层;

②反滤层设置位置不当,不起排水作用;

③泄水孔被杂物堵塞。

(3)处治方法:

①如条件许可,可挖开墙后填土,重新填筑反滤材料;

②如泄水孔堵塞,则清除孔内堵塞物。

2)沉降缝不垂直

(1)现象:沉降缝不垂直或上、下错位,缝宽不一致;有时表面虽垂直,但墙身内部块石相互交叉重叠,形成假缝。

(2)原因:

①砌筑时,沉降缝处未设样架,或样架不垂直,位置不正确;

②块石规格不符合要求,转角石两个面不垂直,表面不平整;

③砌筑时,上、下石没有对直,相互错位或者边线不垂直;

④压顶混凝土浇筑时,沉降缝处模板鼓胀或走动。

(3)处治方法:视现场挡土墙沉降情况,将影响沉降的块石拆除重砌;如条件许可或质量另有要求时应全部拆除重砌。

3)勾缝砂浆脱落

(1)现象:勾缝砂浆出现裂缝,继而起壳成块状或条状脱落。

(2)原因:

①勾缝前砌体没有洒水湿润,勾缝后砂浆中水份被干燥的块石吸收,导致砂浆因水化反应不充分强度下降,碎裂脱落;

②砂浆配合比不准,强度不够,在外力的作用下,碎裂脱落;或水泥含量过大,收缩裂缝增多,造成碎裂脱落;

③块石砌筑时,砂浆填缝不饱满,空隙太大,块石松动,造成表面勾缝砂浆脱落;

④砂浆勾缝养生不充分,造成收缩裂缝或强度减低,导致砂浆脱落。

(3)处治方法:将脱落的砂浆铲除,并将黏附在块石的砂浆清理干净,重新按施工规范要求勾缝。

4)表面不平整

(1)现象:砌体表面凹凸不平,块石之间出现错台,用3m直尺检查,平整度超过验收标准。

(2)原因分析:

①块石表面未经加工,表面平整度不够;

②砌筑时没有挂样线,凭视觉找平,或样架走动,样线松弛失准;

③砌筑时,相邻块石没有对齐,没有按样线砌筑,或者灌浆不饱满,填缝不密实,引起块石松动;

④砌体砂浆没有达到强度时，就进行墙后回填土，引起砌体走动。

(3)处治方法：

①将影响平整度的块石挖出、重砌，或将个别凸出的表面进行加工；

②如外观质量有特殊要求或影响验收时应将不平部分拆除重砌。

5)挡土墙滑移

(1)现象：挡土墙整体外移，与相邻挡土墙产生错位，且上、下位移大致相等。

(2)原因分析：

①基层碎石垫层未夯实，碎石没有嵌入土基内，使基层摩擦系数没有达到设计要求；

②挡土墙基础两侧填土没有同时回填，被动土压力减小，导致滑移。

③挡墙墙身后填土采用推土机或挖掘机回填时，没有按要求做到分层填筑、分层压实，而是将大量土推向墙身或是堆靠在墙身上，由于推土机引起的主动土压力和未压实土主动土压力增加形成很大的水平推力；

④采用淤泥或过湿土回填，减低了填土的摩擦力，增大了土压力，如挡墙排水不畅，还会引起静水压力和膨胀压力；

⑤基础埋深不够，被动土压力减小。

(3)处治方法：

①可将墙身后填土挖除，按规范要求重新分层填筑，分层压实，必要时应采用稳定土或渗水材料作为回填材料；

②如条件许可，可增加墙前填土的高度，以增加挡墙的被动土压力。

6)挡墙倾斜

(1)现象：挡土墙整体前倾，与相邻挡土墙产生位移，且位移上大下小呈楔形。

(2)原因分析：

①墙身后填土未分层压实或填土含水量过大，没有达到设计要求的密实度，使填土内摩擦角减小，土压力增加。

②挡墙地基不均匀或地基超挖后因素土回填未夯实，或淤泥、垃圾等不良土质没有清除干净，导致地基承载能力下降，使受力大处前墙趾下沉，挡墙随之前倾。

③设计上墙身断面不合理，如墙趾较短，力臂小，抗倾覆能力差，或墙背倾斜过大，形成较大的土压力；

④排水不良或采用含水量过大的黏土回填，引起静水压力和膨胀压力。

(3)处治方法：

①沉陷、倒塌的砌体应查明原因后，拆除重砌；

②如系基础原因，可挖开墙前基础填土，加宽基础或加入基桩，但新基础必须与原基础连成一体；

③较小的裂缝可采用墙体注浆办法解决。

2. 加筋土挡土墙

1)挡墙鼓凸

(1)现象：挡土墙面板向外鼓凸和面板之间出现错缝，导致表面不平整。

(2)原因：

①挡土墙背后填料不密实,使筋带与填料的摩擦力降低,拉力减小;

②筋带长度不够或者筋带安装时未拉紧,相互重叠、卷曲、折叠影响长度;

③面板的拉环脱落(拉出)或断裂,插销破裂或插销变形;

④大型机具碾压填料时离面板过近(小于1m),挤压面板,或碾压机具在未覆盖填料的筋带上行驶,压裂或压断筋带;

⑤下层面板没有完成填料时,在其上安装上一层面板,引起下层面板走动或者下层面板填料时,影响上层面板;

⑥安装面板放样不准确或未挂样线调正。

(3)处治方法:如在施工过程中发现面板鼓凸时,应查明原因,重新安装。

2)挡墙倾斜

(1)现象:挡土墙前倾,与相邻挡土墙产生错位,且位移上大下小呈楔形。

(2)原因分析:

①填料不密实,导致填料内摩擦角减小,土压力增大;

②地基强度不够或未按设计要求进行清基,引起地基不均匀下降造成倾斜;

③面板安装时,倾斜误差没有逐层调整,造成误差积累过大,无法调整;

④排水不良或采用含水量过大的黏土材料做填料,引起静水压力和膨胀压力。

(3)处治方法:施工时如发现挡墙倾斜,应立即停止施工,查明原因,采取纠正措施和拆除重砌;如系填料原因,应挖除填料,纠正面板位置后,重新填筑。

3)挡墙沉陷

(1)现象:挡墙下陷或者局部沉陷,面板出现错位、开裂等现象。

(2)原因分析:

①基槽处理不当,如基槽清理不彻底,槽面不平,地基未经夯实,或者排水不畅,基槽被水浸泡等,均影响地基的承载能力;

②设计上面板过厚过重,超过地基承载能力;

③地基沉降导致盆状沉降,影响挡墙稳定;

④基础埋置深度不够,易受浸水损坏或冻胀影响。

(3)处治方法:

①如发现挡土墙沉陷应查明原因,如属地基不良,可将墙前基础填土挖开,加宽基础,减小地基应力,防止继续沉陷;

②如系防水原因,可封闭渗水部分裂缝,设置地表散水坡等措施,以堵截水源,加强防水。

4)挡墙漏土

(1)现象:面板接缝处或沉降缝缝隙渗出细粒填料或浆水,严重时出现加筋体顶面沉陷、路面开裂等现象。

(2)原因分析:

①面板接缝不密实,接缝过大或板面掉角,出现空洞;

②面板后未设置透水土工织物或者土工织物在摊铺填料过程中走动、错位,接缝重叠部分脱开;

③沉降缝未按规定设置防水填塞物或者填塞深度不够，填塞不严密；

④沉降缝不垂直或错缝，因挡墙沉陷不均匀，拉开裂缝，出现漏土。

(3)处治方法：出现漏土的部位，先将漏土清理干净，将面板缝隙晒干，用沥青麻絮、沥青木屑板等填塞材料嵌塞缝隙内。

二、挡土墙的加固措施

当挡土墙发生倾斜、鼓肚、滑动或下沉时，可选用下列加固措施：

1. 锚固法

适用于水泥混凝土或钢筋混凝土挡墙。采用高强钢筋作锚杆，穿入预先钻好的孔内，用水泥砂浆灌满锚杆插入岩体部位，固定锚杆，待砂浆达到一定强度后，对锚杆进行张拉，然后固紧锚头，以此来分担土压力，见图 6-1。

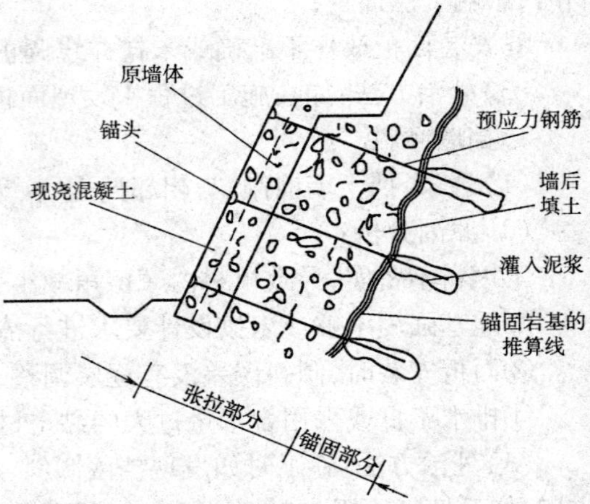

图 6-1　锚固法

2. 套墙加固法

在原墙外侧加宽基础，加厚墙身，见图 6-2。施工时，应先挖除一部分墙后填土，以减小土压力，同时应注意新旧基础和墙身的结合。方法是先凿毛旧基础和旧墙身，必要时设置钢筋锚栓或石榫，以增强联结。墙后回填土必须分层填筑并夯实。

3. 增建支撑墙加固法

在挡墙外侧，每隔一定的间距，增建支撑墙。支撑墙的基础埋置深度、尺寸和间距应通过计算确定，见图 6-3。

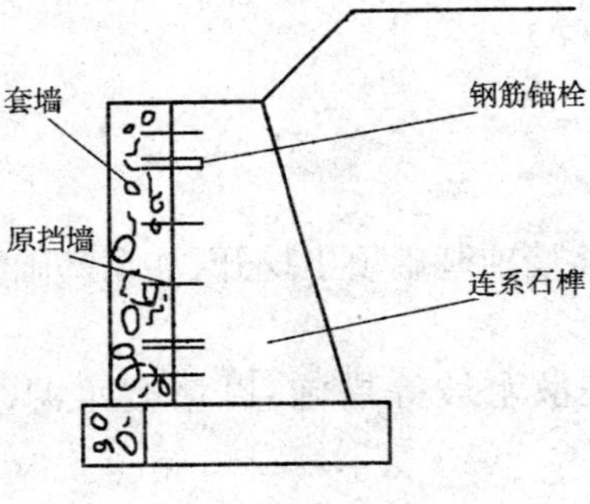

图 6-2　套墙加固法

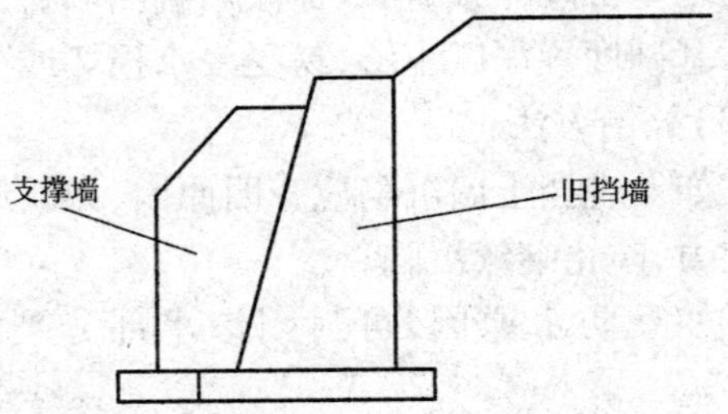

图 6-3　支撑墙加固法

4. 重砌处理

原挡土墙损坏严重，采用以上加固方法不能达到设计强度要求时，则应考虑将损坏部分拆除重建。为防止不均匀沉降，新旧挡墙之间应设置沉降缝，并应注意新旧挡墙接头协调。

5. 砌石或石笼处理

对滑动、下沉破坏的挡墙，如地基处理工程复杂，为防止危及未损坏部分，可采用干砌块石或堆码石笼的方法进行加固。

挡土墙的泄水孔应保持畅通。如有堵塞,应及时疏通,如无法疏通,应另行选择适当位置增设泄水孔,或在墙背后沿挡墙增做墙后排水设施。一般可增设盲沟将水引出路基以外,以防止墙后积水,引起土压力增加或冻胀。

挡土墙表面出现风化剥落时,应将风化表层凿除,露出新茬,再喷涂水泥砂浆保护层。当风化剥落严重时,应将风化部分拆除重砌。

锚杆式及加筋挡土墙,应经常注意有无变形、倾斜或肋柱、挡板损坏、断裂等情况。如有损坏,应及时修理、加固或更换。对暴露的锚头、螺母、垫圈应定期涂刷防锈漆,同时应经常检查锚头螺母是否松动、脱落,如有松动、脱落应及时紧固和补充。

浸水挡土墙,除平时经常检查其有无损坏外,应在洪水期前后详细观察、检查。汛前检查的目的是确定其作用效果和是否完整稳定,能否承受洪水的袭击和应采取的防护、加固措施;汛后检查的目的是观察其有否损坏,如有损坏,应及时修理和加固。

浸水挡土墙受洪水冲刷,出现基础被淘空,但未危及挡土墙本身时,可采取抛石加固或用块(片)石将淘空部分塞实并灌浆。当挡墙本身出现损坏如松动、下沉、倒塌、开裂等,应按原样修复。

•第三节　涵洞病害处治•

一、涵洞常见病害与处治

涵洞常因遭受各种自然灾害、反复承受车辆的荷载振动、设计和施工遗留缺陷,甚至人为破坏等而产生各种病害。这些病害均需认真分析原因,采取适当的工程技术措施,及时处治,恢复原结构应有的使用能力,提高其使用质量。具体处治措施如下:

1. 洞口、洞底铺砌层破损漏水的处治

(1)一般的破损按原结构修复。

(2)破坏较为严重,且有漏水现象时,应按原结构先修复破损处,再用厚度为2cm的水泥砂浆抹面。

2. 基础局部冲刷悬空的处治

涵洞基础局部悬空,必须立即修补,可用水泥砂浆砌片石或混凝土填实,一般应比原基础加宽10~20cm,并修复或增设洞口、洞底铺砌层和端部截水墙。

3. 砖、石、混凝土端墙和翼墙外倾、鼓肚或倾斜的处治

(1)由于填土夯实不足而沉落挤压,或填土中水分过大土压力增大而造成的外倾或鼓肚,应挖开填土,修理外倾或鼓肚部分,更换填土,认真回填夯实。

(2)因为基础不均匀沉陷而发生倾斜时,应先处理基础,一般可采用更换土壤或扩大基础的方法加固,然后再修理倾斜部分。

4. 管涵错裂变形的处治

(1)管涵错裂一般因基础沉陷造成,应挖开填土,采用扩大基础的方法进行加固,一般较原基础加宽20cm以上,必要时还应换基底土壤,并重做砂砾(或砂)垫层。

(2)波纹管涵沉陷变形,应挖开修理,根据管底土质情况,认真重做垫层,但更换管底土壤时,应采用40~60cm厚的三合土为宜,并重做垫层,铁管上面加铺一层10~15cm厚的胶泥防水层或油毡防水层(三层油两层毡),回填较好土质,分层夯实。

(3)四铰管涵的变形仍在继续发展,或变形大于直径的1/20时,已影响涵洞强度,如原因清楚,易于修理时,可按原结构及时修复;如原因诸多,难于处治时,可根据当地实际情况,改建为钢筋混凝土盖板涵或拱涵等。

5. 涵洞排水经常出现混浊或杂物的处治

涵洞排水经常出现混浊或杂物时,很可能造成洞口、洞孔淤积,甚至堵塞,必危及涵洞的安全。因此,应在进水口增设沉淤井,以沉淀泥砂杂物,并应经常清理,尤其要在每次洪水过后应立即清除。

6. 压力式涵管进水口周围路堤经常出现冲刷破损现象的处治

压力式涵管进水口周围路堤,每次水淹后,经常出现洞穴、缺口和冲刷破坏路基边坡的现象时,应根据路堤土质,采用单层或双层浆砌片石(或混凝土预制板)护坡进行加固,注意做好砂砾垫层(厚度不小于10cm),保持路堤稳定坚实。

7. 砌体勾缝松动、脱落的处治

砌体勾缝松动、脱落,易引起多种病害,必须及时处治。应做到:

(1)凿掉破损勾缝;

(2)凿毛结合处的旧勾缝;

(3)修补部分必须刷洗干净;

(4)按原结构修补,并注意材料质量和施工质量,保证坚固。

8. 砌体表面风化剥落的处治

砌体表面风化剥落,影响其结构强度的,必须及时处治,保持完好。

(1)清除疏松部分,刷洗干净;

(2)用原结构材料修补剥落部分;

(3)凿毛、清洗(湿润)封闭表面;

(4)采用高强度水泥砂浆封面,一般喷浆厚度为1~2cm,抹面厚度为2cm,均应分2~3次进行,每天以一次为宜。此种病害的处治面较大,一般不会在一个面上,甚至是砌体的全部表面,所以应注意处治面的对称,使结构强度一致、美观。对较大涵洞,涵台的破损,面积较大且深度大于3cm时,可采用桥梁墩台的修理方法。

9. 砌体面层块石或混凝土预制松动脱落的处治

圬工面层砌块因水流或漂流物冲击、人为撞损、施工不良等,造成砌体表层个别或局部砌块松动、脱落时,必须及时修补,以保持砌体结构应有的强度。

(1)清除松动脱落部分,冲洗干净;

(2)按原结构修补完整,如松动脱落部分的内部有洞穴时,应先行处理,将空洞清除冲洗干净,压注水泥砂浆,并用石块填实,再修理面层;

(3)修补勾缝。

10. 锥坡沉陷破损的处治

由于填土不实或基础不均匀沉陷而产生的锥坡沉陷破损,应根据不同情况作如下处理:

(1)对基础的不均匀沉陷,应挖开处理,一般可根据基底土质,采用扩大基础的办法,将原基础外侧洗刷干净，按原结构加宽20～40cm，新旧部分必须结合坚固。也可采用更换基底土并重建基础的方法，修复锥坡，并应注意做好夯实填土、砂砾垫层、砌石和勾缝。

（2）由于填土不实引起锥坡沉陷破损，修复时必须仔细夯实；如土质不好时，还应掺拌或更换较好的土质。

11. 砌体出现小洞穴的处治

由于施工时偷工减料，往往当勾缝脱落时，砌缝间出现小洞穴，甚至漏水，一般可作如下处理：

（1）砌体尚未发生变形时，先将洞穴的疏松部分凿除，冲洗干净，用压注法把水泥砂浆或混凝土注入洞穴内填补密实，再修补勾缝；

（2）砌体已局部变形时，应将变形部分拆除，先处治洞穴，按原结构修复，再修补勾缝；

（3）砌体的某个部分（拱圈、一侧涵台）已严重变形，已成险涵时，应拆除后按原结构修复，并注意做好施工中的安全措施。

12. 涵头跳车的处治

涵头跳车是因涵顶两端或涵顶填土沉陷造成的，应分别进行处理：

（1）路面轻度下沉，基层和土基较密实稳定时，可只加铺面层，采用原面层材料修理平整；

（2）因沉陷已造成面层和基层出现破损现象，但土层尚稳定时，可重做基层，并调整平整度，再铺面层；

（3）土基下沉，路面破损较严重时，必须先处理土层，再重铺基层和面层。

二、涵洞的加固与改造

涵洞随着路线的技术改善、原路拓宽或病害严重难以维修时，均须加固或改造，以适应交通量的增大或重型车的增多。根据《公路养护技术规范》（JTG H10—2009）的要求，涵洞加固和改造可采用以下措施：

1. 涵洞加固

1）砖石拱涵加固

砖石拱涵的加固，一般采用拱圈上加拱或拱下加拱的方法。拱上填土较高，且净空又较大时，可采用拱下加拱的方法，并根据涵台完好情况，可用以下两种方法进行加固。

（1）涵台完好时，可在拱脚下部根据加厚尺寸凿开安置拱脚石槽，同时凿毛原拱圈表面，洗刷干净，用高强度水泥砂浆将新旧拱圈连接成一个坚固的整体。

（2）涵台不够完好时，应一并加固。先将表面的疏松部分和勾缝凿除，凿毛表面，洗刷干净，用高标号水泥砂浆将新旧部分结合坚固。

2）圆形管涵加固

圆形管涵主要有：钢筋混凝土圆管涵（属刚性管节）；四铰圆管涵（属柔性管节）；混凝土圆管涵等。

上述圆形管涵，如涵顶填土在3m以上时，可承受较大载重，一般不用加固；如其填土在3m以内时，钢筋混凝土、混凝土管涵可采用管外加一层套壳的方法。但是，结构计算虽然较易，施工却困难较多。四铰管的加固困难较大。因此，可随同路线改造的技术标准，均以改建为钢筋混凝土圆管涵为宜，或根据当地建筑材料来源改建为其他圬工涵洞。当然，混凝土管涵的加固数量较少，施工也不很困难，在有条件的地方，应采用管外浇筑一层混凝土套壳的方法。

总之，涵洞加固，均应查明原因，根据要求的技术标准，进行验算和经济分析，采取既实用又经济的工程技术措施。

2. 涵洞改造

涵洞改造的主要原因有二：一是涵洞偏小；二是破损严重的危险涵洞。

(1)对于泄水面积不足的偏小洞应考虑新建，不再重复。

(2)对于破损严重的危险涵洞，必须查清原因，一般有以下四种：

①原涵洞荷载标准过低，不适应交通量的增大和重型车的增多所致；

②涵洞基底的土质不良，原设计和施工未做处理，因此发生不均匀沉陷而造成的严重破损；

③施工质量差；

④遭受特大自然灾害，如地震等。

根据上述原因，涵洞改建必须精心设计、施工，主要做到以下三点：

(1)在设计洪水条件下应具备充分的抗洪能力，也就是涵洞孔径设计要适当；

(2)按规定的技术标准进行设计，并注意不良地基的处理，以满足荷载要求；

(3)陡坡涵洞上下游的排水工程，必须根据地形、地质和水流情况进行设计，合理布置。

对于依据水流形态断面设计有困难的较大排水工程，应按《公路桥涵设计通用规范》(JTG D60—2004)的规定通过计算进行设计。

• 第四节　小桥病害处治 •

公路桥梁作为公路工程的一个重要组成部分，其结构和构造的完整性将直接影响到公路交通运输的安全性和舒适性。

既有公路桥梁出现各种病害导致承载能力的降低，除原有设计的技术标准过低以外，还有设计理论不完善，对结构的性能认识不足等方面的原因。本章将根据公路桥梁病害性质的不同，对桥梁的病害进行分类，分析其产生的原因，找出其病害处治的办法及预防措施。

一、病害的分类

对桥梁病害的分类可以根据不同的出发点、不同的研究的目的得到不同的分类。比如在养护规范中，为了使养护人员对桥梁病害的严重性有一个明确的认识，就将桥梁结构的不同病害根据其缺损程度的不同，将桥梁病害分为四类：一类桥梁是完好、良好状态的桥梁，重要部件功能与材料良好，承载力和桥面行车条件符合设计指标，只需正常的养护；二类桥梁是较好状态的桥梁，重要部件功能良好，材料有局部轻度缺损或污染，承载力和桥面行车条件符合设计指标，需要进行小修保养；三类桥梁是较差状态的桥梁，重要部件材料有较多中等缺损，裂缝宽度超限值，承载能力比设计降低10%以内，桥面行车不舒服，需要中修；四类桥梁是坏的状态及危险状态的桥梁。还有将桥梁的病害按不同的桥梁结构进行分类。本节将桥梁的病害分为结构性病害和构造性病害。结构性病害是指桥梁结构在受外界荷载的影响，使既有结构整体的承载能力有所下降的病害。这里所指的外界荷载可以是桥梁所承受的车辆荷载，也可以是自然灾害给桥梁带来的影响(风荷载、地震和船舶的冲撞等)。这种病害最大的特点就是由于它的存在使整个结构的承载能力受到很大的影响。如:梁式桥梁的梁体裂缝、拱式桥梁的拱脚及拱顶的破损、钢桥的腐蚀等。构造性病害是指桥梁在使用过程中部分构件丧失功能,使桥梁结构的通行使用舒适性有所下降的病害。这类病害的最大特点就是它的存在对整个桥梁结构的承载能力没有大的影响。当然部分构造性病害如果不能得到及时的维修,长期发展下去也会造成结构性病害,以至于降低桥梁结构的承载能力。这类病害包括:伸缩装置失效、桥面铺装破损及桥头跳车等。

二、公路桥梁病害的检查及检验

桥梁的检查与检验是桥梁养护工作的两个重要环节,也是桥梁养护的基础性工作。通过对桥梁进行检验与检查,可以系统地掌握桥梁的技术状况,及早地发现桥梁的缺陷和异常,进而提出合理的养护措施。

1. 桥梁检查

桥梁检查分为经常检查、定期检查和特殊检查。

1)经常检查

主要对桥面设施、上部结构、下部结构及附属构造的技术状况进行日常巡视检查,及时发现缺损问题,并及时进行小修保养工作。

桥梁的经常检查至少每月进行一次,汛期要加强检查。经常检查一般采用巡视目测方法,也可配以简单工具进行测量,当场填写《公路养护技术规范》(JTG H10—2009)要求的“桥梁经常检查记录表”,登记所检查项目的缺损类型、估计缺损范围及养护工作量,提出相应的小修保养措施,为编制辖区内的桥梁小修保养计划提供依据。如发现桥梁重要部件存在明显缺损时,要及时向上级部门提交专项报告。经常检查,主要检查构造物的外观形态及各部件的完好性。

2)定期检查

定期检查是为评定桥梁使用功能、制订养护计划提供基本数据,而对桥梁主体结构及其附属构造物的技术状况进行的全面检查。它为桥梁养护管理系统搜集结构技术状态的动态数据。

按规定周期,由实践经验丰富的专职桥梁养护工程师参与,对桥梁主体结构及其附属构造物的技术状况进行全面检查。主要检查各部件的功能是否完善有效,构造是否合理耐用,发现需要大、中修、改善或限制交通的桥梁缺损状况,同时检查小修保养状况。

定期检查方式以目测观察结合必要的测量仪器、望远镜、照相机、探查工具和现场用器材等设备,必须接近或进入各部件仔细检查其缺损状况,并在现场完成以下工作:

(1)现场校核桥梁基本数据并填写“桥梁定期检查记录表”,记录各部件缺损状况并做出技术评分;

(2)实地判断缺损原因,估定维修范围及方式;

(3)对难以判断损坏原因和程度的部件,提出特殊检查(专门检验)的要求;

(4)对损坏严重、危及安全运行的危桥,提出暂时限制交通或改建的建议;

(5)根据桥梁的技术状况,确定下次检查时间。

定期检查的时间应符合下列规定：

(1)新建桥梁交付使用1年后，进行第一次全面检查；

(2)桥梁检查周期一般为3年，可视被检桥梁技术状况确定每1~3年检查一次；

(3)非永久性桥梁每年检查一次；

(4)根据下级桥梁养护工程师报告，在经常检查中发现的重要部(构)件缺损状况为三、四、五类的桥梁，应立即安排一次检查；定期检查工作应按规范程序进行。

桥梁定期检查后应整理提出检查文件，并符合下列要求：

(1)当天检查的桥梁现场记录，应在次日整理填写好每座桥梁定期检查数据表；

(2)典型缺损和病害的照片及附录说明，主要说明缺损的部位、类型、性质、范围、数量和程度等，描述应采用专业标准术语；

(3)每座桥梁应有两张总体照片，一张为桥面正面照片，另一张为桥梁上游侧立面照片；桥梁改建后应重新拍照一次；如果桥梁拓宽改造后，上下游桥梁结构不一致，还要有下游侧立面照片，并标注清楚；

(4)桥梁清单；

(5)定期检查完成后，应将本次检查的桥梁各部件技术状况评定结果登记在桥梁基本状况卡片内；

(6)提出定期检查报告，应包括下列内容：

①辖区内所有桥梁的保养小修情况；

②需要大中修或改善的桥梁计划：说明修理的项目，拟用修理方案，估计费用和实施时间；

③需要进行特殊检查桥梁的报告：说明检验的项目及理由；

④需限制桥梁交通的建议报告。

3)特殊检查

桥梁特殊检查根据桥梁破损状况和性质，采用适当的仪器设备，以及现场勘探、试验等特殊手段和科学分析方法，查明桥梁病害原因、破损程度和承载能力，确定桥梁的技术状况，形成鉴定结论，以便采取相应的加固、改善措施。

桥梁特殊检查分为应急检查和专门检查。

(1)应急检查：桥梁遭受洪水、流冰、漂流物、船舶撞击、滑坡、地震、风灾和超重车辆自行通过之后，应立即对结构作详细检查，查明破损状况，采取应急措施，尽快恢复交通。

应急检查通常由地(市)级公路管理机构的专职桥梁养护工程师主持。

(2)专门检查：对定期检查中难以判明损坏原因及程度的桥梁；桥梁技术状况为四、五类者；拟通过加固手段提高荷载等级的桥梁；条件许可时，特殊重要的桥梁在正常使用期间可周期性进行荷载试验，要求针对病害进行专门的现场试验检测、验算与分析等鉴定工作，以便采取有效的养护措施。

专门检查通常由省级公路管理机构的总工程师或授权的专职桥梁养护主管工程师主持，委托公路桥梁检测中心或具有相应资质和能力的科研设计单位、工程咨询单位，签订特殊检查合同后组织实施。

实施专门检查前，承担单位负责检查的工程师应充分收集资料，包括设计资料(设计文件、计算所用的程序、方法及计算结果)、竣工图、材料试验报告、施工记录、历次桥梁定期检查和特殊检查报告,以及历次维修资料等。原资料如有不全或疑问时,可现场测绘构造尺寸,测试构件材料组成及性能,勘察水文地质情况等。

特殊检查之后,应提交特殊检查报告。检查报告包括以下内容:

(1)概述检查的一般情况,包括桥梁的基本情况、检查的组织、时间、背景和工作过程等;

(2)当前桥梁技术状况的描述,包括现场调查、试验与检测项目及方法、检测数据与分析结果和桥梁技术状况评价等;

(3)详细阐述检查部位的损坏原因及程度,并提出结构部件和总体的维修、加固或改建的建议方案。

2. 桥梁的检验

桥梁专门检验是对桥梁结构及部件的材料质量、工作性能、防洪抗灾方面所存在的缺损状况进行详细检测、试验、判断和评价的过程。检验的项目主要有以下三方面:

(1)桥梁结构材料缺损状况,包括对材料物理、化学性能退化程度及原因的测试鉴定;结构或构件开裂状态的检测及评定。

(2)桥梁结构承载能力,包括对结构强度、稳定性和刚度的检算、试验和鉴定。

(3)桥梁防灾能力,包括桥梁抵抗洪水、流冰、风、地震及其他地质灾害等能力的检测鉴定。

结构材料缺损状况的鉴定,宜根据缺损的类型、位置和检测鉴定的要求,可选择表面测量、无破损检测技术和局部试样等有效可靠的方法。试样应在有代表性构件的次要部件获取。检测与评定要依照相应的试验标准进行。采用没有标准依据的检测技术,应事先通过模拟试验,制订适用的检测细则,保证检测结果具有一定的可靠性。

三、桥梁病害的处治及预防

1. 钢筋混凝土梁式桥病害处治

钢筋混凝土梁式桥包括简支梁、悬臂梁及连续梁桥。这些桥梁在运营过程中由于种种原因出现了各种裂缝,导致承载能力的下降,已经不能满足运营的要求,那么就要对这些桥梁进行处治、加固。下面拟对目前常用的较为有效的处治加固技术予以介绍。

1)浇筑钢筋混凝土加大截面加固法

增加混凝土截面补强加固可采用两种方式,其一是直接加厚桥面板,其二是增大主梁梁肋的高度和宽度。当采用加厚桥面板补强加固时,先将原有桥面铺装层凿除,在桥面板上浇筑新的钢筋混凝土补强层,使其与原桥跨结构形成组合断面,以提高抗弯刚度达到补强效果。该法虽施工简便,但增加了结构物的自重,并未真正加强下缘受拉区,因此仅适用于跨径较小的 T 形梁桥或板式梁桥。而增大主梁梁肋高度和宽度一般在加大的下缘混凝土中加设主筋,并且为避免因起吊主梁而增加施工难度,在靠近梁端部位仍保持原貌,与加大部分做一斜面过渡。采用增大截面法补强加固的设计要点是:首先应充分考虑结构分阶段受力,所有恒载(原结构和新加部分)由原结构承受,活载由最后形成的组合截面承受,然后根据规范的要求进行详细的设计验算。

2)增加钢筋加固法

将主梁下面的混凝土保护层凿去,露出主筋,并将原箍筋切断拉直;在暴露的原有主钢筋上缠上或焊上按计算确定的补充的拉力钢筋;恢复箍筋;浇筑环氧树脂混凝土或膨胀水泥混凝土保护层。

3)梁底粘贴钢板加固法

将钢板用化学粘结剂粘贴在梁(板)的下面,以提高梁(板)的承载能力。施工时将梁(板)底面混凝土凿毛,露出骨料,清理干净。在处置干净的钢板上涂刷一层环氧树脂薄浆;用加压法将钢板紧密地粘贴在梁底混凝土上,钢板的数量和尺寸要由计算确定;在环氧树脂凝固后,应对钢板进行防锈处理。

4)粘贴炭纤维、特种玻璃纤维加固法

该方法主要用于提高构件抗弯承载力。使用此法加固几乎不增加原结构自重。碳纤维虽然强度很高,但目前施工要求粘贴不宜超过两层,因而提高承载力的幅度不大。施工方法同粘贴钢板法。

5)施加体外预应力加固法

在原梁体外受拉区域设置预应力筋,通过张拉时梁体产生偏心预压力,以此来减小荷载挠度,改善结构受力状态(见图6-4),对于提高构件强度、控制裂缝和变形的作用较好。

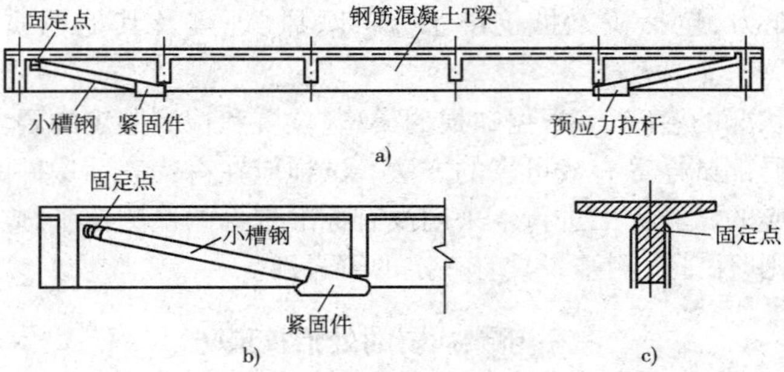

图6-4　T梁体外预应力杆加固

a)主T梁立面;b)预应力拉杆装置;c)主梁横剖面

6)改变梁体截面形式加固法

一般是将开口的T形截面或Π形截面转换成箱形截面。

7)增加横隔板加固法

对于因横向整体性差而降低承载能力的桥梁上部结构,可以采用增加横隔梁的方法增加各主梁之间的横向联结。此时可在新增横隔梁部位的主梁梁肋上钻孔,设置贯通全桥的横向连接钢筋,钢筋的两端用螺帽锚固在两侧主梁梁肋外侧。浇筑新增横隔梁混凝土之前应将与主梁结合处的混凝土表面先凿毛清洗干净,然后悬挂模板浇筑横隔梁混凝土。

8)加八字支撑加固法

在桥下净空和墩台基础受力许可的条件下,采用在梁(板)底下加八字支撑加固法,使一孔简支梁变为一组三联的连续梁,见图6-5。

9)桥梁结构由简支变连续加固法

在原简支桥孔内增设桥墩或斜撑,以减小原结构的跨径,将简支体系转换为连续体系。

10)调整支座高程的加固方法

当支座设置不当造成梁体受力恶化时,可采用调整支座高程的加固方法。

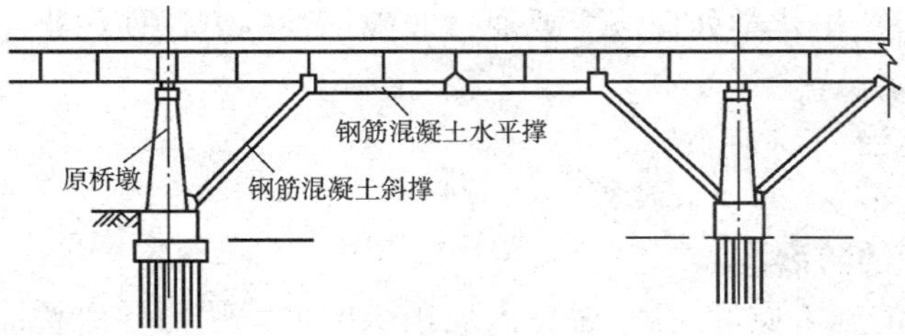

图6-5　梁下加八字撑加固

11)更换主梁加固法

更换主梁加固是比较彻底的加固方法,通常用于主梁已严重缺损、承载力降低很多的情况,或者需加大边梁截面及配筋的情况。

2.拱桥病害的处治

(1)主拱圈强度不足时,可加大拱圈截面。从拱腹面加固时,可采用下列方法:粘贴钢板;浇筑钢筋混凝土加大拱肋截面;布设钢筋网用喷射混凝土或水泥砂浆加大拱圈截面;在拱肋间加底板,变双曲拱截面为箱形截面。条件许可时,也可在腹面做衬拱及相应的下部结构。

从拱背面加固时,可在拱脚区的空腹段背面加大拱圈截面,或拆除拱上建筑,在全拱圈背面加大截面。一般使用混凝土或钢筋混凝土材料。

(2)拱肋、拱上立柱、纵横梁、桁架拱、刚架拱的杆件损坏可用粘钢或复合纤维片材加固。粘钢时可粘贴钢板,也可在四角处粘贴角钢。

(3)用粘钢板或复合纤维片材加固桁架拱、刚架拱及拱上框架的节点。

(4)用嵌入剪力键的方法加固拱圈的环向连接,剪力键一般采用钢板或铸件,按一定间隔布置,其间的裂缝用环氧砂浆等处理。

(5)用加大截面的方法加强拱肋之间的横向连接。采用横拉杆的双曲拱,可把拉杆改为系梁。

(6)更换锈蚀、断丝或滑丝的吊杆。若原构造许可,可以用收紧锚头的方法张拉松弛的系杆或吊杆来调整内力。

(7)在钢管混凝土拱肋拱脚区段或其他构件的外面包裹钢筋混凝土。

(8)改变结构体系以改善结构受力,如在桥下通航许可的前提下加设拉杆。

(9)更换拱上建筑,减轻自重,更换实腹拱的拱上填料为轻质填料。

(10)用更换桥面板,增加桥面铺装的钢筋网,加厚桥面铺装,换用钢纤维混凝土等方法维修加固桥面。

(11)因墩、台变位引起拱圈开裂时,应先维修加固墩台,然后修补拱圈。

(12)加固拱桥时,应注意恒载变化对拱压力线的影响及引起的推力变化,对各施工工序应进行检算,并作出详细的施工组织设计,严格按照设计的工序施工。

3.混凝土结构劣化的防治

对于混凝土结构的劣化主要是以预防为主,因为整个劣化过程所发生的化学反应很多都是不可逆的,处理起来很麻烦,国内在这方面做的工作并不多。下面介绍几种混凝土结构劣化的防治方法。

(1)改进混凝土成分,提高混凝土密实性及抗腐蚀能力。

(2)电化学处理法,电化学处理法主要通过非破坏性的方法使污染了的钢筋混凝土重新碱化或脱盐。

4. 桥头跳车的防治

参见第二章第五节。

5. 桥面铺装破坏的防治

(1)加强对主梁的施工质量控制,避免出现预拱度过大从而导致桥面铺装层的厚度变化很大的情况出现。

要保证主梁(板)的施工质量,主要是提高施工单位的施工质量的控制水平,提高其施工控制的均匀性,使得同批主梁(板)的预拱度接近一致。主梁(板)架设完成以后,横桥方向每片梁的预拱度基本一样,这样就可以保证桥面铺装厚度的横桥方向是一致的。

(2)提高桥面防水混凝土的强度,避免防水混凝土层破坏从而导致铺装层破坏现象的出现。

增加桥面铺装混凝土的厚度不仅可以增强桥梁主梁(板)之间的横向联系,同时对于减少桥面混凝土的破坏也有很重要的意义。现在在高等级公路桥梁的设计中,多数已经将桥面铺装防水混凝土的厚度提高到9~10cm,这样就可以保证跨中桥面铺装混凝土的厚度。

(3)加强桥面铺装的配合比设计,选用优质集料,提高桥面施工和养护质量。

6. 桥梁伸缩装置破坏的防治

桥梁伸缩装置破坏的原因是多方面的,设计不周、材料不良、运营条件恶劣、施工管理不善和养护不当等诸多原因都可导致桥梁伸缩装置不同程度的损坏,因此其防治的办法也要从这几方面来进行。其防治措施参见第五章第四节。

7. 钢筋混凝土结构的构造裂缝的防治

(1)选用优质的水泥及优质骨料;

(2)合理设计混凝土的配合比,水灰比不宜过大;

(3)尽量避免混凝土搅拌很长时间后使用;

(4)加强模板的施工质量,避免出现模板移动、鼓出等问题;

(5)避免出现支架下沉,脱模过早,模板不均匀沉降;

(6)浇筑混凝土时要振捣充分,浇筑后要加强养生工作。

复习思考题

1. 浆砌块石挡土墙的常见病害有哪些?
2. 简述挡土墙常见病害的处治方法。
3. 涵洞加固的措施有哪些?
4. 桥梁定期检查后应提出哪些文件?
5. 在哪些情况下桥梁应作特殊检查?
6. 简述桥头跳车产生的原因。
7. 伸缩缝装置破坏的防治办法有哪些?
8. 钢筋混凝土梁式桥主梁加固方法有哪些?

第七章 养护计划管理

教学要求

1. 描述公路养护计划管理的概念和分类；
2. 描述计划编制程序和方法；
3. 描述成本计划实施的基本要求；
4. 叙述计划控制的条件和方法。

●第一节 概 述●

一、计划管理的概念

1. 计划管理的概念

计划是决策在空间上的布署、时间上的安排，是指导全体管理人员达到决策目标的途径，是管理人员的行动准则。

公路的计划管理，是根据公路建设投资额、偿还贷款的期限、维持养护和管理的费用、收费标准和收费方式等公路营运基本规律和交通运输有计划按比例发展的规律，用计划组织、协调和控制道路设施的建设、养护、管理、收费和运营活动的一项综合性管理工作。

公路实行计划管理是客观经济规律的要求，是社会化大生产的需要，它为实行经济责任制提供依据，是提高运输经济效益的手段。

计划管理一般分为三个环节，即计划的编制、计划的实施、计划的控制。

2. 计划管理的任务

(1)制定公路发展的长远规划；

(2)编制、执行、检查公路偿还贷款(或收回投资)的年、季和月计划，其中包括运营、养护维修、管理的支出和运营、车辆通行费的收入等；

(3)充分发挥公路设施的高效率。

3. 计划管理的基本原则

(1)贯彻执行国家发展公路运输的方针政策。公路养护单位计划管理必须贯彻执行经营公司的经营战略，必须符合国家发展公路运输的方针政策，必须服从上级部门的统一安排，以满足公路经营管理需要，促进公路养护事业更快发展。

(2)统筹兼顾，综合平衡，留有余地。在计划制订时，要多方面考虑各种因素，平衡各种关系，对计划要留有余地，使计划在发生意外情况下，也能比较主动，尽可能减少或避免未知因素对计划的影响，确保既定计划的执行。

(3)合理开发和利用资源、财务以及人力。公路养护单位在执行和编制计划时，必须坚持经济核算的原则，以尽可能少的人、财、物消耗，取得最大的经济效益。

(4)维护计划的严肃性。经过上级部门批准的计划，各管理单位必须采取有效措施按时完成，不得随意更改，不得拒不执行或消极执行。在计划执行过程中，上级部门要加强检查以确保计划正常进行。调整计划要经过上级部门批准，计划不能完成要查明原因，并按所签订的经济承包合同进行处罚。对玩忽职守造成严重质量责任事故者要追究有关责任。

二、计划的分类

公路计划管理，是一项综合性的管理工作，它涉及到公路经营管理各个方面，内容包罗万象，既有公路经营公司养护投资计划，也包含基层养护单位的劳动用工计划、物资供应计划等，其差别只不过是编制单位不同，控制部门不同而已。

(1)按编制内容划分：有公司通行费收支计划、公司养护费支出计划、公司收费管理支出计划、公司养护生产计划、养护资金使用计划、财务计划、劳动工资计划等。

(2)按计划范围划分：有公司计划、分公司计划、基层收费站计划，基层养护所计划等。

(3)按计划时间划分：有远景规划、年度计划、季度计划、月计划和旬计划等。

(4)按计划的对象划分：有公路日常维修保养计划、专项工程实施计划、设备购置计划等。

由于各地区公路经营管理方式不同，养护管理各部门在养护生产管理中所处地位不同，所编制计划的内容、方法也不尽相同，其计划管理的作用、内容、方法也不相同。如公路经营公司主要编制通行费收支计划，包括养护投资计划和收费投资计划等，以控制经营公司整体资金投入。养护分公司(养护业务与主管部门)编制公路养护支出计划和养护大、中修或专项工程支出计划。养护管理所(段)编制公路年、季、月、旬作业计划及养护费支出计划。收费分公司(收费业务主管部门)编制公路收费支出计划和收费专项工程计划，收费站编制收费站年度经费支出计划等。

三、计划指标体系

计划指标体系是为了完成整体目标，由综合性计划，各专业性计划以及各职能部门，各层次、各个环节和承包人的诸种计划所形成的一个完整体系。计划指标层次有国家指令性指标，管理局、处、所、站和个人指标。按时间序列有中长期规划，年度计划和季度、月份计划等多种。

计划指标是公路管理和经营目标的具体化和数量化。指标是综合反映社会现象某一方面情况的数字，由指标名称和数值所组成，可用绝对数、相对数和平均数加以表示。用绝对数表示往往是“总量指标”，如里程等；用相对数表示即“相对指标”，如道路设施的优良率；用平均数表示即“平均指标”如平均车流量。指标按其用途可分为计划指标和统计指标；按其性质可分为数量指标和质量指标；按其数值采用的计量单位，可分为实物指标和货币指标；按其作用，可分为指令性、指导性和分析性指标。指令性和指导性指标，是由上级下达的，作为衡量管理水平的主要依据；分析性指标，是按内部需要而自行决定，为内部之间找差距、分析比较之用。

指标的设置应具体、明确、简便，具有自己的特征。每一个指标只能反映事物的某一方面。

为了完整的反映公路的经营活动的全面情况，应设置一套互相联系、互相制约，能全面反映经济活动内容的指标体系。

四、编制和执行计划的基础工作

公路管理机构为编制及执行计划必须做好一系列的基础工作。

1. 建立和健全定额管理工作

定额是在一定的技术组织条件下对产品和工作的数量、质量以及人力、物力、资金消耗所规定的标准。它是以数字来控制生产活动的一种手段。定额是计划的基础，也是编制、检查、执行计划的依据。定额管理主要是正确使用各种定额、制定和补充新定额。

2. 原始记录和统计分析工作

此项工作是用数字反映公路运营生产活动的实际成果、消耗水平和发展状况等真实情况，并找出变化的规律性。

3. 经济技术情报的收集和预测工作

此项工作能为运营决策提供依据，可使决策人员心中有数，为计划的准确性提供更多的条件。

4. 提高计划素质工作

此项工作是做好计划工作的有力保证，只有提高计划素质，才能提高计划管理水平，适应社会需求多变的环境。

• 第二节 计划的编制 •

养护计划一般包括两种，即养护项目计划和小保修计划。小保修计划一般包括年计划、季计划、月计划和旬作业计划。

一、编 制 依 据

(1)经营企业主管部门下达的生产指标；
(2)公路路况及沿线设施的使用情况；
(3)道路养护材料的供应来源及运输情况；
(4)交通量变化情况和自然条件的影响分析资料；
(5)企业内部制定的《公路小保养定额》和国家有关施工生产定额；
(6)公路养护标准、公路养护技术规范及养护管理有关规定；
(7)公路养护管理里程、养护设施量、机械设备配置及定员标准；
(8)历年的养护投资计划及完成情况；
(9)专项工程、大中修工程、改善工程等设计文件及预算。

二、计划编制程序及方法

1. 计划的组成

计划组成一般分为两部分，即文字部分和表格部分。

(1)文字部分。计划编制的原则和依据,投资资金来源情况和年度、季度安排情况,计划安排中考虑的主要问题及措施等。

(2)表格部分。根据计划的种类和要求,设定表格形式,明确计划内容和投资额及必要的备注说明等。

2. 编制程序

经营企业编制计划一般采用"一上一下"的程序,即养护管理部门(养护公司)向公路主管部门或经营企业提前上报下一年度的日常维护保养费用计划及专项工程及大中修费用计划,经公路主管部门或经营企业批准后下达执行。养护管理部门(养护公司)将批准的养护经费,按养护里程、养护设施量及专项工程及大中修工程项目进行分配(发包)。

养护作业实施单位按下达的养护投资计划和养护生产指标,制订其年、季、月、旬养护生产计划,并将年、季、月生产计划报养护管理部门(养护公司)备案。

3. 编制方法

1)年度费用计划的编制方法

(1)准备阶段:准备阶段主要是收集资料,结合自身情况并进行综合分析。收集资料主要是指收集养护管理单位历年的养护支出状况,充分了解掌握本企业的具体情况,如养护里程、养护设施量、本单位的生产能力、人员配备及设备配备等情况;综合分析主要是指对上一年度有关资料分析,对一些不合理支出部分进行剖析,从而确定较为合理的分项费用。

(2)编制计划草案阶段:对工程项目进行筛选,根据工程缓急情况选定工程项目和投资,按计划项目、计划投资进行综合试算。综合平衡后,编制年度计划,经养护主管领导审批后上报公路主管部门或经营企业。

(3)计划确定阶段:计划上报主管部门,经主管部门审批后,即可作为正式计划下达执行。

2)季、月、旬生产计划的编制方法

(1)季度生产计划是公路养护作业实施单位根据公路养护管理部门(养护公司)下达的年度投资计划、养护生产任务及生产指标,按年度进行分解,确定每季度养护生产任务投资。

(2)月度生产计划是公路养护作业实施单位,根据自己制订和上级主管部门批准的季度计划,按养护生产的实际需要,按月进行分解,确定每月生产计划。

(3)旬生产计划是根据月计划、逐旬分日地进行编制。

编制季、月、旬进度计划时,一般要求编制单位每月对公路进行一次路况调查,对道路、桥涵、通道及其附属设施病害进行登记,评定优良率及综合值,对存在问题制定维修计划,分期实施,并将该项计划一并列入季、月、旬养护计划来进行实施。

4. 养护作业实施单位年度费用计划

随着养护市场进程的不断推进,公路养护"管养分离"的模式已在全国一些地方采用,"管养合一"的模式与"管养分离"的模式在编制计划时编制内容存在一定的差异性。在"管养合一"的情况下,计划的编制内容一般由日常保养经费和养护单位管理费两部分组成;而在"管养分离"的情况下,养护作业实施单位年度投资计划编制,目前尚无统一的模式。

1)日常保养养护经费

计算方法一般有两种:按小修定额确定法和年公里定额确定法。

(1)小修定额确定法。按公路养护项目的分项工程量,确定养护工程量;根据养护周期,确定各项养护设施和养护项目的养护维修次数,套用公路小修保养定额乘以相应的工程量和维修次数,即可得到每一项目的全年养护费,各项养护项目费用总计就是养护单位全年日常养护保养计划经费。

(2)年公里定额确定法。将公路所有养护设施量,按公里进行平均,计算出每公里平均养护设施量,根据养护周期和养护维修频率,分别计算出每项养护项目养护费用,从而确定每公里养护投资即年公里养护投资定额,将养护作业实施单位所养公里数乘以年公里养护投资定额即可得到该单位日常维护保养经费。

2)养护单位管理费

一般包括管理人员工资经费,行政办公用车使用维护费,办公经费,煤、水、电支出等费用。

5. 养护主管部门(养护公司)年度投资计划编制

计划编制内容包括养护作业实施单位年度费用计划,养护主管部门(养护公司)管理费以及其他支出计划等。

1)养护作业实施单位年度费用计划

根据养护作业实施单位所养公路长度、日常维修保养定额、养护管理人员定员、设备配套和立项专项工程情况,核定各单位养护投资数额。

2)养护主管部门(养护公司)管理费

一般包括养护公司本部人员经费、办公费等项支出。

3)管理费

一般包括养护公司会议费、教育培训费、劳保费、招待费及技术开发费等费用。

4)其他支出计划费用

以上项目不能包括的支出费用及不可列入其他支出计划的不可预见费。该项费用多少,计划编制部门可通过测算确定。此项费用在整个计划的执行过程中可起到调剂作用,其剩余资金可在下半年计划调整中安排支出。

5)专项工程及大中修工程计划

专项工程及大中修工程的养护资金不包括在日常养护维修费用中,一般由公路养护主管部门直接投资。这类工程应按项目编制独立的费用计划。养护主管部门(养护公司)根据公路及其各项设施检测数据及评价结果,结合公路养护的实际情况,编制专项及大中修工程计划,并将各工程方案及预算一并上报,待批准后执行。

• 第三节 计划的实施与检查 •

一、计划的实施

编制计划,仅仅是计划工作的开始,更重要、更大量的工作,还在于贯彻执行和实现计划。

1. 计划实施的基本要求

计划实施有两个基本要求,一是要保证全面完成计划,完成全年养护指标;二是要求均衡地完成计划。为此需做好如下工作:

(1)坚持计划的严肃性。养护计划一经批准就不要轻易变动。年度投资计划在执行时一般不能调整,只有在上级部门同意的情况下才能调整。季度计划也要根据公路养护实际情况,只能在月计划中调整,并报上级主管部门备案。

(2)层层落实计划。年度计划、季度计划一经批准都要与公路养护管理人员见面,进行交底,宣传动员,并组织人员进行讨论、分解,明确全年养护任务量和工作量,分头签订养护承包合同,明确责任和完成任务指标。在计划执行上必须贯彻日保旬、旬保月、月保季的方针,全面保证计划任务的完成。如日常维修保养计划,基层单位计划员要按着上级单位核定的养护投资及养护任务量,分季、月、旬制订养护作业计划和资金使用计划,工程部门按作业计划和资金使用计划制订月旬用工计划、材料使用采购计划和机械使用计划,选择养护队伍,签订养护生产合同,确定养护生产任务,核定工程数量,并进行实施。为保证单项工程和专项工程养护施工质量,养护单位首先要选择具有资质的施工单位、监理单位,现场核算工程量,编制工程预算和施工方案,并报养护主管部门,待养护主管部门审批同意后,即可与施工单位、监理单位签定工程承包合同,明确施工质量及工期要求,并按计划实施。工程要严格控制投资,要求工程决算不超预算,预算不超概算,严禁超计划运作。

(3)做好计划的分解工作。根据计划安排,分解各项计划,并制订切实可行的实施计划。如根据年投资计划,制订季、月投资计划,根据月计划,制订旬作业计划,把各项计划具体化,按养护项目进行分解。如根据公路管理特点和季节因素,制订分季作业计划,如在春季以日常保洁为主,安排更换栽植绿化树木、浇返青水,清通涵洞等工作;在夏季以绿化维护为主,安排草皮清杂,树木、草皮修剪等工作;在秋季以草皮修剪,绿化维护,修整路基边坡为主;在冬季则主要是以路面保洁及清雪保通为主要工作。

(4)强化计划管理,提高劳动效率。为全面完成养护计划,养护管理单位应强化计划管理,建立健全各项养护管理制度,降低养护成本,提高劳动生产率。签订员工养护承包合同,把完成养护计划和养护指标与职工个人利益挂勾,充分发挥职工的积极性。在日常养护维修中,积极推行养护任务单,实行养护项目单独核算方法,核定材料用量、额定工日和用工数,把生产、技术、质量、安全、成本等各项经济技术指标分解为可控制指标,落实到个人。在行政车辆使用管理中,实行单机核算管理,将车辆行驶公里数、耗油数及维修费用与出车任务单结合起来,核定车辆使用成本,以最大限度的控制成本费用支出。

2. 计划分解

组织计划的执行,要把各项指标逐级分解下达到执行者。按指标性质的不同分别交给各职能部门进行归口管理,并从管理所到各路段进行层层分解,使各机构到承包者都有具体目标和行动准则,各自切实负起责任。贯彻执行计划必须达到两个基本要求:

(1)保证全面完成计划;

(2)均衡完成计划。

要建立一个互相协作紧密配合的计划保证体系,其主要内容包括:设立专职计划机构;建立健全计划责任制;建立健全计划考核与评价制。

3. 实施过程

(1)下达计划;

(2)运用经济方法贯彻计划;

(3)调度计划;

(4)改进计划;

(5)检查和反馈计划执行情况。

二、计划的控制

计划在执行过程中,总会出现这样或那样的偏差。计划的控制,就是根据反馈原理,对计划执行情况进行检查和分析,及时发现并纠正执行结果与计划目标之间的偏差。计划的控制目的在于保证计划的顺利实施。

1. 计划控制的基本条件

(1)计划中有明确的标准;

(2)执行结果能够统计测算,并能与标准进行比较;

(3)有畅通的信息渠道,出现的偏差能够及时准确地反映给控制机构,控制机构发出的纠正指令能够准确、快速地传递;

(4)偏差出现时,控制系统各级管理人员能够排除假象,作出正确的决策;

(5)全体人员有发现和纠正偏差的主动性。

2. 计划控制的方法

计划在执行中要以各种形式的检查发现问题,纠正偏差,达到控制的目的。检查计划完成情况有多种形式,例如会议检查、自检、互检、上级检查等。纠正各类偏差,常依靠管理调度来实现。调度工作就是以计划目标为中心,针对执行中的问题,通过发布调度命令,重新建立平衡,保证计划顺利实施。

计划控制工作一般通过在计划的实施过程中,在跟踪检查中进行,通过技术报表、进度报表、完成情况报表、财务报表、养护合同控制、实地检查等手段,时时监控计划实施的全过程,确保生产进度、质量标准与养护投资按计划进行。

养护投资计划的编制和批准单位（部门）要做好计划的控制工作，确保计划能够顺利进行。所谓控制就是指计划的批准单位和编制单位为保证计划能够顺利实施，按照事先拟定的计划和标准，通过采用各种方法，对实施对象实施中发生的实际值与计划项目进行对比、检查、监督、引导和纠正。一旦计划运作，就必须进行控制，并实施有效的领导；一旦计划出现偏差，就应采取必要的措施进行纠正和调整，从而使计划在有效的控制中得以实施。

根据计划的编制与批准单位不同,其控制的范围与主体也就不同。公路经营企业主要控制整个企业的投资计划,并监督各下属企业(养护分公司、收费分公司等)资金使用情况与工作质量。养护分公司则控制上级单位核定的全年养护投资及全年工程及经费的使用计划,并监督各基层管理所资金使用情况及工作质量是否按要求进行运作,基层管理所则主要控制养护分公司核定的全年养护计划和投资计划,并按计划进行实施。上级单位为有效控制下级单位的养护投资和养护生产按计划进行,一般均要与下属单位签订养护承包合同,明确双方职责、权力和义务,根据完成情况进行奖惩,确保各项工作顺利进行。

下属单位均应按季、月向上级单位上报季、月生产计划和资金使用计划以及季、月养护生产计划完成情况和工作量完成情况报表,以便上级单位进行监督和检查。

三、计划检查与养护工作统计

计划实施完毕，并非整个计划管理结束，因为计划管理是一个循环过程，任何一个计划都是前期计划的延续，后期计划的基础。做好计划执行后的检查分析，对提高计划管理水平有重要意义，此项工作有如下内容：

(1)预测的准确程度及其调整；

(2)指标的合理性及平衡性；

(3)差错出现后的应变措施及对下期计划的改进意见；

(4)控制工作的偏差及确保计划执行措施。

1. 计划检查

为保证各项计划的正常实施，公路经营企业和公路养护管理部门有必要对计划的执行情况进行检查。检查方法一般有实地检查、统计报表检查等多种方法。

1)实地检查

养护管理部门每季定期对养管基层单位进行检查，除检查养护作业安排外，还应检查养护质量及安全作业执行情况，检查养护费用的使用情况，解决有关存在问题，并将检查结果上报上级主管单位。养护管理部门除对各基层养护单位进行定期检查外，还可借路巡机会，对养管单位进行抽查，主要是针对基层养管单位月、旬作业计划安排，抽查是否按计划日期安排相应养护项目，现场出勤人数与设备是否符合计划，现场安全作业区域控制是否符合规定等。并根据现场抽查情况进行打分，将打分结果带入全年养护评定中去。

2)统计报表检查法

公路养护计划检查也可借助于统计报表进行检查。根据公路养护管理要求，基层养护单位均应向上级主管部门上报季、月养护完成情况报表，机械核算报表等，财务部门也相应上报财务生产技术报表。管理单位即可将计划与当月各种报表进行对比检查，以核对计划的完成情况。

3)计划与生产例会制度

养护计划主管部门每月末可定期召集养护、财务部门及养护基层单位生产股长、主管领导、核算员等召开养护计划与生产例会，由各基层单位分别汇报本月主要养护计划的完成情况、工程完成与结算情况、存在的问题以及下月计划要完成的主要工程计划及资金使用计划。养护计划主管部门则可根据各基层单位养护完成情况和存在的问题提出建议和要求，对计划中存在的偏差予以指正。通过定期召开生产例会，使上级主管部门直接了解各单位的实际情况，也便于上下沟通，对基层单位资金使用情况一目了然，不会把积累的问题拖到年底再发现，实现了对计划的主动控制，确保了养护企业计划的顺利实施，同时因会计员及核算员都在场，便于他们了解企业整体生产情况及资金流向，为会计财务核算提供了依据和方便。

对计划检查查出的问题，无论是不能完成计划还是超计划运作，基层单位均应提出书面整改计划并报上级主管部门批准，上级主管部门可按规定，对有关单位和责任人进行处罚。

2. 养护工作统计

统计工作是按着养护管理要求，采用数字的形式来记录、整理、汇总、分析养护生产、财务等方面的活动，以检查监督计划中的实施，为改进企业经营管理、编制计划提供依据，统计工作是公路养护计划管理的一项基本工作。

1)统计工作内容

公路经营企业统计,包括经营、养护、技术、劳动、设备、物资、财务等各方面的数量、质量统计等内容,还包括资料收集、整理、分析三个方面的工作,其中任何一方面工作的好坏都直接影响整个统计工作的质量。

2)统计工作步骤

(1)收集统计资料。它是根据统计工作的目的和要求,有计划、有组织地收集原始资料的过程。统计部门一般根据生产管理需要,制订各种各样的养护统计台账,由各基层单位填写后上报主管单位统计部门。

(2)统计整理阶段。它是收集统计资料阶段的继续,又是统计分析的准备阶段,是将收集的大量资料进行加工整理的过程,整理出本单位各项养护生产报表,并根据本单位实际需要,编制统计图表。

(3)统计分析。它是统计工作的最后阶段,是将大量的经过整理统计的资料进行科学分析,找出发展规律,发现企业在管理和计划执行中存在的问题,并找出其原因,提出合理的解决办法或建议。

统计分析是统计工作在公路养护管理中发挥作用的重要阶段,养护单位必须从实际出发,从统计资料出发,对养护生产进行科学分析。

公路养护单位生产统计报表和财务统计报表要按时上报,报表内容要符合上级单位要求,基层养护单位要按时、按期填写养护生产原始记录。做好养护统计工作,必须坚持实事求是,如实反映情况,严格执行统计报表制度,要准确统计,及时上报,为公路计划管理和养护管理提供可靠数据。

计划的制订部门,在年终要统一对全年计划进行评定,将全年实际完成情况与全年计划进行对比,对不足部分进行总结、分析,并将之在下年计划中调整,使计划编制更加合理、更加准确,确实发挥计划的指导作用,确保全年工作正常进行。

四、计划的调整

公路经营企业全年收支计划一经确定下达,就要严格执行,各单位就要严格按计划进行分解,确保全年整体计划的实现。全年整体计划投资数,各单位均不能突破,确保全年投资不出现赤字现象。各单位可在执行计划的过程中,根据各单位自己的权限,在计划允许的条件下,经上级部门同意,对全年养护投资计划进行局部调整,在计划总体投资不变的情况下,对个别养护项目投资数额进行调整。

调整计划一般有半年计划调整和年终计划调整两种。半年计划调整一般是只对单项工程、专项工程等养护项目进行调整,根据各单位养护实际情况,对部分养护项目进行取舍,增加一些必要项目,对计划重新进行平衡试算,经上级主管部门同意后下达执行。年终计划调整一般在十月份进行,这时全年大部分计划已经实现,大部分不可预见费用项目已经发生。调整时主要是针对计划中不可预见费用项目进行重新核定,对实际项目费用进行确定,将在计划中列入实项,同时对原有计划项目实际完成数与计划投资进行比较,将这些项目资金进行平衡,将多余资金与剩余不可预见资金合并,考虑全年后几个月实际情况,重新排定全年养护计划并保留部分不可预见费，报上级部门同意后执行。在全年最后一个月即12月初，根据全年养护投资的情况可对计划进行最后调整，将不可预见费全部核定为计划项目，进行实施。

复习思考题

1. 公路计划管理的任务是什么？基本原则有哪些？
2. 公路计划管理中计划分为几类？
3. 公路管理中计划编制的原则、程序和方法是什么？
4. 公路管理中计划实施有哪些基本要求？
5. 公路管理中计划检查的方法有几种？

第八章

养护成本管理

教学要求

1. 描述养护成本与施工成本的区别，明确公路养护成本的组成形式；
2. 叙述公路养护成本计划、编制、控制与核算的方法；
3. 分析沥青路面坑槽修补成本构成。

第一节　公路养护成本与施工成本的区别及其特点

随着社会主义市场经济的深入发展，公路养护管理实现企业化经营已经成为必然趋势。公路养护过程就是人工、养护机械和材料的消耗过程，要控制和使用好有限的养护资金，使之创造最大的经济效益，公路养护单位就必须树立养护成本意识，加强养护成本控制和核算，在确保养护质量的前提下，努力降低养护成本，提高经济效益。

一、养护成本与施工成本的区别

(1)内容项目不同。公路工程养护的主要目的是通过不同级别的养护使公路及其设施经常处于良好的技术状态，从而保证公路具有快捷、畅通、舒适、安全、经济、美观的使用功能。养护项目一般包括路基路面保养、桥涵隧道保养、沿线设施保养、机电设备保养、绿化保养、桥梁伸缩缝及桥头跳车的处理、沥青路面局部罩面、滑坡路段的路基处理线形及结构的改善等项目。相对于建设工程项目施工来说，内容较为分散，而建设施工项目相对于公路养护项目来讲，其项目要大得多，一般是具体的某一个项目，不像公路养护项目较多且包罗万象。建设项目成本管理的对象单一，它只对该项目所发生的各项费用予以控制，公路养护成本管理的对象是整条公路养护，它涉及的养护项目较多，养护内容也较为复杂，成本控制手段和方法也不尽相同。

(2)工程数量及成本消耗影响因素不同。公路养护项目其养护工程数量较小、线长且分散，设备及人工不能连续作业，需经常变换工程地点，无形中增加人工、材料以及施工维护设备的耗用，增加了单位工程支出。建设施工项目因可连续施工，非正常成本支出很少，相对于同等工程量公路养护项目施工，单位工程成本要低得多，所以公路养护单位制定成本计划和成本控制时应首先制定相应的公路养护定额，而不应简单套用国家或地方的施工定额，即使套用，也应相应提高国家或地方施工定额中的人工工日及机械台班数量，并将之作为公路养护项目成本支出及成本控制的依据。

(3)时间跨度不同。建设项目施工工期是有限的,是严格按照施工计划进行的,工程竣工验收后即告结束,相对于公路养护讲,它的施工期是短暂的,而公路养护却是无限的。公路从一经交付使用,养护工作就已经开始,一直到公路大中修项目开始为止,时间跨度较大,且影响养护施工因素也较多。公路的养护是在保证日常维护保养的基础上实施预防性养护,尽量延长公路服务寿命和公路大中修间隔。大修间隔越长,管理单位经营成本就越低,相应纯收入就越大。

(4)施工环境不同。建设项目施工环境好,施工现场一般是全封闭的,受外界影响小,施工单位可按计划有条不紊的进行。公路养护项目施工则不同,施工环境相对恶劣,一般都是在公路交通不断的情况下进行,开辟一定的施工区域,按有关标准摆放施工标志,并用隔离墩、板将施工区与行车区分隔,并设置专人和设备进行交通维护和控制。为避免出现因施工引发交通事故,施工时间只能安排在白天,天黑前要恢复公路通车断面,无形中加大了公路养护作业成本支出。因而在同等条件下,公路养护施工比建设项目施工成本要高。

(5)控制目的不同。施工项目成本管理的目的是在企业健全的成本管理经济责任制下,以合理的工期、质量保证和低耗的建设工程成本,相应增加企业收入,完成企业下达的利润指标,提高企业的市场竞争力和市场占有率。而公路养护成本管理的目的是在保证养护质量的前提下,努力压缩养护管理费用,降低养护成本,使养护资金更多的投入到公路养护生产上来,使公路养护管理进入良性循环。它不是以计划利润为目的,而是以成本节约为目的,并将节约成本再投回到养护工程中。因此,养护成本管理与施工项目成本管理目的不同。

二、公路养护成本的特点

要满足公路行驶要求,为车辆提供安全、快捷、美观、舒适的行车环境,这就要求公路养护管理必须高标准、高质量,养护工作的任何懈怠和疏忽不仅会对道路及其设施本身造成潜在危害,也会对驾乘人员构成严重的生命威胁。对一些病害特别是路面病害如坑槽、松散等要及时维护,确保行车安全。公路养护成本相对较高。

(1)公路养护综合成本高。由于公路建设标准高、养护范围广、养护内容多、材料选用较精、机械数量多及使用比例较大、施工程序复杂、交通安全保护措施要求高、现代化设施较多等原因,使公路养护综合成本比较高。在养护对象上,公路养护除道路、桥涵、隧道及其沿线附属设施之外,还包括交通工程设施、监控、通信、照明设施、绿化、环保、棚亭建筑设施及各种生活服务设施等,这些设施的养护和管理几乎涵盖了道路桥梁、建筑、园林、机电、机械、计算机等多种专业,公路养护项目比较多,要保证公路及其设施始终处于完好状态,并得到不断完善,就必须做到养护资金的高投入,这就确定了公路养护的高成本性。

(2)公路养护机械费用高。公路养护机械配置及使用比例较大,配置水准较高,并且在养护项目上尽量用机械化养护代替人工养护,以减少人工上路养护的机会,减少养护事故发生概率,保证养护人员安全,提高养护质量和养护效率,加快养护作业进度,减少养护作业时间和对过往车辆影响,这就要求公路养护机械投入要大。

(3)交通安全维护费用高。在不封闭或不完全封闭交通的情况下,上路养护作业都会面临着一定程度的危险,这不仅仅对维护作业人员存在危险,同时对过往车辆司乘人员安全也构成一定威胁。为保证养护作业的正常进行,同时保证过往车辆的行驶安全,防止和杜绝因养护作业而引发的交通事故,养护作业必须严格按国家标准和有关部门规定摆放交通标志,圈定养护作业区域,并安排专门人员配备部分专用车辆进行交通指挥和维护。其交通安全维护费用在日常维护项目支出中占有一定比例。

(4)单项养护成本相对较高。公路路面出现坑槽,养护部门发现即应安排维修,否则因坑槽维修不及时给通过车辆所造成的事故损失,养护部门应负担一定责任并给予一定经济赔偿。其坑槽维修工程量虽小,但养护单位也要派出维修人员、车辆上路维修,并同时安排一定的人员、设备进行交通维护,封闭作业区域,其单位养护成本相对较高。

(5)科技成果应用多,致使成本上升。公路养护除需要具备机械化、专业化养护技术外,还要不断地探索养护新技术、新工艺、新材料,以替代传统的养护技术和养护方法,提高公路养护质量,延长公路使用寿命和大修间隔。如路面高强修补、土工合成材料的应用、路基灌浆处理、路面裂缝维修,改性沥青填缝材料应用及路面材料增强纤维等科技含量较高材料与技术等在公路养护中的应用,在提高了公路养护质量的同时,也提高了公路养护成本。目前多数新材料、新技术均系从国外引进,费用较高,造成养护成本提高,因此公路管理单位和科研单位应努力寻找国产替代产品,以降低养护成本支出。

●第二节 公路养护成本的组成●

养护成本管理是养护单位在养护过程中为降低养护成本而进行的各项管理工作的总称。公路养护单位是公路养护生产的执行单位,它既是生产者,也是消耗者。公路养护生产中消耗的物质劳动和生活劳动构成了养护工程成本。它是以正常的养护经营活动为前提,根据养护生产过程中实际消耗和实际价格计算出来的。为了明确认识和掌握成本的特征,更好地为养护管理服务,需要了解公路养护成本的组成。

一、按成本发生时间划分

公路养护过程,即是养护工程的耗费过程,又是养护实际成本的形成过程。养护单位加强成本管理就是要按照规定对养护工程形成过程进行计划和控制管理,在确保养护工程质量的前提下,降低工程耗费,减少管理费用,提高经济效益。按成本控制需要,根据成本发生时间,养护成本可分为预算成本、计划成本和实际成本。

1. 预算成本

预算成本是根据施工图由全国统一的工程量计算规则计算出来的工程量、公路工程定额和当地小修养护定额,并按有关费率计算得出。预算成本所反映的是当地公路养护业的平均水平。

2. 计划成本

计划成本是指养护生产单位根据养护工程的具体条件和为完成此项工程而实施的各项技术组织措施,在实际成本发生前预先计算的成本,即养护单位考虑降低成本措施后的成本计划数,它对于加强养护工程的经济核算,建立健全成本管理责任制,控制养护生产过程中的生产费用,降低养护成本具有十分重要的作用。

3. 实际成本

实际成本是指养护单位在实际养护生产过程中发生的全部生产费用的总和。实际成本与计划成本比较,可揭示成本节约和超支,可反映养护单位技术水平及技术组织措施的执行情况和单位的经营效果。实际成本与预算成本比较,可反映养护工程的盈亏情况。

二、按养护费用计入成本的方法来划分

1. 直接成本

直接成本是指养护生产过程中直接耗费的构成养护工程实体或有助于工程形成的各项支出,包括人工费、材料费、机械使用费和其他直接费。人工费是指直接从事养护生产工人的各项费用,包括工人工资、奖金、工资性质的津贴等。材料费一般包括养护生产过程中耗用的构成工程实体的原材料、辅助材料、结构件、零件、半成品的费用和周转材料的摊销及租赁费用。机械使用费包括养护生产过程中使用自有养护机械所发生的机械使用费和租用外单位养护机械的租赁费以及机械的安装和拆卸费用等。其他直接费是指直接费以外施工过程中发生的其他费用。

2. 间接成本

间接成本是指养护单位为施工准备、组织和管理生产所发生的全部施工间接费支出,它一般包括现场管理人员的人工费、资产使用费、工具用具使用费、保险费、检验试验费等费用。

这种分类方法,可正确反映工程成本的构成,可用于考核各项养护费用的使用支出是否合理,便于找出降低成本的途径。

三、按养护生产费用与养护工程量关系来划分

1. 固定成本

养护固定成本是在公路养护期内和确定的工程量范围内所发生的成本额度不受工程量增减变化的影响而相对固定的成本。如折旧费、大修理费、管理人员工资、办公费、煤、水、电费等。这一成本是为了维持养护企业一定的生产经营条件而发生的。一般来说,对于养护企业的固定成本每年基本相同。这种固定成本,养护企业都将根据公路养护项目工程量大小,分摊到全年各个养护项目上去。

2. 变动成本

养护变动成本是指随着养护工程量的增减变动而成正比例变动的费用,如直接用于养护工程的人工费、材料费等。所谓变动是相对于工程量来讲,而对于单位分项工程上的费用是不变的。

将公路养护过程中的全部费用划分为固定成本和变动成本,对于成本管理和成本决策具有重要作用,它是成本控制的前提条件。由于固定成本是养护企业维护生产能力所必须的费用,要降低该项费用,只有通过提高劳动生产率,增加企业总工程量数额并降低固定成本的绝对值水平。降低变动成本只能从降低单位分项工程的消耗定额入手。

• 第三节　公路养护成本计划、控制与核算 •

养护成本计划、成本控制与成本核算是公路养护成本管理的重要组成部分。成本计划是

成本预测的结果，是确定成本目标的具体化；成本控制是对成本计划实施过程进行的监督、调节和限制，以保证成本目标的实现；而成本核算则是对成本目标是否实现的最后检验。要做好养护成本管理工作，降低养护管理成本，养护管理单位首先要选定养护作业施工项目成本核算对象，确定成本计划，在养护作业各个环节、各个工序上实行成本控制，最终完成成本目标。

一、养护成本计划

养护成本计划是养护成本管理的一项重要内容,是养护单位生产经营计划的重要组成部分。它是以货币形式预先确定养护项目的养护成本目标及计划成本降低额和降低率,并按成本管理层次、成本项目的养护施工阶段,对成本目标加以分解,制定切实可行的各级成本实施方案。

养护成本计划是养护成本管理的一个重要环节，是实现降低养护成本任务的指导性文件。编制养护成本计划的过程实际上就是挖掘降低成本潜力的过程，也是检验单位养护技术质量管理、工期管理、材料消耗和劳动力消耗管理的过程。它是对生产耗费进行控制、分析和考核的重要依据。养护施工单位只有正确编制养护成本计划，对养护生产消耗进行事前预计、事中检查控制和事后考核评价三阶段管理，才能避免生产经营的盲目性，真正达到提高养护质量、降低养护成本的目标。如果养护单位单纯重视成本管理的事中控制及事后考核，忽视甚至省略至关重要的事前计划，使得成本管理从一开始就缺乏目标和方向性，对于控制考核也无从对比。养护成本计划一经确定，就应层层落实到各部门、班组，并应经常将实际生产耗费与成本计划指标进行对比分析，发现问题及时解决，以保证养护成本计划各项指标得以实现。

编制成本计划,应从本单位实际情况出发,采用先进的技术经济定额,充分挖掘单位内部潜力,使降低成本指标既积极可靠,又切实可行。正确选择施工方案,合理组织施工,提高劳动生产率,改善材料供应,降低材料消耗,提高机械利用率,并注重节约管理费用,杜绝偷工减料、忽视质量等现象发生。

确定养护项目成本计划时,首先要事先测定工程量,按国家或企业有关养护施工定额编制该项目预算成本,确定养护项目的直接费用和间接费用,即人工费、材料费、机械使用费、现场经费、企业管理费和财务费,以及安全作业维护等费用。根据企业内部制定的成本降低额、降低率，结合本单位的实际情况，确定该项目成本计划和成本目标，成本目标确定后即可重新核定直接成本，确定材料、人工、机械等用量和费用并按施工工序加以分解，作为养护作业耗用与控制的依据。间接成本计划应根据工程项目的核算期，以项目总收入的间接费用为基础，制定各部门费用的收支计划，汇总后作为工程项目的管理费用计划。在间接成本计划中，收入应与取费口径一致，支出应与会计核算中管理费用一致，间接成本的计划收支总额应与项目成本计划中管理费一栏的数额相符，各部门应按着节约开支压缩费用的原则，控制使用该项费用。

二、成本计划的编制

工程成本计划,是以统一的货币形式,预先规定企业在计划期内各项工程的成本水平及降低成本主要措施的一种计划方案。它是经营计划的一个组成部分,也是对工程成本进行计划管理的工具。

成本计划是全体管理人员在计划期内的奋斗目标。成本计划是根据生产、物资、劳动工资、技术等计划编制的,也是企业编制流动资金计划、利润计划的重要依据。

成本计划由技术组织措施计划、管理费用计划和降低成本计划所组成。应根据上级下达的养护任务和降低成本指标,在总会计师、总工程师的具体领导下,以计划部门为主,财务部门配合,会同有关部门研究编制。

接到上级下达的养护任务和降低成本控制指标后,应着手收集资料,进行分析整理,把降低成本指标和报告年度的实际成本,本机构历史最好水平和同类机构的先进水平,以及工程量、工作量、质量、材料消耗定额与实际消耗量、劳动定额与工资总额、劳动生产率等,向上级汇报,并发动职工进行讨论,比先进、找差距、提合理化建议。在此基础上,提出切实可行的技术组织措施计划、降低成本计划和管理费用计划。

成本计划应分级编制。管理处(公司)的成本计划按年编制,内部经济核算单位(如养路队、养路段)按年(季)或按成本核算对象编制。材料供应部门编制材料采购成本计划,作为控制材料采购支出的依据。养护班组一般以下达的工程任务单、定额领料单为依据,提出降低的指标,控制工料消耗。

三、养护成本控制

养护施工项目的成本控制管理是指在养护项目成本的形成过程中,对养护生产经营所消耗的人力资源、物质资源和费用开支进行指导、监督、调节和限制,及时纠正将要发生和已经发生的偏差,把各项生产费用控制在计划成本的范围之内,以保证成本目标的实现。

养护成本控制应贯穿养护生产的全过程,从施工准备阶段、施工阶段到竣工验收阶段结束,均要进行成本控制。成本控制工作要随着养护项目生产进展的各个阶段持续进行,既不能疏漏,又不能时紧时松,使养护项目成本自始至终置于有效控制之下。养护成本控制方法一般有施工预算控制法、资源消耗控制法及用款计划控制法等。这里只简单介绍施工预算控制法。

在施工项目成本控制中,按施工图预算,实行"以收定支,量入为出"。它是成本控制最有效的方法之一,即对养护生产项目进行分解,根据分部、分项工程的工程量,按照公路定额或小修养护定额分别测定分部、分项工程的人工工日、材料用量和机械台班数量,制定工程用工计划、材料供应计划和机械设备使用计划,作为指导和管理施工的依据。施工预算对分部、分项工程的划分,原则上应与施工工序相同,以便于生产班组的任务安排和施工任务单取得一致。对生产班组的任务安排,必须签发施工任务单和限额领料单,任务完成后,根据回收的施工任务单和限额领料单进行结算。通过对分部、分项成本控制,实现对养护工程项目的成本控制。

此外,养护单位的各职能部门也要做好成本分口管理,各职能部门必须建立部门的成本责任制,就本部门的业务范围对降低养护成本负责。

材料部门应根据技术经济定额负责控制材料消耗,它既要负责编制材料采购供应计划,选择材料采购地点,认真采购材料,合理组织运输,尽可能利用廉价优质材料,降低材料采购成本;又要加强材料管理,制定材料储备定额、消耗定额,建立健全材料的收、发、领、退制度,搞好材料保管工作,减少材料消耗和浪费,降低材料成本。

生产部门应根据劳动定额确定施工人员数量,搞好工时记录分析,提高劳动生产率,节约人工开支,降低人工成本。

机械设备部门应负责制定机械设备台班定额和油料消耗定额,搞好机械设备的运转记录和台时的分配,推行单车、单机核算,节约机械使用费。根据公路养护特点实现机械化养护是公路养护现代化的必然趋势,机械费用支出已达到养护支出总额的50%,因此,控制机械费用支出是公路养护成本控制的关键。

施工技术部门应组织制定降低工程成本的技术组织措施,检查措施的执行情况,积极地开展技术革新,提高工程质量,节约工料费用,降低工程成本。预算部门负责编制施工预算,并进行分解,提供工程耗用工料限额、材料代用和用工用料分析。

为降低养护成本,养护施工单位除应做到以上控制外,还应做到以下几点:

(1)认真会审图纸,核实工程数量,正确编制施工预算;

(2)落实技术组织措施,编制合理、先进的施工方案;

(3)降低材料成本,减少材料浪费;

(4)在施工中尽量形成流水作业,避免机械设备的往返调遣,提高机械利用率;

(5)用好用活激励机制,调动职工增产节约积极性;

(6)建立健全各项管理制度,加强工程组织管理,节约施工管理费。

四、养护成本核算

养护作业项目成本核算是施工项目管理中一个极其重要的子系统,也是成本项目管理最根本的标志和主要内容,它是成本分析和成本考核的依据,独立核算的养护工程项目竣工或完工后均要进行成本核算。

成本核算是把养护和管理公路实际发生的各项费用,按照其用途,并按一定的产品,进行汇集、分配、计算出产品的实际总成本和单位成本。

成本核算的基本任务是确定当前实际成本水平,考核成本计划完成情况,反映企业生产经营的经济效果。其目的是进一步挖掘潜力,降低产品成本和增加盈利。

成本核算的要求是:符合规定,计算准确,进行及时。

成本核算的方法,依生产类型而定。对于公路养护施工生产,应按成本项目分别按一定的方法进行核算;对于工业性生产,可采用简单法、分步法、分批法、分类法进行核算。

1. 养护作业成本核算对象的确定

根据公路养护的特点和成本管理要求,一般来说,养护施工项目成本应以每一独立编制施工预算的单位工程为成本管理和核算对象。公路日常维修保养可按养护路段、养护内容不同划分为多个独立的核算对象,如路面保洁、路面维修等项目均可作为独立核算对象。

2. 养护成本核算

1)成本费用的界限划分中应注意的问题

(1)划清成本费用支出和非成本费用支出的界限;

(2)划清不同成本核算对象之间的成本界限;

(3)划清未完工程成本与已完工程成本的界限;

(4)划清本期工程成本与下期工程成本的界限。

2)成本核算的内容

(1)直接费核算。人工费:按养护工程验收完成的实际工程量计算出定额工日乘以合同人工单价确定人工费,或直接根据合同单价中人工费进行结算并计入工程成本;

材料费:按养护工程耗用的材料,根据领料单、退料单、耗损单编制材料耗用表,并计入成本,对于周转材料应将材料摊销费计入工程成本;

机械费:根据发生的各种机械使用台班数分别乘以台班单价计算出机械使用费,加上外租机械费用即养护项目机械费用总支出,并将之计入工程成本。

(2)其他直接费用核算。养护作业过程中实际发生的其他直接费,凡能分清受益对象的应直接计入受益成本核算对象的工程项目中。如与若干个成本核算对象有关,可分摊到和各个成本核算对象相应工程施工中的其他直接费成本项目内进行计算。

(3)施工间接费核算。为正确合理地反映养护项目管理的经济效益,分清成本费用的可控区域,养护企业应对间接费实行项目与项目间分别核算,按间接费条目分类核算并计入成本。

(4)安全作业维护费。可将该项费用计入其他直接费核算,也可单独列项进行核算,计入养护成本,核算单位可自行决定。

根据成本核算结果,最后确定核算项目的养护实际成本,将核算项目实际成本特别是核算项目实际发生的人工成本、材料成本和机械使用成本与该项目计划成本进行对比分析,确保养护项目是否盈亏,各单项控制是否达到成本计划要求。

● 第四节　养护成本分析 ●

成本分析是对公路管理成本形成情况进行评价、剖析、总结的工作。其目的是确定实际成本达到的水平,查明影响成本升降的因素,揭示节约和浪费的原因,寻找进一步降低成本的方向和途径。

成本分析可采用许多方法,主要方法是对比法,即把本期实际成本与计划成本对比,与上期成本对比、与历史最好水平对比、与国内外同一情况运输成本对比等,并对公路运输的有关情况进行必要的调查。

下面以某公路管理局沥青路面坑槽修补成本分析项目为实例,进行养护直接成本分析。

一、沥青路面坑槽修补成本构成及特点

公路沥青路面坑槽修补是养护部门经常性的一项工作,公路养护的特点是每天都要上路巡查,发现路面产生坑槽要及时组织修补,一般要求不能过夜。坑槽修补成本构成主要包括人工费、机械费、维修材料费、小型工具费和临时设施费。完成一项沥青路面坑槽修补工作需要多道工序,工序包括:

(1)首先使用安全设施和作业标志封闭作业现场;

(2)使用切割、凿岩机械破碎原有的路面,清理作业面和回收废料;

(3)加热沥青和喷黏层油;

(4)加热沥青混合料并摊铺;

(5)压实;

(6)清理现场;

(7)做好施工记录;

(8)撤除安全设施,开放交通。

经测算,一个 0.5m^2 左右的坑槽,从封闭现场开始到完成维修撤出现场开放交通,纯维修工作时间定额一般为半小时。考虑平均 15min 的路途消耗,这样平均每天 8h1 个台班能维修 11 处,5.5m^2。

但坑槽出现的分布不是均匀的,有时多,有时少,例如在雨后出现的数量可能较多。坑槽的修补有时可以达到满定额生产,有时无法达到。当路面上出现孤立的坑槽,同样需要派遣机械设备、人员都要到场维修时,使维修成本增加。

二、影响坑槽修补成本的主要因素

公路坑槽修补中由于需要封闭现场,利用机械化修补设备及使用快速修补材料实现快速修补,使得成本比一般公路明显增加。在诸多因素中,设备和材料两方面是影响坑槽修补成本的主要因素。

1. 坑槽修补机械设备

1)进口综合养护车

公路的坑槽常规维修采用“热补法”,采用进口设备“修补王”来完成沥青路面坑槽修补。其主要装置为安装在拖挂车上的一个密封的沥青混合料储仓(料仓可用电、燃气、汽车尾气等加热),配有以气体燃料为主的加热设备,带喷枪的储油箱和压实设备等。这种设备在维修时,需把用于修补的拌制好的沥青混合料事先在储料仓内加热 6 ~ 8h,并保温。这种设备价格较贵,大约 245 万元/台。若平均每天维修 10 处,每平方米仅设备折旧、维护、大修理等费用的摊销将近 300 元,经测算每台班费用为 2952.91 元。

2)国产综合养护车

由于进口设备价格较贵,目前国内开发出许多产品,在性能各方面与进口设备没有明显差异。以吉林省公路管理局与沈阳北陵工程机械厂共同研制开发的 LZ—C—300 型修补车为例,这种修补车集路面修补、灌缝、照明、废料回收于一体,具有一机多用的功能。路面修补车上有清除、储料、运料、拌和、碾压、废料再生与运出的多种功能。整台设备约为 35 万元,仅为进口设备的 1/7,经测算每台班为 421.84 元。

2. 坑槽修补材料

坑槽修补需要用到沥青混合料,沥青混合料目前常用的有三种:热拌沥青混合料、常温混合料、低温混合料。

1)热拌沥青混合料

现场拌和型,即在养护现场,根据规定的标准配合比将碎石、砂、矿粉,按一定的级配利用小型可移动式拌和机或综合养护车拌和设备现场加热拌和,温度达到 90 ~ 100℃时,加入沥青,热拌至 110 ~ 120℃时(可根据需要控制加热温度),将拌和料倒出摊铺。这种混合料成本为 550 元/m^3。

集中拌和现场加热型,即在公路拌和厂集中拌和,分散堆放冷却后苫盖,需用时现场用拌和设备加热至100～120℃，进行摊铺、碾压成型。

这种混合料级配均匀，与路面周边区别不大，缺点是运距较远，平均运距按50km计算，二次加热浪费能源，沥青老化较大，影响坑槽修补质量。合计成本为782.26元/m^3。

2）常温拌和混合料

常温拌和混合料是指将稀释沥青或乳化沥青在常温条件下与集料拌和，并在常温下使用的混合料。它能够在工厂集中拌和、袋装，并运输到养护单位后储存，随用随取，省去了现场加热、拌和的工序，使用方便，并且冬季可以照常使用。但一般型的常温拌和混合料有一个缺点：初期强度低、成型慢（2～4h才能破乳），不能迅速开放交通，因而很难在公路上使用。但如果用慢裂快凝型沥青乳化剂（壳牌2001元/t）拌制常温混合料铺到路面后，一般30～45min后即可开放交通。这种沥青混合料成本为725元/m^3。

3）低温混合料

所谓低温混合料，是由沥青、级配矿料、溶剂（有时还掺加某种添加剂）按照一定的配合比拌和而成的材料，也称冷补材料。

目前进口的冷补材料较多，大多是加拿大产品，为最新研制的新一代改性沥青产品，用普通沥青加柴油及添加剂与集料拌和而成。冷补材料适用于各种气候和温度条件，使用温度为-26～490℃，防水性能好，在雨雪天气和积水坑穴均可施工，因而也适用于南方多雨季节修补使用，并且施工前不须加热或搅拌，根据实际用量随用随取；可根据路面修补的不同情况采用冲击压实、人工压实或汽车碾压，并且修补过的区域无须封闭交通，可立即通车，大大缓解因修补路面造成的交通压力。

冷补材料普遍价格较高，每吨成品料达千元以上人民币。因其使用寿命长，可达8年以上，如果从长远角度考虑，成本可降至200元/m^3以内。

上述的常温混合料和冷补材料都可以选用本地材料拌制而成，不必购买成品料，但对拌和材料及设备有一定的技术难度和要求，建议养护部门使用当地拌和厂生产的成品料。

三、降低坑槽修补成本的方法

（1）当路面坑槽较少时，少量修补不宜使用拌和设备，建议使用成品混合料、常温混合料或冷补材料维修。

（2）路面坑槽较多时，应合理安排好施工工艺流程。

（3）改造坑槽修补设备，使之国产化，更适用公路维修，降低成本。

路面坑槽维修各种材料及设备成本比较见表8-1。

路面坑槽维修各种材料及设备成本比较 表8-1

项目	单位	单价（元）	热拌混合料			当地常温混合成本料	当地低温混合成本料
			现场拌制	集中拌制			
				现场加热	预热保温		
现场热拌料	m^3	550	82.5				
集中拌和	m^3	700		105	105		
常温混合料（慢裂快凝型）	m^3	725				108.8	

续上表

项目	单位	单价(元)	热拌混合料			当地常温混合成本料	当地低温混合成本料
			现场拌制	集中拌制			
				现场加热	预热保温		
冷补材料	m^3	1163.6					174.5
进口设备(拌和、摊铺、碾压)	台班	2592.6			2592.6		
国产设备(拌和、摊铺、碾压)	台班	421.84	421.8	421.8		281.3(摊铺、碾压)	281.3(摊铺、碾压)
混合料运输(50km)	m^3	82.62		12.34	12.34	12.34	12.34
混合料保管费	元			2.63	2.63	2.72	4.36
人工辅助	工日	21.14	70	70	70	70	70
工具费	元		100	100	100	100	100
基价(2000年价格)	元		674.3	711.8	2882.5	575.1	642.5
指标(元/m^2)			134.9	142.4	576.5	115.02	128.5

复习思考题

1. 公路养护成本与施工成本的区别是什么?
2. 公路养护成本有何特点?
3. 公路养护成本分为哪几类?
4. 影响坑槽修补成本的主要因素是什么?

第九章 养护组织管理

教学要求

1. 描述公路养护施工组织的要求、特点及管理体系；
2. 描述业主与养护公司在施工组织管理中各自的责任和工作范围；
3. 叙述公路养护施工组织设计文件的内容及编制方法，养护施工组织计划的任务、分类及编制依据；
4. 叙述养护施工组织设计文件的组成；通过示例学会公路养护施工组织的现场管理。

●第一节 养护施工组织管理的特点及管理体系●

施工组织是指项目施工前，根据工程设计文件、建设单位的要求，以及主客观条件，对工程施工全过程采用科学的方法所进行的一系列筹划、安排活动。施工组织是从工程的全局出发，按照客观的施工规律和当时当地的施工条件，统筹考虑施工活动的人力、资金、材料、机构和施工方法这5个主要因素之后，对整个工程的施工进度和资源消耗等做出科学的安排。施工组织的目的，是使工程建设在一定的时间和空间内，实现有组织、有计划、有秩序的施工，以期达到工程施工的相对最优效果。

一、养护施工组织管理的特点

1. 季节性

不同季节的气候因素可能对公路的路容、路貌、行车条件、道路病害、道路设施损坏带来阶段性或集中性的养护需求。由于季节性因素的影响，养护工作分布不均衡，不仅造成了资金、人员、材料使用的不均衡，对养护装备配置也带来了很多困难。比如，北方地区，大批的专用除雪设备夏天用不上，而大量的绿化设备冬天又不能使用，这无疑降低了设备的利用率，增加了养护成本。公路养护工作要结合地域的气候、交通需求，充分考虑季节性的特点。人员应该是一专多能，装备应该是一机多用，以此提高作业效率，降低养护成本。

2. 突发性

在公路养护工作中，对于突发事件，要采取紧急抢修措施，尽快恢复交通。这就要求养护组织能够适应突发抢修的特点。养护组织能够满足应急抢险的要求，人员、材料、设备和指挥调度系统应常备不懈，并有应对的预案。在路网内具有随时可以调动的机动人员，并将公路沿线地方政府、医疗机构和社会力量组织起来作为处理突发事件的后备力量。为保证突发事件的顺利处理，需要安排一定数量的应急、抢修专项资金，以备急需时专用。

3. 流动性

在公路养护作业中，相当一部分工作内容是通过流动作业的方式来完成的，如清扫、保洁、除雪、防滑等是在养护设备行进中完成的。另外，还有一些工作，虽然需要养护机械停下来工作，但停下来作业的时间很短，而行走却占用更多的时间，这种作业也属于流动性作业。如为沿线的树木浇水、喷药、草坪修剪，路面坑槽修补、残缺标记修补等。养护施工组织要适应流动性作业的特点，不仅要在装备配置上走机械化养护的道路，在作业方式上也应有一套针对性的作业组织方法，其中包括行走方式、作业方式、安全措施等。

4. 高风险性

在公路养护施工中，日常养护作业是不关闭交通的，公路的交通流和复杂的现场作业环境构成了养护作业安全隐患多的特点。施工组织不当是安全隐患的原因之一，比如设备进场顺序错乱会导致交通堵塞，引发交通事故等。因此，施工组织过程中应结合养护作业安全隐患多的特点，合理组织施工。

二、养护施工组织管理体系

1. 行业和市场管理体系

几十年来，由于我国公路养护经费来源于政府从注册车辆中收取的养路事业费，公路养护工作的组织，一直是由政府交通主管部门责成专职的公路管理部门来组织实施，公路养护成了政府行为。近年来，随着公路建设市场的开放，由项目法人融资建设的公路纷纷建成运营，公路养护行业管理和市场管理问题日益突出。

所谓行业和市场管理，实际上是按照市场经济规律来组织的公路养护的行业管理。行业管理的主体是政府的交通主管部门，具体的执行部门是下属的公路管理部门或专职的公路管理部门。一部分技术性的工作内容也可能由政府委托的造价管理机构、质量管理机构或专门的行业协会等中介组织来实施。

2. 业主的施工组织管理体系

业主按照《公路法》及相关法律赋予的责任和义务出资，直接或委托养护公司对公路进行养护，保证设施完整，道路畅通。在养护管理中，公路的业主主要负责以下工作：

(1)负责路况调查，掌握道路、桥梁、结构的工作状态；

(2)编制养护工作计划；

(3)筹集养护经费；

(4)选择养护施工单位；

(5)做好养护工程项目管理；

(6)编制公路运营技术状况报告。

业主管理机构可以分为两种情况，一种情况是业主将养护工作全面委托出去，交由公路养护公司负责养护。路况调查、养护工程计划和监理工作也分别委托具有从业资质的单位实施。在业主的管理机构中，主要有两个相关部门：计划财务部门，负责筹划和掌握养护资金的使用；养护管理部门，负责养护工作的协调、组织和养护成果的考核。另一种情况是业主全面承担养护工程的组织工作，这样，业主机构要相应地增设养护技术部门和生产部门以满足养护工作的需要。

在公路网级管理机构中，还要根据区域路网的大小、交通流量、路况、养护工作量的特点来设置业主的养护机构。为了适应公路养护专业化、机械化等特点，很多路网级的业主单位，在管理机构中主要设置有以下的管理部门：

(1)养护部　负责日常养护的组织和管理；

(2)工程部　负责专项和大修工程的组织和管理；

(3)材料设备部　负责大型保障性设备的采购和管理；

(4)机电维护部　负责机电系统的维护和管理。

以高速公路养护专项工程为例，公路业主养护管理工作如下：

(1)编制养护专项工程项目建议书。主要工作有：交通流量调查、路况调查、协调养护工程安排、编制养护工程建议书、审查建议书，并纳入养护计划。

(2)项目施工图设计。主要工作有：绘制图纸、编制施工预算、履行设计审批程序。

(3)项目实施准备。主要工作有：编制合同文件、确定施工单位、签署合同文件。

(4)项目实施。主要工作有：项目质量控制、项目进度控制、项目费用控制、项目履约。

(5)项目验收。主要工作有：数量验收、质量评价、项目总结。

项目总结的内容包括：道路运营技术状况报告、养护专项工程组织情况报告、养护专项工程成本情况报告、养护专项工程质量情况报告。

3. 养护公司的施工组织管理体系

养护公司的施工组织管理是最具体的施工组织管理。养护公司管理的目标是在养护工程合同中体现出来的，不仅包括了造价，还包括质量、工期、安全责任目标以及一般工程合同中包括的责任和义务。

1)施工前准备阶段的主要工作

(1)签署工程合同；

(2)编制施工组织设计；

(3)场地临建；

(4)组织材料进场，施工配合比设计；

(5)设备进场、安装、调试；

(6)查看现场；

(7)施工前技术交底，安全培训；

(8)成本及管理目标分解；

(9)准备标志设施；

(10)办理施工作业许可；

(11)申请开工。

2)养护施工阶段的主要工作

(1)材料管理。控制进场材料的规格、数量、质量和价格；贵重材料，易损、易潮、易燃易爆材料还要做好安全管理；对出场材料特别是场内拌制的混合料要把好质量检验关。

(2)设备管理。包括施工车辆、大型设备使用、运行、安全和成本管理，应根据生产的需要,合理配置和调度设备,提高装备的使用率,加强对设备使用及工作量的考核,并组织好维修和保养。

(3)劳动力管理。通过劳动合同方式对养护维修作业人员进行管理。临时工人应有试用阶段,在试用阶段考核其技能,在正式聘用阶段,考核其出勤情况和完成的劳动定额。

(4)技术和质量管理。养护公司内部要建立质量责任制,从进场材料开始控制,工序间要有质量自检、互检和交接,直至工程成品,都应该满足合同和技术规范确定的质量标准。

(5)成本和合同管理。公司要取得利润,应该十分重视成本和合同管理。要掌握工程数量和合同确定的工期,通过人工、机械和材料的合理投入,按照完成的数量和质量,计量和支付各种工程费用。

(6)现场组织管理。主要是现场的作业秩序、组织和调度,使其合理、紧凑,以用最恰当的消耗、最佳的时间来做好计划内的工程,避免人员误工、机械待料和出现安全事故。

3)施工后责任履约阶段的主要工作

工程完工后要确认工程缺陷责任期,履行缺陷责任期内的责任和采取的修复措施,以及验收、计量标准,以确保缺陷责任期内发现的工程缺陷能够得到及时补救,以最终履行合同所确定的质量责任。

一般情况下,施工组织机构分为两层,高层为施工组织的决策层,主要岗位有项目经理、负责生产组织的项目副经理和技术、质量管理的项目总工程师。中层为施工组织的操作层,其中,履行管理职责的有综合部、合同部、财务部、技术质量部和材料设备部。履行生产职责的有拌和场、机械队、运输队、试验室、测量队和施工队。

•第二节 养护施工组织计划及编制•

科学的施工组织计划是指导工程施工,取得良好经济效益和社会效益的前提。如果施工前没有周密的计划,没有进行合理组织和科学管理,必将产生各分部分项工程间、各工序间相互矛盾,机械劳动力及材料调配紊乱,导致各种资源的浪费,甚至出现一些重复的无效劳动,难以保证施工质量及安全,拖延工期,直接影响建设项目的投资效果。

一、公路养护施工计划的任务

公路养护施工要多快好省地完成施工生产任务,必须有科学的施工组织计划,合理的解决好一系列问题。其具体任务是:

(1)确定开工前必须完成的各项准备工作;

(2)计算工程数量、合理部署施工力量,确定劳动力、机械台班、各种材料、构件等的需要量和供应方案;

(3)确定施工方案,选择施工机具;

(4)安排施工顺序,编制施工进度计划;

(5)确定工地上的设备停放场、料场、仓库、办公室、预制场地等的平面布置;

(6)制定确保工程质量及安全生产的有效技术措施。

此外,公路养护工程的施工方案可以是多种多样的,应该依据公路养护工程具体任务的特点、工期要求、劳动力数量及技术水平、机械装备能力、材料供应以及构件生产、运输能力、气候等自然条件及技术经济条件进行综合分析，从几个方案中反复比较，选择出最理想的方案。

二、养护施工组织计划编制的依据

公路养护施工组织计划的编制，要根据公路养护工程的特点，按照客观的施工规律和当时当地的具体施工条件和工期要求等，统筹考虑施工活动中的人工、材料、机械、资金和施工方法等各主要因素，对整个工程的施工进度和相应的资源分配、消耗等作出科学而合理的安排。同时施工组织设计要体现国家的方针、政策，要确保工程质量和施工安全，做到增产节约、降低工程成本。在编制过程中一般参考下列规定和要求进行编制：

(1)养护管理办法。养护管理办法是公路管理部门依据《中华人民共和国公路法》以及国家有关政策，结合本地养护工作实际而制定的养护管理规定，用于明确养护工作的管理、设计、监理、施工等工作职责和权限，使养护工作有章可循、有法可依。养护管理办法规定，公路管理机构或公路经营公司应当安排足够的养护资金，按照《公路技术状况评定标准》(JTG H20—2007)，根据公路养护技术规范和操作规程对公路进行养护，使公路及其附属设施经常处于良好的技术状态。养护部门要制定好施工组织计划，选择切实可行的施工方案和效果最好的施工组织方法组织公路的养护工作。

(2)养护规范。《公路养护技术规范》(JTG H10—2009)是用以指导公路养护技术管理的行业标准，主要内容为公路养护的一般规定、基本要求、养护技术措施以及相应的对策等。由于公路养护涉及的内容较多，为了保证工作质量，要正确选择技术措施。编制施工组织设计时，要对工程情况进行分析，确定施工方案和资源情况，收集相关的定额、规范和技术标准，作为编制施工组织计划和质量管理措施的依据。

(3)公路养护质量检查评定标准。公路养护质量是指公路工程设施验收交付使用后所保持的质量状况和服务水平，它包含公路设计、施工所形成的内在质量状况和公路养护所保持、提高现有技术状况的程度。因此，《公路技术状况评定标准》(JTG H20—2007)是对公路客观现状全面考核的指标。施工组织设计中的养护维修要达到《公路技术状况评定标准》(JTG H20—2007)的要求，使其各部分达到原有的设计功能和使用性能。

(4)设计文件和合同文件。编制施工组织设计要有设计文件和合同文件，其中设计文件是指由公路业主编制的年度养护工作安排，包括工程内容、维修位置、数量、计划资金、施工期限要求、养护管理部门对养护维修设计、施工的指标等。合同文件是指公路业主与养护施工单位签订的合同，包括工程简述、工程计划开、竣工日期、工程数量、质量标准、工程单价、总造价、结算方式、缺陷责任、双方的权利和义务等。施工组织设计中使用的工程数量和工程内容等均应来源于计划文件或合同文件。

(5)工程设计文件。工程设计文件内容包括设计方案说明、设计图纸、施工组织计划及预算等，是编制施工组织计划的主要依据。编制施工组织设计时，应查阅设计文件了解施工方案，各项工程的结构形式和结构特点，工程数量的分布情况，个别工程对施工的特殊要求，采用新技术、新工艺、新结构、新材料的情况等。设计文件中的施工组织计划包括施工总说明、工程进度图、主要材料计划表、主要施工机具、设备计划表等资料，为编制下一步的施工组织设计提供了较为详细的数据依据。

(6)养护安全作业规程、环保要求。养护安全作业规程要求公路管理部门和交通安全管理部门应采取有效措施,防止因作业而发生事故。加强安全教育和培训,严格按照标准和规定布设作业场区的标志和设施,并精心照管、保持正确。上路作业的人员要着装作业服饰,依法作业,努力营造好的作业环境和通行环境。因此,施工组织设计中要考虑安全作业的因素,编制养护作业计划时,要增加安全作业措施内容,做好作业组织、作业方式、施工现场交通控制等设计。

随着人们生态意识、环保观念的增强,要求养护维修要保持不破坏和污染环境。因此施工组织设计中要考虑并做好保护环境的设计和制定保护环境需要采取的措施,如拌和场地布置要合理利用土地;维修的废料不能随意丢弃,运回基地集中堆放,重新开发回收利用的途径;拌和站应有除尘等措施,保证排放不污染环境等。

(7)路况调查资料。路况调查是公路日常养护的一项基础工作,是养护维修立项的依据,不应间断和遗漏。调查内容包括路基、路面、桥涵构造物等,检查方法包括综合调查、专项调查、检测和特殊检查等。由于养护工程是通过路况普查和检测,经过技术可行性、方案可行性论证、计算和评价而确定的,因此,施工组织设计时应依据立项时路况普查的结果而进行。在调查中,对病害情况进行统计,分出轻、中、重等级,作为施工进度及排列作业顺序和流水方向的依据。

(8)拟投入设备的有关技术资料。设备的技术资料是指设备的型号、功率、容积、长度等主要能力方面的指标数据。通过调查,合理选择,使设备的各种性能达到施工方案的要求,如铣刨机最大铣刨深度、每小时铣刨数量;摊铺机的幅宽、自重、摊铺效率等,以便在编制施工组织设计时合理排出工期、配置相应的运输车辆和其他辅助设备,并依次编制主要施工机具、设备计划表。在表中列出机具、设备名称、规格、数量、使用期限,年、季的计划用量等。

(9)拟采用材料的调查资料。材料的调查资料是指对维修所需材料储量、产地、规格、运输距离等资源情况的调查,使所需材料满足施工要求,也是计算运输量和运输工具数量的可靠资料,可参考设计文件提供的资料。外购材料如沥青、水泥等要调查供应及发货地点、规格、单价、可供应数量、运输方式及运输费用;地方材料如砂等要调查产地、质量、单价、运输方式、运输距离及运输费用;自采加工材料如碎石等要调查料场、加工场位置、可开采数量、运距等情况。调查后编制主要材料计划表,表中列出材料的名称、规格、单位、数量、来源、运输方式及年、季的计划用量等。

(10)养护材料运输调查。养护材料运输调查主要是对材料运输方式的调查。材料的运输调查较为重要,它不仅直接影响工程进度,而且在很大程度上也影响工程造价。因此要调查清楚沿线及附近地区的铁路、公路、河流的位置,车站、码头到工地的距离和卸货与存储能力;装卸运输标准;公路桥梁的最大承载力;航道的封冻、洪水及枯水期;当地汽车修理厂的情况及能力;民间运输能力,以及在公路的上路地点、运输距离(包括因封闭而延长的距离)等,制定好运输方案,使设计运距和实际运距相符,并达到经济合理。

(11)劳动力的市场价格。劳动力的市场价格调查主要是对当地可动用的劳动力数量、技术水平及类别、施工能力、劳动力工资水平等情况进行调查。调查满足公路施工需求的可能性和数量,作为编制劳动力需要量计划的依据。不同的工作可选择不同水平的工人来完成,如公路养护中的小修保养，就可以在社会上联系固定的合作伙伴来完成，大、中修则必须配备熟练的技术工人。

(12)沿线气候、水文、地质资料。沿线气候、水文、地质资料，包括地形、地貌、地质、地下水、地面水、气温、降雨、风力、风向及其他情况(滑坡、地震、泥石流等)。了解沿线气候、水文、地质资料，在施工组织设计中可以合理安排工程的施工方法、工期及施工时间，以及制定在不良气候和地质条件下，养护维修应采取的对策和措施，如根据地质条件选择不同的路基土石方施工方法，根据气温和降雨时间安排好水泥混凝土工程、路面工程及砌筑工程的施工工期，根据风力确定高空作业及吊装的方案和安全设施等。

三、养护施工组织设计文件的组成

公路养护工程施工组织设计文件有以下部分组成：

1. 第一篇　总说明

主要工程的基本情况，包括养护维修编制依据、工程概况、气候环境条件、施工期、主要工程内容、施工布局和计划安排、施工重点和对策、质量和安全规定，降低工程成本的技术组织措施以及施工单位的一般情况等。

2. 第二篇　施工组织机构

包括施工组织机构框图、成本核算体系框图、施工指挥系统框图、人员进场计划表、主要岗位职责。

3. 第三篇　施工工艺方法

包括路面施工方法、桥面铺装施工方法、沥青混凝土面层施工工艺流程图。

4. 第四篇　质量保证措施

包括质量保证措施说明、质量保证体系框图。

5. 第五篇　工程进度计划

包括总体工程进度计划表、沥青混凝土面层工程进度及画图。

总体工程施工进度计划是在确保工期和工程质量的前提下对各单项施工顺序进行安排。主要内容包括工作量和开工、完工时间，资金安排计划、施工技术措施、方案和施工方法等，以便在宏观上控制工程的进度。在施工总体安排时要考虑季节和气候的影响因素，如春季可安排绿化植树工程，夏季安排路面和桥梁等砌筑工程施工，秋季安排排水设施整修，冬季安排除雪等。

6. 第六篇　施工安全与防护

包括施工安排与防护措施、安全委员会框图。

7. 第七篇　文明施工

8. 第八篇　材料、设备、资金

包括设备进场计划表、材料供应计划表、资金使用计划表。

9. 第九篇　现场布置图

包括路线平面图和场地平面布置图。

1)路线平面图

路线平面图是以整个工程为对象的施工平面布置总方案图，一般应包括以下内容：

(1)标明拟维修的主要工程施工项目的位置,如路基、路面等重点工程的位置、路线里程、收费站、服务区等。

(2)为工程施工服务的设施及位置,如料场、仓库、沥青拌和基地、生活用房等。

(3)施工管理机构,如现场管理单位、监理机构、工程施工队等。

(4)重要地形地物、建筑设施,与施工有关的已有公路、车站、码头、河流、不良地质路段等。

2)场地平面布置图

在施工技术复杂或施工条件困难的重点工程地段,由于施工环节多,需要动用较多的机械、设备和人力,要做好施工现场的施工布置,采用较大比例尺(一般为1: 500～1: 100)在等高线地形图上按比例绘制。图上应详细绘出施工作业现场、辅助生产设施、办公和生活等区域的布置情况,对原有地物也应适当绘出。

布置施工场地应遵循有利生产、方便生活、保护环境、安全可靠的原则,具体安排时,应注意以下几点:

(1)在满足施工要求的条件下,尽可能紧凑布置,充分利用每一寸土地,保护环境。

(2)在施工区、辅助生产区、生活区应合理划分和布局,既要有利施工、便于管理,又要避免相互干扰,保障职工生活。

(3)施工作业场地的布置应符合工艺流程,最大限度地缩短工地内的运输距离,在确保施工顺利进行的情况下尽量减少临时工程。

(4)必须符合劳动保护、安全生产的要求,要有防洪、消防、防盗的设施。

四、养护施工组织设计文件的内容

1. 总工期和分项工期计划表

总工期和分项工期计划表,是在施工方案的基础上,根据合同工期的主要项目施工布置,对各项工程的施工时间和施工顺序作出的具体安排,主要体现工程的数量及其分布情况、各施工项目的施工期限、施工顺序与衔接情况、各专业队之间的相互配合、调动安排等内容。力求以最少的人工、机械和技术物质消耗,保证在规定工期内完成质量合格的单位工程施工任务。某路面工程工期计划表,见表9-1所列。

路面工程工期计划表 表9-1

编号	项目名称	单位	合同量		2005年		3月	
			工程量	工作量	工程量	工作量	工程量	工作量
1	4cm沥青混凝土	m^2						
2	……							

2. 施工组织机构图

施工组织机构图是施工单位为完成公路施工任务而组建的负责现场指挥、管理工作的组织机构,一般有两种形式:

(1)非招标项目施工组织机构。非招投标项目一般由养护中心或养路段承担,其组织机构如图9-1所示。

(2)专业养护单位的组织机构。专业养护单位通过招标方式确定,其施工组织机构可按

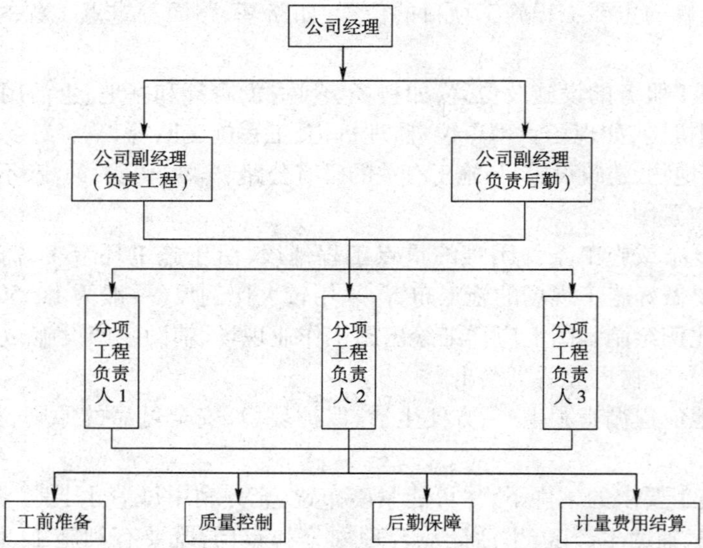

图 9-1　非招标项目施工组织机构

照项目法施工的要求来组建。项目管理组织成员来自公司内部、不同部门和单位。首先聘任项目经理,从有关部门抽调管理人员组成项目机构,然后抽调队伍归其指挥,建立一个项目工程队,组织新的项目管理实体。项目完成后,工程队成员仍回原单位。混合工程队项目管理组织形式如图 9-2 所示。

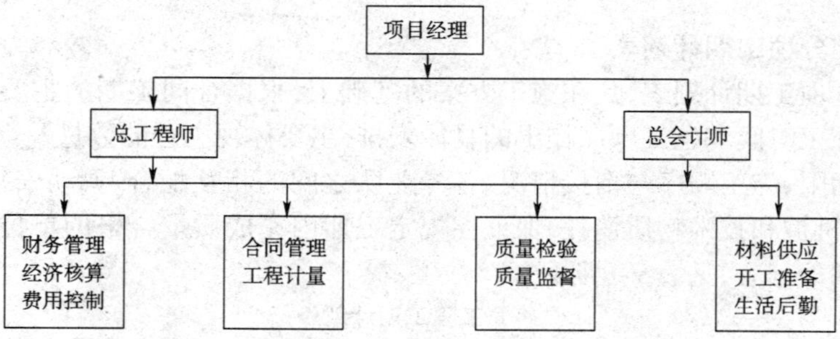

图 9-2　招投标项目施工组织机构

各部门的管理内容如下:

①项目经理部　一般设经理 1 人、副经理 2 人、总工程师 1 人、总会计师 1 人,对项目总体负责,以确保项目施工计划的实施;

②工程技术质量科　负责质量管理、技术管理、计划、统计管理、预算合同管理;

③材料设备科　负责料场调查、材料采购供应、机械设备管理、能源管理、维修保养;

④综合行政办公室　负责本工程的财务、人事、劳资管理和后勤服务。

3. 资金使用计划表

资金使用计划,包括资金使用时间、资金数目、资金使用的用途等,是工程顺利实施的保证。应根据项目工期进度计划安排资金使用计划表,便于每月或按项目规定时间申请资金及资金筹措。表 9-2 为某养护工程资金使用计划。

资金使用计划表 表 9-2

序号	月份	运作资金(元)	用途	备注
1				
2				

4. 检测仪器进场计划

检测仪器进场计划是指为配合路基、路面等施工,对工地使用试验仪器的进场安排计划,内容包括检测仪器名称、规格、数量、使用用途、进场时间等。在施工期准备阶段,应组织好检测仪器的进场,以便对各种原材料、加工材料及结构性材料的物理力学性能,以及施工结构体的几何尺寸等技术参数进行检测。

5. 人员进场计划

人员进场计划是施工过程中所需人员(包括项目指挥人员、施工管理及技术人员、主要技工及操作手、后勤人员等)根据施工安排进入施工现场的时间和数量安排计划。在编制过程中要合理制定符合施工规律的人员进场计划,避免人员数量频繁波动。表 9-3 为某养护工程人员进场计划表。

人员进场计划表 表 9-3

项目类别		1月	2月	……	合计
项目指挥人员					
技术、管理人员	测量人员				
	试验人员				
	……				
技术工人	机械驾驶员				
	……				

6. 主要材料进场计划表

主要材料进场计划是施工中材料进场时间和数量的计划,包括材料名称、规格、使用数量计划,可反映出不同时期内材料的储备数量,用以合理确定仓库的面积、保障施工供给,如表 9-4。

主要材料进场计划表 表 9-4

序号	材料名称	单位	规格	材料总量	年度											
					1月	2月	3月	4月	5月	6月	7月	8月	9月	10月	11月	12月

7. 设备进场计划表

设备进场计划是依据施工方案和进度,本着提高机械使用率、不形成交叉作业的原则,合理安排设备进场时间及用量的计划,内容包括设备名称、种类、规格、数量、进场时间,可按月或季度编制,如表 9-5。

主要设备进场计划表　　表 9-5

序号	设备名称	规格型号	单位	数量	月份(季度)用量计划				备注
					一月份	二月份	三月份	四月份	
1	2	3	4	5	6	7	8	9	10

8. 施工技术设计

施工技术设计主要是对施工过程中的技术问题的设计,包括工程结构设计、材料配合比设计、施工中的关键工序的设计、施工技术措施等。

9. 质量控制标准

质量控制标准,是指在施工全过程中对产生质量问题的因素和环节,依据施工技术规范的要求制定的质量控制标准,以及为达到此标准而采取的措施和方法,以确保工程质量既符合规定要求,又满足用户期望。

由于施工过程是各种工艺密切配合的生产活动,工艺越复杂,需要控制的环节越多,例如路面施工过程中,路面使用各种材料,如砂、碎石、沥青等经过制备、运输、摊铺和压实铺筑而成,因此路面施工的质量在很大程度上取决于路面材料的制备、摊铺和压实工艺各环节综合体现、密切配合,每一环节缺一不可。

10. 主要工艺流程

主要工艺流程是指对施工难度大、耗用资源多,或施工技术较为复杂的工程项目分解成若干步骤(工序),排列出工艺流程。工艺流程图使工程的各个环节一目了然,便于操作和管理。在施工技术规范和养护规范中列有各种工序的工艺流程。

11. 安全作业措施

养护维修工程动用较多的工、料和机械设备,而且在不间断交通的情况下进行作业,危险因素多,因此应当制定相应的安全措施,以保证施工作业的顺利实施和人民生命财产的安全。一般采取下列措施:

(1)成立以主要负责人为领导的安全责任小组,施工工地设立安全工程师,班组设立安全检查员,层层落实安全检查责任,共同监督和检查操作人员操作过程和各项安全施工制度的执行情况。

(2)每年开工前要进行养护施工安全教育和培训,讲解安全作业事项,做好安全培训工作。

(3)作业期间组织安全检查,由交警、路政及养护管理人员组成检查小组,进行作业期间的安全检查,发现不安全隐患及时提出,采取措施杜绝。

●第三节　养护施工组织现场管理●

一、现场管理主要内容

经过施工前准备,工程按期开工,工程开始实施阶段为现场管理阶段。公路维修不同于新建公路,除了要按相关养护技术规范的要求做好施工工艺流程、质量控制外,还要考虑安全作业、交通控制等各方面的因素。为此,现场施工管理的主要内容包括:现场的交通管制、作业秩序组织和调度、现场监理、工程质量控制等。

1. 交通管制

交通管制是通过设置一定的封闭区,保证公路维修作业时不中断交通。在运营的公路上实施养护、维修作业,一定要保证运营车辆和养护作业人员两方面的安全,一方面要按操作规程设置好封闭作业区,另一方面对作业区以外有效范围实行交通管制,有效渠化交通。

(1)依法严格管理现场的安全作业。长时间维修作业,占用整幅或一个车道时,应编制切实可行的施工与静态、动态交通管制方案,向交通安全管理部门提出申请,说明作业位置、时间、进入作业区的人员、设备和拟采取的安全措施、作业区范围,并附有草图,得到批准后方可作业。

(2)实行交通管制。对施工现场的交通管制是保证施工正常进行的关键,既要保证通行,又要进行维修,因此要对维修路段进行交通管制。交通管制通过设置在作业区以外路面上的设施和标志来实现,对车辆行驶速度、路线和方向采取强制性的管理。为了有效渠化交通,控制好施工现场作业区,维修工程要视工程复杂程度和对运营车辆安全的影响程度,决定是否做专门的交通安全方面的设计。

(3)进行交通安全检查。由交警和路政人员配合进行维修安全检查,如对各种安全设施要配置齐全,人员及设备按要求着装和配置标志,对摆放不正确的控制区要及时纠正,并进行安全教育。总之要杜绝安全隐患,保证安全生产。

2. 施工现场组织

施工现场组织是现场管理的重要内容,因施工维修时会对交通造成干扰,给通行者造成经济损失。如若施工现场组织不利,也会提高施工单位的成本,因此,快速施工将对交通的干扰达到最低限度,是公路养护维修作业的一项重要内容。为此,应当注意以下几点:

(1)合理确定封闭段落,合理布设交通标志。多数情况下,公路的维修是在封闭或不完全封闭的情况下进行的。若封闭的段落过多,使车辆频繁减速、并道,会影响通行质量并易引发交通事故。因此,养护施工时,要合理确定封闭的段落,使之对通行产生的影响达到最小。

道路的封闭式通过设置标志和标识来识别,布设好交通标志,引导交通流向,不仅保证了使用者的安全通行,也保障了施工人员的作业安全。封闭区的设置要合理,并满足规定的安全作业要求。交通标志布设好后,要由专人看护,以保证安全设施始终处于正确的位置。

(2)控制养护封闭时间,减少对交通的影响。由于公路的养护为不间断交通作业,对交通影响较大,因此较长时间的养护作业占用整幅或一幅车道时,要控制好作业时间。要考虑尽可能在一定的时期内减少车道限制、集中施工或选择交通量少的时间施工等,同时努力开发新的施工方法,实现公路的快速化施工。

(3)合理设计行驶路线,做到工序衔接,流水作业。公路的封闭使材料运输车和设备掉头困难,要保证材料供给,就要设计安排好运输车辆的行驶路线。当施工需要设备较多时,每日安排施工尽可能在一个方向上,避免由于设备的频繁掉头而延长工作时间。运输车辆速度不能太快,不得随意停车、调头、逆行。

公路养护维修由于段落零散,设备、人员调遣比较频繁,因此,应做出周密的养护计划,尽量形成流水作业,避免长距离的往返调迁,提高设备的利用率,加快施工作业进度。

(4)确保设备完好，减少路上作业时间。各工序的关系是一个链状的关系，任何一处因故不能作业，整个系统就会停下来，如路面施工中，如果设备出现故障，已经拌好的混合料也会因为冷却而不能使用，因此，要保证各类设备始终处于良好的工作状态，减少路上作业时间。

(5)施工完毕后及时拆除现场,恢复交通顺序。施工完毕,当工程满足通行要求后,及时拆除封闭的现场,收回安全设施、清理路面、桥面等剩余材料和废物,避免因养护作业原因引发交通事故,恢复原有的交通顺序。

3. 现场监理

现场监理依据设计文件、合同条款、技术规范对现场工程质量进行监督,以保证工程质量、进度和安全。在监理方法上,采用现场旁站、巡视、测量、试验、定期质量会议等方式。为杜绝和减少质量事故,便于及时发现、制止、纠正事故苗头,对于连续施工的项目、关键施工工序、隐蔽工程等,要始终坚持全过程旁站,使质量控制贯穿于每道工序、每个环节。

4. 质量控制

质量是工程的关键,任何一个环节、一个部位出现问题,都会给工程整体质量带来严重后果。因此,在现场管理过程中,要严格执行各种技术规范与操作规程,严格管理各道工序,建立质量管理体系和质量保证体系。

1)质量管理体系

对生产全过程进行管理,制定各部门、各工序环节的工作标准,加强对材料、设备等的质量控制,使公路养护处于一个有质量保证的施工生产状态。

2)质量保证体系

把质量管理各方面的工作落实到每个部门、每个施工队、每个班组、每个工作岗位,形成一个层层有人管、人人有专责、事事有标准、件件有检查的严密完整的质量保证体系。进行质量控制应检查质量形成过程中的关键环节。

二、现场管理示例

1. 示例 1:路面养护的现场组织管理

公路养护一般以路面养护为中心,路面养护的现场管理主要包括混合料的生产拌和、路面施工作业管理、路面交通控制、质量控制等环节。

1)沥青混合料的生产拌和管理

沥青混合料的生产拌和要严格按给定的生产配合比用料,砂与石屑不能互相代替,矿粉由拌和机侧面搅笼送入矿料斗内,经计量投入到拌和机。矿粉不能全部以回收粉尘代替,粉尘用量不得超过填料总量的 50%。

(1)沥青计量必须准确,对沥青溢缸造成计量器不灵敏,应进行检查校秤。

(2)混合料搅拌时间一般为 30 ~ 50s,若早晨出料,由于气温低,混合料要多拌一些时间。要求拌和料色泽均匀一致,无花白、无结团为准。

(3)出料温度不宜过高,早晚以 140 ~ 160℃为宜,如运距不超过 20km,温度以 140℃为佳。

(4)材料加热温度,矿料不超过 190℃,温度过高,部分碎石可能破裂、脱皮。石油沥青加热一般不超过 160℃。

2)路面施工交通控制管理

(1)路面养护开工前,必须对工程设计文件详细核对,根据施工地段的实际情况,制定相应的安全技术措施。

(2)到养护、交警部门办理施工手续,参加施工人员施工前必须接受的安全技术教育,熟知和遵守本工种的各项安全技术操作手续规程。特种工种人员应经过专业培训,合格后方可上岗。

(3)建立健全各级安全管理机构,设立专职或兼职安全检查人员,现场施工作业必须封闭交通,设有安全标志牌及引导标志,并在封闭道路两端设专人负责。

(4)施工人员必须穿戴醒目的安全标志服,头戴安全帽,以及其他施工安全保护用品;运料车车速不应太快,横穿公路时,要注意眺望有关往来车辆。在起车、倒车时注意附近场内作业人员,无故不得超过施工作业区。

3)沥青路面施工现场管理

(1)首先要合理确定施工封闭段落,按养护作业要求设置好标志并派人负责。

(2)用铣刨机铣刨损坏的沥青路面,废料直接装翻斗车运回基地,不得随意丢弃。

(3)原路面铣刨后,端部采用切割机切割,人工进行清理,达到干净、无松散集料。基层采用沥青洒布车喷洒140号石油沥青(每平方米用量0.5kg)然后洒石屑,用压路机稳压一遍,铺筑沥青混合料前将多余浮动的石屑清理干净。

(4)混合料运输采用15t自卸汽车运输,将车厢清扫干净,为防止沥青与车厢板黏结,在车厢板涂一薄层1:3(柴油:水)的油水混合液,但不得有余液积聚在车厢底部。运料车用篷布覆盖,用以保温、防雨、防污染。

(5)混合料开始摊铺时,卸料的运料车应保证摊铺机连续摊铺。摊铺过程中运料车应在摊铺机前10~30cm处停住,不得撞击摊铺机。卸料过程中运料车应挂空挡,靠摊铺机推动前进,混合料的摊铺温度不低于110~130℃,并不超过165℃。

摊铺机就位后,根据摊铺的松铺厚度在熨平板下垫适当的木方,以便摊铺机锁定摊铺厚度。摊铺前,先对熨平板加热10~15min,以防止首车混合料温度损失太多。

摊铺时设专人指挥运料车卸料,测定混合料到达现场的温度、摊铺的温度、摊铺后的温度、终压温度。

摊铺机以每秒2.0m的速度均匀连续摊铺,摊铺后立即检查松铺厚度是否达到要求,发现问题及时加以调整,以确保摊铺的标高、坡度及平整度。

(6)初压温度110~140℃,碾压终了温度不低于65℃。

初压采用双驱双振压路机,首先静压一遍,然后弱振碾压一遍,碾压速度为2km/h。复压紧接初压进行,采用胶轮压路机和光轮压路机以4km/h的速度碾压5遍。终压采用双驱双振压路机以3km/h的速度碾压两遍。

为避免碾压时混合料拥挤产生拥包,碾压时采用将驱动轮在前、从动轮在后的碾压方式。碾压路线及方向不应突然改变。压路机起动、停止必须在原路面进行,压路机不得在未冷却的沥青混合料面层上停放,并防止矿料、油料、杂物散落在尚未成型的路面上。

(7)横向施工缝采用平接缝,用5m直尺确定接缝位置,用切割机切割整齐后铲除,并在接缝处涂黏,用热沥青混合料将接缝加热,然后摊铺。

碾压时先用双驱双振压路机进行横向碾压。压路机位于原路面上，伸入新铺层15cm，然后每压一遍向新铺混合料移动15～20cm，直至全部在新铺层上为止，改为纵向碾压，以确保接头平整度在3mm以下。

(8)待成型的沥青混合料冷却后方可开放交通。

(9)集料取样在沥青掺入前的热拌设备旁，沥青含量试验在摊铺机后及压路机前边，从已摊铺的混合料中取样。压实度试验从压好的路面上钻取试样。

2.示例2：绿化工程的现场组织管理

公路绿化工程的主要内容有中央分隔带绿化、路缘带绿化、边坡绿化、立交桥区域绿化、隧道进出口绿化以及服务区、收费站、管理所等处的绿化。由于各种位置的功能和要求不同，采用的绿化品种各不相同，现场施工组织和管理也不同。一般应遵守以下施工原则：

(1)栽植苗木要符合绿化规划设计要求，因为一切绿化设计，都要通过工程的施工来实现。为了充分实现设计者的意图，施工者必须熟悉图纸，理解设计意图与要求，并严格遵照设计图纸进行施工。

(2)施工技术必须符合树木及花草等植物的生活习性。

(3)抓紧适宜的季节。

(4)严格执行工程的技术规范和操作规程。

(5)按照《公路养护技术规范》(JTG H10—2009)的要求安全作业。

现以公路绿化植树工程为例说明。

1)树木移载定值的时间

根据栽植成活的原理，植树的时间应选择在蒸腾量小和有利于根系及时恢复，保证水分代谢平衡的时期，一般选择在早春。

2)苗木选择与相应的施工措施

在施工过程中，必须根据各树种不同特性而采取不同的技术措施。如有的树种(杨、柳等阔叶树)，起苗时裸根即可，而有的树种(黑松、柏树等针叶树)，起苗时必须带土才能保证成活。

树木移栽时最忌根部失水，最好能够随掘、随运、随载。

苗木必须选用生长健壮、没有病虫害和机械损伤的苗木，移植后容易成活。

3)植树工程的准备工作

(1)协商各树种供苗数量、质量、确切的供苗日期，商定掘苗、包装、搬运、运输责任，并与供苗单位签订合同书。

(2)现场定点放线。在移栽施工之前，应由设计单位出人指导，在现场根据设计文件定点、放线。把各树种的栽植位置根据株距、行距在现场定位，用白灰或木桩明显地表示出来，以便施工时操作。

(3)备足客土。由于现场多为基建施工残土，为保证栽植树木的成活，在移栽施工前应将客土备足，并移至需要客土的位置。

(4)拆除施工现场在基本建设中的临时建筑，为绿化施工创造条件。

(5)组织好施工劳动力、物资、机械设备。

(6)组织好绿化施工的组织机构。明确施工领导及工作人员分工，做到人人责任明确、任务具体,以防施工时造成浪费。

(7)技术培训。开工前,应对全部参加施工的劳动人员传授施工技术和操作规程及技术标准。

4)植树工程现场管理施工工序

植树工程的施工工序为:定点、放线——刨坑——掘苗(起苗)——运苗与假植——移栽树木的修剪——移植——移植后的养护管理。

(1)定点、放线。一般是按设计断面定点,然后用皮尺、钢尺或测绳定出行位,再按设计定株距,作出行位控制标记,以确定每株树木坑的位置,然后用白灰标出单株位置。

(2)刨坑。刨坑的质量,对植株以后的生长有很大的影响。除按设计确定的位置外,应根据根系或土球大小、土质情况来确定坑径大小(一般应比规定的根系或土球直径大20~30cm);根据树种根系类别,确定坑的深浅。坑或沟槽口径应上下一致,以免植树时根系不能舒展或填土不实。

①刨坑的手工操作方法:主要工具是锹、十字镐等。具体操作方法:以定点标记为圆心,以规定的坑径先在地上画圆,沿圆的四周向下垂直挖掘到规定的深度;然后将坑底挖松、弄平。栽植裸根苗的坑底,挖松后最好在中央堆个小土丘,以利树根舒展。挖完后,将定点用的木桩仍放在坑内,以备散苗时核对。

②注意事项:位置要准确、规格要适当;表土与底土分开堆放于坑边。在斜坡上挖坑,应先将斜坡整成一个小平台,在台上挖坑,坑的深度以坡的下沿口开始计算。在新填土方处挖坑,应将坑底适当踩实。土质不好的,应加大坑的规格,并清除杂物,遇有石灰渣、炉渣、沥青、混凝土等杂物,应将坑径加大1~2倍,将有害物清运干净,换上好土(客土)。刨坑时发现电缆、管道等,应停止操作,找现场指挥及有关部门配合解决。绿篱等株行距很近的可以刨成沟槽。

(3)掘苗(起苗)。掘苗的质量,直接影响树木的成活及绿化效果。根据不同树种,采取适合的方法。

①露根法:露根法适用于休眠状态的落叶乔、灌、藤木。此法操作简便,节省人力、运输及包装材料。但由于损伤多,掘起后至载前,根部多裸露,容易失水干燥,根系恢复需时间较长。

②带土球掘苗:将苗木的一定根系范围,连土掘削成球状,用草袋、草绳或其他软材料包装起来。由于土球内须根未受损伤,并带有部分原有适合生长的土壤,移植过程中水分不易损失,对恢复生长有利。但操作困难,费工,要耗用包装材料;土球笨重,增加运输负担,所耗投资大大高于露根移植。但移植常绿树种和生长季节移植落叶树必须采用这种方法。

掘苗前的准备工作:

①选苗木。移苗前必须对苗木进行严格的选择。选苗时,除根据设计所提出的苗木规格、树形等特殊要求外,还应注意选择根系发达、生长健壮、无病虫害、无机械损伤和树形端正的苗木,并用系绳、挂牌等方式,作出明显标记,以免掘错。

②控制土壤水分。如圃地土壤过于干燥,就提前数天灌水;反之,土质过湿时,应提前设法排水,以利起苗时操作。

③拢冠。对于侧枝低矮的常绿树、冠丛庞大的灌木,应选用草绳将其冠捆拢。但注意松紧

适度，不要损伤枝条。拢冠作业可与选苗结合进行。

④准备好起苗工具。带土球掘苗，要准备好合适的草袋、草绳、塑料布等包装材料。

⑤试掘。为保证根系符合要求，在正式掘苗之前应试掘，以便发现问题，采取相应措施。

露根移植的手工掘苗法及质量要求：

根据树种、苗木大小，在规定的根系规格范围之外挖掘。用锋利的掘苗工具，于规格范围之外，绕苗木四周垂直挖掘到一定深度并将侧根全部切断。然后于一侧向内深挖和适摇苗木，试找深层粗根，并将底根切断，遇粗根时最好用手锯锯断，然后放倒苗木并打碎外围土块。尽量多保留须根。苗木掘完后应随即装车运走。

带土球移植的手工掘苗法及质量要求：

①挖掘带土球苗木，其总要求是土球规格要符合规格大小，保证土球完好，外表平整平滑，上部大而下部略小，包装严密，草绳结实不松动，土球底部要封严不漏土。

②开始挖掘时，以树干为中心，按土球规格大小，划一个圆圈，标明土球直径的尺寸。为保证起出的土球符合规格大小，一般应稍放大范围挖掘。

③先去表土，划定圆圈依据后，先将圆内的表土挖去一层，深度以不伤害表层的根苗为度。

④挖去表土后，沿所划圆圈外缘向下垂直挖沟。沟宽以便于操作为度，约宽 50 ~ 80cm，所挖的沟上下宽度要基本一致，随挖随修土球的表面。操作中千万不可踩、撞土球边沿，以免损伤土球，一直挖到规定的土球纵径深度。

⑤掏底：土球四周修整完好后，再慢慢由底圈向内掏挖，称“掏底”。直径小于 50cm 的土球，可以直接将底掏空，以便将土球移到坑外包装；而大于 50cm 的土球，则应将底土中心保留一部分，支住土球，以便在坑内包装。

⑥打包之前应将草袋、草绳用水浸泡潮湿，以增强包装材料的韧性，减少捆扎时引起的脆裂和拉断。

⑦打包方法如下：

坑内包扎法　先将一个大小适中的草袋浸湿放在坑边，双手抱出土球，轻放于草袋正中，然后用草绳以树干为起点纵向捆绕，将包装捆紧。

坑外包扎法　将两个大小合适的湿草片，一个包底部中心，兜底，一个盖顶，捆几道草绳使草皮固定，然后按规定捆纵向草绳。

纵向草绳捆扎方法：先用浸湿的草绳在树干茎部系紧，缠绕几圈固定好。然后沿土球与垂直方向稍成斜角（约 30°左右）捆草绳，用事先准备好的木锤、砖头块，边拉边敲草绳，使草绳嵌入土中，捆得更加牢固。每道草绳间隔 8cm 左右，直至把整个土球捆完。

系腰绳：另外一根草绳在土球中部紧密横绕几道，然后再上下用草绳呈斜向将纵、横向草绳串联起来，不使腰绳滑脱。

封底：在坑内捆包的土球需封底。先在坑内的一边（计划推倒的方向）挖一条小沟，并系紧封底草绳，用草袋插入草绳将土球底部漏土之处盖严。然后将苗木朝挖沟方向推倒再用封底草绳与对面的纵向草绳交错捆牢即可。

土球封底后，应立即出坑待运，如土质较硬不易散坨者，也可不用草袋。

（4）运苗与假植。实践证明“随掘、随运、随栽”对植树成活率最有保障。为此，苗木从挖掘到栽好，应争取在最短时间内完成。这样可以减少树根在空气中的暴露时间，对树木的成活大有好处。

①装车前的检验:运苗装车前,须仔细核对苗木的种类、规格、质量等。凡不符合规格要求的,应向苗圃方面提出,予以更换。对掘起待运苗木的质量要求的最低标准,见表9-6。

掘起待运苗木的质量要求 表9-6

苗木种类	质量要求
落叶乔木	树干:主干不得过于弯曲,无蛀虫害,有明显主轴的树种应有中央领导枝 树冠:树冠茂密,各方向枝条分布均匀,无严重损伤和病虫害 根系:有良好须根,大根不得有严重损伤,根系无肿瘤或其他病害。带土球的苗木,土球必须结实,捆绑的草绳不得脱落
落叶灌木	灌木有短主干或丛木有主茎3~6个,分布均匀,根系有分枝,无病虫害,须根良好,土球结实,草绳不松脱
常绿树	主干不得弯曲,主干上无蛀虫与害虫,主轴明显的树种必须有中央领导枝,树冠均匀茂密,有新生枝条,土球结实,草绳不松脱

②装运裸根苗:装运乔木时,应将树根朝前,树梢向后,顺序安放。车后箱板,应铺垫草袋,以防损伤树的干皮。

树梢不得拖地,必要时用绳子捆拢吊起,捆绳子的地方要用草袋垫上。装车不要超高,压得不要太紧。

装完后将树根盖严、捆好,为防止防苗木失土,应将苗根埋严,进行“假植”。带土球运苗至现场1~2天栽不完的,应将苗木码放整齐,四周培土,树冠之间用草绳捆拢。假植时间较长者,土球间也应放土。

(5)移栽树木的修剪。修剪的目的:是保持水分代谢平衡;培养树形;减少伤害。修剪的原则是:

①落叶乔木,具有明显中央领导枝的树种(如杨树),应尽量保护或保持中央领导枝的优势;中干部明显的树种,应选择比较直立枝条代替领导枝直立生长,分枝高度,一般要求2~2.5mm以上。

②灌木一般采用两种方法,一种方法为疏枝,即将枝条干基本剪除;另一种方法是剪去枝条先端的一部分,短截。常绿树一般不剪,但绿篱除外。

修剪的方法与要求:

①高大乔木应于栽前修剪;小苗、灌木可于栽后修剪。

②落叶乔木疏枝时应与树干平齐,不留残桩;灌木修剪应与地面平齐。

③修剪时应先将枯枝、病虫枝、树皮劈裂枝剪去。对过长的枝条应加以控制,较大的剪、锯伤口,应涂抹防腐剂。

(6)栽植。散苗:将苗木按规定(设计图纸)散放于定植坑边。散苗时要注意:

①要轻拿轻放,不得损伤树根、树皮、枝干及土球。

②散苗速度应与栽植速度相适应,边散边栽,散毕栽完,尽量减少树根暴露时间。

③用于绿篱的苗木应事先量好高度将苗木分级,然后散苗,以保证相邻苗木规格大体一致。

④对常绿树，树形好的一面，应朝向主要的观赏面。

⑤散苗后，要及时用设计图纸详细核对，发现错误立即纠正，以保证植树位置的正确。

栽苗：

①裸根大苗的栽植法：一人将树苗放入坑中扶直，另一人用坑边的客土填入，至一半时，将苗木轻轻提起，使根茎部位与地表相平，使根自然地向下呈舒展状态。然后用脚踩实土壤，继续填土，直至比坑边地面稍高一些，再用力踩实。最后用土在坑的外缘做好灌水堰。

②带土球苗木的栽植法：须先量好坑的深度与土球的高度是否一致，如有差别应及时加深或填土，绝不可盲目入坑，造成来回搬动土球。土球入坑后应先在土球底部四周垫少量土，将土球固定，注意使树干直立。然后，将包装材料剪开，并尽量取出（易腐烂的包装物可以不取）。填入好土至坑的一半，用木棍将土球四周夯实，再继续用土填满坑并夯实，注意夯实时不要砸碎土球，最后开堰。

栽苗的注意事项及要求：

①平面位置和高度必须符合设计规定。

②树身上下应立直。如果树干有弯曲，其弯曲应朝主风方向。行列式栽植必须保证横平竖直，左右相差不超过树干的一半。

③栽植深度：裸根乔木苗，应比原根茎土痕深 5～10cm；灌木应与原土痕齐；带土球苗木比土球顶部深 2～3cm。

④行列式植树，应事先栽好“标杆树”，方法是每隔 10 株左右用皮尺量好位置。先栽好一株，然后以这些标杆树为瞄准依据，全面开展定植工作。

⑤灌水堰筑完后，将捆拢树冠的草绳解开取下，使枝条舒展。

(7) 栽植后的养护管理。

①立支柱：较大苗木为了防止被风吹倒，应立支柱支撑。

②灌水：水是保证树木成活的关键，应栽后立即灌水，最迟在栽后 24h 之内必须灌上第一遍水。水要浇透，使土壤充分吸收水分，有利于土壤与根系紧密结合，这样才有利成活。苗木栽植后 10 天内，必须连续灌溉三遍透水。

③扶直封堰。

扶直：浇第一遍水渗入后的次日，应检查苗木是否有倒、歪现象，发现后应及时扶直，并用细土将堰内缝隙填严，将苗木固定好。

中耕：水分渗透后，用小锄或铁耙等工具，将土堰内的土表锄松。中耕可以切断土壤的毛细管，减少水分蒸发，有利保墒。植树后浇三次水之间，都应中耕一次。

封堰：浇第三遍水并待水分深入后，用细土将灌水堰内填平，使封堰土堆稍高地面。土中如含有砖石等杂物，应挑拣出来，以免影响下次开堰。

其他养护管理：对受伤枝条和栽前修剪不理想的枝条，应进行复剪；对绿篱理想造型修剪；防治病虫害；进行巡查、围护、看管、防止人为破坏；清理场地，做到工完地净，文明施工。

5）安全作业

做好现场安全作业管理，保证现场作业安全。绿化作业人员、车辆必须遵守公路管理规定及安全作业规程，作业人员统一着作业服，需要占用行车道路面时，需设置封闭标志，作业的人员、车辆及材料堆放不得妨碍过往车辆的通行。

3. 示例 3：除雪防滑作业的组织与管理

北方的冬天气温低，降雪期长达 3 个月以上，除雪是当地公路管理部门的一项重要任务，尤其是高速公路除雪。

1）除雪防滑作业的交通管理

除雪防滑作业应符合公路养护施工安全作业规程中的要求，其中除雪防滑作业的具体要求如下：

（1）除雪车辆的配置。规模作业时，应有 3 台除雪设备成梯形依次作业，逐渐将积雪从行车道倒至停车道以外。装载机、平地机及轮胎推土机作业时，间隔距离应不少于 200m，除雪车作业间隔距离应不少于 1000m。除雪机械作业时应配有黄色警示灯，除雪机械后面必须配有 2 台除雪作业警示车随行。除雪警示车应配有警灯警报，并随车载有除雪作业警示标志牌。

单台除雪设备进行除雪作业时，其后应跟 1 台警示车。

（2）除雪作业的交通管理。除雪机械作业时，会影响过往车辆的正常行驶，梯形作业时禁止超车。警示车辆后积压车辆较多时，应先降低除雪作业速度，让出安全通道，使得积压车辆缓慢通行。

（3）正常情况下，应避免向分隔带中间除雪，特别是清除中央分隔带附近积雪时，应避免积雪飞溅至另一侧，以影响过往车辆的正常行驶。

（4）匝道除雪作业时，应尽量避免封闭匝道，在匝道内严禁逆向除雪。

（5）在未封闭交通作业时严禁逆向除雪作业。

2）现场作业要求

（1）实行除雪值班制度，记好除雪工作日记。各管理处要将除雪防滑工作负责人员名单及时通报给养护处，以便有雪情时及时通知。降雪时，各管理处应安排除雪值班人员，除雪值班人员应先同养护处取得联系，及时通报雪情。除雪防滑工作领导小组应详细记录每天参加除雪防滑工作的人员及设备的相关情况，以核定实际除雪费用。

（2）调查雪情，把握除雪时机，及时除雪。除雪防滑作业负责人应及时了解天气变化趋势，详细调查路面积雪情况，根据不同的气候变化，掌握好除雪时机，及时调整除雪计划，以便更好地完成除雪防滑工作。

（3）除雪工作原则。主线超车道、行车道、停车道及加速、减速车道的积雪应清除干净，基本露出黑色路面，以不影响行车安全为原则；主要连接线除雪原则与主线一致，其他连接线及匝道以保证行车安全为原则；收费站、停车场及服务区处的积雪应及时清除干净。

（4）时间要求。小雪（降雪厚度 5cm 以内）1 天内除完，中雪（降雪厚度 5cm 以上、10cm 以下）3 天内除完，大雪（降雪厚度 10cm 以上）视情况决定。

（5）除雪现场管理：

①降雪厚度小于 5cm，不组织大规模除雪作业，不封闭交通，要求在收费口处设置缓行警示牌及限速标志牌，并由收费人员提醒过往驾驶员“雪天、路滑、请慢行”。个别积雪较厚的路面及匝道由各管理处根据实际情况组织局部除雪。

②普通降雪，降雪厚度大于 5cm、小于 10cm 时，各管理处将积雪情况及时通报养护处，并根据实际情况，自行组织全线除雪工作。除雪时应设置流动警示牌，必要时可请交警及路政人员协同疏导交通。

③普降大雪，降雪厚度大于10cm时，各管理处将积雪情况及时通报养护处，并组织大规模除雪作业。发现雪阻情况后，由管理处向公路管理局请求封闭交通，经局批准后方可封闭交通，并组织集中除雪作业。

复习思考题

1. 公路养护施工组织的特点是什么？
2. 试比较业主与养护公司在施工组织管理工作中的相同点和不同点。
3. 养护维修作业中应采取哪些安全措施？
4. 现场施工组织应注意哪些问题？
5. 施工组织设计文件有哪些？
6. 养护施工组织计划编制的依据有哪些？

第十章
养护质量管理

教学要求

1. 描述公路养护的特点、要求及公路养护质量的总体要求；

2. 描述我国公路养护质量管理体系和管理制度、公路养护质量评定方法、技术评价指标及评价手段；

3. 描述公路养护质量标准；

4. 描述公路养护质量管理的实施内容、养护工作考核的各项内容。

●第一节　概　述●

一、公路养护的特点

公路养护工作具有如下特点：

(1)养护工作的经常性、及时性；

(2)养护作业快速、迅捷，施工作业现场安全措施要求严格；

(3)以机械化养护为主，人工养护为辅；

(4)注重推广使用养护新技术、新工艺、新材料、新设备。

二、公路养护质量总体要求

公路应经常保持路面整洁、横坡适度、行车舒适；路肩整齐、边坡稳定、排水畅通；桥梁、隧道、涵洞等构造物维护完好；安全设施鲜明；沿线设施完善；绿化协调美观。

另外，重点强调公路路面养护必须满足结构强度、平整度、摩擦系数三项指标要求；公路桥梁必须满足结构设计承载要求；公路隧道必须满足结构稳定性要求。

●第二节　交通调查●

交通量是指在一定的时间内(每小时或每昼夜)通过公路上某一横断面处的往返车辆数折合成“标准车”的车辆总数。其具体数值由交通调查和交通预测确定。

交通调查主要指交通量及其组成和行车速度的调查、观测整理和分析，并通过信息管理系统对车流密度、起讫点、轴载、通行能力、车辆横向分布和交通事故等进行调查。

交通调查为公路建设总体布局的规划与设计、可行性研究、养护计划的制定、交通管理措施提供重要基础数据。同时,为交通工程学基础理论研究和其他公路科学研究提供基础资料。因此,交通调查必须确保调查数据的准确性。各级公路管理机构,应采用相应措施确保调查数据准确可靠,并逐步开发应用先进的观测记录手段和数据加工处理工具。

交通量调查工作由公路管理部门统一安排。具体要求是:

(1)各管理处根据需要设立观测点(双向),选择责任心强、熟悉交通量调查业务的同志负责,并配备必要的设备及器具以满足观测要求。

(2)交通量观测的时间定为每月的某一日进行,要求从当天8时到次日8时24小时上、下(双向)行车道连续观测。

(3)观测日如遇大雪、暴风雨等特殊气候应改期观测。由于施工阻断交通,短期内不能通车的路段,可停止观测,恢复通车后继续观测,但应说明情况。

(4)起讫点、车辆横向分布等项目的调查由收费站信息管理部门分别汇总,对口逐级上报,由公路管理部门统一汇总。

(5)车辆分类与折算系数:

①载货汽车　折算系数为2;

②小型客车　小轿车、吉普车、12座及以下的面包车,折算系数为1;

③大客车　大型客车及12座以上的中型客车,通道式、半挂式客车,折算系数为2;

④载货式挂车　半挂、拖盘载货车,折算系数为3。

对交通量观测点取样的原始观测资料,应及时进行整理汇总、计算和分析,按规定上报各种图表。交通调查资料应归入公路技术档案,长期保存。

•第三节　养护质量检查评定的内容•

一、公路养护质量检查

公路养护质量检查是为了正确掌握公路服务状态的变化,统一考核养护工作效果,提高养护质量,确保公路行车“快速、安全、舒适、畅通”。公路管理部门定期对公路养护质量进行的检查,包括对公路服务质量和养护管理水平的综合评定。公路养护管理工作检查分为路况、管理规范化、用户满意度、综合评价四部分。路况部分包括路面使用状况、交通、安全、防护等附属设施状况、绿化及路容路貌等;管理规范化主要包括路政管理、收费管理、运营管理、养护工程管理、服务区经营服务管理等;用户满意度主要指公路用户对行驶公路的便捷程度、安全保障、服务设施使用等评价;综合评价指检查组成员的总体印象。

1. 检查方式

公路养护质量的评定采用分级检查的方式进行,即公路基层管理部门的日常检查;各省、自治区、直辖市对本地区的公路养护质量的定期检查;交通部对各省、自治区、直辖市高等级公路养护质量的定期检查。交通部对各省、自治区、直辖市的检查为一级检查,每5年一个周期,一般安排在检查年份的第三季度,由交通部根据有关规定,组织或委托各省、自治区、直辖市有关专家进行分片或专线联合检查;各省、自治区、直辖市对各自管辖路线的自检为二级检查,每年检查一次，原则上为每年度的10月份，各地可根据本地的具体情况确定检查时间（若冬季进行检查，北方寒冷地区绿化项目由除雪防滑项代替）；公路各基层管理部门的日常检查为三级检查，检查周期为每月一次。

一级检查为抽查，各受检单位的受检路线原则上不少于两条；二级检查为普查，各省、自治区、直辖市对各自管辖路线进行全面检查，并对每条路线形成完整的自检报告，以备一级检查使用；三级检查为普查，是公路基层管理部门对日常养护工作质量的全面跟踪检查。

2. 检查内容

公路养护质量的评定，以公里为单位，以里程碑为界，按路面、路基构造物、桥梁通道、交通安全设施、绿化（除雪防滑）、沿线设施七大项目来评定，具体内容见表10-1。

公路养护质量检查内容 表10-1

工程项目	检查内容
路面	1. 强度、平整度、摩擦系数的定期检查 2. 路面病害的定期检查及及时处理
路基构造物	1. 整理路肩、边坡、修剪路肩草，保持路容整洁 2. 疏通排水设施，保持排水系统畅通 3. 清理浮石及塌方、填充冲沟，保持边坡平顺稳定 4. 经常维护路基构造物使其处于完好状态
桥涵通道	1. 桥头（涵顶）跳车处理 2. 清除污泥、积雪、杂物，保持桥面、通道内和涵洞洞口清洁 3. 泄水孔、涵管和通道排水系统疏通，栏杆油漆粉刷、桥下淤泥疏导 4. 伸缩缝或个别构件的修理更换 5. 河床铺底及调制构造物的修复，通道结构部位破损的修复 6. 墩、台及侧墙的修理，涵洞进出口铺砌的修理 7. 上部结构局部损坏修理
交通安全设施	1. 标志牌、里程碑、百米桩、轮廓标、标线、集水井、通信井、紧急电话、可变情报板的维护及修理 2. 护栏、隔离栅、防眩板、隔音墙等维修
绿化（除雪防滑）	1. 乔木、灌木、花草的施肥、修剪、打药、浇水护管的情况 2. 缺株、缺苗、枯死树、倒歪树情况 3. 景区清除杂物 4. 空白路段：清除积雪，除雪的及时性，撒布防滑料
隧道	1. 清除隧道内路面污染物及杂物，保持清洁 2. 疏通隧道排水沟 3. 照明设施，监视设施的清尘 4. 照明设施、通报设施、通讯设施、监视设施的局部维修更换 5. 主体衬砌及构造物的修复
沿线设施	1. 上跨桥防落网破损、结构部件的维修 2. 收费岛部位的破损、防撞立柱变形 3. 管理处、收费站、服务区、停车场圬工体及广场路面破损

3. 检查频率

公路养护质量检查的内容包括路面破损状况检测、路面结构强度检测、道路平整度检测、路面抗滑性能检测、路基、桥涵构造物和沿线设施检测。所需数据的检测应尽可能采用路面自动弯沉仪、横向力系数检测车、桥梁综合检测车等现代化检测设备按上行方向和下行方向分别进行检测和记录，以提高数据检测精度的质量。数据的调查频率见 10-2 表。

数据调查频率 表 10-2

调查项目	调查内容	调查频率
路面	路面结构强度(PSSI) 路面抗滑性能(SRI) 道路平整度(RQI) 路面破损状况(PCI)	全面调查：每 2 年 1 次 全面调查：每 2 年 1 次 全面调查：每 1 年 1 次 全面调查：每 3 个月 1 次
路基	路基、路肩、边坡、边沟	全面调查：每 3 个月 1 次
桥涵构造物	桥梁、涵洞、隧道	全面调查：每 3 个月 1 次
沿线设施	收费站、服务区 标志和标线等	全面调查：每 3 个月 1 次

二、公路养护质量评定

公路养护质量标准采用公路养护质量指数 MQI(Express-way Maintenance Quality Index)和相应的分项指标确定，MQI 的值域为 0 ~ 100。

根据 MQI 的评价结果，将公路养护质量分为优、良、中、次、差 5 个等级。公路养护质量等级按表 10-3 规定的标准确定。

公路养护质量指数(MQI)应经常保持不低于 80。公路养护质量指数(MQI)的各分项指标(PQI、SCI、BCI、TCI)均应保持不低于 75。当其中的各分项指标值低于 75 时，必须采取相应的维修措施，改善路况，提高公路的服务水平。

公路养护质量评定等级 表 10-3

评价等级	优	良	中	次	差
MQI	≥90	≥80，<90	≥70，<80	≥60，<70	<60

1. MQI 的计算方法

公路养护质量指数 MQI 按式(10-1)计算。

$$MQI = \omega_{PQI}PQI + \omega_{SCI}SCI + \omega_{BCI}BCI + \omega_{TCI}TCI \tag{10-1}$$

式中：MQI——公路养护质量指数，值域为 0 ~ 100；

PQI——路面养护质量指数(Pavement Quality Index)，值域为 0 ~ 100；

SCI——路基养护状况指数(Subgrade Condition Index)，值域为 0 ~ 100；

TCI——沿线设施(Traffic - facility Condition Index)，值域为 0 ~ 100；

ω_{PQI}——PQI 在 MQI 中的权重，取值为 0.65；

ω_{SCI}——SCI 在 MQI 中的权重，取值为 0.10；

ω_{BCI}——BCI 在 MQI 中的权重，取值为 0.15；

ω_{TCI}——TCI 在 MQI 中的权重，取值为 0.10。

2. 路面养护质量指数 PQI

$$PQI = \omega_{PCI}PCI + \omega_{PSSI}PSSI + \omega_{RQI}RQI + \omega_{SRI}SRI \qquad (10\text{-}2)$$

式中：PCI——路面状况指数（Pavement Codition Index），值域为 0～100；

RQI——道路行驶质量指数（Riding Quality Index），值域为 0～100；

PSSI——路面结构强度指数（Pavement Structure Strength Index），值域为 0～100；

SRI——路面抗滑性能指数（Pavement Skidding Resistance Index），值域为 0～100；

ω_{PCI}——PCI 在 PQI 中的权重，按表 10-4 和表 10-5 取值；

ω_{PSSI}——PSSI 在 PQI 中的权重，按表 10-4 取值；

ω_{RQI}——RQI 在 PQI 中的权重，按表 10-4 和表 10-5 取值；

ω_{SRI}——SRI 在 PQI 中的权重，按表 10-4 和表 10-5 取值。

沥青混凝土路面 PQI 指标权重系数 表 10-4

评价指标	PCI	RQI	PSSI	SRI
权重系数	0.35	0.35	0.20	0.10

水泥混凝土路面 PQI 指标权重系数 表 10-5

评价指标	PCI	RQI	SRI
权重系数	0.35	0.35	0.10

3. 路面状况指数（PCI）的计算法

$$PCI = 100 - a_0 DR^{a_1} \qquad (10\text{-}3)$$

式中：DR——沥青混凝土路面无破损率或水泥混凝土路面坏板率，%，具体见第四章第二节；

a_0——标定系数，采用 15.00；

a_1——标定系数，采用 0.412。

4. 行驶质量指数（RQI）的计算法

$$RQI = 11.5 - 0.75IRI \qquad (10\text{-}4)$$

式中：IRI——国际平整度指数，cm/km。

5. 路面结构强度指数（PSSI）的计算法

$$PSSI = \frac{100}{1 + a_0 \exp(a_1 SSI)} \qquad (10\text{-}5)$$

式中：SSI——强度结构系数，为路面容许弯沉与实测代表弯沉之比；

a_0——标定系数，采用 15.71；

a_1——标定系数，采用 -5.19。

6. 抗滑性能指数(SRI)的计算法

$$SRI=\frac{100-SRI_{min}}{1+a_0\exp(a_1 SFC)}+SRI_{min} \quad (10\text{-}6)$$

式中:SFC——横向力系数,按实测值计;

SRI_{min}——抗滑性能限值,采用25;

a_0——标定系数,采用266.0;

a_1——标定系数,采用-0.136。

7. 路基状况指数(SCI)的计算法

$$SCI=i_0^{-1}\sum_{i=1}^{i_0}SCORE_{iSCI} \quad (10\text{-}7)$$

式中:$SCORE_{iSCI}$——第 i 项路基检查内容的得分,按表10-6规定计算;

i——第 i 项路基检查内容;

i_0——路基检查评价项目总数,取6。

路基检查项目及评分标准　　表10-6

项目	项目名称	单位	程度	扣分	最高评分	备　注
1	路肩边沟不洁	m		1	100	每2m扣1分
2	路肩损害	m^2	轻	1	100	每$1m^2$扣1分
			重	2		每$1m^2$扣2分
3	边坡坍塌 水毁冲沟	处	轻	20	100	长度≤5m
			中	30		长度5~10m
			重	50		长度>10m
4	路基构造物损坏 路缘石缺损	处	轻	20	100	长度≤5m
			中	30		长度5~10m
			重	50		长度>10m
5	路基整体沉降	处	轻	20	100	长度≤5m
			中	30		长度5~10m
			重	50		长度>10m
6	排水系统淤塞	m	轻	1	100	一般性淤塞,每1m扣1分
		处	重	20		全截面淤塞,每处扣20分

8. 桥涵构造物状况指数(BCI)的计算法

$$BCI=i_0^{-1}\sum_{i=1}^{i_0}SCORE_{iSCI} \quad (10\text{-}8)$$

式中:$SCORE_{iSCI}$——第 i 项桥涵构造物检查内容的得分,按表10-7的规定计算;

i——第 i 项桥涵构造物检查内容;

i_0——桥涵构造物评价项目总数,取12。

9. 沿线设施状况指数(TCL)的计算法

$$TCL=i_0^{-1}\sum_{i=1}^{i_0}SCORE_{iTCL} \quad (10\text{-}9)$$

式中：$SCORE_{iTCL}$——第 i 项沿线设施检查内容的得分，按表 10-8 的规定计算；

i——第 i 项沿线设施检查内容；

i_0——沿线设施评价项目总数，取 8。

桥涵构造物检查项目及评分标准　　表 10-7

项目	类别	项目名称	单位	程度	扣分	最高评分	备注
1	桥梁	桥梁技术状况	类	一、二	0	100	采用《公路养护技术规范》（JTG H10—2009）规定的桥梁状况评定办法
				三	30		
				四	100		
2		桥头跳车	处		10	100	明显跳车
3		伸缩缝损坏	处		10	100	
4		泄水孔堵塞	处		10	100	
5		栏杆护栏损坏	处		10	100	
6		翼墙锥坡损坏	处		10	100	
7		上跨桥防落网损坏	处	轻	10	100	有效直径≤0.2m
				重	30		有效直径＞0.2m
8	涵洞	涵洞损坏淤积	处		10	100	

沿线设施检查项目及评分标准　　表 10-8

项目	项目名称	单位	程度	扣分	最高分值	备注
1	收费站服务区设施管护不善	处		10	100	
2	防撞护栏缺损	处	轻	10	100	长度≤4m
			重	30		长度＞4m
3	隔离栅损坏	处		20	100	
4	紧急电话缺损	处		10	100	
5	标志缺损	处		10	100	
6	标线缺损	m		1	100	每缺损 10m 扣 1 分，不足 10m 按 10m
7	绿化空白路段	m		1	100	
8	绿化管理不善	m		1	100	

通过对 MQI 等相关参数的计算、质量分级和次差路率的确定，来综合评价公路养护质量。

（1）路段 MQI 计算。公路管理单位或经营公司按公式（10-1），以公里为单位计算路段的 MQI。

（2）区间或路线 MQI 计算。在进行以区间或路线为单位的养护质量评定时，应采用区间或路线内所有路段的 MQI 的算术平均值，作为该区间或路线的 MQI 值。

（3）养护质量的评价按规定的标准对各路段、区间或路线进行养护质量评价，确定养护质量等级。

（4）次差路率确定。根据各路段 MQI 的评价结果，按公式（10-10）计算区间或路线的次差路率（RoP）。

$$RoP = 100 \times \{(次等路里程 + 差等路里程)/检测里程\}\% \qquad (10\text{-}10)$$

三、养护质量评定的相关规定

交通部颁布的《高速公路养护质量检评方法》是公路管理部门加强高速公路养护管理工作,及时掌握公路养护质量和服务水平,推进公路路况科学检测和养护质量评定工作的科学化、规范化、制度化的基本方法及公路养护质量检评工作需要遵循相关的规定。

1. 路况数据检评

公路养护质量评定所需要的数据按上行方向(桩号递增方向)和下行方向(桩号递减方向)分别检测和记录。桥涵构造物扣分计入桥涵构造物所属路段。高速公路匝道的养护质量由高速公路管理单位或经营企业自行评定,评定结果不纳入统计和上报范围。

1)路面破损状况检测

(1)路面破损状况按规定的类型和内容进行现场调查。

(2)路面破损状况检测范围包含所有行车道和超车道。紧急停车带按路肩处理。

(3)路面破损状况数据应采用自动化的检测系统检测。条件不具备时可采用实地丈量,用路况数据采集仪(PCR)记录的方法采集。

路况数据采集仪(PCR)是一种便携式多功能路况数据检测设备,可用于记录路面破损、路基、桥涵构造物和沿线设施等项目的检测数据,并能与计算机实现双向数据通信。

2)路面结构强度检测

(1)路面结构强度应采用连续式路面自动弯沉仪或落锤式弯沉仪检测。

(2)弯沉检测数量应不小于 20 点/车道・公里・方向。

(3)路面结构强度只检测外侧行车道。

路面自动弯沉仪是用于采集路面弯沉的大型自动检测设备,采集速度约为 3km/h,检测密度超过 100 点/km。

3)道路平整度检测

(1)道路平整度应采用车载式颠簸累积仪或其他自动化设备检测。车载式颠簸累积仪是用于检测道路平整度的自动化检测设备,能在正常车流速度下采集道路平整度数据。

(2)道路平整度检测设备必须进行定期标定,每年至少标定 1 次。

(3)道路平整度只检测外侧行车道,每 100 延米记录 1 个检测结果。

4)路面抗滑性能检测

(1)抗滑性能检测应采用横向力系数检测车或其他自动化检测设备。横向力系数检测车是用于采集路面抗滑性能的大型自动化检测设备,能以正常车流速度采集相关数据。

(2)抗滑性能检测数量应不小于 10 段/车道・公里・方向。

(3)路面抗滑性能只检测外侧行车道。

5)路基、构造物和沿线设施检测

(1)公路养护质量评定所需要的路基、桥涵构造物和沿线设施数据,应采用实地丈量的方法,用路况数据采集仪采集。

(2)在桥梁检测时,有条件的地区应积极采用桥梁综合检测车。

2. 路况数据检评频率

路况数据检评频率按表 10-2 执行。

3. 养护质量指数(MQI)

公路养护质量指数(MQI)评定时,对不足1km的路段按1km处理。

所有路段的公路养护质量指数(MQI)应经常保持在80以上。相关的分项指标PQI、SCI、BCI、TCI应不小于75。在公路养护管理中,MQI及分项指标值为75时,表示路面、路基、桥涵构造物和沿线设施都处于中等状态。中等状态是汽车行驶和公路养护的关键时期,对于公路用户来说,主要表现在乘车舒适性、行驶安全性的下降;对于公路管理部门来说,不及时抓住养护的关键时机将导致更多的养护投入和更高的养护费用。

4. 次差路率(RoP)

次差路率确定:根据各路段MQI的评价结果,按式(10-10)提供的计算方法计算区间或路线的次差路率。高速公路应确保无次差路。

5. 养护质量报表

公路养护质量评定工作由公路管理单位或经营企业具体负责实施,每季度评定1次。公路管理单位或经营企业应于每个季度的首月10日前,按规定表格的要求向省级交通主管部门或公路管理机构报送所辖公路养护质量的评定资料。

省级交通主管部门和公路管理机构应加强对公路养护质量评定工作的定期和不定期的检查和监督,确保检测结果真实可信。

6. 现代化管理

公路管理单位或经营企业应及时利用公路管理系统,对所检测的数据进行分析处理,根据评定结果提出养护对策,确保公路的养护质量和服务水平。检测单位应积极引进现代化的检测仪器和设备,提高检测数据的准确性。

第四节 养护质量管理的实施

公路养护质量管理,是通过对公路养护维修施工单位、工程监理单位和监督管理部门的科学管理来实现的。养护维修施工单位、工程监理单位和监督管理部门,应按照质量第一的方针和全面质量管理要求,采取切实有效的技术管理措施,不断提高养护质量管理水平。要建立和健全"政府监督、社会监理、企业自检"的质量保证体系,严格实行施工单位质量自检、监理单位质量监理和管理部门质量监督审核制度。

一、施工单位自检

施工质量管理是承接公路养护维修工程的施工单位(承包商)经营管理的一个重要组成部分,是工程质量的基础和保证。施工单位必须坚持"百年大计,质量第一"的方针,按照公路工程建设法律、法规、规章、技术标准和规范的规定,结合公路工程质量管理的特点,按设计文件及施工合同和施工工艺的规定组织施工。施工单位应制定和完善岗位规范,质量责任考核办法,建立工地试验室,加强施工过程中的自检、自查和交接验收工作,建立有效的质量自检体系,推行全面质量管理,落实质量责任制,切实做好工程质量的全过程控制,以确保养护维修工程的质量。

施工单位工程自检体系,应对施工全过程、全方位进行全面跟踪质量控制和管理。施工单位为质量保证体系的第一责任者，各分项工程开工前，施工单位必须提交规范的开工报告，完工后，自检人员应按合同规定的规范、标准进行全面自检评定，提出自检报告和意见。

施工单位的质量保证自检体系由组织体系、思想体系和控制体系三方面组成。

1. 组织体系

施工单位应建立由项目经理负责、技术负责人主持的工程质量组织体系。组织体系应包括质检室、工地试验室、技术室及设在各单位工程中的质检组。其工作职责为组织、实施工程项目，对进场材料进行质量检验和试验，提出技术方案措施。

2. 思想体系

思想体系主要是指对项目负责人及施工管理操作人员的质量思想教育工作。质量管理的思想教育，其核心内容就是要使全体职工树立正确的质量观。教育的重点是项目负责人，只有项目负责人明确搞好工程质量的重要性和必要性，才能在组织工程项目的施工和管理过程中真正从思想上、行动上、工作上全面贯彻“质量第一”的方针。

各级工程管理人员在工程质量管理上都有不同的责任和义务，要以自己的工作质量来保证工程项目的施工质量。要教育施工操作人员，坚持“预防为主”的方针，增强质量责任意识，强化自控能力，使质量管理中的思想教育工作贯穿整个工程项目的施工全过程。

3. 控制体系

施工单位质量控制体系包括施工组织设计与方案控制、施工准备的质量控制、机具材料的质量控制、施工过程的质量控制、计量标准的质量控制。施工单位为保证工程质量所采取的控制措施如下：

1）工程工艺控制

单位工程开工前需认真编制施工组织设计，经监理工程师审批后，严格按施工组织设计施工。

主要分部分项工程应编制施工方案，科学地组织施工，在施工过程中，经常检查施工组织设计及施工方案的落实情况，以确保施工生产正常进行。

2）工程材料的质量保证

工程材料和辅助材料（包括构件、半成品），都是构成建筑工程的实体。保证工程材料按质、按量、按时的供应是提高和保证质量的前提。因此，材料供应管理部门，必须对采购的原材料、构（配）件、半成品等材料，建立健全进场前检查验收和取样试验制度，杜绝不合格的材料进入现场。如在施工过程中发现有不合格的材料应及时清理出现场，现场应设有专人收料，不合格材料拒收。水泥、钢材及其他成品、半成品进场必须有出厂合格证，并要求做试验。

3）工程质量保证

在项目负责人和技术负责人的领导下，质检室应设专职工程师负责日常质量管理工作，并定期组织质量检查。如在质量检查中发现有违反施工程序，不按设计图纸、规范、规程施工，或使用不符合质量要求的原材料、成品和设备时，质检人员有权制止，必要时可向主管领导提出暂停施工进行整顿的建议。

4）施工操作的质量保证

施工操作者是工程质量的直接责任者。工程质量的好坏，除了设计方面的原因外，但就工序质量来说，施工操作者是关键，是决定因素。

施工操作者,必须具有相应的操作技能,特别是重点部位工程以及专业性质很强的工种,操作人员必须具有相应的工种岗位的实践技能。因此,保证施工操作质量,就必须按不同工序的质量要求,合理解决施工操作者的施工水平问题。

施工操作中,要坚持自检、互检、交接检验制度。对工程必须本着自我控制的指导思想,牢固树立"上道工序为下道工序服务"和"下道工序就是用户"的思想,坚持做到不合格的工序不交工。

要按已明确的质量责任制检查操作者的落实情况,各工序实行操作者挂牌制,促进操作者提高自我控制施工质量的意识。做到操作任务明确,质量责任清楚。同时施工操作者还必须做到"原材料把关制",杜绝使用不合格的材料。

在整个施工操作过程中,要贯穿工前有交底、工中有检查、工后有验收的"一条龙"操作管理办法,做到施工操作程序化、标准化、规范化,确保施工质量。

5)人员素质的质量保证

在工程质量管理中,"人、机、料、法、环"这五要素,人是决定的要素。施工管理层的工程技术人员、专业管理人员、施工操作人员素质的好坏,对施工工程质量起着决定性的作用,必须通过培训学习不断提高。

6)正确处理进度与质量的关系

进度与质量是对立的统一。没有质量就没有进度,工程项目在施工和管理过程中,必须正确处理质与量的关系,生产指标、进度完成后,必须检验质量是否合格。项目经理一定要摆正"进度必须服从质量"这个关系,坚持好中求快,好中求省,严格按标准、规范和设计要求组织、指导施工,决不能因为抢工期而忽视质量。

二、监理单位检查

公路养护维修工程应实行有效的社会监理制度,亦即所有公路外包养护工程、大修改造及通过招投标管理的新建工程项目都应该实行监理制。公路养护维修工程的监理形式可以是内部监理,也可以是聘请社会监理。原则上,单项工程经费大于(或等于)100 万元,或虽合同金额在 100 万元以下,但技术较复杂,涉及非土建类专业工程,应聘请社会监理,其余一般以内部监理为主。

质量监理是监理工程师受业主委托,按照合同文件、设计文件及技术规范的规定和要求,对工程施工全过程实施的全面质量控制和管理。

质量监理既不同于政府部门的质量监督,也不同于施工单位内部的质量管理,它是监理工程师以合同条款、设计文件和技术规范为依据,建立相应的组织系统、执行规定的工作程序,运用各种有效的手段和方法,对影响工程质量的各环节,各部位进行全方位、全天候、全过程的监督和管理。

公路养护质量管理是对养护维修施工中各个环节、各道工序进行严格、系统、全面地监督和管理,为了保证达到质量监理的目标,一般可以采用以下各种监理手段来展开质量监理工作。

1. 检查核实

监理工程师在施工的全过程中,需要经常对承包人所报送的各类报表和质量数据进行检查核算(内业)或进行现场核实(外业)。

2. 抽检试验

抽检试验包括室内试验和现场试验两大类。它是监理工程师确认各种材料及施工部位质量的主要依据,是监理工程师坚持一切用数据说话的基础。

公路养护工程的施工质量判断,有许多必须经过取样试验才能得出结论,因此试验是监理工程师控制工程质量的一项重要手段。

抽检试验的内容以能控制各施工项目施工质量的主要技术指标为依据。

3. 测量

在整个施工监理过程中,监理工程师离不开测量。测量是监理工程师在质量监理过程中,对施工各部位的平面位置、里程、几何尺寸等进行检查和控制的重要手段。这主要包括施工放样、现场复核、施工过程中的测量跟踪、工程验收检测等各项工作。

4. 旁站

旁站是监理工程师在承包人施工期间,用全部时间或部分时间盯在施工现场,对承包人的各项工作进行跟踪监理。

5. 工地巡查

工地巡查是监理工程师在公路养护工程的施工过程中,为了解工程施工质量的全貌,利用相对较短的时间,对工程的整体(包括较次要部位、较次要工序等)进行巡视和检查。

6. 指令文件

指令文件一方面是指监理工程师在监理过程中,以书面文件的形式,提醒承包人注意施工过程中存在的质量隐患或质量问题;另一方面是监理工程师为保证工程质量,向承包人发布的工程变更、补充技术标准、施工技术要求、工地会议纪要等,因而指令文件是进行工程质量监理的必不可少的手段。

三、管理部门审核

公路工程质量监督管理部门,是对公路工程质量进行监督管理审核的专职机构。它依据国家有关法规和部颁的现行技术规范、规程和质量检验评定标准,对公路工程质量进行强制性的监督管理。建设、设计、施工、监理单位在工程实施阶段必须自觉接受政府质量监督部门的监督。公路路面中修、大修改造工程及通过招投标实施的自动化收费、站场建筑、监控通信、绿化等工程,都应按此要求接受公路管理部门的工程质量审核,以保证公路的养护维修质量。

复习思考题

1. 公路路面损坏类型按损坏模式和影响程度分为哪几类?
2. 公路养护质量检查分为哪几种情况?
3. 公路养护质量的基本要求是什么?
4. 目前我国公路养护质量管理体系包括哪几方面?
5. 施工单位为保证工程质量所采取的控制措施有哪些?

参考文献

[1] 中华人民共和国行业标准. 公路路基设计规范(JTG D30—2004). 北京:人民交通出版社,2004

[2] 中华人民共和国行业标准. 公路路基施工技术规范(JTJ 033—95). 北京:人民交通出版社,1995

[3] 中华人民共和国行业标准. 公路工程技术标准(JTG B01—2003). 北京:人民交通出版社,2004

[4] 中华人民共和国行业标准. 公路路基路面现场测试规程(JTJ 059—95). 北京:人民交通出版社,1995

[5] 中华人民共和国行业标准. 公路技术状况评定标准(JTG H20—2007). 北京:人民交通出版社,2004

[6] 中华人民共和国行业标准. 公路排水设计规范(JTJ 018—97). 北京:人民交通出版社,1998

[7] 中华人民共和国行业标准. 公路路面基层施工技术规范(JTJ 034—2000). 北京:人民交通出版社,2000

[8] 中华人民共和国行业标准. 公路沥青路面设计规范(JTG D50—2006). 北京:人民交通出版社,2006

[9] 中华人民共和国行业标准. 公路沥青路面施工技术规范(JTG F40—2004). 北京:人民交通出版社,2004

[10] 中华人民共和国行业标准. 公路水泥混凝土路面设计规范(JTG D40—2002). 北京:人民交通出版社,2002

[11] 中华人民共和国行业标准. 公路水泥混凝土路面施工技术规范(JTG F30—2003). 北京:人民交通出版社,2003

[12] 中华人民共和国行业标准. 公路养护技术规范(JTG H10—2009). 北京:人民交通出版社,2001

[13] 杨航宇,颜志平,朱赞凌,罗志聪. 公路边坡防护与治理. 北京:人民交通出版社,2002

[14] 黄晓明,张晓冰. 公路建设质量通病分析与防治. 北京:人民交通出版社,2002

[15] 文德云. 公路施工技术. 北京:人民交通出版社,2003

[16] 徐培华,陈忠达. 路基路面试验检测技术. 北京:人民交通出版社,2000

[17] 栗振锋,李素梅,文德云. 路基路面工程. 北京:人民交通出版社,2005

[18] 邓学钧. 路基路面工程. 北京:人民交通出版社,2001

[19] 许永明. 公路养护与管理. 北京:人民交通出版社,1998

[20] 彭富强. 公路养护技术与管理. 北京:人民交通出版社,2002

[21] 交通部第二公路勘察设计院. 公路设计手册——路基. 北京:人民交通出版社,1996

[22]《高速公路养护管理手册》编委会. 高速公路养护管理手册. 北京:人民交通出版社,2002

[23] 徐培华,胡长顺. 高等级公路路基路面养护技术. 北京:人民交通出版社,2003

[24] 刘玉卓. 公路工程软基处理. 北京:人民交通出版社,2004
[25] 李世华,刘赞勋、陈思平. 道路桥梁维修技术手册. 北京:人民交通出版社,2003
[26] 李继业,张玉稳. 公路工程施工质量问题与防治. 北京:化学工业出版社,2006
[27] 王国清. 公路工程质量问题及防治措施百问. 北京:人民交通出版社,2002
[28] 陈淑贤. 公路养护与管理. 北京:人民交通出版社,2005
[29] 陈传德. 高速公路养护管理. 北京. 人民交通出版社,2005
[30] 交通部公路司. 公路工程质量通病防治指南. 北京:人民交通出版社,2002